映画監督 坂本浩一 全仕事

ウルトラマン・仮面ライダー・スーパー戦隊を手がける稀代の仕事師

Koichi Sakamoto Complete Works

KANZEN

映画監督 坂本浩一全仕事

ウルトラマン・仮面ライダー・スーパー戦隊を手がける稀代の仕事師

KANZEN

まえがき

本書は映画監督・坂本浩一氏の半生を振り返り、今までの仕事をフィーチャーしたインタビュー本である。

坂本監督は２０１８年現在、ウルトラマンシリーズ、仮面ライダーシリーズ、スーパー戦隊シリーズのいわゆる〝日本三大ヒーロー〟と呼ばれる特撮作品のメイン監督、そして劇場作品を手がける唯一の人物である。

このような人物は過去にもおらず、しかも、今なお現役の監督として精力的に活動しており、特撮作品だけでなく角川映画やＴＶドラマも手掛け、近年では舞台の総監督にも挑戦。この先、どれだけビッグな存在になるのか計り知れない、日本の特撮業界、映画業界、アクション業界などの未来を担うキーマンである。

今回、そんな坂本監督に過去を振り返っていただき、自身が関わってきた数々の作品に対して込めた想いや拘りを存分に語っていただいた。

なお、本書で語っているのは、日本でもお馴染みのスーパー戦隊シリーズ『恐竜戦隊ジュウレンジャー』の海外リメイク作品である『マイティ・モーフィン・パワーレンジャー（シーズン2）』（1994年）以降からである。

それ以前の坂本監督に関しては、1996年に出版された坂本監督の著書『ハリウッドアクション！ジャッキー・チェンへの挑戦』（フィルムアート社刊）にて詳しく書かれている。ただ、現在は非常に入手困難な書籍であるため、そこに記されている1994年頃までの坂本監督に関して、軽く説明しておこう。

1970年、坂本監督は東京都足立区で生を受けた。幼い頃は体が弱く、『仮面ライダー』や『ウルトラマン』といった特撮作品、『宇宙戦艦ヤマト』や『銀河鉄道999』といったアニメ作品に夢中だったという。また、休日になれば父親に連れられて洋画やアニメ映画を鑑賞し、今の仕事に繋がる感性を磨いていった。

そして、小学三年生の時、ある人物との出会いにより人生が激変する。それが今も坂本監督が〝神様〟として仰ぐジャッキー・チェンである。『ドランクモンキー酔拳』を劇場で初めて観て、ジャッキーの魅力にとりつかれた坂本少年は、自分もジャッキーのようになりたいと強く思うようになる。ジャッキーの影響で身体を鍛えるようになり、弱かった身体も丈夫に。ジャッキー作品を中心に、国内外の映画やアニメを貪るように鑑賞し、ますます映像作品にのめり込んで行った。そして、高校生になるとアクション業界の殿堂のひとつ、倉田プロモーションの門を叩くことを決意するのだった。

アクションは初心者だったが、好きで楽しいから、ジャッキーのようになりたいからという単純な理由で厳しい特訓にも耐え、倉田プロモーションの特色でもある香港スタイルのアクションをマスターして行く。やがて、遊園地などで開かれるアトラクションショーなどにも出演するようにもなった。

その一方で、もうひとつ夢中になっていたことは、十四歳の時に父親から買ってもらったビデオカメラで、さまざまな映像を撮影することだった。これもジャッキー・チェンが自らの出演作を監督していることから影響を受け、中学生にしてすでに監督としての片鱗を覗かせていたという。高校二年生の時には文化祭発表用に学園アクションものの長編映画を作り、それが周囲からの高評価を得て翌年には続編にも挑戦。撮影中、演技指導に熱が入りすぎて骨折してしまうというアクシデントを抱えながらも、根性で完成させた。

高校三年生になると、将来は映画に関わる仕事をやりたいと決意を固めており、夏休みを利用してアメリカ、ＬＡへショートステイを敢行。本場ハリウッドのスケール感に感動し、ここで映画製作を学びたい！と、高校卒業後の留学を決意。三十歳までにモノにできなければ父親の会社を継ぐという約束の元、両親からの後押しを受け、ＬＡへと留学。お世話になった倉田プロモーションからも脱退した。

夢を抱き坂本青年はアメリカ、ＬＡへ。英語もわからず苦労する日々を送ったが、身に付けたアクションや格闘技がきっかけで友好が広がる。１９９１年、運良く映画『アンダーカバー』撮影現場を訪れることになり、そこで卓越したアクションセンスを見せたことをきっかけに、周囲のスタッフから一目置かれることとなった。その頃のハリウッドでは、重たいパンチ一発で決まるパワーファイトから、格闘技を使った派手なアクションが流行り始めていたが、倉田プロで培われた香港スタイルのスピーディーでアクロバティックなアクションはまだ誰も見たことがなく、坂本青年は、ハリウッドアクション界にもたらされた新風となった。

この作品を機に、職業ビザと〝SAG（スクリーン・アクターズ・ギルド）〟という俳優協会に加入できるチャンスを得て、正式にハリウッドで働けるようになった。坂本青年は、シリーズ化した『アンダーカバー』などでアシスタント・スタント・コーディネーター（殺陣師補佐）をやりながら、腰まで伸ばした長髪をトレードマークに、『ミュータント・ニンジャ・タートルズ3』などの作品にキャストとしても参加。そして、1992年に元倉田プロモーションの仲間たちとともにスタントチーム「ALPHA STUNTS（アルファスタント）」を結成。1993年の『GUYVER DARK HERO』がALPHA STUNTSの第1回作品となる。その後、様々な作品にスタントマンやスタント・コーディネーターとして参加し、1994年、『マイティ・モーフィン・パワーレンジャー（シーズン2）』の後半から、セカンド・ユニット監督（アクション監督）となったのだった。

単身アメリカに渡り、夢を叶えて映像作品を作る立場となった坂本監督。

本書は、その後のパワーレンジャーシリーズ時代の活躍や、日本で仕事をするようになった経緯、なぜ会社を跨いで数々のヒーロー作品を手掛けることができるのか、そのような作品を生み出すプロセスに迫っている。

その膨大な量の作品は、東映編、円谷プロダクション編、それ以外をまとめたエクストラコンテンツ編と3章に分け、インタビューは作品ごとに完結するようになっている。頭から順番に読むも良し、巻末の全仕事リストを参考に年代順に読むも良し、自分が観たことがある作品から読んでいくのも良いだろう。

好きなようにページをめくって、〝坂本浩一の全仕事〟を楽しんでいただけると幸いだ。

構成・取材・文　成瀬史弥

目次

円谷プロダクション編

エクストラコンテンツ編

東映編

パワーレンジャー

『恐竜戦隊ジュウレンジャー』以降のスーパー戦隊シリーズを、海外向けにリメイクした特撮作品。日本版の映像を使用しながら、ドラマシーンなどは新規で撮影し、スーパー戦隊シリーズとはひと味違う、新たな物語が紡がれた。坂本監督は15年以上の長きに渡ってシリーズに携わり続け、ディレクター、プロデューサーと様々な立場で番組制作を経験。今、日本で活躍している坂本監督の礎を築いていく。

TV『マイティ・モーフィン・パワーレンジャー』1993年8月～1996年2月(全155話)／『パワーレンジャー・ジオ』1996年4月～11月(全50話)／『パワーレンジャー・ターボ』1997年4月～11月(全45話)／『パワーレンジャー・イン・スペース』1998年2月～11月(全43話)／『パワーレンジャー・ロスト・ギャラクシー』1999年2月～12月(全45話)／『パワーレンジャー・ライトスピード・レスキュー』2000年2月～11月(全40話)／『パワーレンジャー・タイムフォース』2001年2月～11月(全40話)『パワーレンジャー・ワイルドフォース』2002年9月～11月(全40話)／『パワーレンジャー・ニンジャストーム』2003年2月～11月(全38話)／『パワーレンジャー・ダイノサンダー』2004年2月～11月(全38話)／『パワーレンジャー・S.P.D.』2005年2月～11月(全38話)／『パワーレンジャー・ミスティックフォース』2006年2月～11月(全32話)／『パワーレンジャー・オペレーション・オーバードライブ』2007年2月～11月(全32話)／『パワーレンジャー・ジャングルフューリー』2008年2月～11月(全32話)／『パワーレンジャー・RPM』2009年3月～12月(全32話)

アクション監督からエピソード監督へ

――アメリカ時代の話ですが、パワーレンジャーシリーズに参加するまでというのは著書『ハリウッドアクション』[①]やwikipediaの坂本監督の項目を読めば、わりと詳しく載っているのですが、その先から日本に来るまでというのが意外と知られていないので、その辺りを教えていただけますか。まずは初代『マイティ・モーフィン・パワーレンジャー』にアクション監督としての参加という事ですが、期間としてはどれぐらいだったのでしょうか。

僕がパワーレンジャーシリーズの第1作目『マイティ・モーフィン・パワーレンジャー』に参加したのは、『五星戦隊ダイレンジャー』をベースにしたシーズン2のラスト数話からですね。『忍者戦隊カクレンジャー』をベースとしたシーズン3までは アクション監督[②]のみを担当していました。

①ハリウッドアクション
1996年にフィルムアート社から発売された坂本浩一監督の著書。幼少期のことや学生時代におけるアクションへの目覚め、その後の渡米に関すること、アメリカでの生活、アクション監督になるまでの経緯、さらには日米におけるアクション映画の作り方の違いなどが詳細に書かれている。

②アクション監督
映像作品において監督に代わり、格闘やアクションシーンの撮影、編集を手掛ける専門職のこと。アメリカではセカンド・ユニット監督(S

シーズン4から『超力戦隊オーレンジャー』をベースとした新シリーズ『パワーレンジャー・ジオ』になりました。その頃には、アクションに付随するドラマのシーンを撮るという作業が増え、「キング・フォー・ザ・デイ」という前後編エピソードをほぼ僕が撮ったんです。その時に連名という形式でしたが、自分の名前が初めてエピソード監督③としてクレジットされました。

『パワーレンジャー・ジオ』終了後に、劇場用映画2作目にあたる『パワーレンジャー・ターボ・映画版・誕生!ターボパワー』の撮影がありました。

丁度そのタイミングで、その次のシリーズの『激走戦隊カーレンジャー』をベースとしたシーズン5『パワーレンジャー・ターボ』でエピソード監督をやりませんか? とオファーを受け、アクション監督兼エピソード監督としても参加するようになりました。

きっかけは日本版エピソードの翻訳

――『パワーレンジャー・ジオ』や『パワーレンジャー・ターボ』の頃に、徐々にエピソード監督としてシフトチェンジしていったという事ですね。

そうですね。スケジュール的に可能な時はエピソード監督を担当した感じです。その間は、横山誠④さんや、ウチ⑤のメンバーの野口彰宏⑥にアクション監督をお願いしていました。その流れが定着化したので、『電磁戦隊メガレンジャー』をベースとしたシーズン6の『パワーレンジャー・

econd Unit Director）と表記される。

③エピソード監督
TV作品において、ドラマパートの撮影、編集を手掛ける専門職で、クレジットでは〝監督〟となる立場のこと。アクションシーンの比重が重い特撮作品やアクション作品において、アクション監督と対比する言葉として、書籍などので便宜上使われるが、映像業界では使われていない。

④横山誠
日本で活動する映像作品の監督、アクション監督。有限会社AAC STUNTS代表取締役社長。かつてはスタントマンとしても活躍しており、パワーレンジャーの仕事を機に渡米。そこで坂本監督と出会い、監督としての道を歩むこととなる。代表作に『キューティーハニー THE LIVE』『牙狼〈GARO〉～闇を照らす者～』など。

⑤ウチ
有限会社アルファスタント。

イン・スペース』の頃は、エピソード監督としてローテーションに入るようになりました。結局ローテーションの間は、アクション監督としても常に撮影は続けていましたが（笑）。

ただ、『パワーレンジャー・ターボ』の頃から本打ち[7]には参加していました。当初、僕が本打ちに呼ばれた理由は、東映さんから送っていただいたスーパー戦隊シリーズの映像を、プロデューサーや脚本家たちに同時通訳する為でした。

それまでは、内容の分からないまま、ただ日本語の映像を見て、日本の景色や俳優さんが写っていない映像を抜き出し、使用部分を脚本に入れ組むという流れでしたが、自分が通訳する事により、スーパー戦隊の物語の面白さも伝わるようになり、物語面からも色々とアイデアを取り入れるようになりました。

その時に僕も意見を出し始めたら、採用される事も多くなり、これが『星獣戦隊ギンガマン』をベースとしたシーズン7の『パワーレンジャー・ロスト・ギャラクシー』で、共同プロデューサーに抜擢された流れへと繋がります。

僕が監督したエピソードの場合は当然ですが、担当回じゃない時も最初の翻訳&プロット制作[8]作業には参加していたので、僕のアイデアが入っているエピソードも多々存在します。その中でも脚本原案として採用され、クレジットもされたのが、『パワーレンジャー・イン・スペース』の最終回です。

1992年にアメリカで結成されたALPHA STUNTSが、日本での活動を本格化するために2003年に設立した会社。数々の映画やTVドラマ、CM、ゲームなどのアクションやスタントのコーディネートに加え、アクションを志す人に向けてのスポーツジムも経営。代表は小池達朗。

⑥野口彰宏
有限会社アルファスタント所属の監督、アクション監督、スタントマン。ALPHA STUNTSの設立メンバーのひとりでもある。パワーレンジャーシリーズのスタント・コーディネーターやアクション監督を手掛け、日本でも数々の坂本監督の作品でワイヤースタント・コーディネーターやアクション監督としてサポートを務める。

⑦本打ち
「本の打ち合わせ」の略で、映像作品のシナリオ、脚本の内容に関する打ち合わせのこと。主に脚本家、監督、

——それはどういったアイデアだったのでしょうか。

それまでの『パワーレンジャー』シリーズは、シリーズの節目でキャストが変わる事はなく、同じキャストが違うパワーを受け継ぎ新シリーズとしてスタートしたり、シーズンの途中で交代劇があったりという感じでした。

例えば、『パワーレンジャー・ターボ』では、前半でブルーのみ新キャストへと交代したと思ったら、シリーズ中盤で残りの4人が代わったり、『パワーレンジャー・イン・スペース』だと、新レッドが加わるので、今までのレッドがブルーになったりと、かなり複雑な交代劇です。

映画『パワーレンジャー・ターボ・映画版・誕生！ターボパワー』では、同じキャストのまま『オーレンジャー』から『カーレンジャー』のパワーに移行する物語が描かれたのですが、TVシリーズではその部分をダイジェスト映像で紹介したのみでした。

ただ、シリーズが6年も続くと、視聴者の子供たちも入れ替わって来るので、ここで一度総まとめの最終回を作り、シーズン7からは、全く新しいところからスタートするのが最善と思われ、提案させていただきました。

その結果、『パワーレンジャー・イン・スペース』の最終回は、今までのシリーズに登場したキャラクターたちが総登場して、かなり豪華な大団円となりました。

プロデューサーなどが参加。

⑧プロット制作
脚本やシナリオの大まかな流れを記した構想段階の資料。これを元に脚本の第1稿（初稿）が作られ、幾度かの修正を加えた後に準備稿に、そして撮影用の決定稿が作成される。

パワーレンジャー、黄金時代の到来

――日本のスーパー戦隊シリーズのように、番組が更新されれば全く違う内容の番組に変わるようにしたんですね。

そうですね。それ以降はスーパー戦隊シリーズと同じようにキャストと物語構成が毎年変わるようになります。その後、『パワーレンジャー・ロスト・ギャラクシー』からは、僕もプロデューサーチームの一員となり、共同プロデューサーとしてクレジットされるようになりました。『パワーレンジャー・イン・スペース』の後半から、『ギンガマン』の映像を確認しつつ、『パワーレンジャー・ロスト・ギャラクシー』の打ち合わせを開始したのですが、SF色を強く押し出した『パワーレンジャー・イン・スペース』が好評だったので、『パワーレンジャー・ロスト・ギャラクシー』はベースとなる『ギンガマン』のファンタジー色を交えながらもSF路線を続ける事が決まりました。

その結果、僕が提案した構成案が採用され、人類が巨大スペースコロニーに乗って母なる星を探しに行くという、子供の頃から好きだった『宇宙戦艦ヤマト』⑨と『機動戦士ガンダム』⑩を合わせたような物語になりました(笑)。

アメリカにおけるパワーレンジャーの権利を持っていたサバン⑪のメインプロデューサー、ジョ

⑨宇宙戦艦ヤマト
1974年に放送を開始したTVアニメ。本放送時の人気は振るわなかったが、再放送を起点に注目されるようになり、TVシリーズを再編集した劇場作品が公開される頃に一大ブームを築く。

⑩機動戦士ガンダム
1979年に放送を開始したロボットアニメ。『宇宙戦艦ヤマト』と同様に本放送時の人気は振るわなかったが、再放送を起点にリアルなロボットの物語が人気となり、ガンプラが爆発的に売れるなど、一大ブームとなる。今なお新シリーズやスピンオフ作品が作られている。

⑪サバン
サバン・エンターテインメント。アメリカのTV番組の製作・配給会社で、2018年7月に閉鎖されたサバン・ブランドの前身。1991年、熱意ある交渉の末にスーパー戦隊シリーズの海外での放送権利を獲得。放送コード

ナサン・ヴァクワーは、〝スーパー戦隊シリーズ〟へのリスペクトが物凄く高く、日本から監督を呼び、『パワーレンジャー』のクオリティを更に上げる計画を立てました。ジョナサンが東映さんと交渉した結果、呼ばれるのは『ギンガマン』のメイン監督で、英語も堪能な⑫田﨑竜太監督に決定。アメリカで仕事をする為に必要な就労ビザの申請が始まりました。

アメリカでの外国人雇用の法律は厳しく、田﨑さんのビザも取得まで時間がかかりましたが、何とか『ロスト・ギャラクシー』の撮影中盤に間に合い、いよいよ田﨑さんが参加する事になりました。『救急戦隊ゴーゴーファイブ』をベースにした、シーズン8『パワーレンジャー・ライト・スピード・レスキュー』までの約2年間は、基本的に田﨑さんと横山さんと僕との3人で監督業を切り盛りして（プロデューサー陣も何人か監督していますが）、進めていました。田﨑さんがエピソード監督の回は僕と横山さんでアクション監督を務めるとか、今、考えるとなかなか豪華なメンバーでやっていたなぁと（笑）。

田﨑さんは基本的にメインユニットと呼ばれるドラマ班を担当していました。そのディレクションは素晴らしく、僕も横山さんも多大な影響を受け、たくさん勉強をさせてもらいました。当時のパワーレンジャーシリーズは、それまでの大ヒットの影響で、予算もスケジュールも潤沢にあり、結果『パワーレンジャー・ロスト・ギャラクシー』と『パワーレンジャー・ライト・スピード・レスキュー』は、僕らにとっても色々な事にチャレンジ出来たシリーズとなりました。

の関係上、日本の作品をそのまま放送することはできなかったが、日本の『恐竜戦隊ジュウレンジャー』の映像を再編集し、新規映像を加えた『マイティ・モーフィン・パワーレンジャー』として放送。これが世界中で記録的な大ヒットとなった。

⑫田﨑竜太
日本で活動する映像作品の監督。『星獣戦隊ギンガマン』の後に、『パワーレンジャー』シリーズの監督オファーを受け渡米する。帰国後は『仮面ライダーアギト』『仮面ライダー555（ファイズ）』などを手掛け、平成仮面ライダーシリーズの創世記を支える。その後も数多くの平成仮面ライダーシリーズのパイロット監督を務め、2013年以降は大ヒットドラマ『科捜研の女』なども手掛けている。

ハリウッド作品のダイナミックさと、僕や横山さんのアクションへの拘り、田﨑さんの緻密なドラマ構成が混ざり合って、面白いエピソードが多くなっていると思います。

渡米の目的は監督になること

――元々はアクション俳優を志して、そこから渡米してアクション監督を経て、やがてエピソード監督になりましたが、渡米前のプラン的には。

僕の出発点は、僕が神様として崇めるジャッキー・チェンと同じ道を目指すという事でした。ジャッキーは俳優業だけでなく、スタントマンからそのキャリアをスタートし、殺陣師、監督、プロデューサーと様々です。僕もジャッキーの真似をして、この業界に入る前の中学生の頃から父親が買ったVHSのビデオカメラを使い、従兄弟を使って自主映画を作っていました（笑）。なので、この業界に入った16歳の頃には、既に監督志望という目標は出来ていましたね。

18歳で留学を目的に渡米した後は、いくつかの作品でお芝居をする機会もあったのですが、自分の中で納得出来ずに、アクション俳優になりたいという気持ちは薄まり、スタントマンをやりつつ、アクションコーディネーター⑬や監督業を目標にするようになりました。

アメリカがでは色々な出会いがあり、経験を重ねる事で監督にもなれましたし、自分の進みたかった道に進めたという実感はしています。

⑬アクションコーディネーター
映像作品においてアクションシーンの段取りや、スタントマンの手配、演者にアクション指導を行う専門職のこと。撮影の規模によっては、アクション監督がアクション・コーディネーターを兼任する場合もある。アメリカではスタント・コーディネーター（Stunt coordinator）と呼ばれる。

――チャンスがあれば、自分からグイグイ行く感じなのでしょうか。

そうですね。それがアメリカンスタイルです。やはり自分で行動してチャンスを掴まなければ何も生み出せませんし。まさに「ジーッとしてても、ドーにもならねぇ！」ですね（笑）。

アメリカだと、日本では美徳とされている謙遜は通用しません。スタントの仕事でも、自ら何が出来るかアピールしていかないと、次の仕事は回って来ません。なので、自分はいつも相手が要求した事を200％以上で返そうと努力するようにしています。

例えば、ある高さから落ちれるかと聞かれたら、それより高い所から落ちる、もしくはマットを使わずに落ちる、1回転ひねってから落ちるなどと、自分は何が出来るかをアピールするんです。すると相手からの信頼度も上がり、また次の作品に呼んでもらえるようになります。

ただ、ここで一番重要なのが、無理して怪我をしない事。そこで怪我をすると、二度と信頼されません。もしチャンスが訪れたら、それを必ず掴めるように、プロとして日々厳しいトレーニングをする事は重要な事なんです。

発展していくハリウッドアクション

――若い頃に学んだ日本、香港のアクションは、大きな武器になったのではないでしょうか。

1980年代～2000年代にかけては、格闘やリアクション、アクロバッティックな動きなどのボディアクションに関しては、僕たちが学んだ香港や日本の技術が世界で一番と言っても過言ではありませんでした。

僕がアメリカに渡った1989年は、丁度⑭ジャン＝クロード・ヴァン・ダムがアクション映画のニューヒーローとして頭角を現し、アメリカナイズされた空手の動きを、スローモーションで力強く見せるというスタイルが一斉を風靡しました。

アメリカではまだ格闘技を使ったアクションのレパートリーは少なく、ジャッキーのようなスピーディーで流れるような動きや、アクロバットを使ったリアクション等を見せると、みんな驚いていましたね。

パワーレンジャーシリーズの大ヒットや、実写版⑮『ティーンエイジ・ミュータント・ニンジャ・タートルズ』などの影響で、空手やテコンドーを習う子供たちが全米で続出し、社会現象にもなりましたね。その影響がアメリカのアクション業界に大きく影響していて、現在活躍する若手のスタントマンたちはみんな、パワーレンジャー世代。今では信じられないぐらいの身体能力を持つ有望な若者が続々と出て来ています。

彼らは子供の頃、僕らがパワーレンジャーでトランポリンやワイヤーを使って表現していた動きを、見よう見まねで一生懸命練習して出来るようになったというトンデモナイ奴らです（笑）。

僕たちの作品が、今のハリウッド映画に少なからず影響を与えていると思うと、とても感慨深い

⑭ジャン＝クロード・ヴァン・ダム
ベルギー出身の俳優。デビュー当初はスタントマンとしても活動し、映画『ブラッドスポーツ』で初主演を飾ったことを機に、数々のアクション映画で主役を演じ人気を獲得。1980年代後半から2000年初頭のハリウッドアクション映画界の第一人者となる。空手、キックボクシングをベースにした重量感のある打撃や、股関節の柔らかさを活かした開脚シーンなどに定評がある。

⑮ティーンエイジ・ミュータント・ニンジャ・タートルズ
1984年にミラージュ・スタジオから出版されたアメリカンコミックで、不思議な力により二足歩行で歩き、人語を解すようになった4匹の忍者亀〝タートルズ〟の活躍を描く。1987年に放送されたアニメシリーズ、1990年の実写映画が大ヒットしシリーズ化。坂本監督もシリーズ3作目には役者として参加している。

ですね。ただ、悲しい事に今ではすっかりアジアのスタント技術は、アメリカに追い抜かれてしまいました。

——日本のアクション業界としては、嬉しいような寂しい話ですね。

アメリカではスタントマンとして名を上げれば、高額収入が得られます。プール付きの豪邸やポルシェ、フェラーリに乗る事も夢じゃありません。それは、アメリカではスタントのような命を落とすリスクのある職業は、特殊技能と認められて、高額なギャラが支払われるからです。

日本のスタントマンは、どれだけ頑張ってもバイトをしないと生活出来ない人たちも沢山います。日本とアメリカの考え方のズレは大きいですね。ハリウッドと日本で製作される作品の予算も、雲泥の差なので仕方ない事ですが……。

アメリカでの撮影方法

——パワーレンジャーシリーズの撮影スタイルというのは、東映さんのスタイルを模倣した感じだったのでしょうか?

僕たちが参加した後だと、似ている所もありますがまったく違いますね。大きく分けると3段階に進化したのですが、まず、僕たちが入る前の100％アメリカンスタイル、僕たちが参加した後での香港イズムなアクションの撮影方法、田﨑さんが参加した後の日本スタイルとの融合ですね。

日本でもアニメシリーズが放送されて知名度を得る。アメリカでは1997年にFox Kidsにてサバン・エンターテイメント製作の実写TVシリーズが放送されている。

アメリカンスタイルとは、ドラマもアクションも、まず、シーンを頭からお尻まですべてを一度通して数台のカメラで撮影します。これをマスターショットと呼びます。その後、必要な部分をピックアップして行く感じです。これはキャストとスタッフが全体像を掴むうえで、とても有効ですが、実際使われない映像もたくさん出て来るというマイナスな面もあります。

香港イズムなアクションの撮影方法とは、アクション監督がアクションの動きにより、その動きを捉えるのに一番適したカメラアングルを決め、全体の動きを分割化し、カメラポジションを変えながら細かく分けて撮影します。

日本スタイルとは、監督が決めたカット割りに合わせて、セリフや表情の変化なども含め、編集に必要な部分のみを撮影していく方法です。

このような様々なスタイルが入り乱れ、次第に僕たちは〝パワレンスタイル〟という方法を開発して行く事になります。つまり良いとこ取りですね（笑）。

ドラマやアクションなどで、無理なく自然な流れで出来る範囲はアメリカンスタイルでマスターショットを撮り、複雑なアクションやワイヤーなどの大掛かりなカットは香港スタイルでアングルを限定して撮影、どうしても必要なカットは日本スタイルで必要な部分のみをバンバン抜いて行く……この〝パワレンスタイル〟は現在僕が日本で実地している撮影スタイルですね。

複雑なカットや大掛かりなカットも、スタッフとの連携したチームワークがあれば、工夫次第で比較的短いスケジュールでも消化出来るんです。僕がドラマを撮っている間に、アクションチームが別場所でワイヤーの練習やアクションの構成を考える。⑯操演部が別場所で爆破を仕掛ける。その準備が出来次第、それをチェックしつつ効率よく撮影して行く……これもパワーレンジャーで積んだ経験があるからですね。

本当に毎日がパワーレンジャー漬けでした。僕たちも若かったので、新しい事をする為に、毎日知恵を絞ってアイデアを出しまくっていましたね（笑）。

田﨑監督帰国、そして……！

――パワーレンジャーシリーズの話に戻ります。今、日本で活躍している坂本監督、横山監督、田﨑監督という3人の監督が活躍した時期は黄金期ともいえる時代の到来と言えたのではないでしょうか。

黄金期かどうかは分かりませんが（笑）、色々と結果は残せたと思います。ただ、その頃には僕に他のアメリカ映画のオファーも多々入るようになり、田﨑さんと横山さんにパワーレンジャーを任せて、他の作品に参加する事もありました。何故かホラー系の作品が多かったのですが（笑）。

そしてこの後、大きな出来事が起こります。『未来戦隊タイムレンジャー』をベースとしたシーズン9『パワーレンジャー・タイムフォース』が始まる前に、田﨑さんが『仮面ライダーアギト』のメイン監督のオファーを受けて日本に帰国する事になったんです。

⑯**操演部**
映像作品における専門職。ミニチュアの操作や、滑車とピアノ線、ワーヤー、ロープなどを使った吊りや移動を表現したり、電飾、火薬を使った爆破や弾着などの演出を行う。

日本から田﨑さんの代わりにパワーレンジャーに参加していただける監督を探してもらったのですが、なかなか見つからず、また、見つかっても就労ビザを取得するには時間がかかります。そこでプロデューサーのジョナサンから言い渡された課題は、僕が田﨑さんの分までドラマ班を請け負って、通常よりも早いローテーションでエピソードを監督していくという事でした。

通常は一度監督をすると、次の番が回って来る前に、2～3人の監督さんが入るのですが、『パワーレンジャー・タイムフォース』は、基本的に僕の間にひとりしか入りませんでした……。多分シリーズの半分近くは監督したと思います（笑）。その分『パワーレンジャー・タイムフォース』は思い入れの深いシリーズとなり、今でもキャストたちと友好関係を続けています。

小林靖子脚本はアメリカでも好評

それ以外で、『パワーレンジャー・タイムフォース』で凄かったのは、プロデューサーのジョナサンの『タイムレンジャー』でのお気に入りエピソードすべてが、メインライターを担当した小林靖子さんが書いたエピソードだったんです！

その事もあり、『パワーレンジャー・タイムフォース』は、レッドとピンクの恋愛要素とか、ピンクがチームのリーダーだったり、レッドとピンクが別れを告げるエンディングなどの『タイムレンジャー』要素を含む物語構成になりました。

僕も今まで以上にドラマ面の演出に力が入り、最終回ではキャスト全員が大号泣しながら最後の変身シーンを撮影しました。日本ではどのシリーズも最終回の撮影は感動的なのですが、パワーレンジャーでそういう感情が湧いたのは、僕が関わった約16年の間では『パワーレンジャー・タイムフォース』のみです。

――小林靖子さんの脚本はアメリカでも通じるんですね。

やはり良いドラマは国が違っても心を揺さぶりますね！　特にジョナサンは自身もイスラエル出身なので、外国文化に対してオープンマインドな人です。日本人のスタントマンや監督を雇用して、アメリカの子供達に〝スーパー戦隊魂〟を伝えた一番の功績者だと思います。

坂本監督式英語習得法

――そういえば、英語はどれくらいでマスターしたんですか？

今だにマスターはしていませんが（笑）。行って2年目くらいで日常会話は出来るようになりました。渡米前はまったく喋れませんでしたね。ただアメリカ映画をたくさん観ていたので、耳は馴染んでいたと思います。僕の行っていた高校で週に1回、アメリカ人の先生の授業があったのですが、ヒアリングは得意でした（笑）。

渡米後は、日本の人達との付き合いは出来るだけ少なくして、韓国と台湾の友人と一緒にハウスシェアをして暮らしていました。仕事で現場に入った後は、日本人は僕ひとりだったので、そこで一気に英語のスキルは上がりましたね。

僕の場合、英語を授業で習うよりも、会話や映画から耳で覚える方法がメインでした。子供が言葉を覚えていくのと一緒ですね（笑）。なので、初めはその単語の意味は分からなくても、同じ単語が良く使われるシチュエーションが分かると、自分も使ってみて覚えるという事が多かったですね。その時重要なのが、日本語に置き換えて理解しようとしない事でした。英語で聞いて、英語で考える癖を付けるように努力しました。なので、実は通訳はあまり得意じゃないんです（笑）。

発音に関しては子供の頃に英語に慣れ親しんでおかないと、ネイティブにはなれないと思います。僕が英語を使い始めたのが18歳からなので、今だに日本語訛りは取れませんね。ただ、音感のある人は、ある程度の年齢がいってからでも発音は上手くなると聞いた事があります。

サバンからディズニーへ。パワーレンジャー激動の時

――『パワーレンジャー・ワイルドフォース』の時も大きな出来事があったようですね。

はい。僕の人生でも大きな転機となった出来事がありました。まず、めでたくスタントや女優をしていた[17]椰野素子と結婚しました！　……僕にとっては2度目ですが（笑）。

という事と、『百獣戦隊ガオレンジャー』がベースとなるシーズン10の『パワーレンジャー・ワ

⑰椰野素子
元AAC STUNTS所属のスタントウーマン。代表作として『ゼイラム2』のイリア吹き替え、『ウルトラマンティガ THE FINAL ODYSSEY』のカミーラ、キャストとしては『エコエコアザラク』や『ゴッド・ギャンブラー東京極道賭博 中華賭侠』、海外では『パワーレンジャー』シリーズや『MARVELエージェント・オブ・シールド』、主演作の『ウィケッド・ゲーム』などがある。

イルドフォース』が始まる前に、番組の権利がサバンからディズニーに移るかもしれないという話が浮上したという事です。[18]

母体会社のサバンが巨大企業に成長し、一時期エンタメ業界の活動を抑えるという事と、ディズニーがボーイズコンテンツを強化したいという理由が合致したからだと思います。

通常は新シリーズが始まる前に、ネットワークとの話し合いにより放送話数が決まるのですが、『パワーレンジャー・ワイルドフォース』は、未確定のまま前半20話分の制作のみ決定しました。

その先の放送が未定の為、オリジナリティを出した物語構成を進めるにはリスクが高く、今回はオリジナルの『ガオレンジャー』に出来るだけ沿って進行する事になりました。

幸いにも『ガオレンジャー』は、CGによるパワーアニマルや巨大ロボ、変身後の描写が多く、映像の流用がしやすい作りになっていました。


――スタッフ間では、「どうなるんだろう……」という空気が広がったのでしょうか。


丁度番組が10年目にあたる節目で浮上したこの話に、スタッフ一同不安感は持っていましたね。その後、ディズニーに権利が移る事が正式に決まり、放送も、後半20話をディズニー系列の放送局に代えて継続される事が確定しました。

後半20話の制作も変わらずにサバン体制でしたが、ディズニー側から現場にプロデューサー陣の視察が入り、徐々にディズニー体制への移行が開始されました。その結果、ディズニーが下した大

⑱番組の権利がサバンからディズニーに移る
パワーレンジャーのアジア以外の放送権利はサバン・エンターテインメント（現サバン・キャピタル・グループ）が持っていたが、2002年に放送した『パワーレンジャー・ワイルドフォース』以降はウォルト・ディズニー・カンパニーに移行。2011年に放送した『パワーレンジャー・サムライ』以降はサバン・キャピタル・グループに戻っている。なお、現在の放送権利は玩具メーカーのハズブロが有している。

きな決断は、制作のコストパフォーマンスを考え、撮影地をLAからニュージーランドに移す事でした。

――スタジオをまるごと移すという事ですね。それは大ごとです。

ディズニーは、ディズニーチャンネル[⑲]で放送している映画を、ニュージーランドで製作した事があり、現地のスタッフのクオリティや、映像の制作体制が保障されている事、また、当時はニュージーランドが英語圏で一番物価が安い国だった事が理由で決断を下したのです。

いざ、新天地ニュージーランドへ

――当然、スタッフの中で行けない人もでてきますよね?

そうですね。中にはポジティブに受け取り、10年間仕事を提供してくれた番組に感謝の意を込めて退社した方もいましたし、批判的な考えのまま離れてしまった方もいました。

『パワーレンジャー・ワイルドフォース』の撮影も中盤を過ぎた頃に、ディズニーから僕に製作総指揮[⑳]（エグゼクティブプロデューサー）として契約して、番組をニュージーランドで立ち上げて欲しいというオファーがありました。パワーレンジャーシリーズのアイデンティティをキープする為に、僕はオファーを受け、準備の為に先行してニュージーランドに視察に行く事になりました。

現地のプロデューサーや、同じくディズニーから派遣された人たちと一緒に、パワーレンジャー

⑲ディズニーチャンネル
アメリカで1983年に放送を開始したウォルト・ディズニー・カンパニーが運営するエンターテインメント専門チャンネル。日本でもスカパー!をプラットフォームに2004年より開局。2005年にはディズニー第2のチャンネルとして「トゥーン・ディズニー」を開局したが、2009年に男児向け番組放送チャンネル「ディズニーXD」にリニューアルされた。

⑳製作総指揮
映像作品において監督やプロデューサーよりも上位に位置し、作品のクリエイティブな面を統括する最高責任者。アメリカではエグゼクティブ・プロデューサー（Executive producer）と表記される（日本においてもそう明記されることがある）。

の撮影に適したスタジオを建てたり、仕上げスタジオを確保したりするなどの、番組を受け入れる準備を開始しました。

この作業に追われて頻繁に現場を空けるようになってしまったのですが、『パワーレンジャー・ワイルドフォース』には、就労ビザの申請が下りて、㉑坂本太郎監督が前半から参加していました。自分と苗字が同じなので、スタッフからは親子と間違わられて、面白いので誤解をそのままに太郎さんの事を現場では「ダディ！」と呼んでいましたね（笑）。

太郎さんは、英語は喋れないのですが、体を使ったコミュニケーションでキャストやスタッフと打ち解けて、通訳を通さなくても意思疎通が出来るぐらい情熱的な人でした。

今までアクション監督、エピソード監督、プロデューサーを歴任して来ましたが、今度は番組製作の最高責任者である製作総指揮としての参加です。

それに加え、現地のスタッフにパワレンスタイルに慣れて貰う為に、ディズニー製作の第1作目、『忍風戦隊ハリケンジャー』をベースとしたシーズン11『パワーレンジャー・ニンジャストーム』では、㉒パイロット監督も兼任。その後も引き続き横山さんと交代でセカンドユニットを監督していく事になりました。プレッシャーは凄かったですね（笑）。

――多忙にも程がありますね。

新たな生活環境の中での大きなチャレンジだったので、気合の入り方も違ったのですが、やはり

㉑坂本太郎
日本で活動していた映像作品の監督。主に東映特撮作品のTVシリーズを手掛け、2002年には渡米して『パワーレンジャー・ワイルドフォース』の監督を務める。番気味終了後は帰国して精力的に活動していたが、2012年の『海賊戦隊ゴーカイジャー』を最後に監督業を引退。

㉒パイロット版
TVシリーズを視野に入れた映像作品において、放送が決定する前にシリーズ化検討材料、もしくは単発で放送して視聴者リサーチをするために制作されるテスト用の映像。パイロットフィルムとも呼ばれる。また、もうひとつの意味として、特撮作品を代表するTVシリーズの全体的な演出の指針を決めるために、メイン監督が手掛ける初期エピソードのことも指している。

横山さんを筆頭にサポートしてくれたスタントチームの仲間と、仕事と私生活両方を支えてくれた奥さんがいたから乗り越えられたのだと思います。

ディズニーから与えられた新たな任務というのが、東映さんとの窓口になり、撮影に使われるコスチュームや小道具、怪人などの造形物の制作を発注したり、日本で使用した物をお借りしたりするやり取りを直接する事です。それに加え、日本の戦隊の今後の物語の展開を打ち合わせするという大事な役目も授かりました。

それまでの『パワーレンジャー』は、ベースとなる日本の戦隊の製作が終わった後に製作を開始していたので、全話の展開を把握した上で脚本の打ち合わせが出来ましたが、ディズニー製作になってからは、制作のスピードも上がり、日本とは約半年の開きしかなくなってしまいました。

なので、スーパー戦隊の担当プロデューサーさん達とお会いする機会が増えるようになりました。

――ニュージーランドへは引っ越した形？　それとも仮住まいなのですか。

自宅をＬＡに置いたまま、年間８ヶ月間はニュージーランドに滞在し、４ヶ月間はＬＡに戻るという生活を続けていました。その際、僕が持っていたアメリカの永住権のままでは、半年を超越する海外への外出は届け出が必要となり、とても不便になります。

そこで、ディズニー側の好意もあり、契約時にアメリカ国籍を取得する手続きを、弁護士を通してしていただく事になりました。この時から僕はアメリカ人になったのです。

――その時、ご家族はどうしていたんですか？

奥さんは、『パワーレンジャー』でスーツアクトレスもしていたので、一緒にニュージーランドに行き、娘のマチルダは学業もある為、前妻の元、LAに残りました。

激動は私生活にも……

――差し支えなければ前の奥さんの事や、お子さんの事を教えていただけますか。

時期的には『パワーレンジャー・タイムフォース』の頃が、仕事、私生活においても激動の時期でしたね。生活習慣の違いとか色々含め、一緒に暮らす事が難しくなり、娘の事を一番に考えて苦渋の決断をしました。しかし、アメリカは親権をシェアするのが通常なので、娘とは出来るだけ一緒の時間を過ごしていました。その後、娘が成人した今でも、お互いに親として定期的に連絡も取り合い友好的な関係を続けています。

現在娘はニューヨークにある[23]ジュリアード音楽院という大学を卒業し、ニューヨークに住みながらダンサーとして活躍しています。とっても可愛い自慢の娘です！（笑）

LAにいる息子の結理（ユウリ）も中学生になりますが、幼少の頃から中国武術を習わせていて、現在ではアクションも教えています。中国武術は、『ウルトラマンジード』のライハ役・[24]山本千尋ちゃんと同じスタイルです。

㉓ジュリアード音楽院
1905年に創立されたニューヨーク州ニューヨーク市に本部を置く、舞踊、演劇、音楽の3つの学部を持つアメリカの音楽大学。世界有数の超名門校として知られている。

㉔山本千尋
日本で活動する女優。幼い頃から中国武術を習っており、2008年に開催された第2回世界ジュニア武術選手権大会にて武術太極拳の世界王者になるなど、武術家として輝かしい経歴を残す。その後、女優に転向し、2013年、舞台『時空警察ヴェッカー1983』でデビュー。坂本監督の『仮面ライダー平成ジェネレーションズDr.パックマン対エグゼイド&ゴーストwithレジェンドライダー』、『ウルトラマンジード』にも出演。

アメリカでもちょこちょこと芸能活動をしているのですが、日本では㉕東映特撮ファンクラブで配信されている『宇宙戦隊キュウレンジャー』のスピンオフエピソード『ｆｒｏｍ Ｅｐｉｓｏｄｅ ｏｆ スティンガー 宇宙戦隊キュウレンジャー ハイスクールウォーズ』で、小太郎のアクション吹き替えを担当してデビューしました。

思い起こすと『マイティ・モーフィン・パワーレンジャー』を担当する年に娘が生まれ、将来はピンクレンジャーになれるね！ とスタッフから冗談を言われましたが、今や娘もピンクレンジャーを演じる年齢を過ぎてしまいました（笑）。時の流れを感じますね！

僕の夢は、いつか自分の子供たちと一緒に映画を作る事ですね！（笑）

島国根性がクロスして士気は上昇

――ニュージーランドに拠点を移してからのお話をお願いします。

ニュージーランドは日本と同じ島国で、みんな島国根性的に、良い意味でアメリカに対抗意識を持っているんです。ニュージーランドは小さい島国だけど、アメリカに負けないぐらい優秀なんだ！という気持ちをみんな持っていて、アメリカから仕事を依頼された際は、必ず期待以上のことを返すというプライドを持っています。その精神にすごく共鳴しました。

そして驚いたのは、家族との時間を一番大切にする国民性で、残業はしないという風習ですね。

㉕**東映特撮ファンクラブ**
東映が配信しているスマートフォンやPCで閲覧できる東映特撮作品ファン向けのアプリで、会員（有料）は数々の東映特撮作品を視聴可能。インタビュー映像やバラエティ番組といったオリジナルコンテンツにも力を入れており、『ｆｒｏｍ Ｅｐｉｓｏｄｅ ｏｆ スティンガー 宇宙戦隊キュウレンジャー ハイスクールウォーズ』などのオリジナル作品も製作している。

その代わり、仕事中は物凄く集中して効率よく働き、時間が来ると気持ちをパッと切り替えるというメリハリの効いた生活を送っているんです。

同じ島国の日本出身なので、現地スタッフとの仲間意識も芽生え、チームワーク良く一緒に仕事が出来たのが嬉しかったですね。

――向上心ある人たち同士の出会いというのは、喜ばしいことです。

ニュージーランドの人たちは、チャレンジする事に臆さないというか、貪欲に新しい事を吸収していきます。なので、パワーレンジャーのような沢山の合成とアクションのある作品をコンスタントに製作する事は初めてだったのですが、それを吸収し、更に良くしようと高い意識で挑んでくれました。アメリカで10年かけて築いた撮影方法を、即座にマスターしてくれましたね。

――撮影できる場所というのは、アメリカよりは自由な感じなんですか？

自然が豊かで、撮影許可も取りやすく、様々なロケーションに車で1時間以内で行けます。大自然が舞台だった『パワーレンジャー・ワイルドフォース』をニュージーランドで撮っていたら、とてもスケールの大きい作品になっていたと思います。ただ、撮影地のオークランドは、日本やアメリカと比べると街が小さいため、街中でのロケーションは限られてしまいます。

事前のロケハンでニュージーランドの事情をある程度把握していたので、『パワーレンジャー・ニンジャストーム』の各キャラの特技は、設定の段階でアクセスしやすいロケーションを活かせる物をチョイスしました。レッドが現地で流行っていたスケボー、イエローがモトクロス、ブルーがサーフィンという感じです。

後は、物価の違いによりアメリカ時代よりもセットが更に豪華になりましたね。人が住めるのでは？　と思えるほどのクオリティのセットをスタジオ敷地内の空き地に、オープンで組んだのには、その発想も含めて、驚かされました。

日本だと撮影所の一角が番組用のセットとなりますが、ニュージーランドでは、撮影所の敷地全部がパワーレンジャー用なんです。プロダクションオフィス、スタジオが3軒、美術倉庫、衣装制作部屋、造形物管理倉庫など、必要な物すべてがひとつの敷地内にあり、システム化しています。まさに〝パワーレンジャースタジオ〟ですね。

作品の立ち上げで、僕がニュージーランドに行った時は、それらを作る所から始めたんです。最初は何もない広い空き地があるだけで、不安でしたが、凄い急ピッチでどんどん建物が建てられて行ったのを覚えています。

会社もロケ地も変わり、ディズニーの意向で物語もオリジナル性が強くなった『パワーレンジャー・ニンジャストーム』は、パワーレンジャーの大きな革命期の記念すべき作品だと思います。

唯一残念なのは、日本でいう〝VSシリーズ〟にあたる2作品の共演エピソードが、『パワーレンジャー・ワイルドフォース』と『パワーレンジャー・ニンジャストーム』では出来なかった事ですね。

作風のシフトチェンジ、ディズニー版パワーレンジャー

——権利とかはどうなったのでしょう。サバン時代に作った映像は使えないというのはあったのですか。

権利は1作目から全部をディズニーが保持し、すべて統一されました。ただ、サバン時代の作風とディズニーに移ってからの作風に大きな違いがあります。ディズニー側から、キャラクターのセリフ回しを、もっと自然なティーンエイジャーの会話にして欲しいとのリクエストがありました。

今まではスーパー戦隊シリーズを意識して、意図的にヒーロー的な言い回しを多く使っていましたが、確かにこれは日常の会話とは違います。ディズニー側の主張は、シチュエーションコメディ[26]のように、今の若者の雰囲気を大事にしたいという物でした。

パワーレンジャーはアクションが多いため、脚本は通常のドラマより短めです。これが、会話劇がメインのシチュエーションコメディのような流れになると、かなり早いペースでドラマを進めないと、30分の放送枠に収まらなくなります。でも、それがディズニーの狙いでした。作品のテンポを上げ、子供達に退屈する時間を与えない、チャンネルを変えさせないという作戦です。

ケーブルテレビが主流で、チャンネル数が豊富なアメリカで勝ち抜くための重要なメソッドだったのです。

[26]**シチュエーションコメディ** 登場人物が置かれた状況の中で視聴者を笑わせるコメディ。舞台設定が限られている中で展開される1話完結の物語が多い。

3分に1回は必ず誰かがギャグを言うか転ぶかする……というと大袈裟に聞こえるかもしれませんが、このディズニーからのガイドラインが、脚本作りや編集作業の目安となりました。

現在の僕の編集スタイルも、リズムよくカットを変えて、観ている人を飽きさせないようにテンポを大事にするのですが、これはディズニーで長い間プロデューサーをやっていた影響が大きいと思います。

——目を引くシチュエーションをどんどん入れていきましょうということですね。

英語で〝アイキャンディ〟いわゆる目で舐めるキャンディという例えがあって、ディズニーが番組を作るうえでの方針がこれでした。なので、セリフやセット、衣装にまで、今の流行を取り入れて、パワーレンジャーにポップな雰囲気が加わりました。

サバン時代はスーパー戦隊シリーズに寄せる方向性、ディズニー時代はオリジナリティを出す方向性、同じパワーレンジャーでも考え方としては結構大きく違うんですね。

『パワーレンジャー・ニンジャストーム』から『炎神戦隊ゴーオンジャー』をベースとしたシーズン17の『パワーレンジャー・RPM』までがディズニー母体で、僕が製作総指揮を務めたシリーズです。

日本出張で頻繁に東映へ

――『パワーレンジャー・ニンジャストーム』から、東映さんと密なやりとりがスタートしたんですよね。

ニュージーランドは日本と季節が逆なので、5月〜8月は冬になり、雨も多いので撮影は休みになります。その期間が次のシリーズの準備時間となり、僕はＬＡに帰ってキャスティングや脚本の打ち合わせをするという、冬のない生活を送っていました（笑）。

その頃のパワーレンジャーは、スーパー戦隊シリーズから、半年遅れで後追いする形で製作されていました。

ちょうど夏頃はその年のスーパー戦隊シリーズの劇場版が公開され、後半に向けて設定を詰めて行く頃なので、僕はその時期になるとに毎年2週間ほど、仕事とプライベートを兼ねて日本に行き、撮影現場を見学したり、プロデューサーさん達からシリーズ後半の情報を得たりしていました。

その情報をＬＡに持ち帰り、ディズニー側のスタッフと共有するというパターンが定例化していったんです。

――この時期のパワーレンジャーは、特に変身後の新撮が多くなっている感じがしますが。

ニュージーランドはＬＡに比べて撮影許可を取りやすく、大きな仕掛けをするのにコストパフォーマンスが非常に良かったんです。そういう利点を活かし、スケジュールを調整しながらバイクアクションやワイヤーアクション、大規模な火薬を使ったシーンを増やし、作品のオリジナリティを増やそうと努力していました。

――日本版では出てこないキャラクターやパワーアップなども増やしていったのでしょうか。

アメリカオリジナルの玩具展開で、レンジャーにアーマーを装着してパワーアップさせるというフィギュアがヒットしました。

その影響を受けて、劇中でもレッドに〝バトライズドアーマー（バトライザー）〟というパワーアップ形態を登場させる事が『パワーレンジャー・イン・スペース』から始まりました。それに、ビークル系の玩具人気も高いので、毎年レンジャーたちの乗るバイクも登場させ、『パワーレンジャー・ライトスピード・レスキュー』では、元となる『ゴーゴーファイブ』に追加戦士がいなかった為、パワーレンジャー独自の追加戦士〝タイタニウムレンジャー〟も登場しています。

ニュージーランドに行ってからは、僕がバンダイアメリカさんとの打ち合わせに参加する頻度も上がるようになり、どのようなアーマーが良いか、どのような武器を使いたいか、などの提案も出来るようになりました。

その当時は、ディズニーストアにパワーレンジャーの玩具が並んだり、フロリダのディズニーワールドでは、パワーレンジャーがディズニーキャラクターたちと一緒にパレードで行進していたんですよ（笑）。

その結果、オリジナルアイテムの登場にも力が入り、『パワーレンジャー・ニンジャストーム』では、バイクを収納出来るトレーラー型移動基地、『爆竜戦隊アバレンジャー』をベースにしたシーズン

12『パワーレンジャー・ダイノサンダー』では、ブラックとホワイトレンジャーの乗る3輪バギー、たくさんの武器を搭載した攻撃用トレーラーなどの大型な物も登場するようになりました。このようなオリジナル展開は、チャレンジ的で面白かったですね。

そんな中、ニュージーランドに移ってからの3作目『特捜戦隊デカレンジャー』がベースのシーズン13『パワーレンジャー・S．P．D．』は、思い入れが深いシリーズになりました。

衝撃の『デカレンジャー』

——何があったのでしょう!?　まぁ想像はできますが（笑）。

まず、一緒にやって来た製作総指揮のふたりが番組から離れる事になり、僕が実質的な責任者のトップとなり、新たに派遣された人達と番組をスタートさせる事になりました。『デカレンジャー』のSF的な警察設定が僕の好みとも一致し、それをどうアレンジしていくかに燃えていましたね。

そして、もうひとつショッキングだったのが、『デカレンジャー』の特写を見た時の、ジャスミン役の木下あゆ美[27]ちゃんの可愛さですね（笑）。

——やっぱりそこなんですね（笑）。

見た瞬間に、身体に電気が走ったみたいに（笑）。その後、超全集[28]の取材で小学館さんが取材に来るたびに、ジャスミンのサイン入りグッズをお土産にいただきました（笑）。

㉗木下あゆ美
日本で活動する女優。2004年に放送された『特捜戦隊デカレンジャー』の礼紋茉莉花役で人気となり、その後数多くのTVドラマ、映画に出演。声優としても活動している。主演代表作として2006年に放送された『怨み屋本舗』シリーズ、坂本監督の『トラベラーズ 次元警察』など多数。

㉘超全集
小学館てれびくん編集部から出版されている主にヒーロー作品をテーマとしたムック本シリーズ。基本的に番組終了後に出版されることが多く、ストーリーやキャラクター、設定などが丁寧にまとめられていることから、映像制作関係者からも資料本として重宝されている。

――募る想いを抱きながら、パワーレンジャーを作っていたんですね（笑）。その後、『魔法戦隊マジレンジャー』がベースのシーズン14『パワーレンジャー・ミスティックフォース』が始まりますが、本家の『マジレンジャー』でも坂本監督率いるニュージーランドユニットがオープニング映像を手伝ったようですね。

メインプロデューサーの塚田英明[29]さんとは年齢も近く、映画の好みも似ていたので、打ち合わせを通して親しくなりました。そこで、塚田さんから『マジレンジャー』のオープニングとエンディングをニュージーランドで撮れませんか？　と相談を受け、ニュージーランドのスタッフの協力のもと実現しました。

日本で『マジレンジャー』の撮影が始まる前だったので、仮のコスチュームがニュージーランドに送られて来て、パイロットを担当した渡辺勝也[30]監督と、カメラマンの松村さんが日本から参加しました。松村さんをサポートする撮影スタッフとスーツアクターはパワーレンジャーのチーム、僕がアクション監督を担当しました。

これを機に、Ｖシネマ『魔法戦隊マジレンジャーＶＳ特捜戦隊デカレンジャー』では、『パワーレンジャー・Ｓ．Ｐ．Ｄ．』で使用したバトライザーを貸し出したり、『獣拳戦隊ゲキレンジャー』の立ち上げ時に、参考になる色々なカンフー映画をオススメしたり、『ゲキレンジャー』のオープニングとエンディングを再びニュージーランドで撮影したりと、塚田さんと様々なコラボが実地されました。『マジレンジャー』と『ゲキレンジャー』には、ちゃんとエンディングに僕の名前も英

㉙塚田英明
日本の映像作品のプロデューサー。東映所属。２００１年に『仮面ライダーアギト』でサブプロデューサーとして初めて特撮作品に参加し、２００４年に『特捜戦隊デカレンジャー』で、メインプロデューサーとしてデビューする。その後も『仮面ライダーW（ダブル）』、『仮面ライダーフォーゼ』などを担当し、現在は『科捜研の女』『京都人情捜査ファイル』といった刑事ドラマも手掛けている。

㉚渡辺勝也
日本で活動している映像作品の監督。１９８６年『超新星フラッシュマン』で特撮作品に携わり、以後のスーパー戦隊シリーズの助監督を務め、１９９２年の『恐竜戦隊ジュウレンジャー』にて監督デビューを果たす。スーパー戦隊、メタルヒーロー、平成仮面ライダーと20年以上の長きに渡り、東映特撮作品を手掛けている大ベテラン。

字で入っているんですよ！

その後、『轟轟戦隊ボウケンジャー』をベースとしたシーズン15『パワーレンジャー・オペレーション・オーバードライブ』、『ゲキレンジャー』がベースのシーズン16『パワーレンジャー・ジャングルフューリー』、そして『炎神戦隊ゴーオンジャー』ベースのシーズン17『パワーレンジャー・RPM』までが僕が製作総指揮として携わったパワーレンジャーシリーズになります。

パワーレンジャーは再びサバンへ

――また番組がサバンに戻りますが、何があったのかをお話していただけますか。

ディズニーがマーベル・エンタテインメント[31]などの他のボーイズコンテンツを買収したりする中で、パワーレンジャーに関しては権利を譲渡しても良いという流れになって来ました。そこで再び名乗りを上げたのが、サバンだったのです。

ただ、17年も続く長寿番組に成長していたので、法的な手続きだけでも時間がかかり、約2年間は新番組の製作がストップする事となりました。

丁度その時、円谷プロさんからウルトラマンの新作映画の監督のオファー[32]があり、残っていたディズニーとの契約を凍結する形で日本に行くことになったんです。

㉛マーベル・エンタテインメント
1998年に設立された総合エンタテイメント会社。出版部門のマーベル・コミックを筆頭に、マーベル・コミックス作品を原作とする映画、アニメーション、TVシリーズなどの製作を手掛けている。2009年にウォルト・ディズニー・カンパニーに買収され、その傘下に入った。

㉜新作映画の監督のオファー
2009年に公開された坂本監督が手掛けた映画『大怪獣バトル ウルトラ銀河伝説 THE MOVIE』のこと。

アメリカにおけるパワーレンジャー事情

——なるほど、そういう事情があったのですね。最後に少しパワーレンジャーを取り巻いていた世間の状況についてお聞きしたいのですが、番組の人気というのはどんな感じだったのでしょうか。

放送開始とともに爆発的に人気が上がり、アメリカではニュースに取り上げられるほど社会現象になりました。その後は人気も安定し、大型ストアのおもちゃコーナーに行けば、常に他のアメコミヒーローたちと棚を並べるほど定着し、アメリカ人にとって、パワーレンジャーはあって当たり前の存在となりました。

日本のアニメなどは海外でも人気がありますが、それはまだアニメファンの間での現象が多く、パワーレンジャーのように日本の番組がベースの作品が、アメリカを始めとして世界的に浸透したのは初めてじゃないでしょうか。

そもそもパワーレンジャー以外に、TV番組として子供向け実写ヒーロー作品が存在しないので、競争相手がアニメやCG作品のみだったという事が、長寿番組へと成長した原因のひとつかもしれませんね。

——近年はマーベル・コミックス[33]やDCコミックス[34]の実写アメコミヒーローの映画作品が隆盛を誇っていますが。

㉝マーベル・コミックス
ニューヨークに本社を置くアメリカのコミック出版社。『スパイダーマン』『X-Men』などが有名で、実写化された作品も多数。マーベル・スタジオが手掛けた2008年の映画『アイアンマン』を起点とするクロスオーバー展開の映画シリーズ「マーベル・シネマティック・ユニバース」が全世界で大ヒット中。

㉜DCコミックス
マーベル・コミックスと双璧をなすコミック出版社。『バットマン』『スーパーマン』などが有名。2013年にマーベルに続く形で『マン・オブ・スティール』を起点とするクロスオーバー展開「DCエクステンデッド・ユニバース」をワーナー・ブラザーズで開始した。

僕が日本に来た前後から、大手スタジオが続々と娯楽性を重視したアメコミヒーロー映画を作り始めた印象ですね。今まではティム・バートン監督の『バットマン』シリーズのように、少しアート性の入った作品が多かったのですが、僕の記憶ではブライアン・シンガー監督の『X-MEN』のヒットが、娯楽性を前面に押し出したアメコミヒーロー作品の走りだったと思います。

サム・ライミ監督の『スパイダーマン』も凄く面白かったですね。この頃にはアメリカで、子供を連れて家族でヒーロー映画を観に行く習慣が出来ていたと思います。

桁違いな情熱を見せる海外特撮ファン

――そういえば、初代グリーンレンジャーのジェイソン・デビッド・フランクさんが道場を作っていて、その流派は坂本監督の影響がものすごく大きいというのを、wikipediaで読みました。

そうなんですか(笑)。彼は本当に格闘技の実力者なんですよ。当時、彼の演じたトミーは大人気で、どこに行っても騒がれて、彼が格闘セミナーを開催すると、何千人と集まるくらいでした。

彼が開いた独自の流派の道場も、アメリカ中に支部がたくさん出来るほど拡大しました。

――やっぱりアメリカでもヒーローになった俳優さんはずっとヒーローなんですね。

日本では近年特撮作品は若手俳優の登竜門として、数々のスターが誕生していますが、アメリカだと少し違う感じです。もちろん番組終了後も様々な映画やテレビで活躍する人たちもたくさんいますが、一番凄いのが、アメリカで数々と開かれるコンベンションでのゲスト出演ですね。

――『スター・ウォーズ』にちょっとだけ出てたという人が、日本の模型イベントに呼ばれてサイン会を開いているのを見て、驚いた覚えがあります。

パワーレンジャーシリーズに出演した役者さんたちのコンベンションでのニーズは高く、サイン会、セミナーなど、たくさんのオファーを受けて世界中を飛び回っています。

――パワーレンジャーだけでひとつのコンベンションを開催し、しかもそれがファン主導での実現だったりするんですよね。

そうですね。〝パワーモフィコン〟というパワーレンジャーだけのコンベンションがあって、なんと主催者はファンの方なんです。とても裕福な家庭のご令嬢で、お父様が娘の企画に出資し、ＬＡの高級ホテルを貸し切り開催されました。

僕もその時、人生で初めてホテルのスイートルームに滞在させていただきました（笑）。その後〝パワーモフィコン〟は定例化し、２００７年以降定期的に開催されています。

――ファン主導という意味では日本は熱さが足りないのかもしれないですね。株やら何やらどこかで一発当てた特撮好きが「お金を出します。作ってください！」みたいなのはあってもいいと思うんですけどね。

海外ではそのような事はありますね。インドネシアの特撮番組『ガルーダの戦士ビマ』や、ＹｏｕＴｕｂｅで公開された『恐竜大戦争アイゼンボーグ』のスペシャル番組は、幼少の頃に特撮番組が好きだった方々が出資して作られたと聞いた事があります。

――やっとキックスターターとかのクラウドファンディングが日本でも浸透し始めてきたので、そこで何かしら動きがあると面白いとは思っているんですけどね。

そうなると良いですね！　オファーお待ちしています！（笑）。

仮面ライダーW（ダブル）

後に平成2期と呼ばれるようになる新たな10年への轍となる平成仮面ライダーシリーズ第11作品目。主人公はふたりでひとりの仮面ライダーW（ダブル）に変身するハーフボイルドの探偵、左翔太郎と、その相棒の魔少年、フィリップ。架空の街・風都を舞台に、街を泣かせる怪人、ドーパントとの謎に満ちた戦いが描かれる。

坂本監督は本作にて、自身念願だったという仮面ライダーシリーズの監督デビューを果たし、主に仮面ライダーアクセルに変身する絶対に死なないと豪語する鉄の男、照井竜の活躍するエピソードを担当。また、劇場版屈指の名作と誉れ高き『仮面ライダーW FOREVER AtoZ／運命のガイアメモリ』を手掛け、劇中に登場した悪役、仮面ライダーエターナルと前述の仮面ライダーアクセルを主人公とした2本のスピンオフエピソードを担当した。

TV『仮面ライダーW』（全49話）2009年9月〜2010年8月／映画『仮面ライダーW FOREVER AtoZ／運命のガイアメモリ』2010年8月7日公開／Vシネマ『仮面ライダーW RETURNS 仮面ライダーアクセル』2011年4月21日発売／Vシネマ『仮面ライダーW RETURNS 仮面ライダーエターナル』2011年7月21日発売

塚田氏との交流で東映と親密に

――どのような経緯で『仮面ライダーW（ダブル）』の監督として参加するようになったのか、その時の状況も含めて教えていただけますか。

『忍風戦隊ハリケンジャー』をベースとした『パワーレンジャー・ニンジャストーム』から共同製作総指揮というポジションになりました。それにより、ディズニーから東映さん担当的なことを任され、毎年夏に日本に行き、担当プロデューサーさん達と作品のクリエイティブ面についての打ち合わせをする事になりました。

①ディズニーが製作している頃のパワーレンジャーは、日本より半年遅れでシリーズをスタートさせていたので、中盤以降の物語の構成を確認し、それをアメリカに持って帰ってシリーズ終盤の

①ディズニーが製作している頃のパワーレンジャー
パワーレンジャーのアジア以外の放送権利はサバン・エンターテインメント（現サバン・キャピタル・グループ）が持っていたが、2002年に放送した『パワーレンジャー・ワイルドフォース』以降はウォルト・ディズニー・カンパニーに移行。2011年に放送した『パワーレンジャー・サムライ』以降はサバン・キャピタル・グループに戻っている。なお、現在の放送権利は玩具メーカーのハズブロが有している。

展開に反映させるという作業が定例化していったんです。

自然と東映さんとの付き合いも多くなり、それを繰り返しているうちに、後に『W（ダブル）』のメインプロデューサーを担当する塚田英明②さんと親しくなっていきました。

——『ハリケンジャー』は塚田さんがプロデューサーを務められてますね。

そうですね。メインは日笠淳③さんで、塚田さんはサブでした。出会ったのはその時期ですけど、一番親しくなったのは塚田さんがメインを担当することになる『特捜戦隊デカレンジャー』を製作していた頃ですね。『デカレンジャー』をベースにした『パワーレンジャー・S．P．D．』で、僕もメインの製作総指揮という立場になり、塚田さんとはプロデューサー同士ということで打ち合わせの機会も多くなっていったんです。

僕が日本へ行ったり、東映さん側から視察という形で塚田さんがニュージーランドに来られる事もありました。年齢が近いことや、好きな映画も似ているという事もあり、塚田さんとは色々と話が弾むんですよ。

そういったやり取りをしているうちに、「スーパー戦隊とパワーレンジャーで何かコラボ的な事は出来ませんか？」というアイデアを塚田さんからいただき、その始まりとして『魔法戦隊マジレンジャー』のオープニング映像をニュージーランドでパワーレンジャーのスタッフを使って撮らせていただきました。

②塚田英明
日本の映像作品のプロデューサー。東映所属。2001年に『仮面ライダーアギト』でサブプロデューサーとして初めて特撮作品に参加し、2004年に『特捜戦隊デカレンジャー』で、メインプロデューサーを務める。その後も『仮面ライダーフォーゼ』『仮面ライダーW（ダブル）』などを担当し、現在は『科捜研の女』『京都人情捜査ファイル』といった刑事ドラマも手掛けている。

③日笠淳
日本の映像作品のプロデューサー。東映所属。数多くのTVドラマのアシスタントプロデューサーを手掛けた後、1984年に『星雲仮面マシンマン』で、サブプロデューサーとして特撮作品に参加、1987年に『超人機メタルダー』でメインプロデューサーを務める。その後も東映不思議コメディーシリーズやスーパー戦隊シリーズ、平成仮面ライダーシリーズなど、多くの特撮番組をプロデュー

その後、『炎神戦隊ゴーオンジャー』をベースにした『パワーレンジャー・ＲＰＭ』撮影終了後に、パワーレンジャーの権利がディズニーから再びサバン[4]に戻ることが決定し、権利の譲渡等の手続きで、2年ほどパワーレンジャーの製作がストップする事になったんです。ちょうどその時、円谷プロさんからウルトラマンの映画『大怪獣バトル ウルトラ銀河伝説 ＴＨＥ ＭＯＶＩＥ』の監督のオファーをいただき、日本に行くことが決まりました。

それを塚田さんにお話ししたところ、塚田さんが自身初の仮面ライダーシリーズのメインプロデューサーとして『Ｗ（ダブル）』を担当することになったとお聞きし、さらに「もし日本に来るんでしたら、機会があれば『Ｗ（ダブル）』を撮りませんか？」とオファーをいただいたんです。

実は『デカレンジャー』の時にも同じような話をいただき、それは残念ながら叶わなかったのですが、今回は僕が日本に長期滞在するので、「ウルトラマンが終わった後、アメリカに帰る前にすぐそちらへうかがいます！」という事で『Ｗ（ダブル）』への参戦が決まりました。

たしか僕が『大怪獣バトル ウルトラ銀河伝説 ＴＨＥ ＭＯＶＩＥ』の準備で日本に来た頃に『Ｗ（ダブル）』もパイロット版の撮影が始まったので、これは絶好のタイミングだなと（笑）。

それで具体的な担当エピソードのオファーをいただいたのは『大怪獣バトル ウルトラ銀河伝説 ＴＨＥ ＭＯＶＩＥ』のアフレコをやっている時でしたね。作品の仕上げ期間が4ヶ月ほどあり、映画の公開までは日本に滞在するという約束もしていたので、その間に少しずつ『Ｗ（ダブル）』

ス。２０１４年に東映テレビ・プロダクション代表取締役社長に就任。最新プロデュース作は『炎神戦隊ゴーオンジャー 10 YEARS GRANPRIX』。

④サバン
サバン・エンターテインメント。アメリカのTV番組の製作・配給会社で、２０１８年7月に閉鎖されたサバン・ブランドの前身。１９９１年、熱意ある交渉の末にスーパー戦隊シリーズの海外での放送権利を獲得。放送コードの関係上、日本の作品をそのまま放送することはできなかったが、日本の『恐竜戦隊ジュウレンジャー』の映像を再編集し、新規映像を加えた『マイティ・モーフィン・パワーレンジャー』として放送。これが世界中で記録的な大ヒットとなった。

の台本の打ち合わせを進めて行きました。ちょうど『大怪獣バトル ウルトラ銀河伝説 THE MOVIE』が公開してから『W（ダブル）』の撮影に移行した感じですね。

監督を引き受ける条件、それは⁉

――坂本監督が最初に担当したエピソードは、木下あゆ美さん⑤がゲスト出演している第21話「還ってきたT／女には向かないメロディ」、第22話「還ってきたT／死なない男」ですから、シリーズの土台は完全に出来上がっている状態からの参戦という事ですね。

そうなります。実は塚田さんのほうから「監督をお受けいただく際に、何か条件などはありますか？」という話になり、まず『大怪獣バトル ウルトラ銀河伝説 THE MOVIE』の仕事が終わったら、円谷プロさんに用意していただいたアパートを引き払う必要があったので、住む場所の確保をお願いしました。すると、大泉にある東映東京撮影所⑥近くにある東映寮に滞在させていただく事に決まりました。それプラス、もうひとつの条件として「木下あゆ美ちゃんをゲストで出して下さい！」と（笑）。

『デカレンジャー』の頃から木下あゆ美ちゃんのファンで、奥さんに怒られながらも（笑）ニュージーランドのオフィスに写真を貼ったりしていましたし、塚田さんにも「木下あゆ美ちゃんはいいですね～」という話をよくしていたんです。今回はメインプロデューサーも塚田さんだし、タイ

⑤**木下あゆ美**
日本で活動する女優。2004年に放送された『特捜戦隊デカレンジャー』でデカイエローに変身する礼紋茉莉花役で人気となり、その後数多くのTVドラマ、映画に出演。声優としても活動している。主演代表作として2006年に放送された『怨み屋本舗』シリーズ、坂本監督の『トラベラーズ次元警察』など多数。

⑥**東映東京撮影所**
東京都練馬区に位置する東映の映画スタジオ。土地柄から「大泉撮影所」と呼ばれることもある。

ミングバッチリだな！　と（笑）。

制作には台本の打ち合わせから入らせていただき、内容は仮面ライダーアクセルに変身する照井竜が主軸となる刑事のエピソードで、ゲストヒロインのあゆ美ちゃんがＬＡ帰りの女刑事役という事で纏まりました。丁度撮影が始まる前にＬＡに帰る用事があったので「作品用の映像を撮ってきますよ！」と、あゆ美ちゃんのＬＡ時代の回想シーンは、僕の奥さん⑦に代役を務めてもらい、現地で撮って来た映像をインサートしています。

その後、第21＆22話の撮影が終わった後に塚田さんから「もう１本やりませんか？」と再度オファーをいただき、「是非！　楽しかったのでやらせて下さい！」と話が進み、「次のゲストは長澤奈央⑧ちゃんでお願いします！」という感じで決まりました（笑）。それで第27話「Ｄが見ていた／透明マジカルレディ」、第28話「Ｄが見ていた／決死のツインマキシマム」を監督し、その撮影中に「もう少し撮りませんか？」と聞かれて了承したところ、後ほど詳しくお話ししますが、それが映画『仮面ライダーＷ（ダブル）ＦＯＲＥＶＥＲ ＡtoＺ／運命のガイアメモリ』でした。

それで『ＡtoＺ』の前日談、プラスなんとなく僕が照井の物語の担当監督みたいになっていたので、『ＡtoＺ』の仕上げをしながら撮ったのが、第43話「Ｏの連鎖／老人探偵」と、第44話「Ｏの連鎖／シュラウドの告白」になります。

照井担当と言えば、第21話の撮影に入る前に、照井の登場エピソードである第19＆20話を担当し

⑦僕の奥さん
現在は主に海外で活動しているスタントウーマンの椰野素子。元ＡＡＣ ＳＴＵＮＴＳ所属。代表作として『ゼイラム２』のイリア吹き替え、『ウルトラマンティガ ＴＨＥ ＦＩＮＡＬ ＯＤＹＳＳＥＹ』のカミーラ、キャストとしては『エコエコアザラク』や『ゴッド・ギャンブラー東京極道賭博 中華賭侠』、海外では『パワーレンジャー』シリーズや『ＭＡＲＶＥＬエージェント・オブ・シールド』、主演作の『ウィケッド・ゲーム』などがある。

⑧長澤奈央
日本で活動する女優。２００２年に放送された『忍風戦隊ハリケンジャー』でハリケンブルーに変身する野乃七海役として出演後、数々の映画、ＴＶドラマに出演。２００９年、日米合作映画『ホテルチェルシー』で初主演を飾る。アクションを得意としており、吹き替えなしでキレのあるアクションシーンを演じることに定評があ

ていた石田秀範監督[9]の現場に何日かお邪魔して見学させていただきました。第21話の撮影時には照井役の木ノ本嶺浩[10]くんと話をしながら、石田監督が作られた照井像を僕が引き継ぎつつ、シチュエーションに合わせて色々とアレンジして行こうと決めました。

照井は絶対に死なない男というテーマを持ち、自分も知らないうちに周囲の女性を落としていくというハードボイルドなキャラクターだったので、僕が得意とする分野と言うか、ジョン・ウー[11]作品の影響を受けている身としては（笑）、僕の好きなタイプのキャラクターである事は間違いなかったですね。僕の作品は女性の太ももばっかりだ……とよく言われますが（笑）、実は照井のような熱い男が活躍する話も大好きなんですよ。

照井のシーンはそういう自分の得意分野を如何に活かすか？　という腕の見せ所でもありました。例えば『ＡｔｏＺ』では照井の出番は少ないんですけど、エンジンブレードを持って生身で突っ込んで行ったりとか、ヒロインの鳴海亜樹子とのセリフの言い回しなども印象強く残るよう工夫をしています。

――第43＆44話も照井が軸の物語ですが、少し毛色が違っていますね。

第43＆44話は照井の話プラス主人公の左翔太郎がおじいちゃんになってしまうというコメディの側面もあったので、そのギャップが面白く、撮っていてとても楽しかったです。僕の中のコメディセンスは、アメリカ生活が長いので日本のセンスとはちょっと違うと思うんです。石田監督とか

る。『仮面ライダーW（ダブル）』『仮面ライダーフォーゼ』『トラベラーズ次元警察』『009ノ1 THE END OF BEGINNING』などの坂本監督作品への出演も多い。

⑨石田秀範
日本で活動する映像作品の監督。東映特撮作品を多数手掛ける。愛称は「巨匠」。『宇宙刑事ギャバン』で特撮作品に携わるようになる。主にメタルヒーローシリーズの監督を担当した後に、2000年、平成仮面ライダーシリーズの第1作目『仮面ライダークウガ』でメイン監督を務め、長きに渡るシリーズの最初の轍を刻んだ。2016年には『仮面ライダーアマゾンズ』のメイン監督を担当。

⑩木ノ本嶺浩
日本で活動する俳優。第19回「ジュノン・スーパーボーイ・コンテスト」にて、審査員特別賞を受賞。2010年、『仮面ライダーW（ダブ

[12]諸田敏監督って、コメディ回を担当する事が比較的多いと思います。

おふたりの笑いって解釈の仕方に独特なテンポがありますよね。若干シュールなのが石田監督で、諸田監督のほうが派手に「ワッ！」とくる感じ。諸田監督は「このシーンで合成使うの！」というのもありますけど（笑）。そういうのを観ていると「どうやったらこのリズムを作れるんだろう？」と、羨ましくなります。

僕の中でのコメディ感覚は、基本的にアメリカ映画や香港映画の体を使った笑いというのが軸になるんです。バスター・キートンやチャップリン、僕の神様であるジャッキーチェンの笑いもそうですよね。

ずっこけて転んだりとか、亜樹子がスリッパを叩く時なども、回転してからパンッ！と叩いたりとか……そういうのはジャッキー作品から大きな影響を受けています。ジャッキーの映画が世界で楽しまれているのは、身体を使って笑いを表現しているという部分が大きいと思います。

日本のお笑い番組で見るような、言葉による笑いや演出のテンポの間というのは、それらに馴染んだ生活をして来なかった自分の中にはあまりない感覚ですね。

東映＋ハリウッド式の撮影スタイル

——撮影時、仮面ライダーとパワーレンジャーで撮り方というか、仕事のやり方の違いみたいなのはあり

ル）』にて仮面ライダーアクセルに変身する照井竜役を演じる。Vシネマ『仮面ライダーW RETURNS 仮面ライダーアクセル』では同役で主演を務めた。映画、TVドラマ、舞台などを中心に活躍中。

⑪ジョン・ウー
中国出身の映画監督、脚本家、映画プロデューサー。香港映画界で活躍し、後にハリウッドへ進出。男の美学を貫くハードボイルドな作風が特徴で、二丁拳銃のアクションや、スローモーションの多用、静寂から鳩が舞うなど、その独特の演出は様々なメディアに多大な影響を与えた。代表作は1986年『男たちの挽歌』、2000年『ミッション：インポッシブル2』、2017年『マンハント』など。

⑫諸田敏
日本で活動する映像作品の監督。1985年、『電撃戦隊チェンジマン』に助監督として参加するが、1991年以降は数々のTVドラマ

ましたか。

塚田さんは僕が撮ったパワーレンジャーシリーズを観てくださっていたので、パワーレンジャーでやっているようなアクションとか、ハリウッドナイズされた雰囲気という物を仮面ライダーに出して欲しいというリクエストがありました。

それをハリウッドでの経験プラス、アクション出身ならではの発想という観点で考えると、ドラマとアクションシーンを分けて考えるではなく、アクションを展開させながらドラマを構成したり、その逆でドラマの中にアクションを組み込んだりとか、僕自身の経験で培った〝アクション脳〟とでも言うべき考えをフルに活かした撮り方が良いのかなという結果に行き着きました。

それに、様々なレンズを使ってどう被写体を捉えていくか？　⑬カラコレを含めた独特な色や画の質感の表現、そういうのに関してもアメリカ映画らしい見せ方を日本の作品でも見せていこうと思いましたね。

⑭ワイヤーアクションに関しても、日本ではワイヤーは⑮操演部さんが〝吊り〟という形でセッティングして操作するのですが、アメリカや香港ではアクション部がセッティングし、パフォーマンスやワイヤーの操作も含めて全部自分たちで行います。なので『W（ダブル）』の時には、僕のスタントチーム、⑯アルファスタントがセッティング含めてワイヤーアクションを担当させていただきました。ワイヤーアクションに火薬を組み合わせるなど、撮影方法からアクションの構成も含

で助監督を経験した後、1996年に『超光戦士シャンゼリオン』で特撮作品に復帰。同作品で監督としてもデビュー。以後はスーパー戦隊シリーズや平成仮面ライダーシリーズをコンスタントに手掛けるようになる。CGを使ったユーモラスな演出や、キャストに〝水落ち〟させることで知られている。また、自らの監督回にカメオ出演することも多い。

⑬カラコレ
カラーコレクションの略。映像の色彩を整えたり、シーンの雰囲気を演出意図に合わせて、画面に独特の色味を加えること。

⑭ワイヤーアクション
キャストやスタントマンが特殊なハーネスを装着し、ワイヤーを取り付けることにより、人力もしくは機械でワイヤーを引いてジャンプ力や浮遊感を強調するアクション。以前は、細いワイヤーを黒く塗ったり、照明の調整により見えないように工

めて、ハリウッドで学んだことをやらせていただこうと考えていました。

ただ、僕も日本のスタイルに馴染んでいくという段階だったので、いきなり全部は出来なかったですね。東映さんのスタッフのスタイルに合わせながら、少しずつ自分の雰囲気を出していけるように探っていました。第27＆28話のほうが、第21＆22話より僕のテイストが出ていると思います。

そして、その後に撮った『ＡｔｏＺ』と、だんだんと僕の色が強くなっていっているかもしれないです。

東映さんのスタッフとのコラボレーションという事から始まり、僕のほうから持ってこられる物を持って行き、東映さんのスタッフが培って来た物を僕のほうで吸収していくというやり方ですね。

――撮影時の苦労点というのはあまりなかったのでしょうか

やり方が違うというのは若干ありましたけど、一番大きな苦労をしたのは言葉の問題ですね。現場の専門的な用語とか、撮影での表現の仕方というのは、国によって違うんです。

『大怪獣バトル ウルトラ銀河伝説 ＴＨＥ ＭＯＶＩＥ』の時には、今までの円谷プロさんのスタッフではなく、新しいスタッフさんが中心で組まれていたので、アメリカンスタイルを通せたのですが、東映さんに入ってからは、僕が東映さんのスタイルに合わせる必要がありました。

「この機材はなんて名前でしたっけ?」とか、「上手（かみて）ってどっちでしたっけ?」という感じで、基本的な所からですね（笑）。僕自身も日本生まれなのになかなか言葉が通じず、悩みつ

夫していたが、近年は合成処理で消している。なお、ワイヤーアクションは和製英語で、海外ではワイヤーワーク（wire work）と呼ぶ。

⑮操演部
映像作品における専門職。ミニチュアの操作や、滑車とピアノ線、ワーヤー、ロープなどを使った吊りや移動を表現したり、電飾、火薬を使った爆破や弾着などの演出を行う。

⑯アルファスタント
有限会社アルファスタント。1992年にアメリカで結成されたALPHA STUNTSが、日本での活動を本格化するために2003年に設立した会社。数々の映画やTVドラマ、CM、ゲームなどのアクションやスタントのコーディネートに加え、アクションを志す人に向けてのスポーツジムも経営。代表は小池達朗。

つもちょっと面白かった……という感じでしたね。

——機材とか、そういうものの使い方は同じなのでしょうか。

カメラの種類とかは違ったりしましたが、使い方はどの国に行ってもそんなに変わらないですね。ただ、ライダーというか東映さんのスタッフは、本当に機動力が素晴らしいです。スタッフの人数や機材はパワーレンジャーに比べるとだいぶ少ないんです。

それを機動力でカバーして、1日に膨大なカット数を撮り、クオリティの高い作品を作り続けているというのは、日本のスタッフの技術力の高さに感心したと同時に、凄くショッキングでした。日本のスタッフは経験豊富なのに加え、現場で色々と対応していく柔軟性にも優れています。アメリカだと何かが必要な時は、物量でカバーするのが基本ですが、日本の場合は「じゃあ、こう工夫すれば出来ますよ」という、発想の自由さや、応用の効かせ方が優れていると実感しました。東映さんのスタッフの優秀さというのはそういう所にあり、だからこそ、短期間のスケジュールの中でもスーパー戦隊や仮面ライダーが作れるんだなと思います。

例えば仮面ライダーに変身する時に、カメラが動いている中で変身が完了するシーンというのがよくありますが、通常アメリカではこのようなカットはモーションコントロールという特殊なカメラを使って大掛かりな撮影になります。

背景がずれないよう電子的にプログラミングされたカメラで撮影し、まず人間体、次に素体スーツ、最後に変身後と3回同じ動きで正確に撮影した素材を合成していきます。それを仮面ライダーではどうやって完成させているのか？　アメリカにいる時は本当に疑問だったんです。

その撮影方法を東映さんのスタッフに聞いた所「あれは目見当でカメラを動かしてやっています」と。それは凄い!!　と思いながら僕も『W（ダブル）』でやっていただいたのですが、本当にカメラマンが感覚だけで、特殊な機材を使わずに同じ動きを3回繰り返していたんですよ!!　凄いカルチャーショックでしたね。

仮面ライダーやスーパー戦隊は撮影が終わってから放送までのスパンが凄く短いので、それをあのクオリティでコンスタントに仕上げているというのは本当に凄い事です。このような合成は⑰日本映像クリエイティブさんが担当しているんですけど、本当に何処をどううまく見せていけば迫力ある映像がスケジュール内で出来るのかを、皆さん本当に良く熟知されています。

あれを海外でやろうとすると、ものすごい時間と予算がかかってしまいます。とにかく何でも真正面から真面目に取り組んでしまいますから。

といっても日本のスタッフが真面目じゃないって事ではないですよ（笑）。応用力を効かした方法で、ハリウッドと同じ映像効果を短いスケジュールで仕上げてしまうんです！　これは日本でしか出来ない事だと思いますね。

——アメリカのドラマやアニメはシーズン制で半年が制作期間、半年が放送期間と聞きます。撮影期間の

⑰日本映像クリエイティブ
日本映像クリエイティブ株式会社。東京都目黒区にあるVFX制作会社。映像作品における合成作業、および3DCGの制作などを請け負う。仮面ライダーシリーズ、スーパー戦隊シリーズ、ウルトラマンシリーズといった特撮作品のみならず、数々の映画やTVドラマの合成も手掛けている。「日クリ」の愛称で呼ばれる。

違いに苦心したということはなかったのでしょうか。

撮影期間に関していうとパワーレンジャーの場合は、ドラマを撮る班（メイン・ユニット）とアクションを撮る班（セカンド・ユニッド）の2班で構成されています。

例えば街中で怪人と出会って戦い、変身する……というシーンは、アクションを多く含むのでセカンド・ユニットがシーンごと担当します。その場合、キャストが朝にそのシーンの撮影のため、セカンド・ユニットに数時間やって来て、出番が終わったらメイン・ユニットに移動し、別シーンの撮影をするという方法です。

なので、キャストがバッティングしないよう撮影開始時間を各班で少しズラして、予算削減のためにもスケジュールを凝縮するという作業をやっていました。

パワーレンジャーの場合は、日本の映像も使わせていただいていたので、全体のスケジュールは結構タイトに組んでいました。なので、仮面ライダーやスーパー戦隊のほうが、物語の撮影にかける日数はパワーレンジャーよりも多いですね。パワーレンジャーは基本、2班体制で3話を9日間から12日間で撮るのですが、日本では2話を約11日間で撮りますから。

アメリカにおける仮面ライダー事情

――ライダーの撮影に携わったのは『W（ダブル）』が初になるんですね。

日本ではそうなります。ただ、『マイティ・モーフィン・パワーレンジャー』に仮面ライダーBLACK RXが登場するエピソードがあり、RXの登場シーンは僕が監督を担当しています。サバンがパワーレンジャーと同じ方法でローカライズし、『仮面ライダーBLACK RX』を元に『マスクド・ライダー』というタイトルでTVシリーズを放映していたんです。

既に人気があるシリーズに、次に売り出したいキャラクターをゲストで登場させて話題を作るというのは、アメリカではよくある方法で、パワーレンジャーにニンジャタートルズ[18]が登場した事もあります。

その流れでBLACK RXも特別紹介エピソードをパワーレンジャー内で2話作ったんです。その頃のパワレンでは、6人目の戦士に『五星戦隊ダイレンジャー』のキバレンジャーのコスチュームを使っており、RXやジュウレンジャーとの共闘シーンもあり豪華でしたね。

――アメリカですでにスーパーヒーロー大戦が出来ていたんですね（笑）。ところで、アメリカにおける仮面ライダーの人気というのはどのような感じなのでしょう。

『マスクド・ライダー』の本編は、日本みたいなシリアス路線ではなく、学園ドラマ風コメディになっていて、オリジナルとはまったく関係ない作品でした。結果としては、1シーズンで終わってしまいました。仮面ライダーをアメリカで認知してもらうには、作品の方向性が難しいというか、元々オリジナルが子供向けにしてはシリアスな展開が多いので、日本ほど特撮に免疫のないアメリ

⑱ニンジャタートルズ
ティーンエイジ・ミュータント・ニンジャ・タートルズ。1984年にミラージュ・スタジオから出版されたアメリカンコミックで、不思議な力により二足歩行で歩き、人語を解すようになった4匹の忍者亀〝タートルズ〟の活躍を描く。1987年に放送されたアニメシリーズ、1990年の実写映画が大ヒットしシリーズ化。坂本監督もシリーズ3作目には役者として参加している。日本でもアニメシリーズが放送されて知名度を得る。アメリカでは1997年にFox Kidsにてサバン・エンターテイメント製作の実写TVシリーズが放送されている。

カだと視聴環境が揃っていない……という感じでしょうか。

コスチュームのデザインなどは、非常にクールでカッコ良いけれど、ディテールなどはハリウッド作品までには達していない……という点もアメリカの一般の視聴者には理解仕切れていないのだと思います。

その後、しばらくして別会社で製作された『仮面ライダー龍騎』をベースとした『仮面ライダードラゴンナイト』は、クオリティも高く内容的にもダークな雰囲気があり、日本の特撮に馴染みのあるコアなファン層にはウケが良かったのですが、残念ながらブレイクとまではいきませんでした。僕も『ドラゴンナイト』の[19]パイロット版には関わっているんですけどね。

――そうなんですか。本編とは主人公の役者がちがう映像作品のものですよね。

『ドラゴンナイト』の監督の[20]スティーブ・ワンとは昔[21]『GUYVER DARK HERO』を一緒に撮った友人で、基本的にスティーブの作品には毎回うちのスタントチームが参加しています。TVシリーズになる前のパイロット版のアクションや、シリーズ冒頭のアクションなどは僕が撮り、スーツアクターには日本人も参加しています。

TVシリーズ化が決定した時に、パイロット版の主演が役のイメージに合わずに再度キャスティングが行われました。結果的に身体能力の高い動けるキャストさんがいっぱい揃いましたね。撮影も順調に進み軌道に乗ったので、シリーズ途中からうちのチームメイトに手渡しました。

[19]パイロット版
TVシリーズを視野に入れた映像作品において、放送が決定する前にシリーズ化検討材料、もしくは単発で放送して視聴者リサーチをするために制作されるテスト用の映像。パイロットフィルムとも呼ばれる。また、もうひとつの意味として、特撮作品を代表するTVシリーズの全体的な演出の指針を決めるために、メイン監督が手掛ける初期エピソードのことも指している。

[20]スティーブ・ワン
アメリカのSFXアーティスト、造形作家、映画監督。1990年に日本の漫画『強殖装甲ガイバー』を原作とする実写映画『GUYVER』で、スクリーミング・マッド・ジョージと共同監督で商業映画の監督デビュー。1992年に自主制作で監督を務めた『アドベンチャー・オブ・カンフーラスカル』では主演もしている。坂本監督とは1994年の『GUYVER DARK HERO』、

『ドラゴンナイト』もシリーズ化を狙い、自分も参加して他の仮面ライダーをベースとした様々な企画も用意されていたのですが、『ドラゴンナイト』の成績が伸びずに、残念ながら単発で終わってしまいました。

――アメリカで仮面ライダーを認知させるため、坂本監督的にこうすればいい、もしくはこういう仮面ライダーを撮ってみたいというプラン的なものはありますか。

今の時代、アメリカにはマーベル系㉒やDC系㉓といったたくさんのヒーローが存在して人気を獲得しています。その中で仮面ライダーをどうやって認知させていくかというと難しい話なのですが、アメリカのヒーローとの差別化を図るという事なら、絶対にバイクアクションを推したほうがいいと思います。バットマンやゴーストライダーなどは、移動や追跡手段としてバイクに乗っていますが、バイクに乗ったまま戦うヒーローって、アメリカにはまだいませんから。

――仮面ライダーの見た目に関しては、まったく問題がないのでしょうか。

各仮面ライダーの見た目に関しては、アメリカの誰に聞いても素晴らしいと言っています。ディズニーのプロデューサーも、新しい仮面ライダーの写真を見るたびに「カッコいい！」と絶賛していました。僕の記憶の中で、特に評判が良かったのは『仮面ライダー響鬼』に登場する仮面ライダーたちですね。ごついアーマー系ではなく、アメコミヒーローチックなボディフィットしたスレンダーデザインに惹かれたのではないでしょうか。

1997年の『破壊王 DRIVE』などでタッグを組んでいて、プライベートでも親交が深い。2008年、『仮面ライダー龍騎』の海外リメイクTVシリーズ、『仮面ライダードラゴンナイト（KAMEN RIDER DRAGON KNIGHT）』に共同製作総指揮、監督、ストーリー原案、アクション監督として参加。坂本監督も1～3話のアクションシーンを担当している。

㉑『GUYVER DARK HERO』
日本の漫画『強殖装甲ガイバー』を原作とする実写映画『GUYVER』の続編。1994年公開。監督はスティーブ・ワン。坂本監督のスタントチーム、アルファスタントのデビュー作でもあり、坂本監督もスタントコーディネーターや、ガイバーのスーツアクターとして参加している。アクションシーンでは、ワイヤーやボディアクションを中心とした香港スタイルが取り入れられ、派手な動

——アメコミヒーローチックなスーツと言えば、W（ダブル）もかなり近いと思います。

そうですね。ただ、玩具に関してはアメリカでは大きくて強そうな物が好まれるんですよ。パワーレンジャーでは日本でおなじみのスーパー戦隊のデザインに、アメリカオリジナルのアーマーを纏ってパワーアップするというのが恒例化しています。子供を惹きつける玩具とは？　ということを考えるにあたり、アメリカではボリューム感のある事が一番の条件なんです。

そういう部分においても文化の違いというのは大きく、日本で受け入れられるものがアメリカではそうではなかったり、逆に日本で「え？」と思えるものが向こうでヒットしたりなど多々あります。

一概にどのような仮面ライダーが成功するか？　というのは分かりませんが、もし僕がアメリカで仮面ライダーをやる機会があるとするなら、やはりバイクアクションに特化した仮面ライダーを撮りたいですね。アメリカにはバイクスタントのスペシャリストもたくさんいますし、予算はかかりますが、撮影許可も取りやすい。

今の日本だとバイクアクションを撮るのは、ロケーションや撮影許可、セーフティ面の問題、さらには予算も含めて非常に難しいです。僕が仮面ライダーの劇場版などを担当させていただく際は、様々なバイクアクションにチャレンジさせていただいていますが、それをTVシリーズで継続させる事はなかなか難しいんです。

——敷地的な問題は大きいですね。アメリカだと広大な砂漠とかありますし、いろいろとできそうです。

きを見せた。

㉒マーベル
マーベル・コミックス。ニューヨークに本社を置くアメリカのコミック出版社。『スパイダーマン』『X-Men』などが有名で、実写化された作品も多数。マーベル・スタジオが手掛けた2008年の映画『アイアンマン』を起点とするクロスオーバー展開の映画シリーズ「マーベル・シネマティック・ユニバース」が全世界で大ヒット中。

㉓DC
DCコミックス。マーベル・コミックスと双璧をなすコミック出版社。『バットマン』『スーパーマン』などが有名。2013年にマーベルに続く形で『マン・オブ・スティール』を起点とするクロスオーバー展開「DCエクステンデッド・ユニバース」をワーナー・ブラザーズで開始した。

『マッドマックス』シリーズみたいな車の爆走シーンですね！　まぁそれっぽいことは『仮面ライダー×仮面ライダー　ウィザード&フォーゼ　MOVIE大戦アルティメイタム』でやらせていただきましたが（笑）。

――アメリカでは街中でもカーチェイスシーンなどは撮影可能なのでしょうか？

予算次第ですが可能です。ある程度予算をかければ、街中でのナパームの爆発なども可能です。例えば『救急戦隊ゴーゴーファイブ』のパワーレンジャー版『パワーレンジャー・ライトスピード・レスキュー』では、市街地での災害現場で人命救助をするレスキューチームの活躍が描かれていたので、LAのダウンタウンを封鎖して、そこで近隣住民たちがびっくりするレベルの爆破や炎を上げたりしていました。

さすがに今はテロ騒動とかがあるのでなかなか難しいかもしれませんけど、当時は本当に街中でボンボン爆破もやっていましたね。

――日本の仮面ライダーシリーズを字幕や吹き替え、もしくは日本語を勉強して観ているような、コアな方というのは多いのでしょうか？

日本のアニメがアメリカですごくポピュラーになり、アニメ・エキスポなど大きなコンベンションを開催していますが、仮面ライダーなどの日本の特撮ファンは、まだごく一部の方々のみですね。パワーレンジャーに関してはパワーレンジャーのみのコンベンションであるパワーモフィコンというのが開催されたりしていますが、仮面ライダーに関しては、まだまだこれからのコンテンツだと思います。

――アジア圏では広がっているという話は聞きます。

そうですね。タイとかでは仮面ライダー人気は物凄いようですね。後は台湾とか。韓国は……そうですね、スーパー戦隊のほうが強いですね、僕も仕事でしばらく韓国に行って㉔いましたし、この間も『獣電戦隊キョウリュウジャーブレイブ』を撮りましたけど、スーパー戦隊のほうがポピュラーな感じを受けます。もともとパワーレンジャーを韓国で放送していたので、それが土台となっているのではないでしょうか。

――仮面ライダーの世界発信には課題が多そうです

やはり仮面ライダーはダークヒーローの側面が強いと思うんですよ。パワーレンジャーというかスーパー戦隊が世界で受け入れられたのは、カラフルなところと作風の明るさ、そしてチームワークで戦うという部分が大きいと思います。

バットマンもそうですが、ダークヒーローは大人向けの印象が強く、それを海外でどう子供向けにアレンジするのか？　はチャレンジですね。

アメリカで観ていた日本特撮

㉔韓国に行って
2015年、坂本監督はオリジナルSFドラマシリーズを立ち上げるために、韓国での仕事を主としており、その年の半年以上は韓国に滞在している。現在、その作品は様々な事情によりペンディング状態となっている。

――いわゆる平成ライダーが始まった時期、坂本監督は海外在住でしたが、『仮面ライダークウガ』以降はリアルタイムで追えたのでしょうか。

パワーレンジャーをやっている時に新しい仮面ライダー[25]が始まると聞き、すごく楽しみにしていたんです。僕は子供の頃から仮面ライダーが大好きで憧れのヒーローだったので、いつか自分でも撮りたいなぁと思いながら仕事をしていたほどなんです。

でもさすがに『クウガ』はアメリカでは観ることができないので、日本の知り合いにビデオを撮ってもらい、後追いで視聴していました。

この時期、アメリカでは田﨑竜太[26]さんも一緒に仕事をしていまして、田﨑さんには『星獣戦隊ギンガマン』をベースにした『パワーレンジャー・ロスト・ギャラクシー』と『パワーレンジャー・ライトスピード・レスキュー』を一緒に監督していただいていたんです。

そうしたら、『クウガ』が終わる頃に、田﨑さんが『仮面ライダーアギト』のメイン監督としてオファーを受けて日本に帰ることになり、僕的には「仮面ライダーかー！　羨ましいなぁ〜！」と（笑）。その後『アギト』を観たら、連続性のあるドラマ展開とか、謎解きとかを含めてもうどハマりしてしまいました。

平成ライダーでは『アギト』と『仮面ライダー555（ファイズ）』が物凄く好きなんですよ。普通に連続ドラマとして面白かったし、仮面ライダーたちの葛藤なんかも描いていたじゃないです

[25]**新しい仮面ライダー**
2000年に放送を開始した『仮面ライダークウガ』を起点とする平成仮面ライダーシリーズのこと。

[26]**田﨑竜太**
日本で活動する映像作品の監督。『星獣戦隊ギンガマン』の後に、『パワーレンジャー』シリーズの監督オファーを受け渡米する。帰国後は『仮面ライダーアギト』『仮面ライダー555（ファイズ）』などを手掛け、平成仮面ライダーシリーズの創世記を支える。その後も数多くの平成仮面ライダーシリーズのパイロット監督を務め、2013年以降は大ヒットドラマ『科捜研の女』なども手掛けている。

か。続きが楽しみで仕方がなかったですね。

——では、日本における特撮作品の盛り上がりぶりも伝わっていたのですね。

もちろんです！　LAに紀伊国屋とか旭屋書店があるので、特撮雑誌も定期購読していたんです。スーパー戦隊に関してはパワーレンジャーをやっていたのでいつでも観られましたし、それ以外にも円谷プロさんや東宝さんのシリーズなども日本でやっている作品はすべてチェックしていました。

——超星神シリーズ㉗も観ていたということですか。

はい。『超星神グランセイザー』などのアクションは、自分がかつて所属していた倉田アクションクラブが担当していたので、僕の先輩や後輩たちが参加していました。

色々と日本の特撮作品が盛り上がっていく中で、次なるショックが訪れるのですが、田﨑さん含めてパワーレンジャーの三本柱的監督だった横山誠㉘さんが「日本に帰る」と……。

それで日本に帰ったあとに『仮面ライダー THE FIRST』のアクション監督をやると聞いて、「うわぁ！」と。しかも、それに登場する仮面ライダーのデザインが僕の理想としていた仮面ライダーの姿で、見た瞬間に「自分も撮りたい！」と思ってしまうほどでした（笑）。

もう、瞬間的に血が滾ったというか「これだよ、これ！」みたいな。それでまた「羨ましいなー」と思いつつ、自分も日本に行ったら絶対に仮面ライダーの監督をやりたいと心に刻みました。それ

㉗超星神シリーズ
2003年に放送を開始した東宝製作の特撮TVシリーズ3作品、『超星神グランセイザー』（2003年）、『幻星神ジャスティライザー』（2004年）、『超星艦隊セイザーX』（2005年）の総称。

㉘横山誠
日本で活動する映像作品の監督、アクション監督。有限会社AAC STUNTS代表取締役社長。かつてはスタントマンとしても活躍しており、パワーレンジャーの仕事を機に渡米。そこで坂本監督と出会い、監督としての道を歩むこととなる。代表作に『キューティーハニー THE LIVE』、『牙狼〈GARO〉～闇を照らす者～』など。

で、いつ呼んでくれるのかぁ……と（笑）。

自分と一緒にやっていた仲間たちがみんな日本に帰って仮面ライダーを手掛けていき、ようやく念願叶って塚田さんに『W（ダブル）』のオファーをもらったので、本当に嬉しかったですね。しかもW（ダブル）のデザインが洗練されたライダーのデザインじゃないですか！　そういう面も含め「やっと自分の番が来たか！」みたいな感じでした（笑）。

幼少期の仮面ライダーの原点

――子供の頃に観ていた仮面ライダーはシリーズ的にはどの作品だったのでしょうか。


タイムリーで観ていたのは『仮面ライダーV3』ですね。昔は家庭にビデオなどないので、見るチャンスはオンエアの1回だけ。子供雑誌を読んだり付録のソノシートを繰り返し聴いたりして、いろいろと想像しながら楽しんでいました。

リアルタイム以外だと、いわゆる仮面ライダー新1号や仮面ライダー2号が活躍する、初代『仮面ライダー』の中盤以降が、夕方に毎日、再放送をしていたんです。だから幼少期の生活パターンとしては、夕飯前に母親に連れられて買い物に行き、「ライダーが始まる前には家に帰りたいからね」と言いながら、帰ったら速攻でテレビをつけて『仮面ライダー』を観る。それが日課でした。僕はライダーと言えば新1号の印象がとても強いのですが、それは毎日再放送で観ていたからかもですね。

――地域的に恵まれていたとも言えますね。

僕が生まれ育った足立区は、まぁ、端っこですけど東京なので（笑）、TV放送には困りませんでしたね。僕は1970年生まれなので、テレビをつければ毎日必ずどこかで特撮番組とアニメ番組を放送していました。観たい番組が被ってしまい、悩みながら選んだりなど……凄く豊かな時代だったというか、色々な作品を観ながら育つことができたと思います。

子供って凄く集中してテレビを観るので、当時にしか観ていない番組でも、主題歌とか覚えていたりするじゃないですか！　それくらいテレビに夢中でした。

――ダブルライダー編㉙以降の印象が強いようですが、初期の怪奇色の強い作風の頃や、いわゆる2号編などは印象が薄いのでしょうか。

もちろん初期の『仮面ライダー』も観ていましたし、好きでした。夏休みの早朝に『仮面ライダー』の再放送をやっていたので、いわゆる旧1号や2号が活躍する話は、朝起きてラジオ体操に行く前に観ていたのを覚えています。

子供の頃から体が小さかったからかもしれないですけど、僕はパワー系よりも技系のヒーローが好きでしたね。2号は愛称にもある〝力の2号〟の印象が強くて、僕の中で一番かっこいいなと思っていたのは〝技の1号〟だったんです。そして、初めて見た1号の変身ポーズがすごく衝撃的だったことは覚えています。玩具の変身ベルトがどうしても欲しくて……。子供の頃の写真を見ると、

㉙ダブルライダー編
1971年〜1973年まで放送された『仮面ライダー』において、第40話〜第53話まで、仮面ライダー2号がメインとして活躍する中、仮面ライダー1号が客演するエピソードのこと。ふたりの仮面ライダーが登場するということで、子供たちの間で大きな話題を呼び、高視聴率を獲得した。

1号の変身ポーズか、ウルトラマンのスペシウム光線のポーズばっかりなんですよ（笑）。

子供の頃は初期の旧1号編の作風は怖かったですね。怪人のデザインやショッカーの描写とかも含めて、結構おどろおどろしくて。奇抜なメイクをした戦闘員がいたり、怪人の目がぐっとアップになったり、ダークなライティングとかもしていますし。子供の頃の記憶として、旧1号編は怖かったという印象は強いです。ちゃんと人間ドラマになっていて本郷猛に憧れたり、1号のコスチュームの荒れ具合が逆にカッコいいとか、そういった魅力に気がついたのは、もっと大きくなり作品を観直してからですね。

――もう本当に子供の頃からライダーがすぐそばにあるという環境だったんですね。

そうですね。『V3』以外には『仮面ライダーX』、『仮面ライダーアマゾン』、『仮面ライダーストロンガー』も当時の事はハッキリ覚えています。特にアマゾンを初めて見た時のインパクトが強かったですね。アマゾンも徒手空拳で戦う技系のライダーなので大好きで、よく真似して遊んでいました。ストロンガーは、終盤の[30]デルザー軍団編が凄く衝撃的で、未だにライダーの監督をやるたびにデルザー軍団編のオマージュを入れようとしてしまいます（笑）。

『仮面ライダー平成ジェネレーションズ Dr．パックマン対エグゼイド&ゴースト with レジェンドライダー』にもオマージュを入れているのですが、デルザー軍団編って、客演のライダーたちが入れ替わりで出て来てなかなか出逢わなかったり、敵同士の争いがあるじゃないですか。し

[30]**デルザー軍団編**
1975年に放送された『仮面ライダーストロンガー』において、ブラックサタンに代わる敵組織、デルザー軍団登場以降のエピソード（第27話～最終話）のこと。構成員が全員大幹部級という強敵揃いで、クライマックス近辺では世界中に散っていた仮面ライダーたちが日本に集結する。

かも、最後のほうまでライダーたちは全員揃わない……このドラマの交差がたまりませんね！　子供の頃、「次はどんな話でどのライダーが出るんだろう……？」というのがすごく楽しみで、本当に『ストロンガー』のデルザー軍団編は大好きなんです！

――要は「一方その頃！」みたいな展開ですよね。

そうそうそう！　それプラス、AとBが出会うけど、BとCは出会っていなくて、でも別の場面ではAとCは出会っている、みたいな。そして最後に全員が出会うという展開です。

――なかなか物語の組み立てが難しそうです。

特に『平成ジェネレーションズ』の場合は、キャストたちのスケジュール問題がありました。みなさん、本当にお忙しい方ばかりで……。台本をつくったけどスケジュールが合わないという場合は、代役を使いながら片撮りしたり、時にはキャストのスケジュールに無理矢理合わせて撮影したりなど、そういう色々な苦労をしながらでも、どうしてもデルザー軍団編のオマージュがやりたかったんです。

――子供の頃に観て、自分もやってみたいと思ったものをひとつずつ叶えている感じがありますね。

僕の中での究極の願望を叶えたのは『仮面ライダー×仮面ライダー フォーゼ&オーズ MOVIE大戦MEGA MAX』に登場した1号からストロンガーまでの栄光の7人ライダー[31]ですね！　あれは「どうしても出したいんです！」って塚田さんにお願いして実現しました。ストロンガーま

[31]栄光の7人ライダー
昭和仮面ライダーの中でも初期のメンバー7人（仮面ライダー1号、仮面ライダー2号、仮面ライダーV3、ライダーマン、仮面ライダーX、仮面ライダーアマゾン、仮面ライダーストロンガー）の総称。

での7人を、当時の僕が観ていた記憶からさらに脳内補完されたカッコいいイメージで今に蘇らせたい。それが目的だったんです。

――『MEGA MAX』におけるXキック[32]やV3反転キック[33]が、今、作るとあんなにカッコいいのかと映画館で驚いたことを覚えています。

昔の作品を今になって観直すと、「あれ？　こんなのだったっけ？」というのはよくあるじゃないですか。でもそうではなく、自分が子供の頃に受けた、「うわぁカッコいい！」と思ったイメージを、進化した今の映像技術で再現したかったんです。

Xキックや V3反転キックもそうですが、1号のライダーキックもトランポリンを使わずにワイヤーアクションで表現したり、当時、自分たちがリアルタイムで観て、頭の中で何度も思い描いていた仮面ライダーというのはこんなにカッコいいんだぞ！　というのを今の子供たちに見せたかったんです。

ただ、撮影時には仮面ライダー2号の面が新2号のものしか存在しませんでした。でも、ストロンガーを軸とした7人ライダーなので、やっぱり2号の面は当時の客演シーンに合わせて黒にしたかったんです。そんなこだわりで造形管理の中村さんという方に、当時のイメージを再現したいのですが……とお願いしたら、中村さんも7人ライダーへの思い入れが強く「やりましょう！」と協力してくれました。イベントなどのスーツも含めて、現存するスーツの中から当時に近い物をひと

㉜Xキック
仮面ライダーXの必殺技で、棒状の武器ライドルスティックを空中に固定して鉄棒の大車輪のように回転、勢いをつけたのちに飛び上がって標的を蹴る技。

㉝V3反転キック
仮面ライダーV3の必殺技で、助走から標的に向けて片足での飛び蹴りを放った後に、そのまま標的を利用して後方宙返り。回転の勢いを利用して、再度飛び蹴りを繰り出す2段構えの必殺キック。

つひとつ集めてくれたんです。そのお陰で当時の2号を出来るだけ近い姿で再現できました。面のほうも、現状復帰するなら黒に塗っても良いですよと許可をいただきました。

1号と2号がサイクロンに乗って、爆破をバックにバーン！　と登場するシーンを撮った時は、僕も中村さんも「子供の頃と同じだ！」って興奮しながら拍手して喜んでいましたね（笑）。高岩成二[34]さんに「高岩さんのストロンガーが見たいんです！」って頼んでストロンガーを演じてもらったり、『ＭＥＧＡ ＭＡＸ』は撮っていて凄く楽しかった思い出があります。

――『ストロンガー』以降というのはどうなんでしょう。

『仮面ライダー（スカイライダー）』と『仮面ライダースーパー1』も観てはいたんですけど、その頃はどっぷりジャッキー・チェンにハマっていたので、小さい頃ほど熱中してはいませんでした。テレビをつけて放送していれば観る……という程度ですね。ＤＶＤが発売された時には、購入させていただいて観直して、更なる発見が多々ありました。

――アクション俳優を目指す方でスーパー1がアクション面で洗練されており一番好きだという方も多いようです。

そうですね。『スーパ1』の赤心少林拳は空手や少林寺拳法がベースになっているのでそういう方も多いと思います。もちろん観ていてカッコ良いな～と思いましたが、その頃はバリエーション豊富なカンフーの動きに魅了されていました。日本で一番初めに公開されたジャッキーの映画は

[34] **高岩成二**
ジャパンアクションエンタープライズ所属のアクション俳優、スーツアクター、スタントマン。平成仮面ライダーシリーズで『仮面ライダーアギト』（2001年）以降、『仮面ライダー響鬼』以外の主役仮面ライダーを演じており、「ミスター平成ライダー」の愛称で呼ばれている。

『ドランクモンキー 酔拳』㉟なんですよ。1979年かな？ 僕が小学校2、3年生の時だと思うんですけど、アクション的にはそこからジャッキー一筋なので、筋金入りですよね（笑）。

突然依頼された映画『ＡｔｏＺ』

――続いて、劇場版のお話ですが、どういった流れで映画『仮面ライダーＷ（ダブル）ＦＯＲＥＶＥＲ ＡｔｏＺ／運命のガイアメモリ』の監督を引き受けることになったのでしょうか。

第27話「Ｄが見ていた／透明マジカルレディ」、第28話「Ｄが見ていた／決死のツインマキシマム」の撮影中に、塚田さんから「今度の劇場版の作風は、坂本さんがアメリカ時代に培ってきたことを存分に出していただき、ハリウッド映画的なアクション娯楽作品にしたい」という形でオファーがあったんです。

それを了承し、下準備の打ち合わせ時に、派手なバイクアクションやワイヤーアクションの多用、あとはＣＧ合成の背景で戦闘シーンを行うなど、そういった今までの仮面ライダーではあまり見なかったような事にチャレンジしてみましょうと提案をしました。

その結果出来上がったのが、バイクごとワイヤーで吊ったＷ（ダブル）のライダーキックや、ラストの風都タワー屋上での決戦シーンですね。

――ラストの風都タワー屋上での決戦シーンは、完全にグリーンバックの前で撮影していたということですか。

㉟**『ドランクモンキー 酔拳』**
1978年に香港で製作されたジャッキー・チェン主演のカンフー映画。1978年香港興行収入第2位の記録を持つ大ヒット作品。日本公開は1979年。この後に公開された〝モンキーシリーズ〟、『スネーキーモンキー 蛇拳』と『クレイジーモンキー 笑拳』のヒットを受け、日本でのジャッキー・チェンの知名度は揺るぎない物となる。作中にジャッキー・チェンが見せた斬新でコミカルなカンフーアクションは、その後の日本アクション映画界にも大きな影響を与えた。

一部はさいたまスーパーアリーナ[36]の屋上にある大きな鉄塔前で撮っていますが、基本的にはグリーンバックで撮影し、そのシーンにあてはめる背景をフルCGでつくってもらいました。仮面ライダーシリーズでは、おそらく初めての試みだったのではないでしょうか。

――W（ダブル）の合成でひとつ疑問がありお聞きしたいんですけど、合成カットを撮るときって、グリーンバック、もしくはブルーバックを合成対象の背景にして撮影していますが、配色が緑と青のW（ダブル）サイクロントリガーは、どうやって合成カットを作っているんですか。

「両方だめじゃん！」って話ですよね（笑）。サイクロントリガーは、ブルーバックもグリーンバックも使っていません。ラストバトルでのサイクロントリガーは空中でメモリチェンジして地上にスタッ！と着地していますが、これはさいたまスーパーアリーナでの撮影ですね。

ただ、エフェクトを重ねたり、カットの構成上どうしてもという時もありますので、その場合は合成部にお願いして、サイクロンサイドかトリガーサイドのどちらかを手作業で合成マスクを切ってもらっています。仮面ライダーの輪郭は比較的スムーズなのですが、手作業でのマスク切りは大変ですよね。（笑）。

３Ｄ作品は仮面ライダーでは難しい？

――『ＡｔｏＺ』は当時まだ珍しい３Ｄ作品でしたが、そのあたりは苦労しなかったのでしょうか。

[36] **さいたまスーパーアリーナ**　埼玉県さいたま市にある多目的アリーナ。敷地内で特撮作品の撮影が行われることも多い。

東映さん的には『侍戦隊シンケンジャー 銀幕版 天下分け目の戦』で、普通のカメラを2台合わせて撮影する疑似3Dという形で既にやっていて、『AtoZ』が初めて本格的に3Dカメラを使っての撮影でした。ただ、全編3Dカメラだと膨大な時間がかかるので、おさえどころは3Dカメラで撮り、それ以外のシーンは擬似的に変換するという方法が取り入れられました。

変身アイテムのガイアメモリを画面奥から手前に飛ばしたり、ルナ・ドーパントの手が伸びるシーン、仮面ライダーエターナルが沢山のガイアメモリを浮遊させるシーンなどは、効果的な3D演出になっていますね。合成部分も含め、新しいチャレンジが出来たのではないかと思っています。

——3D作品は、仮面ライダーではすっかりご無沙汰になりましたが。

すごく大変だし、やっぱりコストパフォーマンスは良くないんですよ。当時は技術的にもまだ未熟な部分がありましたし、あとは3D作品って、カット割りの早いアクション映画だとすごく目が疲れませんか？　仮面ライダーとかスーパー戦隊みたいに、カット割りがすごく早くて合成シーンもたくさん入っていると、目の負担がかなり大きいので、それを考えると3Dには向いていないのかなぁ……と。

もしかしたら『ウルトラマン』のほうが、3Dを活用した演出には向いているかもしれないです。ビルの奥行きや巨大感とかは、3Dで見せるのには効果的だと思います。

——いずれまた仮面ライダーで3D作品をやってみたいというのはありますか。

㊲**『アントマン』**
特殊なスーツで身体のサイズを自在にコントロールできるマーベル・コミックスに登場するキャラクター、アントマンを主役とした2015年公開のハ

今は3Dに加えて4DXもあり、アトラクション的には面白いんですけど、個人的には作品に集中出来なくなってしまうと思います。韓国で映画『アントマン』㊲を4DXで観たんですが、面白かったけど作品の内容をちゃんと覚えているかというとそうでもなく、結局あとでもう1回ノーマル上映で観に行きました。アトラクションの面白さが作品内容を凌駕してしまい、印象がそちらに移っちゃうんでしょうね。
仮面ライダーだと、イベント用のアトラクションとして楽しめる3D作品、4DX作品などは面白くなるのではないでしょうか。

スピンオフまで作られた魅力的な敵、NEVER

――敵となる〝NEVER〟の誕生の経緯を教えていただけますか。

敵は色々な特殊技能を持った戦闘集団にしましょうというアイデアが出てきて、そこから誕生したのがNEVERです。後は左翔太郎が風都タワーに乗り込むシーンは、大好きなブルース・リーの作品『死亡遊戯』㊳のように階層ごとに敵が出てくるスタイルにしています。この手法は僕の作品ではよく使っているんですけど（笑）。
他にもNEVERの誰かに街中を駆け巡らせてパルクール㊴をやらせたいというアイデアもありました。あの頃はパルクール自体がまだ日本でメジャーではなかったので、「アメリカから僕が専

リウッド実写映画作品。マーベル・シネマティック・ユニバースの環として製作された。

㊳**『死亡遊戯』**
1978年に公開されたブルース・リー主演の香港映画。クライマックスでは通称「死亡の塔」と呼ばれる五階建てのタワーに主人公が侵入し、階層ごとに待ち構える強敵たちと1対1で戦い、最上階を目指していく。ブルース・リーが『燃えよドラゴン』の撮影に参加するために、撮影は一時中断。その後ブルース・リーが逝去したため、5年の歳月をかけて、過去のフィルムや似ている代役を起用し、ロバート・クローズが監督として抜擢され、サモ・ハン・キンポーがアクション監督を勧めて完成させた。一部のシーンではアクションの代役としてユン・ピョウが起用されている。

㊴**パルクール**
フランスで生まれた壁や手すりといったその場にある地形を活かして走る、登る、

門のチームを連れてきますよ」という話もしましたが、結果的には実現しませんでした。それを達成させたのが『仮面ライダー×仮面ライダーウィザード&フォーゼ MOVIE大戦アルティメイタム』です。その頃にはもう日本にもパルクールをやっている人が増えていたので、アメリカからチームを連れてくる必要はなくなっていました。

――あれって福士蒼汰[40]さんや須賀健太[41]さん、ご本人がやってますよね。

そうです。福士くんや須賀くんは身体能力が高く、かなり動けるので、パルクールチームの方にスーパーバイズしてもらいながら、可能な部分はチャレンジしています。日本はアメリカと違って細い路地が多いし、日本家屋の構造とかを見ていると、僕的にはすごく面白いロケーションだと感じるんですよ。アクションに活かせそうだな……と思うことも多く、いろんな発想が湧き上がって来ます。

話を『AtoZ』に戻すと、ハリウッド映画風にするのならセクシーな女性ヒロインは外せないとも思っていました。そこから羽原レイカが生まれ、派手な銃撃戦もやりたいので、芦原賢を狙撃手にしたりと、キャラクターの設定に関してはかなり好きな要素が集まりました。

――キャストの選定というのは、どれくらい関わったのでしょうか。

キャスティングはもちろんプロデューサーと相談をしながらですけど、僕はけっこうリクエストが多い方かもです（笑）。倉田プロ所属の兄弟子・中村浩二[42]さんや、倉田プロ出身の後輩・

飛ぶ、回転するなどのアクロバットを次々と繰り出す競技。身体的な面だけでなく、自身の限界への挑戦や発想力の開花などを追及する、精神的なスポーツという見方もある。

[40] 福士蒼汰
日本で活動する俳優。2011年『美咲ナンバーワン!!』にて俳優デビュー。同年『仮面ライダーフォーゼ』で仮面ライダーフォーゼに変身する如月弦太朗役で初主演を飾る。2013年には社会現象を巻き起こした大ヒットドラマ、NHK連続テレビ小説『あまちゃん』でヒロインの相手役に抜擢され、全国的な知名度を得る。その後、数多くの映画、TVドラマに出演。2017年、『仮面ライダー平成ジェネレーションズFINAL ビルド&エグゼイド with レジェンドライダー』にて、5年ぶりに如月弦太朗役を演じた。

[41] 須賀健太
日本で活動する俳優。1999

出合正幸[43]くんがいるという時点でお分かりになると思いますが（笑）。「一緒に仕事したいな」と思う好みの女優さん、この時は八代みなせ[44]ちゃんになりますが、そういう方をキャスティングしたりも（笑）。

マリア・S・クランベリー役の杉本彩[45]さんも、凄く好きな女優さんです。1989年にアメリカに行く直前に良く杉本彩さんをテレビでお見かけして、「綺麗な人だなー」と思っていたので、『AtoZ』でようやくご一緒出来て嬉しかったですね。

とにかくNEVERのキャスティングに関しては、大道克己役の松岡充[46]さんも泉京水役の須藤元気[47]さんも、みなさんバッチリでしたね。本当にこのキャストだからこそ、『AtoZ』が魅力的な映画になったんだと思います。

松岡さんは克己や仮面ライダーエターナルに対してものすごく愛情を持っていただき、NEVERをリーダーとして引っ張り、魅力的にまとめてくれました。悪のライダーのスピンオフ作品が作られたのも初めてじゃないですか？ NEVERとエターナルは、それだけ大きなインパクトを与えたと思います。

――NEVERメンバーにはすごく個性を感じます。

あの辺の外人部隊みたいなところは、昔で言うと『地獄の7人』とか、チャック・ノリス[48]の『地獄のヒーロー』系の映画をイメージしています。今だと『エクスペンダブルズ[49]』シリーズもそう

年に子役としてデビュー。数多くの映画、TVドラマに出演する。代表作は映画『ゴジラ FINAL WARS』（2004年）、『ALWAYS 三丁目の夕日』（2005年）など。アクションを得意としており、舞台にも精力的に出演。ライブ・スペクタクル「NARUTO -ナルト-」（2015年）の我愛羅役やハイパープロジェクション演劇『ハイキュー!!』（2015年）の日向翔陽役（主演）などに出演。坂本監督作品では『仮面ライダー×仮面ライダー ウィザード&フォーゼ MOVIE大戦アルティメイタム』（2012年）で、イナズマンに変身する風田三郎役を演じた。

㊷中村浩二
倉田プロモーション所属のアクション俳優。格闘技を得意とし、鋭い蹴り技には定評がある。平成ウルトラマン三部作『ウルトラマンティガ』（1996年）、『ウルトラマンダイナ』（1997年）、『ウルトラマンガイア』（1998

ですね。塚田さんと打ち合わせをした時には[50]『ユニバーサル・ソルジャー』に出て来る不死身の兵士みたいなキャラクターを出したいですねという話もしていました。

塚田さんも映画が大好きな方なので、打ち合わせをすると、必ずいろんなアメリカ映画の名前が出て来るんですよ（笑）。「この作品のあんな感じ」、「あの作品のキャラクターみたいなの」的な。そういった打ち合わせを重ねていく中で、僕の思いを詰め込んでハリウッド調にアレンジしたのがＮＥＶＥＲであり、『ＡｔｏＺ』という作品ですね。

――メンバーそれぞれのアクションに個性的違いがあるところも、ＮＥＶＥＲの魅力のひとつではないでしょうか。

実は映画のキャラクターというのは、その一本限りの登場になるので、そこで大きなインパクトを与えないと、みんな忘れてしまうんです。アクションに関しては、もともと自分の得意分野でもあるので、ＮＥＶＥＲのメンバーにそれぞれみんな違うアクションをやらせてキャラクター性に印象をつけさせようというのは、かなり初期の頃から決めていました。

僕は常に作品内で各キャラの個性をアクションを通して強調し、分かりやすく確立させたい……と意識しているのですが、その基本形はやはり『秘密戦隊ゴレンジャー』ですね。

あとは、『スター・ウォーズ』のダースベイダーとかもそうですけど、悪役に魅力がないと映画は成り立たないと思っています。観ている人に悪の印象が強く残るようにすることで、ヒーロー側

年）で主役ウルトラマンの様々なタイプのスーツアクターを担当。倉田プロモーションでは坂本監督の1年先輩にあたり、坂本監督作品の常連でもある。『仮面ライダーW（ダブル）FOREVER AtoZ／運命のガイアメモリ』（２０１０年）、『トラベラーズ次元警察』（２０１３年）、『破裏拳ポリマー』（２０１７年）などに出演。

㊸出合正幸 日本で活動する俳優。以前は倉田プロモーションに所属していたこともあり、アクションを得意とする。２００６年の『轟轟戦隊ボウケンジャー』でボウケンシルバーに変身する高丘映士役を演じる。特技の英語を活かし、２０１３年には忠臣蔵をモチーフとしたキアヌ・リーブス主演のハリウッド大作『47RONIN』にも出演している。坂本監督とは弟弟子の関係にあり、坂本監督作品の常連でもある。『仮面ライダーW（ダブル）FOREVER AtoZ／運命

の魅力も引き出されるからです。だから、『ＡtoＺ』では〝ＮＥＶＥＲを最高のチームにしよう〟というのは、ひとつの目標でもありました。結果、ＮＥＶＥＲは自分が携わった作品の中でもトップクラスのお気に入りのキャラクターになりましたし、ライダーファンの間でも大きな支持を受けているようで、本当に嬉しいです。

――カッコよくて強い。それでいて残酷な面もあるんですよね。

そしてちょっとセクシーなところもある。これっていわゆる大人の魅力じゃないですか。ＮＥＶＥＲはそういうアダルトな雰囲気を出す事も意識していました。

『Ｗ（ダブル）』の主人公である左翔太郎とフィリップが若いという事もあったので、彼らの上を行くチームとの対立という図式を出したかったんです。ふたりでひとりの半人前が、強大な大人たちに立ち向かう。後は杉本彩さんに出ていただいた事で、フィリップとその母・シュラウドの話を絡める事も出来ました。実はそのあたりは僕が大好きだった[51]『銀河鉄道９９９』をちょっと参考にというか、鉄郎とメーテルの関係をフィリップとマリアにうまいこと落とし込めるのではないかな？　と思って作っています。やっぱり自分が子供の頃に観ていた作品の影響は大きいですね（笑）。

好きなアニメ作品や洋画も演出の糧に

――『999』ということは、小さい頃はアニメも結構ご覧になっていたのですか。

のガイアメモリ』（２０１０年）、『獣電戦隊キョウリュウジャー』（２０１３年）、『破裏拳ポリマー』（２０１７年）、『モブサイコ１００』（２０１８年）『キュウレンジャーVSスペース・スクワッド』（２０１８年）などに出演。

㊹八代みなせ
日本で活動する女優、グラビアアイドル。映画『片腕マシンガール』にて主役の日向アミを演じ、その演技が高く評価される。以後、多くの映画、TVドラマ、舞台に出演。２０１１年には坂本監督作品『仮面ライダーW（ダブル）FOREVER AtoZ／運命のガイアメモリ』でヒート・ドーパントに変化する羽原レイカ役を演じ、アクションのセンスを存分に発揮し、大きな印象を残した。

㊺杉本彩
日本で活動する女優、タレント。１９８０年代中頃はモデル、グラビアアイドルとしてバラエティ番組などに出演していたが、１９９０年代に

アニメは今も大好きですね。子供の頃は、ＳＦアニメとスポ根アニメの二択でした（笑）。劇場版『宇宙戦艦ヤマト』シリーズや、劇場版『機動戦士ガンダム』シリーズも始発に乗って映画館に並んで観に行きました。人気映画は並んででも観る！　という世代なんですよ。『幻魔大戦』[52]と『クラッシャージョウ』の公開日が同日で「どっちに行けばいいんだ⁉」って悩んだことを覚えています（笑）。結果、『幻魔大戦』に行ったんですけど。

――スポ根アニメはどういう作品を観ていましたか。

『エースをねらえ！』と『あしたのジョー』シリーズですね。出崎統[53]さんの止め絵演出が物凄く好きで、ＤＶＤも全部購入し、今だに何度も観ています。それらの作品は、僕の作品に色々と影響を与えていますね。

あとは、永井豪[54]先生の作品も観ていましたね。『デビルマン』『キューティハニー』、『マジンガーZ』や『ゲッターロボ』も大好きです。東映まんがまつりで『マジンガーZ対デビルマン』[55]といった今で言うコラボ作品があるのですが、公開までものすごく楽しみに待っていたことを覚えています。それで、あの東映まんがまつりのコラボ作品シリーズというのが、僕の中でのコラボ作品のお手本テキストになっているんです。昔の作品ですけど、うまく世界観を混ぜつつふたつのヒーローの特徴がちゃんと出ていて、今観ても凄く面白いんですよ。

――それこそ「MOVIE大戦」シリーズですね。

入ると本格的に女優として活動を開始。多くの映画、TVドラマに出演し、その精悍な顔つきから大人の魅力を持つセクシーな女性を数多く演じた。現在は動物愛護活動にも力を入れている。

[46] **松岡充**
ミュージシャン、俳優。ロックバンド「ＳＯＰＨＩＡ」（２０１３年に活動休止）、「ＭＩＣＨＡＥＬ」のボーカリスト。２０１１年、坂本監督作品『仮面ライダーW（ダブル）FOREVER AtoZ／運命のガイアメモリ』にて仮面ライダーエターナルに変身する大道克己役を演じ、凶悪な悪役として強烈なインパクトを残し、スピンオフ作品『仮面ライダーW（ダブル）RETURNS 仮面ライダーエターナル』では同役で主演を努めた。また両作ではソロ名義で主題歌も担当。

[47] **須藤元気**
元総合格闘家、タレント、俳優、作家、ミュージシャン、実業家等幅広く活躍。拓殖

そうそう！　だからＭＯＶＩＥ大戦といったコラボ作品をやる時には、必ずあの辺の作品を観返して、参考にしているんです。日本の特撮作品やアニメ作品が持っている僕が好きなエッセンスに、ハリウッド映画的な娯楽性を融合させる。僕が手掛ける作品には、そういった色が強くなっていると思います。

あとはジョン・ウー作品の影響もかなり大きいですね。男同士の熱い友情や男の美学みたいな。『ＡｔｏＺ』で翔太郎と照井竜が風都タワーを見ながら、「死ぬなよ……行くぞ！」っていうシーンがありますが、あの辺はモロにジョン・ウー作品の影響ですね。僕が16歳の時に『男たちの挽歌』[56]が日本で公開されたんですが、それを観てすごく感動して、何回も劇場に観に行っては涙していました。

――見せ場で主題歌を流したり、音楽の使い方も特徴的ですが、そのあたりも子供の頃に観た作品の影響を受けているのでしょうか。

音楽の使い方に関しては『トップガン』『フラッシュダンス』『フットルース』『ストリート・オブ・ファイア』『ロッキー4　炎の友情』といった、80年代アメリカ映画の影響が大きいですね。僕が中学生の頃は、歌をベースに構成されたサウンドトラック在りきの作品が熱かったですね。

それまでは劇中に流れる音楽といえば、ＢＧＭだけというのが多かったのですが、80年代は歌を中心にして組まれるようになり、その中でも『フラッシュダンス』『フットルース』『ステイン・ア

大学レスリング部の監督も務める。格闘家時代は「変幻自在のトリックスター」という愛称で呼ばれ、素晴らしい戦績を残す。現在プロデューサーを務めるパフォーマンスグループ、ＷＯＲＬＤ　ＯＲＤＥＲは、海外で高評価を得る。坂本監督作品『仮面ライダーW（ダブル）　ＦＯＲＥＶＥＲ　ＡｔｏＺ／運命のガイアメモリ』（２０１０年）では、ルナ・ドーパントに変化する泉京水役を演じる。ユーモラスながらも底知れぬ怖さを見せるユニセックスな役柄で好評を得た。

㊽チャック・ノリス
アメリカで活動する俳優、映画製作者、武術家。１９６０年代、アメリカ空軍従軍中にカラテを学び、多くの大会で優勝。交流のあったブルース・リーの紹介で俳優活動を開始し、１９７２年の『ドラゴンへの道』でスクリーンデビュー。１９７０年～１９８０年代に数多くの映画に出演。『地獄のヒーロー』（１９８４年）、『野獣

ライブ』の3本が学生時代に観た中でも強く印象に残っています。そういう作品を観てきたので、劇中に歌を重ねることに関してはまったく抵抗がなく、逆にそれでストーリーを盛り上げたいという気持ちは強いですね。

王道を突き進むのが坂本監督作品の真骨頂

——『W（ダブル）』第28話「Dが見ていた／決死のツインマキシマム」や『AtoZ』はまさにそういう盛り上げ方ですね。

それまで平成ライダーシリーズでは、『仮面ライダー電王』以外、劇中に主題歌を流していなかったと思います。塚田さんに、「流しちゃいけない理由はあるんですか？」と聞いたら、「いや、ないですよ」との事だったので、「だったら、流させて下さい！」と。それで、第28話のW（ダブル）ファングジョーカーと仮面ライダーアクセルが共闘するところでは主題歌を流したんです。王道と言ってしまえば王道なんですが、恥ずかしがらずにそれをやるというのが自分の武器なのではないかと思っています。

田﨑監督とか[57]中澤祥次郎監督の作品って、抽象的なシーンを挿入したり、すごくおしゃれな演出をするじゃないですか。そういうのを観て僕も「面白いなぁ！」と思うんです。それで、やってみたいとも思うのですが、なに分、自分にはおしゃれなセンスがあまりなく、どうしても体育会系

捜査線』（1985年）などが大ヒットし、80年代を代表するアクションスターとして知名度を得る。1993年に主演したTVシリーズ『炎のテキサス・レンジャー』は、約8年間続いたヒットシリーズとなった。2012年の『エクスペンダブル2』では、その健全な姿を見せて全米のファンを喜ばせた。

㊾『エクスペンダブルズ』シリーズ　2010年に公開されたシルヴェスター・スタローン監督・主演のアクション映画。傭兵部隊「エクスペンダブルズ」の活躍を描く。アーノルド・シュワルツェネッガーやブルース・ウィリス。ドルフ・ラングレンといった1990年代に大活躍したアクションスターが一同に介し、ド派手なバトルを繰り広げることで大きな話題となる。2012年に『エクスペンダブルズ2』、2014年に『エクスペンダブルズ3 ワールドミッション』が公開された。

の発想になってしまいます。野球で例えると変化球を投げられないストレート直球勝負のみのピッチャーなのかもしれません。だったら、僕には誰にも打たれない豪速球を投げるしかないんです。恥ずかしがらずに王道路線を突き進もう！　というのが、僕の中での割り切った演出方法でもあります。

――直球なら豪速球とスローボール的なものがありますね（笑）。

そうですね。緩急織り交ぜて（笑）。でも基本は全部ストレートなんですよ。変化球は僕の中のレパートリーにはあまり存在しない気がしますね。

『ＡｔｏＺ』の時も、ラストの風車が回り出すタイミングで主題歌を流す事は、カット割りの段階から決めていました。これは今でもやっていますが、歌を流すシーンのカット割りをする時に「このフレーズのときにこのカットを挿入しよう！」という感じで、自分の頭の中でリズムを刻みつつ映像を思い浮かべながら作業をしています。

撮影の時もそれを頭の中で再生し、編集で映像を繋ぎ曲を当てはめていくと、多少のズレはあるものの大体イメージ通りにハマります。それを徐々に調整していく感じですね。こういった演出やキャラクター設定、音楽的なことも含めて『ＡｔｏＺ』は、僕のやりたい事を最大限に詰め込んだ作品かもしれないですね。

――アメリカで培ってきたものが発揮できたということですね。

㊿『ユニバーサル・ソルジャー』
1992年に公開されたアメリカ映画。ベトナム戦争で戦死したふたりの兵士リュック（演：ジャン＝クロード・ヴァンダム）とスコット（演：ドルフ・ラングレン）が25年の時を経て感情を失った不死の戦士「ユニバーサル・ソルジャー」として蘇るが、やがてリュックが過去を思い出し、それを機に不死の戦士同士の戦いが繰り広げられることとなる。その後シリーズ化もされている。

㉛『銀河鉄道999』
松本零士の同名漫画を原作としたTVアニメ作品。1978年放送。機械の身体を求める少年、星野鉄郎がミステリアスな美女、メーテルとともに銀河超特急999に乗り、様々な星を巡っていく。長い旅を通じて少年が大人になる心の成長を丁寧に描き、大ヒットした。1979年と1981年に公開され大ヒットした劇場版は、坂本監督にも多大な影響を与えている。

毎回思うのですが、人生の中で仮面ライダーの映画を撮らせてもらえる機会は、そんなにないと思っているんです。担当させていただく度に「これが最後に手がける仮面ライダー作品だ！」というくらいの想いで気合い入れて撮らせていただいています。

特に僕は外部から来ている監督なので、「絶対に悔いがないように頑張ろう！」というのと同時に「これがダメだったらもう次のオファーはないよ！」と思いながら撮っています（笑）。

──その緊張感がいいのかもしれないですね。自分から次もやりたい！　と言う事もあるのですか？

もちろん「是非呼んでください！」という風に営業にも行きます。貪欲なのでチャンスがあるとお願いはしていますが、呼んでくれるかどうかは、各プロデューサー次第ですね。

──『仮面ライダーゴースト』とか『仮面ライダーエグゼイド』では手を上げたんですか。

『ゴースト』はメインプロデューサーが高橋一浩[58]さんだったというのが大きいですね。高橋さんは『W（ダブル）』や『仮面ライダーフォーゼ』ではサブのプロデューサーで、その後の『白魔女学園』シリーズでは、メインプロデューサーとして一緒に仕事をさせていただいた、素晴らしいプロデューサーです。

高橋さんが『ゴースト』を担当するということで、早いうちから声をかけていただいていたのですが、その頃は『ウルトラマンX』も並行してやっていたり、別件で韓国作品の開発をしていたので、スケジュールの調整が出来たのが『ゴースト』の後半のほうになってしまいました。

㊷『幻魔大戦』と『クラッシャージョウ』
『幻魔大戦』は「週刊少年マガジン」に連載された平井和正と石森章太郎との共作漫画を原作とした角川アニメーション映画シリーズの第1回作品。『クラッシャージョウ』は、高千穂遙作のSF小説を原作としたアニメ映画。両作とも1983年3月12日公開。その1週間後には『宇宙戦艦ヤマト 完結編』が公開されている。

㊸出崎統
アニメ監督、演出家。止め画を多用、シーンを繰り返す、暗部を特に暗くして陰影を強調するなど、独特の演出手法で知られ、その様々な技法は「出崎演出」と呼ばれることがある。代表作として『ガンバの冒険』『ベルサイユのばら』『あしたのジョー2』『SPACE ADVENTURE コブラ』『ゴルゴ13』などがある。2011年に逝去。

㊹永井豪
漫画家。勢いのあるダイナ

仮面ライダー、Vシネマ作品という新たな挑戦

――『仮面ライダーW（ダブル）RETURNS』の2作品を監督する事になった経緯、また『W（ダブル）RETURNS』が製作決定に至るまでの経緯などをお話いただけますか。

製作が決まった理由に関しては『W（ダブル）』は比較的大人のファンも多かった事が大きかったと思います。それに、当時はDVDなどのソフトの売り上げが絶好調だったので、ファンの需要に応える……というのも大きかったと思います。

オファーはやはりメインプロデューサーの塚田さんからで、本当に『W（ダブル）』が好きなファンの方々、特にNEVERや照井竜といった、特定のキャラクターが好きなファンに向けたVシネマ作品の監督をしてみませんかという話をいただき、喜んで受けさせていただきました。

その後、「仮面ライダーアクセルと仮面ライダーエターナルで一本ずつ撮りましょう」という事になったんです。仮面ライダーでVシネマというのは、電王で『クライマックス刑事』がありましたが、あれは結局、劇場公開作品になりましたので、初めての試みになったのではないでしょうか。

――一応、オリジナルビデオだと『真・仮面ライダー 序章』がありますけど、あれは正確にはVシネマではないので、シリーズとしては初になりますね。

そういった実験的な初の試みで、しかもダイレクトにファンに向けた作品を僕が担当させていただいた

ミックな画風が特徴的で、稀代のストーリーテラーとして数々の名作を世に送り出した。代表作として『マジンガーZ』『デビルマン』『バイオレンスジャック』などがあり、アニメ化された原作作品は数知れず。漫画史に残る巨匠のひとり。

㊺『マジンガーZ対デビルマン』
1973年に「東映まんがまつり」の一編として公開されたアニメ映画。同じ永井豪の漫画を原作とするアニメ、『マジンガーZ』と『デビルマン』のコラボレーション作品。タイトルでは両雄が激突するように感じられるが、対は「つい」とも読めるということで、劇中ではマジンガーZとデビルマンが共闘する姿が描かれる。

㊻『男たちの挽歌』
1986に年に製作された香港映画で、監督はジョン・ウー。マフィアの世界に席を置く兄ホーとその弟で警官のキットとの絆、そしてホーの友人であるマークとの男の

だけるというのは、凄く光栄な事です。内容的にも、ニチアサ[59]で放送されている物とは違い、ちょっとアダルトというか、大人向けでダークなトーンにしても良いとの事でした。また、Vシネマという事で、今では厳しくなった『アギト』とか『555（ファイズ）』的な若干エグめの表現もOKとなり、NEVERの戦闘描写なども演出の幅が大きく広げられました。

僕の得意とする作風にも合致し、結果的にはこのふたつの作品は、非常に楽しみながら撮る事が出来ました。

物語の下敷きにしたのは、『仮面ライダーW（ダブル）RETURNS 仮面ライダーアクセル』のほうは、〝アクセル〟という名前のように一瞬たりとも止まらないような、ノンストップアクション映画『96時間』や『ラン・ローラ・ラン』のような内容。

『仮面ライダーW（ダブル）RETURNS 仮面ライダーエターナル』のほうは『ユニバーサル・ソルジャー』のようなNEVERのメンバーたちが、どうしてゾンビ・ソルジャーになってしまったのか？ という、ちょっと悲劇的な要素を含めたダークなヒーロー作品。

〝疾走感のある作品〟〝悲壮感のあるダークヒーロー〟という明確な形でメインテーマを決め、作風に色分けをしたんです。

強行スケジュールでの撮影

友情を描いたハードボイルド活劇。激しいガンアクションやジョン・ウーの斬新な演出手腕により、香港を始めアジア各地で大ヒットを記録。後のアクション映画界に多大な影響を与えた。

57 中澤祥次郎
日本で活動する映像作品の監督。1993年、『五星戦隊ダイレンジャー』に助監督として東映特撮作品に参加する。2000年、『未来戦隊タイムレンジャー』で監督デビュー。2007年、『獣拳戦隊ゲキレンジャー』ではメイン監督を担当。2008年『仮面ライダーキバ』からは平成仮面ライダーシリーズにも参戦する。コミカルな演出に定評がある一方で、熱い展開では画面から高い熱量を感じさせるほどのシーンを作り上げるなど、優れた演出手腕を発揮する。

58 高橋一浩
日本の映像作品のプロデューサー。東映所属。坂本監督が関わった2009年の『仮

——どのようなペースでふたつの作品を撮影していたのでしょうか。

二本を同時に撮影していたので、午前中は『アクセル』を撮って、午後は『エターナル』を撮るとか、そういうのがしょっちゅうでしたが、自分の中では作風が分かれていていた為、混乱する事なく作業出来ました。TVシリーズや劇場版に比べると予算が少ないという条件はありましたが、参加してくれたスタッフみんなが一丸となって頑張り、プロデューサーや出版社の方々もエキストラとして参加もしてくれました。

『アクセル』のオープニングでスリの集団が物を渡していくシーンは、撮影場所が神田だったので、関連出版社の方々に「ロケ場所が近いので、来られる人は来てください」と声をかけたんです。そうしたらありがたい事にたくさんの方々が参加してくれました。最近はボランティア・エキストラの方々を、SNSを通して募集することがありますが、当時はまだありませんでしたね。

——アクション監督も兼任していますが、現場では大変だったのではないでしょうか。

アクション監督の宮崎剛[60]さんが『仮面ライダーオーズ／OOO』のTVシリーズを担当されていたので、スケジュールと予算の関係上、僕がアクション監督も兼任する事になったんです。

それで、今ではベテラン勢に入っていますが、その時はまだ若手でガンガン伸びて来ていた永徳[61]くんと渡辺淳[62]くんたちをメインに立てて、僕も入れた3人でアクションをコーディネイトしていました。

面ライダーW（ダブル）』と2011年の『仮面ライダーフォーゼ』にてサブプロデューサーを担当。2012年にテレビ朝日コンテンツビジネス戦略部へと出向し、そこで『白魔女学園』（2013年）シリーズを手掛ける。2015年に東映に復帰し『仮面ライダーゴースト』でメインプロデューサーを担当する。

[59]ニチアサ
ニチアサキッズタイム。2007年から設定された日曜朝7：00～9：00までのテレビ朝日系列子ども向け番組が放送されていた時間帯。2012年以降はこの呼称は公式ではなくなっていたが、視聴者の間では使用されていた。2018年現在は、仮面ライダーが9：00から、スーパー戦隊が9：30からに移動したため、この1時間を指して「ニチゴゼ」（日曜午前）と呼ばれ始めている。

[60]宮崎剛
JAE所属のアクション監督。主に東映特撮作品でス

「今回の作品でどういうアクションをやりたいか?」というところから始まり、いろんな意見を出し合ってアクションを考え、JAE[63]で頭角を現してきていた新しいメンバーたちに、アクションを発表する場を与える事が出来たのではないかと思います。
2作品ともアクション性が高かったので、キャスト&アクション部一同燃えていましたし、参加してくれたスタッフ誰もが新しい事をしている! と実感していたと思います。予算とスケジュールは厳しいけど「みんなでやろう! 良い作品を作ろう!」という団結力がありましたね。

――アクション的に、仮面ライダーアクセルブースターの飛行シーンには、目を見張るものがありました。

台本の打ち合わせ時に、アクセルには仮面ライダーアクセルトライアルという超スピードのフォームはあったけど、飛ぶのはまだやっていないな……という話題になり、だったら飛ばしましょう! と、決まりました。
ブースターをつけて蒸気を出しながら飛ぶというアイデアは、『獣拳戦隊ゲキレンジャー』のスーパーゲキレンジャーが蒸気を出しながら疾走していましたが、あれの応用になります。僕はロボットアニメも好きなのですが、特に『銀河漂流バイファム』[64]で、バイファムがバーニアを吹かしながら方向転換するシーンがお気に入りでした。なので、『ゲキレンジャー』のパワーレンジャー版『パワーレンジャー・ジャングルフューリー』では、スーパーゲキレンジャーの活躍シーンを日本よりも増やしたくらいなんです(笑)。

タントマン、スーツアクターとして活動後、1999年の『救急戦隊ゴーゴーファイブ』よりアクション監督に転向。2001年、『仮面ライダーアギト』以降は平成仮面ライダーシリーズを手掛けるようになり、翌年の『仮面ライダー龍騎』以降、『仮面ライダーウィザード』、『仮面ライダー鎧武/ガイム』、『仮面ライダードライブ』以外のシリーズでは、メインのアクション監督を担当。

61 永徳
JAE所属のアクション俳優、スーツアクター、スタントマン。2002年に遊園地などのアトラクションショーで活動開始。2004年の『特捜戦隊デカレンジャー』のデカブレイク役でスーツアクターとしての活動を本格化。以降は主に平成仮面ライダーシリーズの2号ライダーやライバルキャラクターを演じることで知られている。2012年には舞台『TIGER & BUNNY THE LIVE』にて、キース・グッ

そんな中、飛行しながら高速移動したり、蒸気を射出して急な方向転換したりというアクションをワイヤーで表現して、アクセルを飛ばしたら面白い映像になるのではないかという考えから、アクセルブースターが完成したんです。

――アクセルブースターのキャラクター性には坂本監督のアイデアがかなり入っているんですね。

そういったヒーローのギミックなどを決める打ち合わせというのは、パワーレンジャー時代から、プロデューサーとしてバンダイアメリカさんとの玩具の打ち合わせを含めて結構やっていたんです。塚田さんもその辺りの事を知っていたので、僕が監督するエピソードや作品の場合、キャラクターが使用する武器やギミックの打ち合わせにも呼んでいただけます。

例えば『ＡｔｏＺ』でエターナルが武器としてエターナルエッジというナイフを使うのは、ＴＶシリーズではリアルスティックな武器を出すのは難しいですが、劇場版&傭兵設定なので大丈夫……などという打ち合わせの流れで決まっていきました。

予算とスケジュールを守ることで得られた信頼

――人物像や商品性、キャラクターの構築的な打ち合わせは密にやっているんですね。

そうですね。塚田さんは、作品の本打ちをガッツリやる方なのですが、僕も自分の意見はドンドン出すタイプなんです。取りあえず意見をいっぱい出して、皆でそれを転がして、そこから何かを

ドマン役を演じた。

62 渡辺淳
ＪＡＥ所属のアクション俳優、スーツアクター、スタントマン。２００２年頃から東映特撮作品に出演するようになり、平成仮面ライダーシリーズ、スーパー戦隊シリーズにて数多くのキャラクターを演じる。仮面ライダーとしてのデビューは『仮面ライダー響鬼』（２００５年）の仮面ライダー轟鬼（トドロキ）役。２００７年の『獣拳戦隊ゲキレンジャー』ではゲキチョッパーを演じる。

63 ＪＡＥ
株式会社ジャパンアクションエンタープライズ。俳優の千葉真一が設立したジャパンアクションクラブ（ＪＡＣ）を前身とする日本の芸能事務所。アクション俳優の育成やマネージメントに加え、映画や舞台、各種イベントのアクションシーンの演出も手掛けている。ＪＡＣ時代も含めると、真田広之、志穂美悦子、大葉健二、春田純

生み出すという工程が凄く好きなんですよ。本打ちで意見が出なく、シーンと静まるのは一番避けたい状況ですね。そうなるとだんだん空気も悪くなり、良くないほうに転がって行く事があります。

でも、塚田さんと三条陸[65]さん、長谷川圭一[66]さんとの打ち合わせの時は、ガンガン意見が飛び交いますね。塚田さんは凄く頭の回転が早い方なので、何か意見が出ると、それに対してすぐに反応してくれるんです。毎回の本打ちは、凄く建設的なディスカッションになっています。

——アイデアが膨らみすぎて「それは無理です」みたいなことも多いのではないですか。

そういう事もありますが、僕の場合は多少のムチャな事を提案しても了承をいただけた方だと思います。それは、僕のポリシーとして、スケジュールと予算は必ず守る物だと徹底しているからかもしれません。

『星獣戦隊ギンガマン』のパワーレンジャー版『パワーレンジャー・ロスト・ギャラクシー』以降、長いことパワーレンジャーでプロデューサーをやっていた経験から、何処を切り詰めて何処へ回すか？　などという、いわゆる予算とスケジュールの調整や配分というのは把握出来ていた方だと思います。なので、東映さんやTVプロダクションから、信頼を得る事が出来たんだと思います。

『アクセル』と『エターナル』の時も、方向性の違う作品を二本同時撮りするなど、チャレンジ要素が多かったのですが、OKをいただけました。

——その信頼が『仮面ライダーフォーゼ』のメイン監督に抜擢という形に繋がるんですね。

——といった数多くのアクションスターを輩出。現在の代表取締役社長は、監督業も務める金田治。

[64]『銀河漂流バイファム』
1983年に放送された日本サンライズ（現サンライズ）制作のロボットアニメ。異星人の襲撃を受け、宇宙を放浪することになった13人の少年少女たちの戦いを描く。背中にブースターを背負い、縦横無尽に宇宙を駆けるラウンドバーニアンと呼ばれるロボットが登場し、バイファムは主人公のロディが駆る機体名。

[65]三条陸
漫画原作者、および脚本家。元々は雑誌「ホビージャパン」やアニメ誌「OUT」にてライターとして活動。1986年、OVA『装鬼兵MDガイスト』でアニメ脚本家デビューし、翌年の1987年に「コミックボンボン」で連載された『スカイボンバー直線』にて漫画原作者としてデビューする。少年向けの胸躍る熱い展開を得

『フォーゼ』の時も、色々とチャンレンジしましたね。それまでパイロット版は通常2話ですが、『フォーゼ』では4話を同時に撮りました。（最近は3話撮りも多くなりましたが）それは『アクセル』と『エターナル』があったからこそ許してもらえたんだと思います。普通だったらやめろと言われますよ（笑）。『獣電戦隊キョウリュウジャー』や『ウルトラマンジード』など、僕がメイン監督でパイロット版を撮る場合は、基本4話撮りですね（笑）。

だから、『アクセル』と『エターナル』は、監督としての信頼を得るという意味でも、本当にやってよかったなと思っています。

――ちょっと株をひとつ上げたかな、くらいの気持ちはありますか。

そこはわかんないですけど（笑）。でも、やっぱり監督としての帽子をかぶっている時と、プロデューサーの帽子をかぶっている時とでは、仕事に対する物の見方というのは違いますね。自分の中にある監督としてのプライドとして、「作品は良いけど予算とスケジュールがオーバーしている！」と言われるのが嫌なんです。だから、限られた予算とスケジュールの中でも、それを死守しながらも、お客さんが観てよかったと思うようなバリュー感を出せるように頑張っています。

与えられた条件の中で、どうやったら最大限の結果を出せるか？……というのも、ひとつの楽しみだったりもします。

意としており、代表作として『DRADON QUEST -ダイの大冒険-』（漫画原作）、『ガイキング LEGEND OF DAIKU-MARYU』（脚本）などがある。特撮作品ではメイン脚本家として『仮面ライダーW（ダブル）』（2009年）、『獣電戦隊キョウリュウジャー』（2013年）、『仮面ライダードライブ』（2014年）などを手掛けている。

⑯長谷川圭一
脚本家。主にアニメ、特撮作品を手掛ける。美術部として様々な映像作品に携わる傍ら、1996年の『ウルトラマンティガ』で脚本家としてデビュー。以後、2013年の『ウルトラマンギンガ』までの平成ウルトラマンシリーズに参加。2009年、『仮面ライダーW（ダブル）』以降は平成仮面ライダーシリーズにも参加する。2011年の『仮面ライダーW（ダブル）RETURNS 仮面ライダーアクセル』ではカメオ出演もしている。

仮面ライダーフォーゼ

宇宙と学園ドラマをテーマにした平成仮面ライダーシリーズ第13作目。仮面ライダーフォーゼに変身する主人公は、ひと昔前の番長スタイルに身を包んだ快男児・如月弦太朗。星座の怪人・ゾディアーツが出現する天ノ川学園高等学校に転校してきた弦太朗は、幼馴染の城島ユウキ、優等生の秀才、歌星賢吾らとともにゾディアーツと戦う「仮面ライダー部」を設立。部にひと癖もふた癖もあるメンバーが集まり、賑やかさを増す一方で、学園内には不穏な空気が蠢くのだった。

坂本監督が初めて仮面ライダーシリーズのメイン監督を担当。初回やパワーアップ回、最終回といった重要エピソードに加え、フォーゼが登場する劇場版3作品も手掛けた。

TV『仮面ライダーフォーゼ』（全48話）2011年9月～2012年8月／映画『仮面ライダー×仮面ライダー フォーゼ&オーズ MOVIE大戦MEGA MAX』2011年12月10日公開／映画『仮面ライダーフォーゼ THE MOVIE みんなで宇宙キターッ!』2012年8月4日公開／『仮面ライダー×仮面ライダー ウィザード&フォーゼ MOVIE大戦アルティメイタム』2012年12月8日公開

衝撃的デザインの仮面ライダー

——『仮面ライダーフォーゼ』で、メイン監督①に抜擢された経緯を教えて下さい。

東映の塚田英明②プロデューサーからオファーをいただきました。その時のお話では、次の仮面ライダーは宇宙がモチーフとなる事、塚田さんはそれに学園ジャンルを掛け合わせようと考えているという事でした。

〝学園と宇宙〟というまったく結びつかないテーマの融合に惹かれましたし、その学園要素というのが、海外ドラマ『glee／グリー』③のようなアメリカン・ハイスクールだという事に、更に新しい可能性を感じました。僕的には「もちろんやらせて下さい!」という感じでしたね（笑）。

——即答だったということですね。

①メイン監督
TVシリーズ作品において、初期段階から企画に参加し、プロデューサーとともに作品全体の物語の方向性を決めたり、パイロット版の監督を担当して、演出の方針を決めるという重要な役割を担う。またメイン監督は、シリーズ構成の縦軸に影響する重要なエピソードの監督を任されることも多い。

②塚田英明
日本の映像作品のプロデューサー。東映所属。2001年に『仮面ライダーアギト』でサブプロデューサーとして初めて特撮作品に参加し、

もちろんです！　塚田さんからのオファーという事もありましたし、テーマも面白そうだなと。それに、仮面ライダーシリーズを頭から自分で撮れる機会というのは、監督人生において、そうはないと思うんです。初めて仮面ライダーシリーズのメイン監督を担当出来るという事で、身が引き締まる思いでしたね。

『仮面ライダーディケイド』以降は仮面ライダーバブル期というか、仮面ライダーシリーズが凄く好調な時期が続いていたので、プレッシャーはかなり大きかったです。前作『仮面ライダーオーズ／ＯＯＯ』も玩具の成績が凄く良かったですし。

そのプレッシャーの中で打ち合わせが始まり、仮面ライダーフォーゼのデザインを初めて見た時は、もうビックリして「えーっ!?」ってなりました（笑）。ショッキングというか、正直な話「本当にこのデザインで大丈夫なの？」と思いました（笑）。

——たしかにフォーゼの見た目は衝撃的でした。

デザイン的にはかなりチャレンジしようとする意気込みが伝わって来ましたね。色々な意見が重ねられた結果、最終的に今の形に落ち着きました。

——オファーを受けてから撮影までの準備期間の間、どのような事をしていたのでしょうか。

オファーの時期が早かったので、準備期間は結構長かったんです。その間に『海賊戦隊ゴーカイジャー』を撮りました。「フォーゼが始まる前にちょっと時間がありますよね？」って『ゴーカイ

２００４年に『特捜戦隊デカレンジャー』で、メインプロデューサーとしてデビューする。その後も『仮面ライダーＷ（ダブル）』『仮面ライダーフォーゼ』などを担当し、現在は『科捜研の女』『京都人情捜査ファイル』といった刑事ドラマも手掛けている。

③『ｇｌｅｅ／グリー』
２００９年に放送を開始したアメリカのＴＶドラマシリーズ。とある高校で廃部の危機に瀕したある合唱クラブが、様々な試練を乗り越えて地区大会で優勝するまでの軌跡を描く。学園内ヒエラルキーによる問題や登場人物たちの葛藤を描き、放送開始から大人気となる。２０１５年放送のシーズン６で最終回を迎えた。

④宇都宮孝明
日本の映像作品のプロデューサー。東映所属。２００２年に『忍風戦隊ハリケンジャー』にプロデューサー補として参加し、２００３年の『仮面ライダー５５５（ファイズ）』

ジャー』のメインプロデューサー・宇都宮孝明[4]さんから声をかけていただいたんです。『特捜戦隊デカレンジャー』の回である5話「ジャッジメント・パイレーツ」と、ルカをフィーチャーした6話「一番大事なもの」を「是非に！」とやらせていただき、その後「時間的にもう1回撮れますよね？」と、『侍戦隊シンケンジャー』回の11話「真剣大騒動」と12話「極付派手侍」のオファーをいただきました。12話は1クール目の節目なので、派手なアクション回になる事が多く、『シンケンジャー』はまだ未経験だったので、これも即答でした（笑）。

——その間も『フォーゼ』の準備は進めていたんですよね。

もちろんです。スタッフやバンダイさんとの打ち合わせや、メインキャストのオーディションなどがありました。

高クオリティのオーディションが後の糧に

——オーディションはいかがでしたか。

仮面ライダーといえば、次にブレイクする若い役者たちの登竜門というのが定着化していた事もあり、色々な事務所さんが、イチ押しの新人たちを送り込んで来ます。結構幅広く募集するので、もう既に完成している子から原石まで、たくさんの人たちを見ます。オーディション参加者のクオリティの高さには本当に驚かされました。

以降はサブプロデューサーを務めるようになる。2009年の『侍戦隊シンケンジャー』でメインプロデューサーを担当し、以後『海賊戦隊ゴーカイジャー』（2011年）、『仮面ライダーウィザード』（2012年）、『烈車戦隊トッキュウジャー』（2014年）、『動物戦隊ジュウオウジャー』（2016年）、『快盗戦隊ルパンレンジャーVS警察戦隊パトレンジャー』（2018年）を手掛ける。

⑤木下あゆ美
日本で活動する女優。2004年に放送された『特捜戦隊デカレンジャー』でデカイエローに変身する礼紋茉莉花役で人気となり、その後数多くのTVドラマ、映画に出演。声優としても活動している。主演代表作として2006年に放送された『怨み屋本舗』シリーズ、坂本監督の『トラベラーズ次元警察』など多数。

⑥長澤奈央
日本で活動する女優。2002

――その時のオーディションでは、物語の範囲的にはどの程度のキャラクターまで選ばれたのでしょうか。

基本的にはメインキャストですね。主役の如月弦太朗から仮面ライダー部のメンバー。ただ、オーディション参加者の中で印象に残ると、後ほどゲストキャラの役を振ったりします。

――ゲストキャストはすべてオファーになるんですか?

ゲストキャストはオファーとオーディションの両方ですね。例えば『仮面ライダーW(ダブル)』の時の⑤木下あゆ美ちゃんや⑥長澤奈央ちゃんは担当監督(この場合は僕ですが)からのリクエストによるオファーになります。それ以外には、役に合った人をオーディションで募集したり、過去のオーディションで印象に残った人をキャスティングする場合もあります。

ちょっと先の話ですが、『仮面ライダー×仮面ライダー ウィザード&フォーゼ MOVIE大戦アルティメイタム』に登場した〝怪人同盟〟のメンバーはオーディションで選んでいて、その時は凄いメンバーが揃いましたね。小牧瑠美役に選ばれたのは⑦山谷花純ちゃんだったのですが、そこには⑧今野鮎莉ちゃんと、⑨飯豊まりえちゃんも来ていたんです。

このふたりのインパクトも強烈で、僕は次に『獣電戦隊キョウリュウジャー』を撮る事が決まっていたので、メインプロデューサーの⑩大森敬仁さんに推薦しました。当時は3人ともまだ中学生でしたが、キラキラ輝いていましたね。

――『キョウリュウジャー』の時には、おふたりにはもう1回オーディションで来てもらったんですか。

年に放送された『忍風戦隊ハリケンジャー』でハリケンブルーに変身する野乃七海役として出演後、数々の映画、TVドラマに出演。2009年、日米合作映画『ホテルチェルシー』で初主演を飾る。アクションを得意としており、吹き替えなしでキレのあるアクションシーンを演じることに定評がある。『仮面ライダーW(ダブル)』『仮面ライダーフォーゼ』『トラベラーズ 次元警察』『009ノ1 THE END OF BEGINNING』などの坂本監督作品への出演も多い。

⑦山谷花純
日本で活動する女優。2008年のTVドラマ『CHANGE』で女優デビュー。2015年に『手裏剣戦隊ニンニンジャー』でモモニンジャーに変身する百地霞役を演じる。『仮面ライダー×仮面ライダー ウィザード&フォーゼ MOVIE大戦アルティメイタム』(2012年)、『白魔女学園』(2013年)、『宇宙刑事シャイダー NEXT GENERATION』(2014

メインキャストは監督の独断だけでは決められないので、もちろん他の方々と一緒にオーディションをしています。無事にふたりとも選ばれて、内心で「やった！」と喜んでいました（笑）。

――話を戻しますが、『フォーゼ』のメインキャストは苦労せずに選ぶ事が出来たのでしょうか。

仮面ライダー部はみな個性が強く、人数も多いので、事前に塚田さんと脚本の中島かずきさん[11]を中心に、キャラクターの打ち合わせをしてイメージを固めました。そしてオーディションでは、そのイメージに合った子たちを選定していった感じです。

ただ、城島ユウキのキャラクターイメージだけは、オーディションで清水富美加ちゃん[12]に出会った後、彼女の天真爛漫さに惹かれ、富美加ちゃんに合わせてキャラクターを調整しています。もともと僕たちが考えていたユウキは、メカオタクっぽい地味な感じの少女だったんです。

『フォーゼ』のオーディションも凄いメンバーが揃っていて、誰が選ばれてもおかしくなかったですね。その後『特命戦隊ゴーバスターズ』の宇佐見ヨーコ／イエローバスター役に決まった小宮有紗ちゃん[13]ともその時に出会い、彼女とどうしても一緒に仕事がしたくて、『白魔女学園』の時にオファーを掛けたんです。

――目移りして実に悩ましい感じだったのですね（笑）。

オーディションでは、その作品のキャラクターに合っているか？　を基準に選ぶので、別の作品で配役を決める際に、この役だったらあの時のオーディションに来たあの子がいいな！　となる事

年）、『白魔女学園オワリトハジマリ』（2015年）など、坂本監督作品への出演も多い。2018年の『モブサイコ100』では暗田トメ役としてエキセントリックな演技を見せ、視聴者に大きなインパクトを残した。

⑧今野鮎莉
日本で活動する女優。2013年の『獣電戦隊キョウリュウジャー』でキョウリュウピンクに変身するアミィ結月役でTVドラマ初出演。その後はTVドラマ『闇金ウシジマくんseason3』（2016年）や映画『恋愛漫画はややこしい～集まれ！恋する妄想族～』（2014年）などに出演。健康的な色気が魅力で、『キョウリュウジャー』の劇中では特技の一輪車や、柔軟性を活かしたアクションも披露した。

⑨飯豊まりえ
日本で活動する女優、ファッションモデル。様々なファッション誌で専属モデルを務め、2012年の『世にも奇妙

も多いですね。

例えば『仮面ライダー×仮面ライダー フォーゼ&オーズ MOVIE大戦MEGA MAX』で仮面ライダーアクアに変身する湊ミハル役の荒井敦史[14]くんは、過去に何度か僕が担当する作品のオーディションに来ていて、ミハル役に決まりました。その後も僕が監督した釈由美子[15]さん主演の映画『KIRI -「職業・殺し屋。」外伝-』や、Netflix／テレビ東京の連続ドラマ『モブサイコ100』にも出演してもらっています。

——オーディションではどういった事をするのでしょうか。

参加者には2ページくらいのオーディション用台本を用意して、セリフを覚えていただき、その場で演じてもらいます。場合によっては、ひとつの役だけでなく他の役として読んでもらったりもしますね。

それ以外には、雑談タイムなどでその人の人柄や自然な表情を見たりもします。雑談していると、その人の魅力が出て来る事も多々あるので。

——そういった部分も含めて、仮面ライダー部のキャストはハマっていたなと。

もちろんです！　みな良い子たちばかりで、撮影するに従って仲良くなり愛着も湧いて来ます。メイン監督をやったシリーズのキャストたちは、みんな自分の子供たちのように感じますね。そして、メインじゃない作品の時は親戚の子という感じでしょうか？（笑）もちろんみな可愛いのです

な物語 '12春の特別編』で女優としてデビュー。2013年には『獣電戦隊キョウリュウジャー』にて2代目キョウリュバイオレットに変身する弥生ウルシェード役で出演。2017年、映画『暗黒女子』で初主演を飾る（清水富美加とW主演）。

⑩大森敬仁
日本の映像作品のプロデューサー。東映所属。2005年、『仮面ライダー響鬼』でプロデューサー補を務め、2008年の『仮面ライダーキバ』でサブプロデューサーとなる。2013年、『獣電戦隊キョウリュウジャー』でメインプロデューサーを担当し、以後は『仮面ライダードライブ』（2014年）、『仮面ライダーエグゼイド』（2016年）、『仮面ライダービルド』（2017年）を手掛ける。

⑪中島かずき
日本で活動する脚本家、劇作家、小説家。双葉社で編集者をしながら脚本家とし

が、ちょっと違う可愛さがある気がします。

『フォーゼ』の脇を固めた豪華キャスト陣

――ゾディアーツ側のキャスティングもお聞きしたいのですが、理事長の我望光明役の鶴見辰吾さん⑯にオファーした経緯というのは。

最近の仮面ライダーシリーズでは、名前のある役者さんにレギュラーキャストとして出演していただく事が多々あります。いわゆるエンドロールでいう所のトメ⑰の位置ですね。『オーズ／OOO』だと鴻上光生役の宇梶剛士さん、『W（ダブル）』は園咲琉兵衛役の寺田農さん、『仮面ライダーゴースト』には仙人／イーディス役の竹中直人さん。鶴見さんは知名度や経験、役柄にもバッチリですし、ご本人も『フォーゼ』に興味を持ってくれました。僕も世代的に鶴見さんの作品を沢山見ていたので、出演が決まった時には凄く喜びました。

鶴見さんだけでなく、『フォーゼ』には風間トオル⑱さんや神保悟志⑲さんにも出演していただいています。皆さん協力的というか、凄く楽しんで演じていたのが印象に残っています。鶴見さんはアフレコなどもノリノリでしたね（笑）。

皆さん僕よりも少し年齢が上で、世代的には『仮面ライダー』や『ウルトラマン』の初期シリーズといった特撮作品を幼少時に観ているので、現場に来るとテンションが上がるようです（笑）。

て活動していたが、2010年に双葉社を退社。アニメ、TVドラマ、舞台の脚本を数多く手掛けており、2007年のアニメ『天元突破グレンラガン』、2013年のアニメ『キルラキル』ではシリーズ構成も担当。2011年には『仮面ライダーフォーゼ』のメイン脚本を手掛けた。劇団☆新感線の座付作家を務めている。

⑫清水富美加
日本で活動する女優、宗教家。2011年、『仮面ライダーフォーゼ』のヒロイン・城島ユウキ役で元気いっぱいな演技を見せて脚光を浴び、その後、数々の映画やTVドラマに出演。2017年に幸福の科学に出家し、それからは千眼美子の法名で宗教家として活動。女優も続けており、幸福の科学出版製作の映画『さらば青春、されど青春。』（2018年）に出演している。

⑬小宮有紗
日本で活動する女優、グラ

――鶴見さんは東映東京撮影所での撮影が多かった感じですか。

我望理事長の撮影は理事長室がメインでした。鶴見さんはお忙しい方なので、もしロケで天候が崩れたりするとスケジュール調整が大変です。なので、必然的に天候に左右されない場所での撮影がメインになりましたね。

――その他のゾディアーツのキャラクターだと校長の速水公平役の天野浩成[20]さんは、ライダーファンの間では大きな話題になりました。

天野くんは『仮面ライダー剣（ブレイド）』に出演していましたが、また違った役柄として仮面ライダーシリーズに参加していただきたいという願いもあり、出演してもらいました。僕は『フォーゼ』で初めてお会いしたのですが、速水役としても凄く合っていたと思います。

――最初はカッコよくて、だんだん崩れていく感じになりましたが。

その辺りは本人に引っ張られたのかもしれませんね（笑）。天野くんは見た目はクールな感じですけど、実はすごく愛されキャラなので（笑）。

仮面ライダーやスーパー戦隊シリーズは、制作してから放送までのスパンが短いので、中盤以降になると、放送を見た後とか、キャストの撮影中の雰囲気を見て台本に反映させる事も多々あります。そこでキャラクター性や物語の軸を調整して行く感じです。

制作サイドが求めていた物と、キャストの芝居とが化学反応を起こし、良い方向に伸びる事が頻

ビアモデル、声優。2012年、『特命戦隊ゴーバスターズ』のイエローバスターに変身する宇佐見ヨーコ役でTVドラマ初出演。特技のダンスを活かしたクールでスタイリッシュなアクションを見せ、同役では坂本監督作品『獣電戦隊キョウリュウジャーVSゴーバスターズ 恐竜大決戦！ さらば永遠の友よ』にも出演している。2015年、『ラブライブ！サンシャイン!!』から声優としても活動を開始。黒澤ダイヤ役を演じ、劇中のアイドルグループ「Aqours」のメンバーとなる。

⑭荒井敦史
日本で活動する俳優。ワタナベエンターテインメントの男性俳優集団「D-BOYS」のメンバー。2008年、第21回「ジュノンスーパーボーイコンテスト」にてビデオジェニック賞を受賞。俳優として活動を開始し、映画『ポールダンシングボーイ☆ず』（2011年）にて初主演を務める。2011年の坂本監督作品『仮面ライ

繁に発生します。そのライブ感は、約1年という長い期間をかけて作る作品の良い部分ですね。

――キャラが育っていくとか、ライブ感を大事にするという事ですね。

そうですね。それとは逆に、今のウルトラマンシリーズは制作話数も少ないので、イン前にほぼすべての台本が完成、または決定稿[21]に近い状態じゃないと、撮影スケジュールが大変な事になります。それはそれで撮影プランが立て易いのと、決まったゴールに共通のビジョンを持って進めるという利点もありますね。

――これだけ制作期間が長いと、不測の事態が起こりスケジュール的に危機的状況に直面することもあったのでないでしょうか。

そういう時もありますけど、スタッフが優秀なので、遅れた分を取り戻す策を常に考えながらスケジュールを調整してくれています。そこは東映さんが何十年にも渡って培ってきた経験による物ですね。

冬の劇場版などは、秋口に撮影し、12月に公開になりますが、これは通常では考えられないスケジュールです。しかも200を超える合成カットも発生します。これを毎年こなしてしまう東映さんの機動力は本当に素晴らしいと思います。

――立神吼役の横山一敏[22]さんはアクション系の俳優さんですが、坂本監督からのリクエストだったのでしょうか。

ダー×仮面ライダー フォーゼ&オーズ MOVIE大戦MEGA MAX』で仮面ライダーアクアに変身する湊ミハル役を演じ、その後も『KIRI-『職業・殺し屋。』外伝-』（2015年）、『モブサイコ100』（2018年）と坂本監督作品に出演。存在感のある演技を見せた。

⑮釈由美子
日本で活動する女優、タレント。かつてはグラビアアイドルとして活動していたが、現在は女優として多くのTVドラマや映画、バラエティ番組に出演。主演代表作は、『修羅雪姫』（2001年）、『ゴジラ×メカゴジラ』（2002年）、その続編『ゴジラ×モスラ×メカゴジラ 東京SOS』（2003年）、TVドラマ『スカイハイ』（2003年）など多数。男勝りなクールビューティーなイメージが強く、14年ぶりに本格アクションに挑戦した坂本監督作品『KIRI-『職業・殺し屋。』外伝-』（2015年）においても、

レオ・ゾディアーツの立神を横山さんにオファーしたのは、塚田さんの判断だったと思います。基本的にライダーシリーズでのキャスティングの提案は、声優さん含めてサブプロデューサーがしてくれます。『フォーゼ』では、高橋一浩[23]さんですね。その提案を受け、監督を含め、プロデューサーを中心にディスカッションして決めていく方式です。

横山さんはJAE[24]所属のアクション俳優さんですし、自分もご一緒したかったので嬉しかったですね。『フォーゼ』が縁となり、『009ノ1 THE END OF THE BEGINNING』にも出演していただきました。

膨大な数のアストロスイッチをどう見せていくか

――『フォーゼ』といえばアストロスイッチとフォーゼモジュールのギミックも印象的ですが、この辺りのアイデアというのは坂本監督の意見も大きく反映されているのでしょうか。

スイッチやモジュールに関しては、種類や用途を選ぶ打ち合わせに早い段階から呼んでいただき、そこで「チェンソーは足に付けましょう！」などのアクション視点から見た提案をさせていただきました。

仮面ライダー40周年記念作品なので、スイッチを全部で40個出すという事は最初から決まっていました。打ち合わせでは、フォーゼを中央に置いた両手両足の表を作り、40個のスイッチをみんな

主人公の冷徹な殺し屋、キリを演じている。

⑯**鶴見辰吾**
日本で活動する俳優。1979年、『3年B組金八先生』で生徒役の宮沢保を演じたのを機に、以後は数々の大映テレビ製作のTVドラマで活躍。他にも数多くの映画、TVドラマに出演し、2011年には『仮面ライダーフォーゼ』で東映特撮作品に初出演。主人公と敵対する天ノ川学園高等学校の理事長で、サジタリウス・ゾディアーツに変化する我望光明役を演じ、円熟味ある演技で不気味な存在感を見せつけた。

⑰**トメ**
キャストクレジットで最後に紹介される俳優や女優で、格的には主演の次の位置になる。名前を強調するために、クレジットでは特別な演出を加えることもある。

⑱**風間トオル**
日本で活動する俳優。雑誌

でアイデアを出してひとつずつ埋めて行く作業をしましたね。

――その表は撮影しながら徐々に埋めていったんでしょうか。

ベースとなる40個はすべてクランクイン前です。後は、何話にそれらを登場させるか？　という割り振りをして行きます。ただ、劇場版に出てくるフュージョンスイッチや、なでしこスイッチなどのような特別なスイッチは後から付け足されて行きます。

それらのスイッチやモジュールを、どう魅力的に演出して行くかが監督としてのチャレンジになるわけですが、塚田さんから夏の劇場版では絶対に40個全部使って下さい！　というリクエストを早い段階でいただいていましたね（笑）。

スイッチ40個切り替えの大演出

――スイッチの連続使用は『MOVIE大戦MEGA MAX』と『仮面ライダーフォーゼ THE MOVIE みんなで宇宙キターッ！』で2回ありましたね。

『MOVIE大戦MEGA MAX』の時はその時点で登場している半分くらいを使用し、『みんなで宇宙キターッ！』の時には40個全部使いました。このようなシークエンスを考える時は、毎回パズル的な作業を念密に行います。

順番はどうするか？　誰にどのように使うか？　など、尺の問題もありますし、フォーゼは最大

「メンズノンノ」などでファッションモデルとして活動後、1989年にTVドラマ『ハートに火をつけて！』で俳優としてデビュー。1990年代に若者たちの間で爆発的に流行したトレンディドラマの先駆者として活躍した。2012年、坂本監督が手掛けた『仮面ライダーフォーゼ』では、物語のキーマンとなる宇宙飛行士、歌星緑郎役を演じた。

⑲神保悟志
日本で活動する俳優。1990年頃からTVドラマや映画に数多く出演。物語のアクセントとなる曲者的な役どころを多数演じる。坂本監督作品では劇場版を含む『仮面ライダーフォーゼ』（2011年）で生活指導の佐竹剛役を、映画『破裏拳ポリマー』（2017年）ではポリマーティターンを纏う悪者、八城章人役を演じている。

⑳天野浩成
日本で活動する俳優。2004年、『仮面ライダー剣（ブ

4つまで同時にモジュールを使えるので、組み合わせを考えるのは過去最高に大変でしたね（笑）。

連続フォームチェンジの演出は、『フォーゼ』だけに留まらず、パズルのような組み替え作業と、膨大な量の過去の映像を調べるという宿題が付いて来ます。自分が担当したライダーのフォームの種類や使い方は、だいたい把握しているのですが、関わっていないシリーズの場合は、メモを取りながら映像を確認するという作業に費やす時間が半端ないんですよ（笑）。

フォーゼでの演出上の拘りは、スイッチやモジュールの種類の豊富さや面白さを、ワイヤーアクション[25]を使ってどう見せるか？　という所でした。ただ、僕の中での〝仮面ライダー〟の定義として、バイクとライダーキックだけは外せませんでした。

特にフォーゼはデザイン的に奇抜なので、仮面ライダーっぽさを死守したかったんです。そこでバイクから飛び出してキックを放つという、ライダーロケットドリルキックという必殺技が生まれました。

まぁ、マシンマッシグラーは宇宙にまで飛んで行っちゃいましたけど（笑）。夏の劇場版では更に発展して月面を疾走していますが、それもバイクアクションを大きくフィーチャーしたかったという要因が大きいですね。

――マシンマッシグラーは、アクションをしやすそうなシンプルなバイクでしたね。

『W（ダブル）』のハードボイルダーがストリート系のバイクだったので、『フォーゼ』では激し

レイド』に出演し、仮面ライダーギャレンに変身する橘朔也役を演じる。２０１１年には『仮面ライダーフォーゼ』でリブラ・ゾディアーツに変化する天ノ川学園高等学校の校長、速水公平役を演じ、久しぶりに東映特撮作品に参加した。

㉑決定稿
撮影用に調整や修正が加えられた脚本やシナリオの最終稿。

㉒横山一敏
JAE所属のアクション俳優、スタントマン、スーツアクター。主に東映特撮作品でキャラクターを演じていたが、がっしりとした巨躯に鋭い眼光を活かし、数々の映像作品や舞台に俳優として出演。２０１２年に坂本監督が手掛けた『仮面ライダーフォーゼ』では、劇場作品を含めてレオ・ゾディアーツに変化する立神吼役を演じた。また、２０１３年には『００９ノ１ THE END OF THE BEGINNING』

いバイクアクションをする事を前提に、オフロードバイクをリクエストしました。

――そういった演出要素を考えるのは、苦しいながらも楽しい所ではあるんですね。

はい！　フォーゼの特徴としては、スイッチを切り替えながら戦うという所が強いと思います。やはりアクション畑出身としては、キャラクターの特徴を出来るだけアクションで活かしたいという気持ちは強いです。

坂本監督流パイロット版は4話構成

――スイッチやモジュールと同じく、物語の終着点も先に出来ていたのでしょうか。

塚田さんの凄い所は、念密な構成打ち合わせと、逆算から物語を作る所だと思います。これはパワーレンジャーの打ち合わせをしていた頃から感じていた事で、いつも手書きの構成表を作り、シリーズを通して何がどうなるか？　というガイドラインを指示されます。

もちろん完璧なディテールまでは組めませんが、みんながゴールに向かって足並みを揃えるのに必要な要素は含まれています。『フォーゼ』も同様に、大まかな骨組みは最初から出来ていました。

僕もこの〝塚田メソッド〟は吸収させていただき、今ではどの作品を撮る時も、逆算による物語構成や演出方法を活用しています。

ただ、仮面ライダーのような番組の場合、玩具の発売時期に合わせたキャラや武器の登場話数や、

でソガベ役を演じている。

㉓高橋一浩
日本の映像作品のプロデューサー。東映所属。坂本監督が関わった2009年の『仮面ライダーW（ダブル）』と2011年の『仮面ライダーフォーゼ』にてサブプロデューサーを担当。2012年にテレビ朝日コンテンツビジネス戦略部へと出向し、そこで『白魔女学園』（2013年）シリーズを手掛ける。2015年に東映に復帰し『仮面ライダーゴースト』でメインプロデューサーを担当する。

㉔JAE
株式会社ジャパンアクションエンタープライズ。俳優の千葉真一が設立したジャパンアクションクラブ（JAC）を前身とする日本の芸能事務所。アクション俳優の育成やマネージメントに加え、映画や舞台、各種イベントのアクションシーンの演出も手掛けている。JAC時代も含めると、真田広之、志穂

劇場版の公開時期など、事前の決め事がいくつもあるので、全体の構成表に先行して記入して、残りのブランクの部分を埋めていくという作業が発生します。

これは僕もパワーレンジャーをプロデュースしていた時に、同類の表を作り、東映さんやバンダイさんからの資料を元に、日本のスーパー戦隊のエピソードを何処で使い、どの話で新キャラやロボを登場させるか？ などをまとめて、プレゼンしていました。

このように塚田さんとは共通した物事の進め方や、共感する部分も多いので、一緒のお仕事が楽しいのかもしれませんね。

――メイン監督とはいえ、『フォーゼ』はかなりの話数を担当しています。パイロット版㉖の第1話「青・春・変・身」～第4話「変・幻・暗・躍」。それ以外でも、29話「後・輩・無・言」～32話「超・宇・宙・剣」にかけて連続で4話を担当していますが、この連続4話というのには何か意味があったのでしょうか。

パイロット4話撮りというのは前例がなかった事なのですが、台本の打ち合わせをして行く中で、キャラ数の多いライダー部を紹介して行くには4話必要だったんです。

1、2話は作品の世界観の紹介。3、4話で学園のクイーン・風城美羽がライダー部に入部して、本格的にライダー部が部活動として機能し始めます。

メンバーが入部していくフォーマットを作り、更に塚田さんが求めている〝アメリカン・ハイスクールらしさ〟を定着させる為に、学園で開催されるイベント、〝クイーンフェス〟を演出したか

美悦子、大葉健二、春田純一といった数多くのアクションスターを輩出。現在の代表取締役社長は、監督業も務める金田治。

㉕ワイヤーアクション
キャストやスタントマンが特殊なハーネスを装着し、ワイヤーを取り付けることにより、人力もしくは機械でワイヤーを引いてジャンプ力や浮遊感を強調するアクション。以前は、細いワイヤーを黒く塗ったり、照明の調整により見えないように工夫していたが、近年は合成処理で消している。なお、ワイヤーアクションは和製英語で、海外ではワイヤーワーク（wire work）と呼ぶ。

㉖パイロット版
TVシリーズを視野に入れた映像作品において、放送が決定する前にシリーズ化検討材料、もしくは単発で放送して視聴者リサーチをするために制作されるテスト用の映像。パイロットフィルムとも呼ばれる。また、

ったという事もあり、4話撮りをさせて欲しいとお願いしました。

このような様々な事情はあったのですが、メイン監督としても『フォーゼ』での担当エピソード数は多いほうですね（笑）。

後半の4話連続に関しては、通常のローテーションだと29＆30話を担当したらその後は普通間を空けるのですが、32話がTVシリーズ最終フォームのフォーゼ コズミックステイツの登場回という事で、塚田さんからのリクエストにより4話撮りとなりました。

31＆32話はコズミックステイツ登場回というだけでなく、三条陸[27]さんの本も熱い男の友情話で、ドラマチックでもあり、アクションも爆破などの大掛かりな事が出来たお気に入りのエピソードです。後にディレクターズカット版の発売も決定した、記念碑的な作品にもなりました。

——爆破を使うとなると、キャストの負担は大きくなるのでしょうか

もちろんそうなります。撮影の準備とか手順も時間をかけますし、セーフティ面にも細心の注意を払います。今はCGでも爆破は表現出来ますが、やはり実際の爆破は迫力が段違いです。出来る限り生の爆破を！　とチャンスを常にうかがっています（笑）。

僕は宇宙刑事シリーズとか『仮面ライダーBLACK RX』が好きだったので、その影響が大きいと思います。それで、この回にはゲストで夏居瑠奈[28]ちゃんに出演してもらっていますが、彼女とは『ゴーカイジャー』でご一緒させていただいた事が縁で、『エグゼイド』にも参加してもら

もうひとつの意味として、特撮作品を代表するTVシリーズの全体的な演出の指針を決めるために、メイン監督が手掛ける初期エピソードのことも指している。

㉗三条陸
日本で活動する漫画原作者、および脚本家。元々は雑誌「ホビージャパン」やアニメ誌「OUT」にてライターとして活動。1986年、OVA『装鬼兵MDガイスト』でアニメ脚本家デビューし、翌年の1987年に「コミックボンボン」で連載された『スカイボンバー直線』にて漫画原作者としてデビューする。少年向けの胸躍る熱い展開を得意としており、代表作として『DRADON QUEST -ダイの大冒険-』（漫画原作）、『ガイキング LEGEND OF DAIKU-MARYU』（脚本）などがある。特撮作品ではメイン脚本家として『仮面ライダーW（ダブル）』（2009年）、『獣電戦隊キョウリュウジャー』（2013

っています。

涙なしには終われない『青・春・銀・河』

——第32話のあとに監督を担当するのは、最終エピソードの第47話「親・友・別・離」、最終話「青・春・銀・河」になります。

32話終了後は夏映画の撮影に入りましたので、TVシリーズは最終エピソードまで飛ぶ事になります。仮面ライダー部は、僕の中でも青春そのものでした。現場も学校みたいで、撮影期間が授業中、待ち時間は休み時間みたいな（笑）。若い子たちがワチャワチャといたので、それなりに大変な撮影もありましたが、本当に毎日が学園生活みたいで楽しく、みんな若いので吸収も早く、その成長を見守るのが嬉しかったですね。

モニターをチェックしていると、福士蒼汰[29]くんとか富美加ちゃんなどが周りに来て一緒におしゃべりをしたり、みんな僕の娘と同年代なので、自分の子供たちと仕事をしているようで本当に可愛いんですよ。

最終回の撮影時は、キャストやスタッフを含め、みんな大号泣でしたね。福士くんが泣くのを見ると、僕も我慢出来なくなり大泣きしたりとか。

僕の中ではあっという間に駆け抜けた1年ちょっとでした。『フォーゼ』には本当に楽しかった

年）、『仮面ライダードライブ』（2014年）などを手掛けている。

㉘夏居瑠奈
日本で活動する女優、ファッションモデル。2010年に『侍戦隊シンケンジャー』にて、影武者ではない正統な志葉家の当主、志葉薫役を演じ、シンケンレッドに変身。女性初のレッド戦士に変身する役を演じ話題となる。坂本監督作品では『海賊戦隊ゴーカイジャー』（2011年）の第11&12話に、『シンケンジャー』と同じ志葉薫役として参加。『仮面ライダーフォーゼ』（2012年）では、昴星高等学校に通う白川芽以役、仮面ライダーエグゼイド（2016年）ではモーターバグスターのウイルスに感染した根岸拓哉演じる西脇嘉高の妹、西脇莉子役を演じた。

㉙福士蒼汰
日本で活動する俳優。2011年、『美咲ナンバーワン!!』にて俳優デビュー。同

思い出しかないですね。

『フォーゼ』集大成！　本格ＳＦ映画への挑戦

――ＴＶシリーズの第29話～第32話を撮り終わった後、坂本監督は映画『仮面ライダーフォーゼ THE MOVIE みんなで宇宙キターッ！』を担当する事になりますが、ＴＶシリーズとの違いなどは、どのように意識したのでしょうか。

塚田さんは常に新しい事にチャレンジしたがる方なので、一緒に組んでやる作品は常にワクワク感があります。そこで、方向性として決まったのが、ＴＶシリーズでは出来ないＳＦを前面に押し出した作品にするという事、学生たちが宇宙で繰り広げる大冒険にチャレンジするという事でした。

それで、映画『エイリアン２』[30]のようなＳＦ的なシチュエーションを作り出す為、メインのセットの背景をグリーンバックにして、ＣＧで巨大宇宙船のＸＶⅡ内部を表現する事を提案させていただきました。デジタル技術が発達したからこそ出来る手法ですね。

セットだけだとどうしても作り込める限界があり、閉鎖感が出てしまうので、デジタル合成を併用する事により、ＳＦ的な背景を作り上げる事に成功しました。こういったセットとデジタル背景との合わせ技は、仮面ライダーでは初めてだったのでないでしょうか。

後は、劇場版恒例のフルＣＧバトルでも何か面白い事をしたい！　という事でした。そこで月面

年『仮面ライダーフォーゼ』の如月弦太朗役で初主演を飾る。２０１３年には社会現象を巻き起こした大ヒットドラマ、ＮＨＫ連続テレビ小説『あまちゃん』でヒロインの相手役に抜擢され、全国的な知名度を得る。その後、数多くの映画、ＴＶドラマに出演。２０１７年、『仮面ライダー平成ジェネレーションズ FINAL ビルド&エグゼイドwithレジェンドライダー』にて、5年ぶりに如月弦太朗役を演じた。

[30] **『エイリアン２』**
１９８６年に公開されたアメリカ映画。ジェームズキャメロン監督作品。繁殖した異星の怪物、エイリアンの大群で埋め尽くされたコロニーから、主人公のリプリーが脱出するまでを描いたアクション大作。

[31] **『アベンジャーズ』**
マーベルスタジオズが手掛けた映画シリーズ「マーベル・シネマティック・ユニバース」の第６作で、２０１２年公開。それまでのシリーズの集大成的クロスオーバー作品

をマシンマッシグラーで爆走するバトルの構想が生まれました。では一体誰と戦うか？　という流れで誕生したのが、フォーゼの元ネタと噂された〝キョーダイン〟をベースにしたグランダインとスカイダインでした。

続々リブート、石ノ森ヒーロー

――『仮面ライダーフォーゼ』放送開始前に、仮面ライダーフォーゼは『宇宙鉄人キョーダイン』に登場するスカイゼルに似ているというのはファンの間でも言われていましたが、まさか本当に出て来るとは思いませんでした。

その話はスタッフ間でも囁かれていました（笑）。スカイジェットとグランカーの合体も、マシンマッシグラーとパワーダイザーで似た事をやっていましたから。それなら、劇場版ならではの特別感を含めて、本当にキョーダインを出したら面白いのでは？　という事で意見が纏まり、キョーダイン登場に至りました。もちろん石森プロさんからも承諾を得ましたよ（笑）。

これが起点となって、『仮面ライダー×仮面ライダーウィザード&フォーゼ　MOVIE大戦アルティメイタム』では『イナズマン』のサナギマンとイナズマンや『美少女仮面ポワトリン』のポワトリン、『アクマイザー3』の3人をモデルとしたザタン、イール、ガーラなどの石ノ森キャラのリブートの流れへと繋がって行くんです。

で、マーベル・コミックスのキャラクター、アイアンマン、ハルク、キャプテン・アメリカ、ソー、ブラック・ウィドー、ホークアイが一堂に会し、異星人の侵略から地球を守るために戦う。

㉜八手三郎
数々の東映特撮作品を手掛ける原作者。2012年に放送された『非公認戦隊アキバレンジャー』では、主人公たちの物語の創造主として登場した。

㉝『アルマゲドン』
1998年のアメリカ映画。マイケル・ベイ監督作品。地球に接近する巨大隕石の軌道を変えるため、宇宙飛行士とは縁遠い採掘作業のスペシャリストたちが集結。宇宙船に乗って隕石に赴き、核弾頭を仕掛けにいくという物語。劇中に流れるエアロスミスが歌う『ミス・ア・シング』が大ヒットした。

㉞『さらば宇宙戦艦ヤマト』
『さらば宇宙戦艦ヤマト　愛

ちょっと脱線しますが、『MOVIE大戦アルティメイタム』公開時期の少し前に、マーベル・コミックスのクロスオーバー映画『アベンジャーズ』[31]が公開になり、塚田さんと試写会に参加しました。それが凄く面白くて、ふたりで興奮しながら石ノ森アベンジャーズの構想で盛り上がりました。

――その構想はまだ消えていませんか?

実現に向けて頑張ったのですが、ビジネス的な面も含めてなかなか難しく……。ただ、諦めずに頑張った結果が、現在のスペース・スクワッドシリーズに繋がったんだと思います。石ノ森アベンジャーズじゃなくて、八手三郎アベンジャーズ[32]ですが(笑)。

話を戻しますが、キョーダインに関しては、オリジナルの『キョーダイン』に登場するスカイゼル、グランゼルではなく、グランダイン、スカイダインという新しい名前と設定で登場させる事になりました。本作では悪側のマシンでしたが、デザインを含めてカッコ良く登場させられましたし、別作品、例えば仮に石ノ森アベンジャーズが実現した場合には、回路を改造してヒーロー側として登場させたいという構想もあったんです。

――坂本監督が手がけた作品ではありませんが、『仮面ライダー×スーパー戦隊×宇宙刑事 スーパーヒーロー大戦Z』に登場したキョーダインは、誇り高きマシンという感じでした。

そうですね。ああいった別の性格を持ったキャラクターでの登場は考えていました。続けてXV

の戦士たち』。1978年に公開されたアニメ映画で、『宇宙戦艦ヤマト』の続編。強大な軍事力を持つ白色彗星帝国に立ち向かう、ヤマトの過酷な戦いを描く。

[35] **原幹恵**
日本で活動していた女優、グラビアアイドル。2017年のドラマ『キューティーハニー-THE LIVE』のキューティーハニーに変身する如月ハニー役でTVドラマ初出演、初主演を果たす。グラマラスな体型に眼力の強い引き締まった表情が特徴的で、『仮面ライダーフォーゼ THE MOVIE みんなで宇宙キターッ』(2012年)、『破裏拳ポリマー』(2017年)、『スペース・スクワッド ギャバンVSデカレンジャー』(2017年)など、坂本監督作品にも多数出演。

[36] **『キューティーハニー THE LIVE』**
2007年に放送された永井豪原作の漫画・アニメ作品『キューティーハニー』の実写

Ⅱの話になりますが、まさか『大鉄人ワンセブン』のワンセブンまでも復活するとは、誰も思わなかったんじゃないでしょうか（笑）。

僕の監督としての目標のひとつに、「自分が子供の頃に大好きだったヒーローたちを、今の子供たちにも知って欲しい」という願いがあります。

この作品に登場するリブートされたキャラクターたちを見た子供たちが、少しでも昔のヒーローに興味を持ち、知る機会になってくれたらと思います。

『ウルトラマン』やアメコミヒーローたちは、誕生から何十年経っても、古くならずに、新しい時代の子供たちの記憶にも残っているじゃないですか。他のヒーローたちも、そのように存在に出来れば……という、ファンとしての願いですね。

CGチームにも同世代の方々が多く、みな同じような思いで、リブートヒーローたちのエフェクトを、気合い入れて作ってくれています。やはりみんな自分が子供の頃に観ていたヒーローに携われるとなると、気合の入り方が違うんです。今風にカッコ良く見せる為にはどうすればよいのか。僕自身も過去作品の映像を再度観直して研究しました。

――観なきゃいけない作品が、宿題として溜まっている感じですね。

かなりの量ですね（笑）。僕は競作やリメイク的な作品を担当する事も多く、その時は元となった作品やキャラクターの魅力を研究するため、予習の時間が必要になります。普通の作品の準備期

ドラマ版。キューティーハニーに変身する天真爛漫な性格のアンドロイド、如月ハニーと秘密結社パンサークローの戦いを描く。キューティーハニーの他にドラマ版のオリジナルキャラクターとして、シスターミキとシスターユキというふたりの女性戦士も登場。3人が交わることで、戦いはより苛烈さを増し、ドラマもミステリアスになっていく。

㊲**水崎綾女**
日本で活動する女優。2004年に芸能界デビュー。その後はグラビアやタレント活動を主にしていたが、2007年『キューティーハニー THE LIVE』で、シスターミキに変身する早乙女ミキ役を演じてからは、本格的に女優活動を開始。2012年の『特命戦隊ゴーバスターズ』では、ゴーバスターズの前に立ちはだかる幹部的存在のエスケイプ役を演じた。坂本監督作品では『赤×ピンク』（2014年）、『KIRI‐「職業・殺し屋。」外伝』（2015

間と違い、そういう作品を担当する時は、本当に引き篭もり状態です。

元々僕は出不精なので、仕事以外はほとんど出かけずに、部屋で映画ばかり見ています（笑）。趣味と仕事が一緒で本当に良かったと思う今日この頃です（笑）。

——1回観ただけでは伝わりにくい魅力や、忘れていることも多いでしょうから大変そうです。

もちろん繰り返し観る事もあるので、本当に時間は足りないですね。後は、僕のやり方として、作品を観返す時にメモを取ります。

例えば各話の欄に〝武器は何を使ってどんな必殺技を出した〟とか、〝どのフォームが登場した〟などを記したノートを作成し、コンテを描く時に、迷わずすぐに詳細が分かるようにしておくんです。これはパワーレンジャー時代に身に付けた方法ですね。

——そういった大変な作業を踏まえるからこそ、過去作品に対する愛のある映像が生まれているんだと納得できます。次に物語に関してお聞きしたいのですが、『みんなで宇宙キターっ！』は、どのように話の展開を考えていったのでしょうか。

若者たちが宇宙に乗り込んで行って戦うという内容にしたかったので、物語のベースやオマージュ的な参考にしたのは『エイリアン2』や『アルマゲドン』[33]ですね。だから仮面ライダー部のコスチュームがツナギで、美羽がタンクトップなんですよ（笑）。

敵の基地に突っ込んで中枢を破壊するために白兵戦をするのは、完全に『さらば宇宙戦艦ヤマ[34]

年）などに出演。2017年、ヒロイン役で出演した映画『光』が、第70回カンヌ国際映画祭コンペティション部門に出品され、エキュメニカル賞を受賞する。

㊳**中澤祥次郎**
日本で活動する映像作品の監督。1993年、『五星戦隊ダイレンジャー』に助監督として東映特撮作品に参加する。2000年、『未来戦隊タイムレンジャー』で監督デビュー。2007年、『獣拳戦隊ゲキレンジャー』ではメイン監督を担当。2008年『仮面ライダーキバ』からは平成仮面ライダーシリーズにも参戦する。コミカルな演出に定評がある一方で、熱い展開では画面から高い熱量を感じさせるほどのシーンを作り上げるなど、優れた演出手腕を発揮する。

㊴**柴﨑貴行**
日本で活動する映像作品の監督。主に平成仮面ライダーシリーズの助監督を務め、小学館のてれびくん全

ト』のオマージュですね。それをライダー部でやりたくて物語に組み込みました。ただ、彼らは高校生という設定なので、銃はリアルに見えないデザインになっています。

そして、物語のキーパーソンとして原幹恵[35]ちゃんに出演してもらいました。彼女が演じるインガ・ブリンクは、仮面ライダーメテオ／朔田流星と同じ流派の拳法使いという設定で、互いに拳を交わしそれを確認するのですが、その設定とシチュエーションは、大好きな70年代のカンフー映画の要素が詰まってますね（笑）。

『フォーゼ』は、企画の立ち上げから関わらせていただいたので、『みんなで宇宙キターっ！』に関しては、ある意味『仮面ライダーW（ダブル）ＦＯＲＥＶＥＲ ＡｔｏＺ／運命のガイアメモリ』以上に邦画でチャレンジしたかった要素が入っているかもしれません。

途中参加の『W（ダブル）』と違い、『フォーゼ』は設定や物語のベース作りにも参加出来ていたので、調整しやすかったのかもしれませんね。各キャラクターを使ったお遊び部分や、チャレンジしたいシーン、何処までならＯＫか？　というさじ加減の判断もしやすかったと思います。

ベビーオイル＆ベビーパウダーは演出の必需品

――原幹恵さんはその後の坂本監督の作品にも頻繁に出演されていますが、お仕事をしたのはこの時が初めてなのでしょうか。

員応募サービスのハイパーバトルＤＶＤシリーズや、ネットムービーを手掛けていた。２００６年の『仮面ライダーカブト』で監督デビュー。メイン監督としては『特命戦隊ゴーバスターズ』（２０１２年）、『動物戦隊ジュウオウジャー』（２０１６年）、『宇宙戦隊キュウレンジャー』（２０１７年）を担当している。

[40]石垣広文
元アクション監督、元スタントマン。１９８０年代～２０００年代に掛けて、主にスーパー戦隊シリーズやメタルヒーローシリーズで様々なキャラクターを演じた後にコーディネート側に転向。『特捜戦隊デカレンジャー』（２００４年）～『海賊戦隊ゴーカイジャー』（２０１１年）までのスーパー戦隊シリーズ、『仮面ライダーウィザード』（２０１２年）～『仮面ライダードライブ』（２０１４年）までの平成仮面ライダーシリーズのアクション監督を務めた。２０１６年、Ｖシネマ『ド

はい。もともと幹恵ちゃんの事は、横山誠さんが『キューティハニーTHE LIVE』[36]の総監督をやっていたので、当時から色々とお話は聞いていました。「凄く素直で良い子がいるよ。新人だけどアクションも必死に頑張るし」と言う感じで。

その時に横山さんは幹恵ちゃんと水崎綾女[37]ちゃんの事を凄く評価していて、それを聞いて僕もいずれ一緒に仕事をしたいなとは思っていました。大人の色気を持つセクシーでミステリアスな女性、インガ・ブリンク役として幹恵ちゃんはピッタリでした。

それで、塚田さんと高橋さんに「インガ役に原幹恵さんはどうでしょうか？」という提案をさせていただき実現に至ったんです。

この作品がきっかけとなり、その後も幹恵ちゃんとはコンスタントに一緒に仕事をする事になりました。

——『AtoZ』のレイカもそうでしたが、肌をオイルでテカらせるというのが、坂本監督のセクシーヒロインの特徴だったりしますね。

邦画では珍しい手法なのかもしれませんが、肌にベビーオイルなどで光沢を付けるという方法は、海外では男女関係なくする事があります。汗ばんだ雰囲気を出したり、セクシーさを強調したりする演出ですね。筋肉も良く見えるようになるので、アクション映画などでは定番です。

マッチョな俳優さんたちは、「アクション！」の声がかかるギリギリまで、ダンベルなどでパン

ライブサーガ 仮面ライダーチェイサー』のアクション監督を最後に引退。所属先のJAEも退社した。

[41]エクストリーム・マーシャルアーツ
格闘技に体操やアクロバットの要素を盛り込んだ、芸術性の高い競技。「XMA」とも呼ばれ、坂本監督の『パワーレンジャー ライトスピードレスキュー』でブルーレンジャーに変身するチャッド・リー役を演じたマイケル・チャタランパッドが創始者。アメリカの大会で披露した、韓国のテコンドーを音楽に合わせたデモンストレーションがベースとなっている。仮面ライダーウィザードのアクションや、映画『HIGH AND LOW』シリーズのアクションにも取り入れられている。元アルファスタント所属のスタントマン、杉口秀樹が日本での第一人者として知られ、NPO法人日本エクストリーム・マーシャルアーツ協会の会長として活動している。

プアップさせて、オイルを塗りたくってます（笑）。

――アクションシーンではパウダーが舞うというのもよく言われますね。

パウダーの効果は香港映画から取り入れています。カンフー映画だと、手の動きやアクションの流れを見やすくする＆迫力を出す為に、接触部分にパウダーを仕込みます。そうする事により、見えにくい動きが見えるようになったりと、視覚的効果が大きいですね。

香港映画から生まれた、画期的な表現方法だと思います。国によって様々な種類のパウダーを使用すると思いますが、ベビーパウダーは何処でも手に入り、しかも吸い込んでも体に害はないので、一番オススメです。

ただ、パウダーに関しては撮影場所の床次第で使うかどうかを決めています。床がエナメル系だと滑っちゃうんですよ。コンクリートとか芝生とかなら大丈夫なので、そのあたりは注意しています。まずは安全第一ですから。

後は、テイク毎に床を拭かなくてはならないので、多少時間はかかります。スケジュール的にテイク数を重ねられない場合は、止むなくパウダーはなしで進めてしまうこともあります。

僕の作品で定番なのが、演出部がベビーパウダーをいっぱい腰からぶら下げて、メイクさんがベビーオイルをいっぱい常備し、アクションシーンの撮影になると現場に赤ちゃんの匂いが充満するって事ですかね（笑）。

㊷田﨑竜太
日本で活動する映像作品の監督。『星獣戦隊ギンガマン』の後に、『パワーレンジャー』シリーズの監督オファーを受け渡米する。帰国後は『仮面ライダーアギト』『仮面ライダー555（ファイズ）』などを手掛け、平成仮面ライダーシリーズの創世記を支える。その後も数多くの平成仮面ライダーシリーズのパイロット監督を務め、2013年以降は大ヒットドラマ『科捜研の女』なども手掛けている。

㊸渡部秀
日本で活動する俳優。2008年の第21回「ジュノン・スーパーボーイ・コンテスト」で準グランプリ受賞。2010年に『仮面ライダーオーズ／OOO』で仮面ライダーオーズに変身する火野映司役でTVドラマ初主演を飾る。スポーツが得意で運動神経が良く、2012年の舞台『里見八犬伝』では殺陣にも挑戦している。坂本監督作品『仮面ライダー×

思わぬところで任された新ライダーの演出

――『みんなで宇宙キターっ！』で初登場した仮面ライダーウィザードの演出は、坂本監督がやっていると聞きました。

そうなんですよ！　僕が当初聞いていた話では、『仮面ライダーウィザード』のメイン監督である中澤祥次郎監督[38]が、その部分に関しては演出しますという話だったんですが……。

実際、『劇場版仮面ライダーオーズＷＯＮＤＥＲＦＵＬ将軍と21のコアメダル』のフォーゼ初登場のシーンは僕がカット割りも含めて担当しました。柴崎貴行監督[39]がフォーゼ登場の直前まで撮影して「はい、ここからどうぞ」と交代する形で僕が入り、終わったら現場をお返ししたんです。

なので、『みんなで宇宙キターっ！』のウィザードも同じだろうと思っていたら、『ウィザード』のメインプロデューサーの宇都宮さんから突然、「この『みんなで宇宙キターっ！』は坂本監督の作品なので、監督が思うような形でやってください」という無茶ブリが。

困惑する中、宇都宮さんと中澤監督と一度だけ打ち合わせをする機会をいただいた後に、ウィザードの登場シーンを撮る事になったんです。

――どういうライダーなんですか？　というところから始まりますよね（笑）。

魔法を使った技やベルトの使い方などの説明と、アクション監督の石垣広文さん[40]から、エク[41]

仮面ライダー ウィザード&フォーゼ MOVIE大戦アルティメイタム』に友情出演し、撮影予定になかった派手なアクションを披露した。Webドラマ『進撃の巨人 ATTACK ON TITAN 反撃の狼煙』の第3話や、映画『BRAVE STORM ブレイブストーム』でも見事なアクションを披露している。

㊹三浦涼介
日本で活動する俳優、歌手。『超星艦隊セイザーX』（２００５年）にてビートルセイザーに変身するケイン・ルカーノ、『仮面ライダーオーズ／ＯＯＯ』（２０１０年）でアンクを演じた。映画、TVドラマ、舞台で活躍する一方で、歌手としても活動している。２０１７年『仮面ライダー平成ジェネレーションズ FINAL ビルド&エグゼイド with レジェンドライダー』でおよそ6年ぶりにアンク役を演じた。

㊺武部直美
日本の映像作品のプロデュー

ストリームマーシャルアーツを使ったスタイリッシュでアクロバティックな戦闘スタイルを目指しているなどの説明を受け、そこからはお任せでした。正直なところ探り探りの撮影でしたけど(笑)。

――もしかしたらこれはTVシリーズに反映されてしまうかもということで、責任は重大ですね（笑）。

ウィザードのスーツを見た最初の印象は「凄くカッコいいな！」でした。特に下半身のローブがヒラヒラと舞う感じが良いですね。見た目に関してはフォーゼが奇抜過ぎたので、余計にスタイリッシュに感じたんだと思います。『仮面ライダー平成ジェネレーションズ Dr．パックマン対エグゼイド&ゴースト with レジェンドライダー』で久しぶりにウィザードを撮りましたが、やっぱりウィザードはカッコいいと再認識出来ました。

仕上げ作業では、合成の入り方も中澤監督に確認していただきつつ進め、アフレコは中澤監督にお願いしました。完成した映像は新鮮で、お気に入りのシーンになりました。

――TVシリーズと比べても、ウィザードの動きはまったく遜色はなかったと思います。

その数年後に同じようなシチュエーションがもう1度ありました。それが、『獣電戦隊キョウリュウジャーVSゴーバスターズ 恐竜大決戦！ さらば永遠の友よ』の時です。エンディングに『烈車戦隊トッキュウジャー』の面々が顔見せとして登場するのですが、『トッキュウジャー』も宇都宮さん&中澤監督の作品です。

やはり僕が『トッキュウジャー』の初登場シーンを演出する事になり、プレッシャーに負けそう

サー。東映所属。主に初期の平成仮面ライダーシリーズで白倉伸一郎がメインプロデューサーを手掛けた作品でサブプロデューサーを務め、『仮面ライダーキバ』（2008年）ではメインプロデューサーを担当。その後は『仮面ライダーオーズ／OOO』（2010年）、『特命戦隊ゴーバスターズ』（2012年）、『仮面ライダー鎧武／ガイム』などをプロデュース。坂本監督とは2017年の『獣電戦隊キョウリュウジャーブレイブ』にて、プロデューサーとして『仮面ライダー×仮面ライダー フォーゼ&オーズMOVIE大戦MEGA MAX』（2011年）以来にタッグを組んだ。

㊻岩永洋昭
日本で活動する俳優、モデル、声優。2008年の『トミカヒーロー レスキューフォース』でR5に変身する石黒鋭二を演じた後、2010年の『仮面ライダーオーズ／OOO』では仮面ライダー

になりながらも、なんとか頑張らせていただきました（笑）。

『オーズ／ＯＯＯ』のファンを裏切れない

――映画つながりで『MOVIE大戦MEGA MAX』と『MOVIE大戦アルティメイタム』のお話も伺いたいのですが、まずは『MOVIE大戦MEGA MAX』からよろしいですか。

『ＭＯＶＩＥ大戦ＭＥＧＡ ＭＡＸ』に関しての一番のチャレンジは、自分がまったく関わっていなかった『オーズ／ＯＯＯ』のパートを担当しなければならないという事でしたね。

オーズ自体は『ＡｔｏＺ』に顔見せ部分がありましたが、そのシーンの演出は㊷田崎竜太監督が担当したので、自分が実際に撮るのは初めてだったんです。

だから『オーズ／ＯＯＯ』を全話観直して猛勉強し、絶対に誰が見ても違和感がないようにしたいというのが大きな課題でした。

――物語的には後日談かつ完結編的内容だったので、そこをまとめるのは重責になりますね。

『オーズ／ＯＯＯ』も大人のファン、特に女性ファンが多いというのも聞いていたので、火野映司とアンクの関係性は大事にしなければいけない。待望されていたアンク帰還があるわけですから、観た人から「なんだこれ!?」って言われちゃう演出だけはＮＧだと気合を入れました。

㊸渡部秀くんと㊹三浦涼介くんに、「もし違和感あったら言ってね。『オーズ／ＯＯＯ』は君たちの

バースに変身する伊達明役を演じた。筋骨隆々とした肉体美に定評があり、上半身を露わにするシーンを演じることも多い。坂本監督作品ではVシネマ『宇宙刑事シャイダー NEXT GENERATION』（2014年）、VCINEXT『宇宙戦隊キュウレンジャーVSスペース・スクワッド』（2018年）で、宇宙刑事シャイダーに変身する烏丸舟役を、TVドラマ『モブサイコ100』では爪のメンバーである誇山役を演じた。

㊼久保田悠来
日本で活動する俳優。2009年の舞台『戦国BASARA』の主人公、伊達政宗役や、2013年の『仮面ライダー鎧武／ガイム』での仮面ライダー斬月に変身する呉島貴虎役で知られる。インタビューではユーモアを交えた受け答えをするなど頭の回転が早く、撮影現場でも周囲の人々に慕われる兄貴分的な存在であるという。坂本監督作品では

ほうがよく知っているわけだから」とお願いしたり、出来る限りの事はしたつもりです。

『オーズ／ＯＯＯ』のメインプロデューサーの武部直美[45]さんからは、「映司とアンクがアクションする所を見たい」というリクエストがあったので、すべての撮影を終えたお店・クスクシエの店内のセットを壊しても良いという許可をいただき、ふたりのアクションシーンを用意しました。遠慮なくやらせてもらいましたね（笑）。

武部さんと初めてお仕事をさせていただいて思ったのが、武部さんのキャスティングは本当に素晴らしいという事ですね。キャスティング能力というか、才能を見出す目が凄いですね。

僕が他の作品でご一緒するキャストの方々は、武部作品出身者が多かったりします。『オーズ／ＯＯＯ』だと岩永洋昭[46]くん、『ゴーバスターズ』からは小宮有紗ちゃん、『仮面ライダー鎧武／ガイム』からは久保田悠来[47]くん……と、みな素晴らしい人たちばかりです。

武部さんとは『獣電戦隊キョウリュウジャーブレイブ』で、久々にお仕事をご一緒させていただいたのですが、その時もキャスティング能力の凄さに驚かされてばかりでした。

『オーズ／ＯＯＯ』編のもうひとつのチャレンジは、劇場版限定ライダーの登場ですね。しかも仮面ライダーアクアと、仮面ライダーポセイドンとふたりもいます。両者とも水がモチーフのライダーなので、アクションの演出はその辺りを意識しました。

特にアクアに関しては、更に水の要素を強調させる為に、アクアミライダーという水上バイクを

『ＫＩＲＩ-「職業・殺し屋」外伝-』（２０１５年）で主人公のリョウ役や、『モブサイコ１００』にて覚醒ラボの所長、密裏賢治役を演じた。

[48] 真野恵里菜
日本で活動する女優。元ハロー！プロジェクトメンバーでアイドル活動をしていた。２００８年、『Ｐｏｃｋｙ４Ｓｉｓｔｅｒｓ！～出せない手紙～』で女優デビュー。２０１１年には坂本監督が手掛けた『仮面ライダー×仮面ライダー フォーゼ＆オーズ ＭＯＶＩＥ大戦ＭＥＧＡ ＭＡＸ』にて仮面ライダーなでしこに変身する美咲撫子役を演じ、アイドルらしいキュートな仕草を見せた。翌年の『仮面ライダー×仮面ライダー ウィザード＆フォーゼ ＭＯＶＩＥ大戦アルティメイタム』でも同役を演じている。

[49] 人見早苗
日本で活動するアクション女優、スーツアクター、スタントウーマン。２０１３年まで

使ったアクションを取り入れました。

MOVIE大戦シリーズの新たな形を構築

――『フォーゼ』パートはどうでしょう。仮面ライダーなでしこなど、面白いキャラクターが登場しましたが。

仮面ライダーなでしこは自分の中でかなりお気に入りのキャラですね。仮面ライダーなでしことキョウリュウピンクは、今でもカバンにキーホルダーを付けているぐらいです（笑）。

まず、女性仮面ライダー自体があまり存在しませんし、その上可愛らしいキャラクターというのが新鮮でした。変身者の美咲撫子役として、真野恵里菜[48]ちゃんという素晴らしいキャストが決まったのも奇跡的です。

スーツアクトレスはもちろん人見早苗[49]ちゃん。僕の中で絶対の信頼を置いているアクション女優です。このふたりに仮面ライダーなでしこを演じてもらった事で、もともと狙っていた以上に、仮面ライダーなでしこは変身する前も後も本当に可愛いキャラクターになったと思います。

真野ちゃんがまた素晴らしい女優さんなんですよ。可愛らしいルックスかつ芯がしっかりしていて、自分の考えをちゃんと持っている。現場での対応も凄くハキハキとしていて迷いがない。一緒にお仕事をする前のアイドルというイメージが、良い意味で覆されました。

その後、何度かお会いした時にまた一緒にお仕事がしたいですと、お話はさせていただいている

はJAEに所属し、主に東映特撮作品の女性キャラクターを演じてきた。坂本監督が絶対の信頼を置いているアクション女優のひとりで坂本監督作品の常連。スーツアクトレスから顔出しの演技まで、アクティブな女性を担当し、テコンドーをベースとした切れのある動きを見せる。主な代表作は『獣拳戦隊ゲキレンジャー』（2007年）のゲキイエロー役、『炎神戦隊ゴーオンジャー』（2008年）のゴーオンイエロー役、『仮面ライダー×仮面ライダー フォーゼ&オーズ MOVIE大戦MEGA MAX』（2011年）のソラリス役および仮面ライダーなでしこ役、『ガールズ・イン・トラブル スペース・スクワッド EPISODE ZERO』（2017年）のビアン役など。

[50] 栄光の7人ライダー
昭和仮面ライダーの中でも初期のメンバー7人（仮面ライダー1号、仮面ライダー2号、仮面ライダーV3、ライダーマン、仮面ライダー

のですが、まだ実現できていないのが残念です。

――オーズ、フォーゼだけでなく、W（ダブル）まで登場するとは思いませんでした。

それまでのMOVIE大戦シリーズは、ふたつの作品のライダーたちの共闘でしたが、ここでも塚田さんから「何か新しい事をやりませんか？」といういつもの提案がありました。「だったらW（ダブル）も登場させましょうよ！」と提案させていただき、MOVIE大戦で初めての試みとして、3作品から主役ライダーたちを揃える事となりました。

物語の途中に風都が入る事により、今までのMOVIE大戦とも差別化出来るし、W（ダブル）には先輩ライダーとして、オーズとフォーゼを繋げる役割を担わせる事も出来る。そしてMOVIE大戦パートでは、3人のライダーの共闘から始める事で盛り上がりを加速させ、一気にクライマックスへと繋げられる。

もちろん今までのMOVIE大戦のように『オーズ／OOO』と『フォーゼ』の物語としても楽しめますが、単体のアクション映画としても楽しめるようにしたいというのが、ゴールでした。その解決策として、『MOVIE大戦MEGA MAX』は、一本の映画であるという事を前提に章立てする事で、W（ダブル）、オーズ、フォーゼがそれぞれの役割を果たしながら目的が重なって行き、最終的に強大な敵を共闘して倒すという流れにしました。MOVIE大戦も3年目になるので、新しいチャレンジを加えていきたいという思いもありましたね。

X、仮面ライダーアマゾン、仮面ライダーストロンガー）の総称。

㊿仮面ライダー40周年記念作品
『仮面ライダー』（1971年4月放送を開始）から始まった仮面ライダーシリーズは、『仮面ライダーフォーゼ』（2011年9月放送開始）で40周年を迎えた。

52『マッドマックス2』
1981年に公開されたオーストラリアの映画。世界大戦後に文明が崩壊し、一面砂漠と化した世界で生き抜くマックスの生き様を描く。ド派手な装飾の改造車両の面々が見どころのひとつで、爆音とともに砂煙を上げながら爆走するシーンは圧巻のひと言。本作の世界観は後年の様々な創作物に影響を与えたとされている。

53S．I．C．
バンダイから発売されている大人向けフィギュアシリーズのひとつで、「スーパーイマジ

後は、僕が子供の頃に大好きだった〝栄光の7人ライダー〟[50]の登場ですね。〝仮面ライダー40周年記念作品〟[51]という冠があったからこそ、何かスペシャルな仕込みをしたかったんです。第1章を7人ライダー編にする事で、ファンの心をガッチリ掴む事が出来るんじゃないか？　という狙いもありました。僕の心はガッツリ掴まれましたが（笑）。

——敵は銀河王という、かなりマニアックなところから持って来たなという印象を受けましたが。

前年に公開された春映画『オーズ・電王・オールライダー　レッツゴー仮面ライダー』で、『仮面ライダーストロンガー』の敵幹部、ジェネラルシャドウがリメイクされて登場したのがとても羨ましかったので、今回は何が出来るか？　を考えました。

『フォーゼ』は宇宙がテーマなので、それに合った敵幹部を探した時に、皆の意見が銀河王で一致したんです。銀河王を今風にリメイクするのも面白いという事で、決定となりました。

——銀河王ってスカイライダーを軸とした映画『仮面ライダー　8人ライダーVS銀河王』の敵なので、オーズ　スーパータトバ　コンボの下半身の鮮やかな緑が、俗に言う後期スカイライダーを彷彿とさせたのですが、そのあたりの計算はあったのでしょうか。

さすがにそれはなかったと思います（笑）。でも、宇宙がテーマという事で、同じ宇宙をモチーフに持つ『仮面ライダースーパー1』の名前を借りた、ロケットスイッチスーパーワンというのも出てきますし、それで9人ライダー勢揃いという裏テーマも面白いですね（笑）。

ネイティブ超合金」の略称。主に東映特撮ヒーローを題材としており、造形師による大胆かつ独創的なアレンジが魅力のひとつ。

54 **デーモン小暮** デーモン閣下。ミュージシャン、タレント。ロックバンド「聖飢魔Ⅱ」でボーカリストを務めていた。自らを悪魔とする独自の世界観でタレントや音楽活動を続けており、近年では好角家としても様々なメディアに登場している。声優としても定評があり、ティム・バートン監督作品の『バットマン』（1989年）では、名優ジャック・ニコルソンが演じたジョーカーの吹き替えを演じ、好評を博した。

55 **漫画版『イナズマン』** 『イナズマン』は、TVシリーズと漫画版では内容が大きく異なっており、TVシリーズでは超能力者として目覚めた渡五郎が超能力者集団・少年同盟と協力して帝王バンバ率いる悪の超能力者組織・超人類帝国ファント

青春作品の王道を行く5年後という設定

――続いて『MOVIE大戦アルティメイタム』の話ですが、ここでチャレンジしたかったのは、どのような事でしょうか。

まずは仮面ライダー部のその後を描くという事が作品の大きなテーマでした。弦太朗が先生になるというアイデアは塚田さんからです。

弦太朗の元々のアイデアも「アメリカン・ハイスクールに昭和の不良が転入して来たら面白いんじゃないか」といったコンセプトだったので、昭和の不良の物語と言えば、「やがて更生して立派な先生となり、人を導く立場になりました」というのが王道じゃないですか！

後は、まだ仮面ライダーで見た事のない画を撮りたかったので、思い付いたのが『マッドマックス2』[52]的な爆走シーンですね。それと、石ノ森アベンジャーズ実現へのステップとしてリブートして登場させたヒーローは盛り沢山でしたね（笑）。

『フォーゼ』パートにはイナズマン、『ウィザード』パートにはポワトリン、そして軸となる敵がアクマイザー3ですし。

――結果、撮影量が膨大になり、劇場公開版ではかなりのシーンがカットされたと聞きました。ソフト発売の時には通常版とディレクターズ・カット版が同時発売という異例の販売形態になりましたが、それは坂

ム軍団と戦う姿を描く。一方の漫画版イナズマンは、超能力に目覚めた中学生の風田サブロウを主人公とした学園漫画で、旧人類を滅ぼそうとする悪の超能力者バンパとの戦いを描いている。バトルシーンでは主人公がサナギマンに変身してからイナズマンへと進化するという過程は同じだが、イナズマンのデザインもTVシリーズと漫画版ではかなり違う。

56 浦沢義雄
日本で活動する放送作家、脚本家。TVアニメ、特撮作品の脚本を数多く手掛けており、シュールな作風やギャグ路線を前面に押し出した独自の世界観を作り上げる。代表作として『ペットントン』（1984年）、『どきんちょ！ネムリン』（1985年）『魔法少女ちゅうかなぱいぱい！』（1989年）といった東映不思議コメディーシリーズや『激走戦隊カーレンジャー』（1996年）などがある。

本監督からのリクエストだったりしたのでしょうか。

ソフトの販売形態に関しては僕からのお願いというわけではなく、そこは東映ビデオさんの戦略だと思います。販売時期をずらしちゃうと通常盤とディレクターズカット版でどっちを買うか迷うお客さんもいるじゃないですか。

販売時期をずらして混乱させるより、同時にして好きなほうを選んでもらうとか、見比べてもらうとか、そういった形で楽しんでもらいたかったのではないでしょうか。

『アルティメイタム』は撮影量が多かったので、プロデューサー陣の判断により、ディレクターズカット版で初公開するシーンを厳選した上で劇場版の尺調整を行いました。

前作『MOVIE大戦MEGA MAX』を超える！　という意気込みから、つい撮り過ぎた部分も多々あり、色々な意味で勉強させていただいた作品でした。

今風に蘇る石ノ森ヒーロー＆ヒロイン

――『アルティメイタム』に登場した、石ノ森アベンジャーズ候補のリメイクキャラクターですが、アクマイザーはまず造形に痺れました。昔フィギュアで発売されたS.I.C.[53]シリーズのアクマイザー3を実写にしたような感じで、すごく現代風なアレンジだったと思います。ザタンの声がデーモン小暮[54]（現、デーモン閣下）さんという、そのチョイスも絶妙でした。

㊼入来茉里
日本で活動する女優。2007年に第32回ホリプロタレントスカウトキャラバンにて審査員特別賞を受賞。特技は12年間続けた新体操で、インターハイ出場経験もある。2012年の『仮面ライダー×仮面ライダー　ウィザード&フォーゼ MOVIE大戦アルティメイタム』では、美少女仮面ポワトリンに変身する上村優役を演じ、新体操で培った体幹を活かし、吹き替えなしのアクションにも挑戦した。

㊽殺陣
映像作品や舞台のアクションシーンにおける一連の流れや役者個々の動きの総称。作品で要求される殺陣を考えて、役者に指導する専門職のことを殺陣師と呼ぶ。日本刀などを使った剣術によるアクションシーンを指すことが多い。アメリカでは殺陣師に相対する言葉はなく、スタントコーディネーター（Stunt Coordinator）やファイトコリオグラファー

デーモン小暮さんは最高でしたね！　凄く役柄と合っていたと思います。実はデーモン小暮さんとは『ＭＯＶＩＥ大戦アルティメイタム』が、久しぶりの再会だったんです。

以前に共通の友人を介してＬＡで会った事があり、パワーレンジャーの現場にも見学に来られた事もあります。

――イナズマンは、造形的には漫画のほうに寄せてくるとは思わなかったです。見た目のインパクトは強烈でした。

造形や設定的には原作に近いのですが、戦う時の技はＴＶシリーズのオマージュです（笑）。設定に関しては漫画版『イナズマン』[55]が学園を舞台にしていたので、『フォーゼ』と合わせやすかったというのは大きいですね。

――意外な所でポワトリンが登場しました。『ウィザード』パートの脚本は浦沢義雄[56]さんが担当していましたし、当時の雰囲気の再現性も見事でした。

ポワトリンは上村優役を演じてくれた入来茉里[57]ちゃんに尽きますね。新体操をやっていたので、身体能力や柔軟性がずば抜けて高かったんです。ワイヤーアクションもすべて本人にやってもらいましたが、アクション部よりも上手かったですね。体幹が良いので、空中での姿勢も凄く綺麗です。

茉里ちゃんが演じていなかったら、今作のポワトリンが成立していなかったと思うぐらい魅力的でしたね。周囲からはポワトリンに力を入れ過ぎですね、と言われるほどでした（笑）。

（Ｆｉｇｈｔ Ｃｈｏｒｅｏｇｒａｐｈｅｒ）がその役目を担う。

59 佛田洋
日本で活動する特技監督（番組テロップでは特撮監督）。株式会社特撮研究所の社長でもある。矢島信男に師事し、美術スタッフとして活動した後に、１９９０年の『地球戦隊ファイブマン』で特撮監督としてデビュー。以後は仮面ライダーシリーズ、スーパー戦隊シリーズといった特撮作品や数多くの映画において、特撮シーンの演出を手掛けている。

60 須賀健太
日本で活動する俳優。１９９９年に子役としてデビュー。数多くの映画、ＴＶドラマに出演する。代表作は映画『ゴジラ ＦＩＮＡＬ ＷＡＲＳ』（２００４年）、『ＡＬＷＡＹＳ 三丁目の夕日』（２００５年）など。アクションを得意としており、舞台にも精力的に出演。ライブ・スペクタクル「ＮＡＲＵＴＯ-ナルト-」（２０１５年）の我愛羅役や

参戦！　火野映司

――役者陣に関してですが、MOVIE大戦パートに火野映司役の渡部秀さんが出演した理由というのは何だったのでしょう

『MOVIE大戦MEGA MAX』の好評を受け、今作でも3作品の主役ライダーたちを揃えたいという思いがありました。特に映司のキャラは人気もあり、サプライズで登場したら物語的にも盛り上がりますからね。

映司は『MOVIE大戦MEGA MAX』の時点ではもう変身出来ないという設定でしたが、今回はアンダーワールドという異世界なので、そこならOKですよね？　と設定的に無理がない事を確認しながら、『MOVIE大戦MEGA MAX』では出せなかったオーズ ブラカワニ コンボなど劇場版限定のフォームにもチェンジさせていただいています。

実は、秀くん自身のアクションシーンは台本上になかったのですが、撮影当日に「今日、アクションやるからね」と告げたら、秀くんも「なんとなく坂本さんがやるからそう思っていましたけどね」と了承してくれたので急遽追加しました。

『MOVIE大戦MEGA MAX』を経て、秀くんがアクション的に信頼出来る役者さんだという事は分かっていたので、台詞だけで終わらせるのが勿体なかったんです。こういうのが尺が伸び

ハイパープロジェクション演劇『ハイキュー!!』（2015年）の日向翔陽役（主演）などに出演。坂本監督作品では『仮面ライダー×仮面ライダー ウィザード&フォーゼ MOVIE大戦アルティメイタム』（2012年）で、イナズマンに変身する風田三郎役を演じた。

(61)足立梨花
日本で活動する女優。2007年に第32回『ホリプロタレントスカウトキャラバン』にてグランプリを受賞。映画やTVドラマでの活躍の他、バラエティタレントとしてバラエティ番組などにも数多く出演している。2012年には坂本監督作品『仮面ライダー×仮面ライダー ウィザード&フォーゼ MOVIE大戦アルティメイタム』にヒロインの大木美代子役として出演。TVシリーズのヒロイン、城島ユウキを彷彿とさせる元気いっぱいな演技を見せた。

てしまう要因だったりするのですが（笑）。

アクションシーンでは、殺陣[58]をキャストに教える時に、自分が先に動いて見せてイメージを伝えたりするのですが、秀くんは的確に決めて来ましたね。カッコ良いし、動けるし、その後も色々と彼の作品は追いかけ続けています。また一緒にお仕事をしたい役者さんのひとりですね。


——台本になかったと言えば、アクマイザーの船〝ザイダベック号〟も最初の予定では登場していなかったと聞いています。


ザイダベック号に関しては、もう特撮監督の佛田洋[59]さんの愛だけで実現させたようなものですね。クライマックスシーンの打ち合わせの時に、「え？ 出ないの？ ザイダベックやろうよ！」って提案をしていただいたので、「是非！」と僕も盛り上がり、登場する事となりました（笑）。やっぱり昭和ヒーローのキャラクターが出ると、みんな世代的に燃えるんですよね（笑）。

ラストのザイダベックとのCGバトルは、斜面を滑空しながら戦いたいとの提案をさせていただきました。常に景色が流れているような疾走感を出したかったんです。

フォーゼ メテオなでしこフュージョンステイツには、足に付けたスキー板を使って滑るような動きからの大ジャンプをさせたり、ウィザード スペシャルラッシュは超高速で空を飛びながら旋回して障害物を避けるなど、CGならではのダイナミックな映像を見せたかったんです。完成した

[62] キャッチャー中澤
日本で活動する芸人、俳優。大の特撮作品好きで、坂本監督作品の常連のひとり。恰幅の良い体を活かした演技やアクションを見せ、『仮面ライダー×仮面ライダー ウィザード&フォーゼ MOVIE大戦アルティメイタム』（2012年）、『ウルトラマンジード』（2017年）、『モブサイコ100』などに出演。毎週水曜日の20時頃からYouTubeにて「特撮は爆発だ！」を配信中。

[63] 戸塚純貴
日本で活動する俳優。2011年に第23回「ジュノン・スーパーボーイ・コンテスト」にて「理想の恋人賞」を受賞。2011年のTVドラマ『花ざかりの君たちへ～イケメン☆パラダイス～2011』で俳優デビュー。2012年には『仮面ライダーウィザード』で奈良瞬平役として出演。真剣な眼差しやコミカルな姿まで、幅の広い表情を見せて視聴者に大きな印象を残した。ゼクシィやAm

フルＣＧの映像は、非常にクオリティ高かったですね。

『フォーゼ』のラストを豪華に飾る集大成作品

――『アルティメイタム』は、坂本監督のやりたいことの詰まった『フォーゼ』の集大成的作品だといえますね。

そうですね。真野ちゃんも、幹恵ちゃんもスケジュールを空けてくれましたし、神保悟志さん、長澤奈央ちゃんといった先生役のキャスト陣も全員参加してくれました。ゲストキャラがここまで揃うというのは珍しいと思います。新たな出会いとして、今や大活躍中の須賀健太くん[60]や足立梨花ちゃん[61]がいたり、この作品以降、何度も自分の作品に出てもらっている山谷花純ちゃんとキャッチャー中澤[62]もいます。

『ウィザード』のキャスト陣も、魅力的な人が多いですね。様々な役をこなす戸塚純貴くん[63]や、『仮面ライダーゴースト』にも出演してもらった奥仲麻琴ちゃん[64]、高山侑子ちゃん[65]は、映画『トラベラーズ 次元警察』でも一緒でしたし、『キュウレンジャーVSスペース・スクワッド』にも出演してもらっています。とても面白く魅力的な女優さんですね。

そして操真晴人役の白石隼也くん[66]。晴人やウィザードってちょっと中性的なセクシーな雰囲気も持っているじゃないですか。それが白石くんにマッチしていてとてもカッコ良いですよね。

azonプライムのＣＭなどにも抜擢され、数々の映画やＴＶドラマに出演している。

[64] 奥仲麻琴
日本で活動する女優。元ＰＡＳＳＰＯ☆のメンバーとしてアイドル活動も行っていた。２０１１年には写真集『ＲＵＮ ＲＵＮ まこと』を出版。２０１２年の『仮面ライダーウィザード』にて、ヒロインのコヨミ役を演じる。『仮面ライダーゴースト』では、坂本監督が担当した第36話、第37話にてアイドルのホナミ役とホナミに取り憑いたサンゾウ役を演じている。その他に『俺たち賞金稼ぎ団』（２０１４年）では、ＰＡＳＳＰＯ☆として主題歌を担当している。

[65] 高山侑子
日本で活動する女優。２００７年に雑誌「ピチレモン」の専属モデルとして活動。２００８年の映画『空へ -救いの翼 RESCUE WINGS-』で映画初出演、初主演を果たす。２０１２年には『仮

白石くんとは『仮面ライダー平成ジェネレーションズＤｒ．パックマン対エグゼイド&ゴーストｗｉｔｈレジェンドライダー』で久々に一緒になりましたが、改めてカッコよさを認識出来ました。

これだけのキャストがすべて1本の作品に集まっているのだから、本当に豪華な作品ですよね。『フォーゼ』と『ウィザード』はそれぞれ魅力的なキャストがたくさんいて、それでいて作品の雰囲気が全然違う。『ＭＯＶＩＥ大戦アルティメイタム』は、そんな2作品が一緒になった映画なのでボリューム満点になりますよね？（笑）。

面ライダーウィザード』で大門凛子役を演じる。坂本監督作品では『トラベラーズ次元警察』（２０１3年）、『宇宙戦隊キュウレンジャーVSスペース・スクワッド』（２０１８年）に出演している。

㊱白石隼也
日本で活動する俳優。２００7年に第20回「ジュノン・スーパーボーイ・コンテスト」で準グランプリを受賞。２００8年の映画『制服サバイガールⅡ』で俳優デビュー。２０１2年には『仮面ライダーウィザード』にて仮面ライダーウィザードに変身する主人公、操真晴人役を演じた。特技はサッカーで、『ウィザード』においても晴人はかつてサッカー選手を夢見ていたという設定で、劇中にて華麗なボール捌きを披露した。坂本監督作品『仮面ライダー平成ジェネレーションズDr．パックマン対エグゼイド&ゴーストｗｉｔｈレジェンドライダー』では、およそ3年ぶりに同役を演じた。

坂本浩一×対談①

スーツアクター 高岩成二

「1回でいいので、ウルトラマンを演じてみたいです」

プロフィール
1992年、特撮作品『恐竜戦隊ジュウレンジャー』にてドラゴンレンジャー役を演じ、以後のスーパー戦隊シリーズでは主人公のレッド戦士も複数回演じている。2001年の『仮面ライダーアギト』からは活動の場を平成仮面ライダーシリーズに転向。『仮面ライダー響鬼』以外の主役仮面ライダーをすべて演じ続けており、坂本監督がメイン監督を務めた『仮面ライダーフォーゼ』（2011年）でも仮面ライダーフォーゼ役を務めている。

撮影：堀 智昭

◎新堀レッドから高岩レッドへの変革期

――おふたりは『仮面ライダーW（ダブル）』で初めてお仕事をする前から、お互いの事を存じていたのでしょうか。

坂本 僕はパワーレンジャーシリーズをやっていたので、高岩さんがスーパー戦隊シリーズで演じたキャラクターの事や、ビーファイターシリーズ[①]などで、お名前は存じていました。もちろん平成仮面ライダーシリーズも好きで観ていました!

高岩 僕は坂本さんが日本に来るまで、あまり存じていなかったのですが、パワーレンジャーシリーズでワイヤーアクション[②]を積極的に取り入れているなどの噂は耳にしていました。

――高岩さんは『忍者戦隊カクレンジャー』のニンジャレッド、『星獣戦隊ギンガマン』のギンガレッド、『救急戦隊ゴーゴーファイブ』のゴーレッドと、この世代のスーパー戦隊シリーズのレッド戦士を数多く演じられていますね。

高岩 『未来戦隊タイムレンジャー』のタイムレッドまでですね。

坂本 『百獣戦隊ガオレンジャー』からレッドは福沢[③]くんになり、高岩さんは『仮面ライダーアギト』に行ったんですよね。

高岩 そうです。

①ビーファイターシリーズ 東映の特撮作品『重甲ビーファイター』と『ビーファイターカブト』のこと。メタルヒーローシリーズのひとつとしても数えられている。

②ワイヤーアクション キャストやスタントマンが特殊なハーネスを装着し、ワイヤーを取り付けることにより、人力もしくは機械でワイヤーを引いてジャンプ力や浮遊感を強調するアクション。以前は、細いワイヤーを黒く塗ったり、照明の調整により見えないように工夫していたが、近年は合成処理で消している。なお、ワイヤーアクションは和製英語で、海外ではワイヤーワーク（wire work）と呼ぶ。

③福沢 福沢博文。レッド・エンタテインメント・デ

――高岩さんの動きを見て、坂本監督はどう思いましたか。

坂本　それまでのレッドは、新堀④さんの特徴的なお芝居やアクションの印象が強かったですよね。

高岩　新堀さんの動きは個性が強いですからね。

坂本　『恐竜戦隊ジュウレンジャー』のティラノレンジャーを演じた前田⑤さんや、『五星戦隊ダイレンジャー』のリュウレンジャーを演じた大藤⑥さんは、新堀さんテイストが残っていた印象ですが、高岩さんからレッドの動きがガラッと変わったと思います。

――高岩さん自身、それまでのレッドと動きを変えようと思っていたのですか。

高岩　ニンジャレッド役が決まった時に、新堀さんにレッドの動きや心得などを聞く機会がありました。それで一応は試みましたが、上手く真似出来ませんでしたね。当時はまだ体のラインが細かったので、新堀さんのスタイルではなく、自分流でやる事に決めたんです。

ただ、ＴＶシリーズにレギュラーとして参加したのは初めてだったので、映像的なテクニックがまだ分からずにいました。だからニンジャレッドには、自分がやっていた遊園地のヒーローショーの動きの名残りがあると思います。

坂本　ニンジャレッドはすごく元気な印象があり

リヴァー所属のアクション監督、俳優、スーツアクター、スタントマン。『超獣戦隊ライブマン』アトラクションショーのジンマー兵役でスーツアクターとしてデビュー。特撮作品の現場には、『高速戦隊ターボレンジャー』の戦闘員役で初参加。その後も、仮面ライダーシリーズやスーパー戦隊シリーズなど数多くの特撮作品にスーツアクターとして出演している。２００１年の『百獣戦隊ガオレンジャー』以降２０１１年の『海賊戦隊ゴーカイジャー』まで数々のレッドを演じた。２０１２年の『特命戦隊ゴーバスターズ』以降は、スーパー戦隊シリーズのアクション監督を担当している。

④新堀
新堀和男。株式会社レッド・エンタテインメント・デリヴァーの代表

ました。

高岩　ニンジャレッドに変身するサスケは、はっちゃけたキャラだったので、それは前面に出していこうと思っていました。

坂本　それまでのレッドは、変身前のキャラクターで演じ分けるというよりも、新堀さんが築いたレッド独特の雰囲気や貫禄がありましたね。

高岩　それで『カクレンジャー』の途中から、自分の中でスタイルを変えていこうと思い始めたんです。キャラクターの感情や言動を、お芝居で見せて行き、〝That's ヒーロー〟的な指差しポーズや身振り手振りは、必要時以外はやらないという心掛けですね。

◎田﨑監督の『アギト』を経て

――そのメソッドが平成仮面ライダーシリーズに受け継がれたという事ですか。

高岩　そうなりますね。

坂本　『仮面ライダーアギト』以降、『仮面ライダー響鬼』以外は主役ライダーをずっと演じられていますからね。僕はその頃、平成仮面ライダーシリーズはファンとして観ていて、特に『アギト』は、パワーレンジャーシリーズでご一緒させていただいた田﨑[7]さんが、帰国後に手掛けた初めての作品だったので注目していました。

――田﨑監督はアメリカから帰って来て、撮影

取締役社長、俳優、スタントマン。1971年に『仮面ライダー』の戦闘員役でスーツアクターとしてデビュー。『秘密戦隊ゴレンジャー』のアカレンジャー役を演じた他、『バトルフィーバーJ』のバトルジャパン役以降、『鳥人戦隊ジェットマン』のレッドホーク役まで13作連続でスーパー戦隊シリーズの主役・レッドを演じ続けた。『鳥人戦隊ジェットマン』終了後は、殺陣師やアクション監督として数多くの作品に参加している。

⑤前田　前田浩。スーツアクター。新堀和男の直径弟子。1983年、『科学戦隊ダイナマン』のヒーローショーでジェットコースターの先頭に立って乗るコースターレッドを演じたのが初レギュラーとなったあと、『恐竜戦隊ジュウレンジャー』のティラノレンジャーや『仮面

スタイルなどに変化はありましたか。

高岩 それはもう、あからさまでしたね（笑）。同じお芝居をアングルを変えて別方向から何度も撮るとか、完全にアメリカンテイストになっていましたね。

坂本 アメリカではお芝居に自然な流れを付ける為に、シーン毎にお芝居を通して演じて、それを何方向からも撮って、編集で固めて行きますからね。スーパー戦隊シリーズや仮面ライダーシリーズの場合は、基本的には監督の頭の中で予め編集して、必要なアングルとカットのみ撮りますから。

――高岩さんは、坂本監督のアメリカでの活動は存じていたのですか。

高岩 『GUYVER DARK HERO』[8]は、仲間に勧められて観ていました。それが、日本人が担当した作品だと聞き驚きましたね。

坂本 昔の作品ですからね（笑）。

高岩 やっぱり撮り方が他の監督さんと違うんですよ。まず、まったく無駄がない。ドラマパートの撮影をしている間に、別場所でアクションの練習をするなど、現場の流れをきっちり作る監督さんなんです。ただ、無駄がないイコール休めないという事ですけどね（笑）。

坂本 ドラマパートの間に、高岩さんにはワイヤーアクションの練習に行ってもらっています（笑）。

ライダー THE FIRST』および『仮面ライダー THE NEXT』の仮面ライダー1号、『牙狼〈GARO〉』の暗黒魔戒騎士・呀など数多くの特撮作品に参加。『パワーレンジャー』シリーズではシーズン3からシーズン11まで歴代レッドレンジャーを演じる。2004年にはアクションスクール「ヒーローズ・ファクトリー」を設立し、後進の育成にも尽力している。

⑥**大藤** 大藤直樹。JAE所属のアクション俳優、スーツアクター、スタントマン。スーパー戦隊シリーズのスーツアクターとして知られており、『超獣戦隊ライブマン』までは主に悪役を担当していたが、『地球戦隊ファイブマン』からはヒーロー側を演じるようになった。1993年の『五星戦隊ダイレンジャー』

高岩　結構ハードな現場ですよ（笑）。でも、とても効率的なので、別の現場でも空き時間に自主的にワイヤー練習をしたりもしますね。

――それはスケジュール内に撮りきる為なんですね。

坂本　もちろんですよ。

高岩　やっぱり時間が空くとダラけてしまいますからね。

坂本　アクションは、スーパー戦隊シリーズよりも仮面ライダーシリーズのほうが、装着するスーツ的に負荷が大きいですよね。

高岩　結構厄介ですよ（笑）。スーパー戦隊シリーズは、衣装に近いので割と細かい動きも表現出来ますが、仮面ライダーシリーズは、甲冑部分に腕や足が引っかかったりするので動きが制限されますね。

◎仮面ライダーがパワーアップすると演者は大変！

――仮面ライダーはパワーアップすると、デザインもドンドン派手になりますからね。

坂本　その分重量も増すので、演じているアクターさんたちはパワーダウンしちゃいますよね。

高岩　正直、半べそ状態です（笑）。

――高岩さんの中で一番辛かったパワーアップフォームはありますか。

高岩　完全に全身が鎧だった『仮面ライダー剣（ブレイド）』のキングフォームですね。武器

では、初めて主役ヒーローであるリュウレンジャーを演じている。『パワーレンジャー ライトスピードレスキュー』（シーズン15）でレッドレンジャーを演じる。

⑦田﨑　田﨑竜太。日本で活動する映像作品の監督。『星獣戦隊ギンガマン』の後に、『パワーレンジャー』シリーズの監督オファーを受け渡米する。帰国後は『仮面ライダーアギト』『仮面ライダー555（ファイズ）』などを手掛け、平成仮面ライダーシリーズの創世記を支える。その後も数多くの平成仮面ライダーシリーズのパイロット監督を務め、２０１３年以降は大ヒットドラマ『科捜研の女』なども手掛けている。

⑧『GUYVER DARK HERO』

もカードを送るモーターギミックが重くて片手じゃ持てないんです。それと、集大成としては『仮面ライダーエグゼイド』のマキシマムゲーマーレベル99ですね（笑）。

坂本 あれは凄いですね（笑）。

高岩 これはもう戦隊ロボだろ！ と思いました（笑）。

――休憩中はどういったお話をしているのですか。

坂本 休憩はあまりないですね。

高岩 昼休憩だけで、しかも撮影条件により短縮される事もありますからね。

――坂本監督が怒る事もあるのでしょうか。

坂本 もちろんありますよ。でも、僕が怒る内容は、スタッフがミスにより周囲に迷惑を掛ける時ですね。キャストには怒りません。身内のアクション部には厳しくしたりもしますが。でも基本的には現場は明るくしたいスタンスですね。

高岩 坂本監督の現場は基本的には明るいですね。

◎坂本監督が仮面ライダーに持ち込んだ撮影技法

――高岩さんが坂本監督とご一緒する前は、ワイヤーアクションはどのような感じだったのでしょうか。

高岩 それまでは、真っ直ぐに吊り上げたり振り子で振るなど、基本的な動きが多かったですね。坂本さんのスタントチーム、アルファスタントさんが参加するようになって、飛

日本の漫画『強殖装甲ガイバー』を原作とする実写映画『GUYVER』の続編。1994年公開。監督はスティーブ・ワン。坂本監督のスタントチーム、アルファスタントのデビュー作でもあり、坂本監督もスタントコーディネーターや、ガイバーのスーツアクターとして参加している。アクションシーンでは、ワイヤーやボディアクションを中心とした香港スタイルが取り入れられ、派手な動きを見せた。

び上がってから着地するまでの一連の動作をワイヤーで表現するなど、大きな違いが生まれました。

坂本 通常はトランポリンを使ってカット割りで表現するアクションを、ワイヤーを使うとワンカットで見せられるので、表現方法が広がりますね。

高岩 僕もワイヤーの経験もありましたし、機械体操もやっていたので、空中での姿勢制御は感覚的に身に付いていました。ただ、ワイヤーを信じて直接コンクリートに着地するのは、心の準備が必要です。

――より超人らしさが出るという事ですね。

坂本 そうですね。今と僕らの世代のアクション部の大きな違いは、僕らの世代はスタントマンを目指して落っこちや、やられるリアクションなどの、スタントの練習がメインでしたが、最近はスーツアクターに憧れる人がほとんどで、痛い事をしたがる人が少ない状況です。

僕が『仮面ライダーW（ダブル）』の撮影で高岩さんから強く感じたのは、〝スタントマン〟としてのメンタリティーです。高岩さんは、スーツアクターとして開拓者でもありますが、バリバリのスタントマンでもあるという事ですね。

高岩 『仮面ライダーW（ダブル）FOREVER　A to Z／運命のガイアメモリ』は、坂本さん初の劇場版だったので、楽しみでした。バイクをワイヤーで吊って戦闘員を蹴ったり、えらいことやるなぁと思いましたね（笑）。

坂本　あの時はクレーン車を3台使いました（笑）。バイク用と高岩さん用、後は戦闘員のマスカレイド・ドーパント用ですね。

――さすがにそんな経験は初めてですか。

高岩　なかったですね。マスカレイドのやられ方も、置いてある車にバウンドしてから地面に落下したり、バイクの演出方法もハリウッド的でカッコ良いんですよ。

こういった発想はアメリカから持って来ているんだなと感じました。自分もドンドンとエンジンが掛かって来て、JAE[9]として体を張って頑張ろう！　と思いました（笑）。

――演じながら名作になる予感がしたのですね。

高岩　こういう事やられると、気合入りますね。俺も見せたろ！　って（笑）。現場の士気も高まりますし、仮面ライダーエターナルを演じていた渡辺淳[10]も、色々なワイヤーアクションに挑戦させてもらってテンション上がっていましたね。

坂本　ちょうど渡辺くんと永徳[11]くんが、ガンガン頭角を現し始めた頃ですよね。

高岩　そうですね。前に出始めて来たので、出る杭は打っておかないと。仕事取るなよって（笑）。

⑨JAE
株式会社ジャパンアクションエンタープライズ。俳優の千葉真一が設立したジャパンアクションクラブ（JAC）を前身とする日本の芸能事務所。アクション俳優の育成やマネージメントに加え、映画や舞台、各種イベントのアクションシーンの演出も手掛けている。JAC時代も含めると、真田広之、志穂美悦子、大葉健二、春田純一といった数多くのアクションスターを輩出。現在の代表取締役社長は、監督業も務める金田治。

⑩渡辺淳
JAE所属のアクション俳優、スーツアクター、スタントマン。2002年頃から東映特撮作品に出演するようになり、平成仮面ライダーシリーズ、スーパー戦隊シリーズにて数多くのキャラクターを演じ

◎さすがの演技を見せる〝ミスター平成ライダー〟

——その後、坂本監督が『仮面ライダーフォーゼ』のメイン監督を担当すると聞いた時はどう思われましたか。

高岩　また痛いのかな？　と（笑）。膝肘のパッドは忘れずに常備していました（笑）。

坂本　あの時、高校生が変身する役を違和感なく演じる高岩さんが凄い！　と思いました。

高岩　42歳の頃か……。

坂本　「宇宙キター！」のポーズなど、ジャスチャーやお芝居も毎年キャラクター性を使い分けているのが、本当に驚きです。

高岩　でも、高校生を演じると聞いた時は、流石に迷いましたよ。初めてフォーゼを演じた『劇場版 仮面ライダーオーズ WONDERFUL将軍と21のコアメダル』の時は、まだ弦太朗が変身に慣れていない設定だと聞いたので、着地に失敗して逆さまでも良いかを坂本監督に確認しました。

——あのシーンのアイデアは高岩さんからだったんですね。

坂本　そうです。僕もそれを聞いて流石だと思いましたね。

高岩　その辺をヒントに、フォーゼは元気いっぱいのキャラにしようと決めたんです。

坂本　東日本大震災後、1発目の仮面ライダーだったので、塚田[12]プロデューサーには日

る。仮面ライダーとしてのデビューは『仮面ライダー響鬼』（2005年）の仮面ライダー轟鬼（トドロキ）役。2007年の『獣拳戦隊ゲキレンジャー』ではゲキチョッパーを演じる。

⑪永徳
JAE所属のアクション俳優、スーツアクター、スタントマン。2002年に遊園地などのアトラクションショーで活動開始。2004年の『特捜戦隊デカレンジャー』のデカブレイク役でスーツアクターとしての活動を本格化。以降は主に平成仮面ライダーシリーズの2号ライダーやライバルキャラクターを演じることで知られている。2012年には舞台『TIGER & BUNNY THE LIVE』にて、キース・グッドマン役を演じた。

本を元気にするような明るい作品にしたいという想いがありましたしね。

――高岩さんは、毎年仮面ライダーのキャラクター性をどのように構築しているのでしょうか。

高岩 これがですね、撮影が始まってみないと分からないというのが正直な所です。現場でキャストのお芝居を見てみないと、キャラクターの摺り合わせも出来ませんし。

そうやって徐々に構築していき、何処かでフッと出た動きを癖として取り入れたり、各監督が拾ってくれたりした動きが特徴になるというやり方ですね。

――それが毎年ちゃんと出てくるというのが凄いですね。

高岩 いや、出ない時は本当に出ないですよ（笑）。

坂本 フォーゼは仕草やアクションを大きくした事で独自のキャラクター性が出たと思います。デザインが特徴的なので、最初はどうなるか不安でしたが、撮影会で高岩さんの様々なポーズを見るたびに、ヒットへの確信へと変わりました（笑）。

高岩 いや、あの時はまだ全然固まってなくて不安のほうが大きかったです（笑）。ベルトの操作もアストロスイッチ[13]の切り替えが細かくて難しかったし。

――スーツを装着してのベルトやスイッチの操作は難しいのでしょうか。

⑫塚田
塚田英明。日本の映像作品のプロデューサー。東映所属。2001年に『仮面ライダーアギト』でサブプロデューサーとして初めて特撮作品に参加し、2004年に『特捜戦隊デカレンジャー』で、メインプロデューサーとしてデビューする。その後も『仮面ライダーW（ダブル）』、『仮面ライダーフォーゼ』などを担当し、現在は『科捜研の女』『京都人情捜査ファイル』といった刑事ドラマも手掛けている。

⑬アストロスイッチ
『仮面ライダーフォーゼ』に登場するアイテム。宇宙の神秘的エネルギー「コズミックエナジー」が蓄えられており、特殊なドライバーを介してスイッチをオンにすることで、そのコズミックエナジーが開放されて特定の形状に物質化さ

高岩 厳しいですね。操作もひとつひとつ違いますし。

坂本 厚手のグローブを付けているような感覚ですからね。でも高岩さんはそれを全部やってしまう！

高岩 『仮面ライダーフォーゼ THE MOVIE みんなで宇宙キターッ！』ではとんでもない事になりましたね。

坂本 40個全部使ったやつですね（笑）。

高岩 全部!? と聞いて、もうやらなきゃ終わらねえっ！ と思って（笑）。両足、両手に全部モジュールを付けてワイヤーで吊られて……。あの撮影は滅茶苦茶しんどかったです（笑）。

――先程のお話でもあったように、フォーゼのパワーアップ形態も動き難かったのでしょうか。

坂本 フォーゼは他の形態も基本のスーツはあまり変わらないんですよ。持つ武器は大きくなりましたが。

高岩 コズミックステイツのバリズンソードは脅威でしたね（笑）。レバー操作で剣先が開くギミックが入っていたので、凄く重いんですよ。見えない所で補助の子たちに支えてもらってました。

――マグネットステイツもかなり大きな部類に入りますが。

高岩 初めて見た時は正直なんだあれ！ と思いれる。

ました。顔が体と一体化していましたから。

坂本 でも高岩さんにマグネットステイツでバク宙をやってもらいました。

高岩 流石にそこはCGだろうと思っていたら、ワイヤーで吊られて（笑）。

坂本 まさかこの姿でバク宙するの!?　という意外性のある画を狙ってました。

高岩 ワイヤーを支えるポールの隙間を通らないでしょと思っていたら、通っちゃって。

坂本 ちゃんと広いやつを持って行きました（笑）。

◎遂に顔出しで役を演じる事に

――次におふたりがご一緒したのが、『仮面ライダーゴースト』ですが、やはり印象的だったのがタケルVSジャイロですね。

坂本 高岩さんがキャストに入っていると聞き、素面のままでアクションを撮りたかったので、あのシーンを組み込みました。

高岩 変身後の眼魔ウルティマは、ゴーストになった僕にボッコボコにされてしまうという。

坂本 変身した途端に、立場が逆転しちゃいましたね。

高岩 どっちが誰？　高岩はどっちを演じているの？　って感じでしょうね（笑）。

――変化後の眼魔ウルティマでの演技はなかったんですね。

高岩 眼魔ウルティマに変身した後は僕じゃあり

ませんね。坂本組は永徳でした。ジャイロでの出番が終わったら、メイクもそのままにゴーストになりました。

坂本 あのシーンは最初にアクション監督の宮崎[14]さんが考えていた手数よりも増やして長くしてもらったんです。

高岩 その後の眼魂（アイコン）チェンジの連続は、テンポが良かったですね。

坂本 あのシーンでしか登場しないフォームもありますしね。実は僕、『仮面ライダーディケイド』以前の平成ライダーは一度も撮った事がないんです。平成ライダーでは『仮面ライダーアギト』と『仮面ライダー555（ファイズ）』が特に好きなので、いつか撮ってみたいですね。

高岩 もう世代交代をして、僕が演じていないかもしれないですが（笑）。

――でもまだまだ……。

高岩 今は若い子たちも頑張っていて、劇場版に登場するゲストライダーは、若手に任せています。仮面ライダーを演じる事はとても特別な事なので、いきなり大役を与えるのは難しいですが、ゲストライダーを演じるのは良い勉強になりますから。

坂本 高岩さんは現役を続けているからまだバリバリと体が動くんでしょうね。僕らはこの業界に入ったのがほぼ同期で、同世代ですよね。僕は昭和45年生まれです。

⑭宮崎
宮崎剛。JAE所属のアクション監督。主に東映特撮作品でスタントマン、スーツアクターとして活動後、1999年の『救急戦隊ゴーゴーファイブ』よりアクション監督に転向。2001年、『仮面ライダーアギト』以降は平成仮面ライダーシリーズを手掛けるようになり、翌年の『仮面ライダー龍騎』以降、『仮面ライダーウィザード』『仮面ライダー鎧武／ガイム』『仮面ライダードライブ』以外のシリーズでは、メインのアクション監督を担当。

高岩 僕は昭和43年生まれですよ。もし少しでも止まるとすぐにボロボロになっちゃいそうで（笑）。

坂本 自分の体のコンディションを思うと、凄いなぁ！ と思います。

高岩 いや、たまに現場で坂本さんが動いているの見るけど、めっちゃ動いてるじゃないですか（笑）。

坂本 いやいや、もうスタミナがないですよ。

高岩 あ、スタミナは落ちますね。僕もそうです。今、若い頃にやっていた遊園地のショーをやれと言われても絶対に無理ですね。

撮影もなるべくなら一発ＯＫで行きたいです（笑）。

◎ベテランの技で若手を圧倒

――撮影で体力をキープする為の作戦はあるのでしょうか

高岩 僕くらいの経歴になると、言い方は悪いのですが、手の抜きどころ、力の抜きどころが何となく分かるので、その辺で調整していますね。すべてを全力でやり過ぎちゃうと、絶対に体力が保たないので。若い子は夏場でも無理して倒れたりしますからね。

――高岩さん御本人も若い頃は無茶していたのですか。

高岩 してましたね（笑）。全力でバリバリでした。

坂本 20代半ばから30代頭が一番動ける気がしま

⑮**横山一敏**
ＪＡＥ所属のアクション俳優、スタントマン、スーツアクター。主に東映特撮作品でキャラクターを演じていたが、がっしりとした巨躯に鋭い眼光を活かし、数々の映像作品や舞台に俳優として出演。２０１２年に坂本監督が手掛けた『仮面ライダーフォーゼ』では、劇場作品を含めてレオ・ゾディアーツに変化する立神吼役を演じた。また、２０１３年には『００９ノ１ THE END OF THE BEGINNING』でソガベ役を演じている。

⑯**人見早苗**
日本で活動するアクション女優、スーツアクター、スタントウーマ

すね。

高岩　そんな感じしますね。20代後半くらいが経験も積み技術も身に付けているから、現場でも楽しくなってテンション上がったりして（笑）。

坂本　ジャッキー・チェンも、その頃の作品が一番動いている気がします。

高岩　でもその歳を過ぎると、ゆっくり体力が落ちて来て……。

坂本　40歳を過ぎると一気に下降ですね（笑）。

高岩　後はお芝居で勝負してやろう！　という感じです（笑）。でも、どんどん若手に出て来てもらい、後に続いて欲しいですね。みんながどういう風に育っていくのかが、凄く楽しみです。

◎ミスター平成ライダーのやり残した事……それは!?

――坂本監督は、高岩さんに出て欲しい作品はありますか。

坂本　僕はアクションが出来る方々と一緒に仕事をするのが好きなので、『009ノ1　THE END OF THE BEGINNING』では横山一敏[15]さんに出演していただいたり、人見早苗[16]ちゃんにも今まで色々な役を演じてもらっています。高岩さんともチャンスがあれば、是非役者さんとしてご一緒したいですね。

高岩　是非、視界良好のアクションやりたいです

ン。2013年まではJAEに所属し、主に東映特撮作品の女性キャラクターを演じてきた。坂本監督が絶対の信頼を置いているアクション女優のひとりで坂本監督作品の常連。スーツアクトレスから顔出しの演技まで、アクティブな女性を担当し、テコンドーをベースとした切れのある動きを見せる。主な代表作は『獣拳戦隊ゲキレンジャー』（2007年）のゲキイエロー役、『炎神戦隊ゴーオンジャー』（2008年）のゴーオンイエロー役、『仮面ライダー×仮面ライダーフォーゼ&オーズ MOVIE大戦MEGA MAX』（2011年）のソラリス役および仮面ライダーなでしこ役、『ガールズ・イン・トラブル　スペース・スクワッド　EPISODE ZERO』（2017年）のビアン役など。

ね（笑）。僕からの希望としては、いつかウルトラマンを演じてみたいです。ウルトラマンを一回でも演じる事が出来れば、三大ヒーローを制覇することになりますから。

坂本 なるほど！

高岩 アクションはなくて良いですよ、動かない役で（笑）。

坂本 いや、アクションもちゃんとやって下さい（笑）。

◎それぞれの起点とこれから

――これを機に、他に聞きたい事などあれば。

坂本 最初にアクションを始めた切っ掛けというのは何だったのですか？

高岩 真田広之[17]さんの影響ですね。

坂本 やっぱりそうなんですね！

高岩 『忍者武芸帖 百地三太夫』で吹き替えなしで本人がアクションをしているのを観て、カッコ良い！と思ったのが切っ掛けです。そこからスタントマンという職種を知って興味を持ち、器械体操部に入り、高校時代にＪＡＣのオーディションを受けました。

坂本 僕らの世代は、ジャッキー・チェンに感化されると倉田アクションクラブ[18]に行き、真田広之さんが好きな人はＪＡＣに行くというお決まりがありましたね。

高岩 でもＪＡＣを知る前は倉田保昭[19]さんが好

[17] **真田広之** 世界で活動する俳優。アクション俳優として『忍者武芸帖 百地三太夫』（１９８０年）や『吼えろ鉄拳』（１９８１年）に出演し、日本にアクションブームを作る。その後、『龍の忍者』（１９８２年）でアジア進出、１９８３年の『里見八犬伝』の大ヒット後、１９８４年の『彩り河』からアクションを封印し数々の作品で演技派への道へ。TVドラマ『高校教師』（１９９３年）などの話題作にも多数出演。１９９９年から２０００年にかけてイギリスで上演された舞台『リア王』では、日本人キャストとして唯一出演を果たし、日英文化交流の架け橋としての功績を評価されて女王エリザベス2世から名誉大英帝国勲章第5位を授与された。その後は活動拠点をアメリカに移し、『ラストサム

きだったんですよ。小さい頃は『バーディー大作戦』や『Gメン'75』、『戦えドラゴン』とかも観ていました。『女必殺拳危機一髪』での倉田さんの空手アクションが滅茶苦茶カッコ良い。同じ空手でも千葉真一[20]さんとは違うスタイルじゃないですか。

――高岩さんからは何か質問はありますか。

高岩 坂本さんがアクション監督や監督になろうと思った切っ掛けは？

坂本 僕は単純にジャッキーに憧れていたからです。ジャッキー・チェンが監督もしていたので、彼がする事は何でもしたかったんです(笑)。興味本位でビデオカメラを使って、色々と撮っているうちにお芝居よりも興味を持ちました。お芝居は苦手でしたし(笑)。

高岩 カメラの知識や編集技術は、何処で勉強したんですか？

坂本 現場ですね。元々、映画製作の勉強をする為にLAに留学したのですが、スタントの仕事が忙しくなったので、大学を休学し、ずっと現場にいました。

カメラの知識は撮影部から教えてもらったり、編集技術は編集マンと一緒に作業をしながらですね。パワーレンジャーシリーズでアクション監督になったのが23〜24歳の頃だったので、撮影しながら密度の濃い勉強が出来ました。

高岩 なるほど。実は僕もアクション監督へのお

ライ』『ラッシュアワー3』『ウルヴァリン：SAMURAI』などのハリウッド大作の出演が続いている。

⑱倉田アクションクラブ 1975年に倉田保昭が創設したスタントマン、アクション俳優、アクション監督の養成所。出身者たちは東京、大阪、香港、インドネシア、アメリカなどを拠点に活動中で、坂本監督も出身者のひとり。

⑲倉田保昭 日本や香港、中国で活動しているアクション俳優。空手、柔道、合気道といった数々の武道の有段者で「和製ドラゴン」の名でも知られている。1970年代には香港映画界で活躍。1974年には映画『帰ってきたドラゴン』が日本でも公開され脚光を浴びた。1975年の刑事ドラマ『Gメン

誘いを受けているんです。

坂本 面白いと思います！ また違った目線でアクションを見られるようになると思いますので。

高岩 僕も最近、現場を客観視するようになって来ました。プレイヤー側から立場が変わりつつあるんだと思います。他の人のアクションを見ながら僕だったらこうするなという見方になって来て、ちょっと面白くなってきつつあります。でも、プレイヤーとしてやり残している事も沢山あるので、そっちもまだ引けない。

坂本 高岩さんの撮るアクション、楽しみですね！

高岩 アクション監督という立場を与えられ、立ち回りや流れを作る作業は緊張しませんか？

坂本 初めはそうかもしれませんね。でも、ワクワク感が勝つと思います。

高岩 僕は気が弱いからなぁ。評価に左右されちゃうんで（笑）。

——でも、いずれ高岩さんがアクション監督をした仮面ライダーやスーパー戦隊が観れる時が来るのかもしれないですね。

高岩 まぁ、そういう時期が来たら、やらせて貰えればいいかなと。

坂本 是非、お願いします！

高岩 それまでに、ちょっと肝っ玉を大きくしておかないと（笑）。

'75』にレギュラー出演。倉田演じる草野刑事をフィーチャーしたエピソード、通称「香港カラテシリーズ」が人気となる。後進の指導にも力を入れており、多くのアクション俳優を排出した「倉田プロモーション」代表を務めている。坂本監督も倉田プロモーションの門を叩き、映画界への第一歩を踏み出している。

⑳千葉真一 俳優。日本を代表するアクションスターで、海外では〝Sonny Chiba〟（サニー・チバ）という名で知られている。1970年には海外でも活躍できるアクション俳優やスタントマンを育成するために、ジャパンアクションクラブ（JAC）を設立。門下生が主演する作品に、助演することも多い。

獣電戦隊キョウリュウジャー

恐竜モチーフとしては3作目となるスーパー戦隊シリーズ第37作目。機械の体を得た恐竜・獣電竜に選ばれし5人の若者たちが、強き竜の者「キョウリュウジャー」へと変身し、暗黒種デーボスの復活を目論むデーボス軍と戦う。溢れんばかりの荒ぶる戦隊魂を持ったキョウリュウジャーのメンバーたちは、まさにひとりひとりがスーパースター。轟く轟音！　舞い上がる爆炎！　新しくもどこか懐かしい、王道のど真ん中を行くスーパー戦隊シリーズの熱き物語が展開される。

坂本監督はメイン監督として重要なエピソードや2本の劇場版を担当。長きに渡りパワーレンジャーシリーズに携わってきた坂本監督が初めてスーパー戦隊シリーズのメイン監督を手掛けるということで、王道ながらもどこかアメリカナイズされた坂本監督の真骨頂とも言える演出がそこかしこに内包されている。

TV『獣電戦隊キョウリュウジャー』（全48話）2013年2月～2014年2月／映画『劇場版 獣電戦隊キョウリュウジャー ガブリンチョ・オブ・ミュージック』2013年8月3日公開／映画『獣電戦隊キョウリュウジャーVSゴーバスターズ 恐竜大決戦！ さらば永遠の友よ』2014年1月18日公開

『キョウリュウジャー』の前にパワーレンジャーを手伝う

――『獣電戦隊キョウリュウジャー』のお話をうかがいたいのですが、実はそれより前に『侍戦隊シンケンジャー』をベースにした『パワーレンジャー・サムライ』にも携わっているんですよね。

パワーレンジャーシリーズが①ディズニーからサバンに戻る事が決定し、その再開第1弾となったのが『パワーレンジャー・サムライ』でした。サバンのプロデューサー陣と、ニュージーランドの制作スタッフが組むのは初めてという事もあり、その繋ぎを手伝って欲しいという要請がありました。

日本での仕事もあったので、2カ月ほどの滞在を約束して現地入りし、撮影開始前の準備と6話までの撮影に立ち会いました。

①ディズニーからサバンに戻る事
パワーレンジャーのアジア以外の放送権利はサバン・エンターテインメント（現サバン・キャピタル・グループ）が持っていたが、2002年に放送した『パワーレンジャー・ワイルドフォース』以降はウォルト・ディズニー・カンパニーに移行。2011年に放送した『パワーレンジャー・サムライ』以降はサバン・キャピタル・グループに戻っている。なお、現在の放送権利は玩具メーカーのハズブロが有している。

――最初の土台を作る感じなんですね。

そうですね。携わったのは6話までですが、変身バンク[2]とかオリジナル強化スーツにチェンジしてでのロボへのコクピット搭乗シーン、後は各話のちょっとしたドラマシーンなども監督して来ました。

一応、今でも毎年『パワーレンジャー』のオファーはいただいているのですが、スケジュールを半年以上空ける事が難しく、現状はアクション監督とスタントチームを現地に派遣するのみになっています。

パワーレンジャー同窓会

――アクション系のスタッフの派遣という形で、今でもパワーレンジャーシリーズへの参加を続けているわけですね。

そうですね。後は、『天装戦隊ゴセイジャー』と『海賊戦隊ゴーカイジャー』をベースとした『パワーレンジャー・メガフォース』では、『パワーレンジャー』シリーズ20周年記念のシーンの監督を担当する為に、『仮面ライダーフォーゼ』の撮影の合間を縫って3泊4日でニュージーランドへ行って来ました（笑）。

このシーンは『ゴーカイジャー』のレジェンド大戦にあたるシーンで、人気キャラだった初代グ

②変身バンク アニメや特撮などの映像作品において、コスト削減のために特定の映像や背景をストックして、別の場面で流用することを、銀行にたとえてバンクシステムと呼ばれている。特撮においては、変身シーンや必殺技でバンクシステムを利用することが多い。

③ニコロデオン アメリカのバイアコム傘下のMTVネットワークスが運営するケーブルテレビチャンネルで、アニメやシットコムなどの子供向け番組を専門に放送している。局名は、20世紀初頭にアメリカで流行した小規模な映画館〝ニッケルデオン〟にちなんでいる。『スポンジ・ボブ』をはじめとする人気番組が数多くの国で放送され、1998年からは日本でも展開されている。

④ゴーカイチェンジ 『海賊戦隊ゴーカイジャー』で、ゴーカイジャーのメンバーが変身をすること。携帯電話型アイテムのモバイレーツ

リーンレンジャーのトミーを筆頭に、過去のシリーズから10人以上ものレジェンドレンジャーたちがニュージーランドに集結しました。制作する際に、過去のシリーズのキャストを全員まとめるには自分が適任だという判断でオファーをいただきました。

日本を出たその日に現地で打ち合わせ&スタッフ会議。ロケ地はお馴染みの採石場だったので、写真をベースにスタッフに指示を出しました。

その夜は集結したキャストたちとの同窓会です（笑）。自分は年月とともに外見も歳を取っていきますが、ほとんどのキャストが当時の印象のままで、役者さんの凄さを思い知りました（笑）。

到着したのが金曜日の昼で、土日に撮影をし、月曜日の朝には『フォーゼ』に戻るために日本に帰りました（笑）。

——超強行スケジュールですね（笑）。でも、放送されたのは撮影から約2年後になりますけど……。

放送自体はそうなるかもですね。サバンに戻ってからのパワーレンジャーシリーズは、③ニコロデオンで放送されていて、ひとつのシリーズを半分に分けて約2年間かけて放送しています。

『パワーレンジャー・メガフォース』は、最初の1年目が『ゴセイジャー』をベースとした約20話、2年目は『ゴーカイジャー』をベースとした『パワーレンジャー・スーパーメガフォース』の約20話と、タイトルを変え放送されました。ただ、撮影自体はすべてまとめて撮るので、撮影から放送まで間が空いたのだと思います。

に鍵型のアイテムであるレンジャーキーを差し込むと、他のスーパー戦隊のヒーローに変身できる。劇場用作品では、仮面ライダーシリーズやメタルヒーローシリーズのレンジャーキーを使い、それらのヒーローに変身することもできた。

⑤ハズブロ
アメリカに本拠を置く玩具メーカーで、その規模は全米第2位を誇っている。1964年から日本でも展開して「MONOPOLY」の商標を登録。『MONOPOLY』や『人生ゲーム』といったボードゲームや、『トランスフォーマー』や『G. I. ジョー』などのアクションフュギアを中心としたキャラクター商品が主力商品となっている。

⑥鈴木武幸
東映に所属していた日本の映像作品のプロデューサー。1981年、『太陽戦隊サンバルカン』以降、15年の長きに渡って連続でスーパー戦隊シリーズを手掛け、様々な

なので、現在パワーレンジャーシリーズの撮影は2年毎になります。近年の作品でいうと、2017年に『手裏剣戦隊ニンニンジャー』をベースとした『パワーレンジャー・ニンジャスティール』、2018年に『パワーレンジャー・スーパーニンジャスティール』が放送されました。これも撮影自体は2016年にすべて終わっていましたね。

昆虫と電車はアメリカではヒーローに向かない？

——『パワーレンジャー・メガフォース』が『ゴセイジャー』と『ゴーカイジャー』をミックスさせた理由というのはどうしてなんでしょう。

制作がサバン体制に戻ってから、パワーレンジャーの物語構成はオリジナル重視ではなく、再びスーパー戦隊シリーズに基づいた作りに戻りました。今まで以上にベースとなるスーパー戦隊シリーズに忠実になり、変身後に関しては、出来るだけ日本の映像を使って新撮映像を増やさないという方針です。

『ゴーカイジャー』に関しては、使える映像が限られてしまいます。パワーレンジャーシリーズは『恐竜戦隊ジュウレンジャー』から始まっているので、視聴者はそれ以前のスーパー戦隊ヒーローを知りません。なので、『ゴーカイジャー』から『ジュウレンジャー』以前の戦隊ヒーローに④ゴーカイチェンジしている映像を除くと、流用出来る映像が少なくなってしまうのです。

アイデアを実現させて長期シリーズに成長させた立役者。近年まで顧問として東映特撮作品を統括したが、現在は東映を退社している。

⑦大森敬仁 日本の映像作品のプロデューサー。東映所属。2005年、『仮面ライダー響鬼』でプロデューサー補を務め、2008年の『仮面ライダーキバ』でサブプロデューサーとなる。2013年、『獣電戦隊キョウリュウジャー』でメインプロデューサーを担当し、以後は『仮面ライダードライブ』(2014年)、『仮面ライダーエグゼイド』(2016年)、『仮面ライダービルド』(2017年)を手掛ける。

⑧三条陸 日本で活動する漫画原作者、および脚本家。元々は雑誌「ホビージャパン」やアニメ誌「OUT」にてライターとして活動。1986年、OVA『装鬼兵MDガイスト』でアニメ脚本家デ

それに『ゴセイジャー』のほうは、劇中で重要なアイテムとなったゴセイカードは、日本ではゲーム筐体と連動した広がりを見せましたが、アメリカでは『パワーレンジャー』のカードゲームはありません。以上の点から『ゴセイジャー』と『ゴーカイジャー』を合わせて使用するという結果になったと聞いています。

近年ですと『特命戦隊ゴーバスターズ』は、丁度その年の競合作品に強敵が多かったので、子供たちに根強い人気を持つ恐竜がモチーフの『獣電戦隊キョウリュウジャー』をベースとした『パワーレンジャー・ダイノチャージ』を製作する事になり、『ゴーバスターズ』はハズブロ⑤傘下の元、2019年に『パワーレンジャー・ビーストモーファー』として放送される事が決まりました。

『烈車戦隊トッキュウジャー』に関しては、アメリカでは電車を使う習慣が日常の生活になく、子供にポピュラーなモチーフではないので、今の所、パワーレンジャー版の製作は未定のようです。

ちなみに、電車以外に日本と海外で認識が違う物としては、昆虫があります。日本では子供の間でカブトムシなどの昆虫の人気は高く、仮面ライダーシリーズもベースはバッタなどの昆虫です。ただ、昆虫が子供たちの間でヒーロー視されるのは日本やアジアくらいで、アメリカではカブトムシはゴキブリと同じ〝バグ〟として扱われると思います。

——動物系だとわかりやすいんでしょうね。アメリカ人ってゴリラが好きだとよく聞きます。

そうですね。強い動物や恐竜のように大きな存在、それに工業用の大型な乗り物などは人気が高

ビューし、翌年の1987年に「コミックボンボン」で連載された『スカイボンバー直線』にて漫画原作者としてデビューする。少年向けの胸躍る熱い展開を得意としており、代表作として『DRADON QUEST -ダイの大冒険-』（漫画原作）、『ガイキング LEGEND OF DAIKU-MARYU』（脚本）などがある。特撮作品ではメイン脚本家として『仮面ライダーW（ダブル）』（2009年）、『獣電戦隊キョウリュウジャー』（2013年）、『仮面ライダードライブ』（2014年）などを手掛けている。

⑨『水戸黄門』ルール
時代劇ドラマ『水戸黄門』は1話完結形式で、黄門様たちが諸国漫遊しながら旅先で問題と遭遇し、悪人と対決している最中に印籠を見せて正体を明かす、といったいわゆる〝お約束〟の展開を42年間守り続けた。そのお約束ゆえの安心感と、そろそろ来るという期待感が多

いですね。

10年周期でやってくる恐竜テーマ戦隊

――では改めまして『キョウリュウジャー』のお話をお願いできますか。

恐竜をモチーフとするスーパー戦隊シリーズは、10年周期という暗黙のルールがあると、今は退社された東映の鈴木武幸[6]顧問から以前お聞きした事があります。鈴木顧問がメインプロデューサーを務め、パワーレンジャーシリーズのベースとなった『恐竜戦隊ジュウレンジャー』が初の恐竜モチーフ、次が『爆竜戦隊アバレンジャー』で、いずれも人気の高い作品です。丁度その周期に巡り合ったのが『獣電戦隊キョウリュウジャー』というわけです。

僕も初代『マイティ・モーフィン・パワーレンジャー』から監督として活動し始め、『アバレンジャー』をベースにした『パワーレンジャー・ダイノサンダー』では製作総指揮を担当していたので、『キョウリュウジャー』のメイン監督のオファーを大森敬仁[7]プロデューサーにいただいた時は、運命的な物を感じましたね。

日本では『ゴーカイジャー』を4話ほど撮らせていただいただけで、まだ思いきりスーパー戦隊シリーズを撮っていないので、ワクワクした気持ちでお受けさせていただけました。

――『キョウリュウジャー』がド直球、王道のスーパー戦隊になった理由を教えてください。

くの視聴者を引きつけた。

⑩佛田洋
日本で活動する特技監督（番組テロップでは特撮監督）。株式会社特撮研究所の社長でもある。矢島信男に師事し、美術スタッフとして活動した後に、1990年の『地球戦隊ファイブマン』で特撮監督としてデビュー。以後は仮面ライダーシリーズ、スーパー戦隊シリーズといった特撮作品や数多くの映画において、特撮シーンの演出を手掛けている。

⑪佐橋俊彦
作曲家、編曲家。1993年に『ウルトラマンパワード』で初めて特撮作品に携わり、1996年には『激走戦隊カーレンジャー』でスーパー戦隊シリーズにも初参加。その後も『仮面ライダークウガ』『獣電戦隊キョウリュウジャー』といった数多くの特撮作品の他、『機動戦士ガンダムSEED』などのアニメやTVドラマ、ミュージカル、舞台など多岐にわたって作

前年の『ゴーバスターズ』が、スーパー戦隊シリーズとして新しい路線を生み出した変化球的な作品だったので、今度は原点回帰の王道戦隊でお願いしますというのが、大森プロデューサーからのリクエストでした。

自分も王道が好きなので、やりたい事がガッツリと一致した感じでした。しかも脚本を担当するのが、熱い展開が得意な三条陸さん⑧！

三条さんは以前からスーパー戦隊シリーズに参加したいと言われていたので、意気込みも凄かったですね（笑）。そんな熱い思いの中『キョウリュウジャー』は始まりました。

まず、事前に自分の中で幾つかの目標や作戦を立てました。変身も名乗りも省略せずに見せる、名乗りの後にはナパーム、〝That's スーパー戦隊！〟を目指すという事。『水戸黄門』⑨ルールと一緒で、僕が子供の頃に感じていた〝待ってました感〟を今の子供たちに味わって欲しいと思ったからです。

ただ、同じ事ばかりだと飽きられてしまうので、戦闘中に変身や名乗りを入れるなどのレパートリーを増やして、毎回の変身が盛り上がるように演出プランを立てる事にチャレンジしましたね。

それに、獣電竜を倒した者が選ばれてキョウリュウジャーになるという設定だったので、メンバーはみんな変身前から強いんです。その設定を活かして、変身前にもアクションを取り込み、娯楽性を高めていこうという狙いもありました。

曲、編曲を手がけている。

⑫**オフライン編集**
撮影したオリジナルの映像や素材をデータとして保存し、画質を落とした軽い状態にコピーして行う編集作業。この作業で放映や上映尺に調整したり、VFX合成を簡易的な合成作業で行いタイミングを計ったりもする。この時点で撮影された映像素材の取捨選択が行われる。

⑬**『魔法少女まどか☆マギカ』**
2011年に放送されたTVアニメ。原作が存在しないオリジナルアニメということもあり、先が読めないストーリー展開で大きな話題となり大ヒット。その乙女チックな作画とハードな内容のギャップが話題を呼んだ。2012年にはTVシリーズの総集編2本、2013年には完全新作1本の劇場作品が公開。完全新作の『[新編]叛逆の物語』は、深夜アニメの劇場作品としては初となる、興行収入20億円突破を記録した。

作業中に欠かせない作品劇伴

——変身音がサンバのリズムで踊りながら変身というアイデアはどのあたりから出てきたのでしょう。

サンバの変身音は、バンダイさんからの提案です。打ち合わせでサンバを聞いた時は衝撃的で、特撮監督の⑩佛田洋さんと大喜びしました（笑）。スーパー戦隊シリーズのエンディングでダンスを踊るのも定番化していたので、変身時にも、このサンバに合わせてダンスをしよう！　という流れになりました。

後、音楽に関してですが、やはり⑪佐橋俊彦さんの劇伴が最高だと思います。僕は以前から佐橋さんの大ファンで、大森プロデューサーから、佐橋さんのお名前が上がった時はテンション上がりましたね！　佐橋さんとの打ち合わせも楽しく、上がってくる劇伴がどれも想像を超えて素晴らしい！　スケール感とヒロイック感に溢れていて、凄く印象に残る曲ばかりですね。

僕は⑫オフライン編集で、劇伴をはめて編集のタイミングを調整する事が多々あるのですが、偶然にもドラマの盛り上がりと曲の転調が、タイミングを微調整しなくてもピッタリと合う奇跡が何度も起こりました。佐橋さんとシンクロした感覚になる〝ハッピーアクシデント〟でしたね（笑）。

それと、僕にとって劇伴はもうひとつ重要な役割があり、コンテを割る作業の時にエンドレスで聴きながら作業をするという習慣があります。そうする事により、脳内がその作品のモードに突入

⑭炎神
『炎神戦隊ゴーオンジャー』に登場する機械生命体の総称。スピードルならコンドルとスーパーカー、バスオンならライオンとバスといったように、動物と乗り物が合わさりモチーフになっている。

⑮今野鮎莉
日本で活動する女優。2013年の『獣電戦隊キョウリュウジャー』でキョウリュウピンクに変身するアミィ結月役でTVドラマ初出演。その後はTVドラマ『闇金ウシジマくんseason3』（2016年）や映画『恋愛漫画はややこしい！集まれ！恋する妄想族』（2014年）などに出演。健康的な色気が魅力で、『キョウリュウジャー』の劇中では特技の一輪車や、柔軟性を活かしたアクションも披露した。

⑯飯豊まりえ
日本で活動する女優、ファッションモデル。様々なファッション誌で専属モデルを務め、

する感じになりますね（笑）。

——それはどの作品でもそうなのでしょうか。

基本そうですね。劇伴が完成すると、各監督はデータをいただけるので、パソコンから曲を流しています。映画などを監督する時は、劇伴の作業は編集が終わってからになるので、準備段階ではまだありません。その場合は、似たテーマの映画や参考になる作品のDVDをエンドレスで流します。例えば『白魔女学園』を撮る前は、『魔法少女まどか☆マギカ』⑬をエンドレスで観ていました（笑）。

愛着のあるロボにするために

——ロボに関しても、“相棒”という独特の雰囲気があったと思います。

恐竜はそれぞれのキャラクター性が強いじゃないですか。メカとして扱うより、パートナーとしての存在のほうが、子供たちが愛着を持ってくれると思うんですよ。自分の子供たちの原体験で言うと、世代的に娘が『百獣戦隊ガオレンジャー』のパワーアニマル、息子は『炎神戦隊ゴーオンジャー』の炎神⑭たちが大好きだったんです。

——あれもまさに相棒ですね。

獣電竜たちは人語を話しませんが、メンバーと相棒という立ち位置で、心で繋がりコミュニケー

2012年の『世にも奇妙な物語'12春の特別編』で女優としてデビュー。2013年には『獣電戦隊キョウリュウジャー』にて2代目キョウリュバイオレットに変身する弥生ウルシェード役で出演。2017年、映画『暗黒女子』で初主演を飾る（清水富美加とW主演）。

⑰竜星涼
日本で活動する俳優。2010年に『素直になれなくて』で俳優デビュー。2013年には『獣電戦隊キョウリュウジャー』にてキョウリュウレッドに変身する桐生ダイゴ役でTVドラマ初主演。同年公開の『劇場版 獣電戦隊キョウリュウジャー ガブリンチョ・オブ・ミュージック』では映画初主演も果たす。身体能力が高く、カメラ映えする長い手足を活かしたアクションは圧巻。イメージにとらわれない様々な役柄を演じ分け、数多くの映画やTVドラマ、舞台、CMなどで活躍中。

ションを取ります。その設定が、子供たちからの指示を受け、玩具も良い成績を残せました。僕たち制作陣の思いは伝わったのではないかと思います。

――ガブティラはCGだけではなく、スーツアクターが着れるスーツを作っていたというのも、人気の要因だっと思います。

あれは特撮監督の佛田さんのアイデア勝利ですね。ガブティラの迫力と重量感を、スーツを使って表現するというアイデアに驚かされましたね。完成したスーツを見た時は、これはイケる！　と感じました（笑）。スーツとCGを使った演出のメリハリが、更にガブティラの魅力を引き出していると思います。

先にキャラクターありのオーディション

――キャスティングはどのように決まったのでしょうか。

丁度オーディションの時期は、『仮面ライダー×仮面ライダーウィザード&フォーゼ　MOVIE大戦アルティメイタム』と『009ノ1　THE END OF BEGINNING』を続けて撮っていたので、オーディションに同席出来ない時はプロフィール写真や、オーディション時のビデオを確認し、候補者が絞られて来てからフルで参加していました。

その時に嬉しかったのは、『MOVIE対戦アルティメイタム』のオーディションに来ていた

⑱**金城大和**
日本で活動する俳優、声優。2010年に俳優デビューし、2013年に『獣電戦隊キョウリュウジャー』でキョウリュウブルーに変身する有働ノブハル役で出演。2014年に『遊☆戯☆王ARC-V』の黒咲隼役で声優デビューを飾ると、さまざまなTVアニメや洋画の吹き替えを担当。『獣電戦隊キョウリュウジャー』の韓国版続編にあたる『獣電戦隊キョウリュウジャーブレイブ』では、ブレイブキョウリュウブラックに変身するチョン・ヒュンジュン役の吹き替えを担当した。

⑲**スピリットレンジャー**
『獣電戦隊キョウリュウジャー』に登場する、過去の時代に活躍したキョウリュウジャーたちのこと。肉体は既に死亡しており、スピリットと呼ばれる高エネルギーの集合体として生きている。『パワーレンジャー・ジャングルフューリー』においても、過去のカンフーの達人たちの魂が変身するスピリット・レンジャー

[15]今野鮎莉ちゃんと[16]飯豊まりえちゃんが再び参加してくれた事ですね。『キョウリュウジャー』のオーディションも、凄くクオリティが高かったんです。

——男性陣もかなりいい感じのメンバーが揃いましたね。

メンバーの選定に関しては、三条さんとの構成打ちの時から『秘密戦隊ゴレンジャー』のように各自のキャラクター分けを明確にしたいというのが大前提でした。三条さんのキャラクターブレイクダウンも早いうちから固まり、僕もそれに合わせて各自の衣装コンセプトのデザイン画を描きました。なので、オーディション時には各キャラクターのイメージを、制作サイドが共有出来ていたと思います。

その事もあってか、『キョウリュウジャー』のオーディション時にはあまり迷いがなく、各自が部屋に入って来た瞬間から、それぞれの役柄が見えた感じでしたね。[17]竜星涼のリーダー感や、ノブハルの髪型まんまで現れた[18]金城大和を含めて、満場一致で決まった人ばかりでした。

個性豊かな『キョウリュウジャー』の面々

——それにしても『キョウリュウジャー』は大所帯ですよね。最終的には10人戦隊。

10人戦隊というアイデアは、早い段階から三条さんの構成案にありましたね。その中で、[19]スピリットレンジャーのラミレス／キョウリュウシアンと鉄砕／キョウリュウグレーのコンセプトは、

ズが登場する。

⑳アッキー
塩野瑛久。日本で活動する俳優。2011年に第24回「ジュノン・スーパーボーイ・コンテスト」で審査員特別賞およびAOKI賞を受賞し、2012年に芸能界デビュー。2013年には『獣電戦隊キョウリュウジャー』でキョウリュウグリーンに変身する立風館ソウジ役で出演。坂本監督作品は『俺たち賞金稼ぎ団』（2014年）、『モブサイコ100』（2018年）にも参加している。2017年からエンターテイメント集団「男劇団 青山表参道X」の副リーダーに就任した。

㉑齊藤
齊藤秀翼。日本で活動する俳優、ミュージシャン。2010年に映画『大奥』で俳優デビュー。2013年に『獣電戦隊キョウリュウジャー』でキョウリュウブラックに変身するイアン・ヨークランド役として出演。その後も2・5次元舞台を中心に活動を続け

『パワーレンジャー・ジャングルフューリー』のスピリットレンジャーが元になっているんです。三条さんが『ジャングルフューリー』を観てくれていたんです！

元々『ジャングルフューリー』のスピリットレンジャーは、『獣拳戦隊ゲキレンジャー』の七拳聖が撮影最後まで出番があるという理由でコスチュームが借りられず、人間体のお師匠さんたちとなりました。そのため、バンダイアメリカさんの発案で、バット、シャーク、エレファントは精神が分離して変身するというコンセプトで、日本にはないオリジナルのレンジャーたちが登場したんです。スピリットレンジャーの起用は、再びパワーレンジャーとのコラボレーション的な感じもあり、僕的には嬉しかったですね。

キャスト陣とは家族的な感覚で仲良くなれたと思います。今でもプライベートで付き合いがあり、番組終了後も映画や舞台の『俺たち賞金稼ぎ団』で主要メンバーと、『モブサイコ100』でアッキー[20]と一緒だったりと、本当に大切な仲間たちですね。

竜星は当時からスターオーラが凄かったですね。お芝居も誰よりも真剣に取り組み、常にダイゴとしてどう行動するかを考えていましたね。アクションの才能もピカイチ。申し分ないぐらいの〝ボーンリーダー〟です。

齊藤[21]くんは普段着も黒が好きで、いつでもイアンでしたね。普段は甘え上手で、撮影の合間にいつも抱きついて来る可愛いやつです（笑）。アーティスト活動もしているので、芯がしっかりし

る他、2015年にはアーティストとしてメジャーデビューも果たした。坂本監督作品は『賞金稼ぎ団』（2014年）と『白魔女学園オワリトハジマリ』（2015年）にも参加している。

㉒丸山
丸山敦史。日本で活動する俳優。2007年、『風魔の小次郎』の紫炎役で俳優デビュー。2013年に『獣電戦隊キョウリュウジャー』でキョウリュウゴールドに変身する空蝉丸役で出演。その後は『里見八犬伝』『真田十勇士』『魔界転生』などの大作舞台を中心に精力的に活動する他、2017年からは『獣電戦隊キョウリュウジャー』で共演した金城大和とともに、『丸山敦史・金城大和「昭和のニオイ」チャンネル』をニコニコ生放送でスタートした。

㉓渡辺勝也
日本で活動する映像作品の監督。1986年、『超新星フラッシュマン』で特撮作品

ていますね。

――金城さんは、『キョウリュウジャー』では三枚目でしたが、普段はイケメンですよね。

ですね。本当に多彩で、やられアクションの天才です。表情がたまりません。一生懸命な姿を見ているとホロッと来ちゃいます。コメディもシリアスな芝居もしっかりこなすし、アフレコでのアドリブも上手いんです。

アッキーは本当に可愛いくて素直！　息子みたいですね（笑）。剣を使う役なので、暇さえあればずっと現場で練習していました。いつもニコニコと監督モニターのそばに来てくれて、色々とお話ししましたね。

鮎莉ちゃんは最高ですね！　身体が柔らかく蹴りも上手かったですし、彼女が現場に来ると、オーラで周りがパッと明るくなるんです。年齢的に少女の可憐さと、大人の女性の魅力を持ち合わせた理想的なヒロインでした。

――キャストの皆さんはアクションの経験というのはあったのでしょうか

他の作品で経験した子もいましたが、多分ここまでガッツリとアクションしたのは初めてだと思います。何せ『キョウリュウジャー』は、近年のスーパー戦隊シリーズでは、一番素面アクションが多い戦隊ですから。『科学戦隊ダイナマン』の頃に負けてませんよ（笑）。

それぞれみんな運動神経が良く、撮影序盤から上手にアクションをこなしてくれました。アクシ

に携わり、以後のスーパー戦隊シリーズの助監督を務め、1992年の『恐竜戦隊ジュウレンジャー』にて監督デビューを果たす。スーパー戦隊、メタルヒーロー、平成仮面ライダーと20年以上の長きに渡り、東映特撮作品を手掛けている大ベテラン。

㉔Gロッソ
シアターGロッソ。東京ドームシティアトラクションズ内にある屋内劇場。かつてヒーローショーが開催されていた屋外ステージのスカイシアターに代わって、2009年にオープン。スーパー戦隊シリーズのヒーローショーを中心に展開。それ以外にもアニメ作品のキャラクターショーやAKB48の公演に使用されることもある。

㉕木下あゆ美
日本で活動する女優。2004年に放送された『特捜戦隊デカレンジャー』でデカイエローに変身する礼紋茉莉花役で人気となり、その後数多くのTVドラマ、映

ヨンの合間に作る表情も素晴らしく、自分のキャラクターを熟知していましたね。

カッコいいぜ、空蝉丸！

――空蝉丸も自体も面白いキャラクターだと思います。

㉒丸山は天才ですよ。こっちの予想を斜め上から超えて来ます。普段の会話もそうですから(笑)。お芝居とアクションも抜群のセンスです。空蝉丸の人気が出たのも、彼の人柄あっての事だと思います。

僕が担当したブレイブ11「ウッチー！ クールでござる」で、空蝉丸の本性が分かるのですが、追加戦士の紹介回なので、プレッシャーが凄かったです。このエピソードで人気が出るかどうかが左右されますから。

でも、そんな心配は撮影初日のアミィとブランコで会話するシーンで吹き飛びました。本番中に空蝉丸が背負っているザンダーサンダーが、偶然ブランコの鎖に引っかかるのですが、それがモニターを見ていて吹き出すくらい面白く、そこで空蝉丸のキャラが決まったと言っても過言じゃないぐらいです。

㉓渡辺勝也監督の10話で、シリアスな奴かと思わせておいてからのギャップなので、インパクトが大きいですよね。年下のアミィちゃんの尻に敷かれる様子とか、萌えポイント満載ですね（笑）。

画に出演。声優としても活動している。主演代表作として2006年に放送された『怨み屋本舗』シリーズ、坂本監督の『トラベラーズ次元警察』など多数。

㉖島津健太郎 日本で活動する俳優。数多くのTVドラマや映画に出演するベテランで、2013年の『獣電戦隊キョウリュウジャー』にはジェントル役で出演。この他にも、『海賊戦隊ゴーカイジャー』『赤×ピンク』『破裏拳ポリマー』『モブサイコ100』などの坂本監督作品に出演している。

㉗出合正幸 日本で活動する俳優。以前は倉田プロモーションに所属していたこともあり、アクションを得意とする。2006年の『轟轟戦隊ボウケンジャー』でボウケンシルバーに変身する高丘映士役を演じる。特技の英語を活かし、2013年には忠臣蔵をモチーフとしたキアヌ・リーブス主演のハリウッ

これも、天才丸山だからこそ生まれたキャラクターだと思います。

――敵幹部のドゴルドとの最終決着には痺れました。

空蝉丸のキャラクターに緩急が付けられたから、凄くカッコ良く見えたんだと思います。とにかく彼は本当に良いやつなんです。全然着飾らないし、ファンサービスもバッチリです。『劇場版 獣電戦隊キョウリュウジャー ガブリンチョ・オブ・ミュージック』の撮影で、Gロッソ[24]にボランティアのエキストラさん700人に参加していただいたんですが、カメラ近くにいたお子さんが「もう帰ろう」って泣き始めちゃったんです。

そこで僕が、キョウリュウジャーで誰が好きなのかを尋ねたら、「ウッチーが好き」との事。控え室に行き、丸山に事情を話したら、快く会場まで行き、その子が泣き止むまでずっと隣に座って相手してくれたんです。これには見ている僕も嬉しくなりましたね！

Gロッソの撮影は、とても良い思い出として鮮明に残っています。会場が一丸となり、参加したスーツアクターたちも自分たちが演じた歴代戦隊ヒーローの名乗りを披露するなど、普通では絶対出来ない最高のイベントのようになりましたね。

キャストも若い子たちの時は、どうしても親目線が入りますが、30代を超えた大人だと、仲間意識も生まれて、また違った楽しさがありますね（笑）。

それは『宇宙刑事NEXT GENERATION』の時も思いました。キャストの3人は（石

ド大作『47RONIN』にも出演している。坂本監督とは弟子の関係にあり、坂本監督作品の常連でもある。『仮面ライダーW（ダブル）FOREVER AtoZ／運命のガイアメモリ』（2010年）、『獣電戦隊キョウリュウジャー』（2013年）、『破裏拳ポリマー』（2017年）、『モブサイコ100』（2018年）『キュウレンジャーVSスペース・スクワッド』（2018年）などに出演。

㉘戸松遥
日本で活動する声優、女優、歌手。2007年に『がくえんゆーとぴあ まなびストレート！』で声優デビュー。2013年には『獣電戦隊キョウリュウジャー』で喜びの戦騎 キャンデリラの声優を担当する他、キャンデリラの人間態としても出演している。『ハピネスチャージプリキュア！』や『妖怪ウォッチ』など数多くのTVアニメで主演する他、2008年からは歌手活動も精力的に行っていて、2009年には声優ユニッ

垣佑磨、三浦力、岩永洋昭）みんな大人なので、現場の雰囲気が違いました。『スペース・スクワッドギャバンVSデカレンジャー』のデカレンジャーチームもみんな大人で、落ち着きや貫禄もあり、こっちもガードを下ろして付き合える気がします（笑）。

声優陣が続々顔出し出演

――こうして作品を鑑みると、『キョウリュウジャー』は実に坂本監督色の濃い『スーパー戦隊』になりましたね。

準レギュラーとして木下あゆ美[25]ちゃんや島津健太郎[26]さん、出合正幸[27]くんといった自分の作品の常連さんも入っていますからね（笑）。

今作は声優さんも、僕の思い入れのある人が多くキャスティングされています。キャンデリラ役の戸松遥[28]ちゃんは、以前僕が日本語吹き替え監修を担当した『パワーレンジャー・ミスティックフォース』でブルーレンジャーの声を演じていたんです。その時に、声もお芝居も素晴らしくルックスも美しいので、声優さんとしてだけでなく、女優さんとして一緒にお仕事がしたいと思っていたんです。それがやっと叶ったというわけです。

遥ちゃんは、凄いオーラがありますね。『白魔女学園 オワリトハジマリ』にも出演していただいたのですが、彼女を声優だと知らなかったスタッフも、遥ちゃんの美声と存在感に驚いていました。

ト「スフィア」を結成し日本武道館でコンサートを開くなど精力的に活動。坂本監督の『白魔女学園オワリトハジマリ』（2015年）に出演し、劇中歌も披露している。『パワーレンジャー ミスティックフォース』の日本語版吹き替え版では、ブルーレンジャーに変身するマディソン役を担当。

㉙水島裕
日本で活動する声優、俳優、歌手。1972年に安永憲自名義で特撮ドラマ『愛の戦士レインボーマン』の主題歌を歌い芸能界デビュー。その後は数多くのTVアニメに声優として出演する他、バラエティ番組などでタレントとしても活躍。サモ・ハン・キンポーの吹き替えを専任で担当。代表作に『六神合体ゴッドマーズ』など多数。2013年に『獣電戦隊キョウリュウジャー』で哀しみの戦騎 アイガロンの吹き替えを担当した。

㉚「六神合体ゴッドマーズ」
1981年に放送されたTV

遙ちゃんの顔出し出演をきっかけに、『キョウリュウジャー』で声優さんたちの顔出し出演ラッシュが始まりました（笑）。
アイガロン役の㉙水島裕さんは、自分が子供の頃に大好きだった『㉚六神合体ゴッドマーズ』の明神タケル役や、何と言っても㉛サモ・ハン・キンポーの吹き替えで有名ですね。『大怪獣バトルウルトラ銀河伝説 THE MOVIE』のウルトラマンタロウ役、㉜石丸博也さんもそうですが、子供の頃に憧れの目で見ていた声優さんたちと一緒にお仕事が出来るというのは、本当に監督冥利に尽きます。

それと、やはり㉝千葉茂さんですね！　僕は世代的に大好きだった『うる星やつら』のメガネや、『北斗の拳』でのナレーションや雑魚キャラの印象が強いのですが、大好きな声優さんです。千葉さんには、アイテムの声や予告ナレーションのみでなく、俳優として出演もしていただけました。

撮影が始まる前のバンダイさんとの打ち合わせで、アイテムの声を誰にするか？　と相談していた時に、僕がダメ元で千葉さんのお名前を出してみたんです。サンバの明るい曲調にはやはり千葉さんのハイテンションなパフォーマンスがピッタリだと思ったんです。

皆さん賛同してくださり、オファーする事と成りました。

――トリン役の㉞森川智之さんもはまり役だったと思います。

アニメ。横山光輝の漫画『マーズ』を原作にした作品だが、基本設定やストーリー展開はほぼアニメオリジナルのものとなっている。玩具のセールスが好調だったことに加え、多くの女性ファンやアニメファンの人気を獲得し、当初よりも大幅に延長して1年以上に渡り放映された。

㉛サモ・ハン・キンポー
香港出身の俳優、映画監督、映画プロデューサー。幼少期から京劇を学んで、舞台や映画にスタントマンや俳優として出演。ジャッキー・チェンの兄弟子にあたり、中国戯劇学院で「七小福」のリーダーに選ばれる。武術指導の経験を積みながら、1973年には尊敬するブルース・リーに声をかけられ『燃えよドラゴン』に出演。その後は香港でカンフーやアクション映画のパイオニア的存在となり、数々の大ヒット作を生み出す。『燃えよドラゴン』のオマージュ作品である1978年製作の『燃えよデブゴン』が1981年

森川さんは御本人もですが、声が本当にカッコいいですよね！　痺れます。『キョウリュウジャーブレイブ』で久しぶりにご一緒させていただいたのですが、やっぱりトリンに森川さんの声が入るとぐっと締まりますね！

㉟岡元次郎さんの貫禄ある演技に、更に貫禄が増すという。『特捜戦隊デカレンジャー』の㊱ドギー・クルーガーの声を担当されている㊲稲田徹さんもそうですが、やはり声優さんのパワーは凄い！と思いますね。

カオス役の㊳菅生隆之さん、ドゴルド役の㊴鶴岡聡さん、ラッキューロ役の㊵折笠愛さん、エンドルフ役の㊶松風雅也さんなど、どなたも素晴らしい方ばかりでしたね。

今作の大きな目標として、悪基地のシーンを面白くしたいという思いがありました。子供たちが、悪幹部だけのシーンでも、ワクワクと楽しみにしてくれるシーンが撮りたかったんです。その思いもあり、それぞれのキャラクターをポップで賑やかな面々にしました。

㊷K-SuKeさんの素晴らしいデザイン、スーツアクターの方々の演技力、そこに吹き込まれた声優さんたちの声により、デーボス軍の人気が上がり、「デーボス軍祭り」という悪幹部のみでのイベントも実施されました。

どなたも本当に楽しそうに演じてくれたのが、印象に残っています。最終回では、声優の皆さんも勢ぞろいしてエンディングを踊っていただき、本当に嬉しかったですね。

に日本でヒット。それ以外の主演作にも邦題では「デブゴン」という愛称が使われるようになる。弟弟子のジャッキー・チェンとユン・ピョウとの共演作が有名。

㉜石丸博也
日本で活動する声優、俳優。『大江戸捜査網』などに俳優として出演していたが、1971年から声優活動を開始。1972年に『マジンガーZ』で兜甲児役を演じて大ブレイクし、ナレーションや洋画吹き替えなども行うようになった。ジャッキー・チェンの吹き替えを専任で担当しており、ジャッキーを題材にしたアニメやドキュメント番組でも彼の吹き替えを担当している。1984年の映画『ウルトラマン物語』以降、ウルトラマンタロウの声を担当している。

㉝千葉茂
日本で活動する声優、俳優、音響監督。TVドラマや劇場作品などに出演する俳優活動を行いながら、1976

『キョウリュウジャー』を撮りながら、ローテーションの間に『赤×ピンク』と『白魔女学園』も撮っていたので、スケジュール的には物凄くキツかったのですが、素敵な仲間たちと出会えた事、パワーレンジャーの頃から培って来た事を本家の『スーパー戦隊シリーズ』で思いっきりやらせていただいた事など、本当に楽しかったですね。

　僕を起用してくれた大森プロデューサーに、本当に感謝しています！　ひとつ未練が残るとしたら、まだまだ『キョウリュウジャー』を撮り足りないという事ですね（笑）。

メイン監督ができないこと

――もっと撮りたかった、ということでしょうか。


　メイン監督の担当回は、必然的に新ヒーロー登場、新アイテム登場、パワーアップ回などの縦軸のエピソードが多くなり、なかなかお遊び回は回って来ません。僕も全部で13話撮りましたが、お遊び回というか、レギュラー回が撮れたのはアミィちゃんが一輪車に乗ったブレイブ11「ウッチー！クールでござる」と、ノブハルとキャンデリラがお見合いしたブレイブ40「グッとくーる！　オッサンはつらいよ」くらいでしたね。

　もちろん熱くてドラマチックな回や、派手なアクション回も楽しいのですが、『キョウリュウジャー』のメンバーを見ていると、もっと沢山〝スタンドアローン〟的なエピソードを撮りたかった

年から声優活動を開始。1985年には『ハイスクール！奇面組』で初めてアニメ主演を果たした。2013年には『獣電戦隊キョウリュウジャー』で変身アイテムであるガブリボルバーの音声やナレーションに加え、キョウリュウバイオレットに変身するドクター・ウルシェードで出演している。声優としての代表作に、『うる星やつら』『北斗の拳』『機動警察パトレイバー』など。俳優としては押井守監督作品に数多く出演している。

㉞森川智之
日本で活動する声優、歌手。1989年に『ダッシュ！四駆郎』で声優デビュー。その後も『宇宙の騎士テッカマンブレード』や『ファイナルファンタジーⅦ アドベントチルドレン』など数多くのアニメやゲームに出演する他、トム・クルーズの専属吹き替えを始め、洋画の吹き替えにも多数参加している。2013年には『獣電戦隊キョウリュウジャー』でキョウリュウシルバーに変身する賢

と思いますね。

――とはいえ、お遊び要素の強い話も、メイン監督担当として、坂本監督からのチェックやこうしてほしいという要望は入るのではないのですか。

東映さんの場合、その辺りはメインプロデューサーとメインライターの方々が総合的に舵を取ります。やはり放送スパンが長いので、プロデューサーが各監督とコミュニケーションを取ってまとめたほうが、統一感が出ますね。三条さんは、脚本を書くスピードも速いですし、玩具の事も誰よりも熟知しています。絶大的な信頼を置いて、お任せ出来ますね。

どのアイテムを何話で使って、まだ何を使っていないか？　また、アイテムを工夫した使い方やコンビネーションなど、すべてを知り尽くして脚本に書き込みます。

それに、必ず打ち合わせに玩具を持参されて、実際に操作しながら説明してくれたりもするんですよ。三条さんほど玩具に情熱を持って取り組む脚本家さんは、他にいないと思いますね。

――では三条さんは玩具版のガブリボルバーとたくさんの充電池を常に持ち歩いてたということですか。

本当にそんな感じです（笑）。『キョウリュウジャー』は玩具の成績も良かったのですが、これも三条さんがアイテムを魅力的に物語に組み込んだ事が大きかったと思います。

特に後半に登場したミニティラは、今まで数々あるパワーアップアイテムの中で、キャラクター的に可愛く、メインの変身アイテムであるガブリボルバーとの連動性もあり、三条さんの愛情とバ

神トリンの吹き替えを担当した他、トリンの人間態である鳥居役としても出演した。

㉟岡元次郎
JAE所属のアクション俳優、スーツアクター、スタントマン。1987年に『仮面ライダーBLACK』で仮面ライダーBLACKのスーツアクターとしてデビューし、1994年の『仮面ライダーJ』までの全作品で主人公ライダーを演じた。その後も仮面ライダーシリーズやスーパー戦隊シリーズを始め、数多くの特撮作品でヒーローや敵役のスーツアクターを担当している。

㊱ドギー・クルーガー
『特捜戦隊デカレンジャー』の登場人物。デカレンジャーの面々から絶大な信頼を寄せられる指揮官で、犬のような姿をしたアヌビス星人。自らもデカマスターに変身することができ、銀河一刀流という剣術の免許皆伝者でもあり、ディーソードベガという専用の長刀を使った戦闘

ンダイさんのプランが、絶妙に融合したアイテムだったのではないでしょうか。

ミュージカル映画への挑戦

――『劇場版 獣電戦隊キョウリュウジャー ガブリンチョ・オブ・ミュージック』はミュージカルという意外なところできましたが、この形になった経緯というのは？

ミュージカルという名のミュージカルでないような……でも、劇中歌がいっぱい入って歌唱シーンもあるのでミュージカルで良いですかね（笑）。僕の中での劇場版のテーマは、ズバリ『ストリート・オブ・ファイア』でした。これも僕が中学生の頃に大好きだった作品です。コンサート中にロック歌手のヒロインがギャングに誘拐されて、それをアウトローの元彼が取り戻すというお話。それにスーパー戦隊要素をミックスしたのが『ガブリンチョ・オブ・ミュージック』なんです（笑）。

やはり劇場版には強敵が必要だということで、戦隊では普段あまりやらない悪のレンジャー、デスリュウジャーを登場させました。

とにかくカッコ良くしたかったので、以前『大怪獣バトル ウルトラ銀河伝説 THE MOVIE』でウルトラマンゼロを演じていただいた宮野真守くん[43]にダメ元でオファーしました（笑）。先方から快く「是非！」と返事をいただいたので、この作品が宮野くんとの再会となったのです。

能力は非常に高い。

㊲**稲田徹**
日本で活動する声優。1996年に『ビーファイターカブト』で猛毒鎧将デスコーピオンの吹き替えを担当して以降、数多くの特撮作品に出演するようになった。悪の怪人や幹部役を担当することが多いが、『特捜戦隊デカレンジャー』ではヒーロー側のレギュラーであるデカマスターに変身するドギー・クルーガーを演じている。特撮愛が強く、自ら積極的にイベントなどに参加しファンを盛り上げている。

㊳**菅生隆之**
日本で活動する声優、俳優。『太陽にほえろ！』『ゆうひが丘の総理大臣』といったTVドラマに出演する他、洋画の吹き替えを中心に声優としても精力的に活動。2013年には『獣電戦隊キョウリュウジャー』で百面神官カオスの声を担当した。

顔出し女性幹部と歌えるヒロイン

——デスリュウジャーに加えてレムネアとアーシーもいい感じでしたね。

ＴＶシリーズに人間体の幹部がいないので、往年のスーパー戦隊シリーズのように、セクシーで強い女性幹部を出す事が決まりました。

アクションもこなせる女優さんをキャスティングするという事で、レムネア役に桃瀬美咲ちゃん[44]、アーシー役には佃井皆美ちゃん[45]が決定。衣装のデザインは、僕の数多くの作品の衣装デザインを担当しているＪＡＰ工房さん[46]が、スーパー戦隊に初参加する事になりました。こう見ると好き勝手にやってますね……（笑）。

——天野美琴役の中村静香さん[47]の歌も聴き応えがありました。

ＣＤリリースの権利の関係上、歌手ではない方をキャスティングするという事になりました。劇場版にふさわしいヒロインを！　という事で、僕が名前をあげさせていただいたのが、以前から一緒にお仕事をしたかった中村静香ちゃんでした。

静香ちゃんの歌唱力を確認するために、レコーディングスタジオで仮歌を収録した所、これがバッチリ！　無事に美琴役に決定しました。

今作も、カット割りの段階から劇中歌のタイミングに合わせたかったので、美琴の歌う「Ｄｉｎ

[39] **鶴岡聡**
日本で活動する声優、俳優。1996年に『るろうに剣心 -明治剣客浪漫譚-』で声優デビュー。主な出演作は『Fate／ZERO』『マケン姫っ！』など。2013年には『獣電戦隊キョウリュウジャー』で怒りの戦騎・ドゴルドの声を担当した。

[40] **折笠愛**
日本で活動する声優、歌手。1988年に『小公子セディ』の主人公であるセドリック・エロル役で声優デビューを果たす。その後も『元気爆発ガンバルガー』や『新機動戦記ガンダムW（ウイング）』など多数の作品に出演。特撮作品では2005年に『牙狼〈GARO〉』、2013年の『獣電戦隊キョウリュウジャー』では楽しみの密偵ラッキューロの声を担当した。

[41] **松風雅也**
日本で活動する声優、俳優。1997年に『電磁戦隊メガレンジャー』でメガブルーに変身する並樹瞬役で俳優デビュー。その後はバラエティ番

ｏ Ｓｏｕｌ」は先行して作っていただきました。

発注時にリクエストしたのが、『百獣戦隊ガオレンジャー』でテトムが歌っていた「響の調べ」です。当時この歌が大好きで、『パワーレンジャー・ワイルドフォース』の現場に向かう車の中で何度も聞いていましたね（笑）。

「Ｄｉｎｏ Ｓｏｕｌ」もとても思い出深い曲となり、今でも口ずさみますね。『モブサイコ１００』の現場で偶然に口笛で吹いていたら、聞いていたアッキーも歌い始めて「まだちゃんと覚えてるね」と、ふたりで懐かしがってました（笑）。

バイクをフィーチャーした理由

——バイクアクションが派手な印象も受けました。


元々、パワーレンジャーになった時の展開も含めて、『キョウリュウジャー』でディノチェイサーやアームド・オンが用意されたと思います。キョウリュウレッドカーニバルのアーマーも、パワーレンジャーのバトライザーの逆輸入です。

やはり恐竜モチーフなので、国内外で受け入れられるアイテムの開発に力が入っていましたね。僕がメイン監督だったので、入れやすかったのかもしれません（笑）。

パワレン出身としては、日本でもバイクの玩具の人気を上げたかったので、ディノチェイサーの

組『おはスタ』に出演しながら俳優活動を続け、ゲーム『シェンムー』の主人公・芭月涼のモーションキャプチャーも兼ねつつ声優も担当。その後、声優活動も開始し数々のアニメやゲーム作品に参加。特撮作品は２００８年に『炎神戦隊ゴーオンジャー』の獄丸、２０１３年の『獣電戦隊キョウリュウジャー』では怨みの戦騎エンドルフの声などを担当した。

㊷Ｋ・ＳｕＫｅ
イラストレーター、デザイナー。２００８年に『炎神戦隊ゴーオンジャー』でデフォルメキャラクターデザインを担当して以降、数多くのスーパー戦隊シリーズに参加。２０１３年の『獣電戦隊キョウリュウジャー』では敵キャラクターのメインデザイナーとして起用された。

㊸宮野真守
日本で活動する声優、俳優、歌手。小学生時代から劇団に所属し、CMや舞台などで俳優活動を行い、海

演出には力を入れましたね。オンエア後にディノチェイサーの玩具が好調だったと聞き、一安心しました。劇場版でも仮面ライダーばりにバイクアクションやってましたからね（笑）。

――だとすると、アメリカ版『キョウリュウジャー』の『パワーレンジャー・ダイノチャージ』には、新要素はそんなに付け加えられないのでしょうか。

そんな事はないですよ（笑）。悪ボスや、コックピット、コックピット内で装着するアーマーなどオリジナル要素もありました。プロデューサーも、以前僕と一緒にプロデューサーを務めていたチップ・リンが担当し、新規で撮影された変身後のアクションも増えました。

夢の恐竜戦隊勢揃いが実現！

――続いてVSシリーズの『獣電戦隊キョウリュウジャーVSゴーバスターズ　恐竜大決戦！　さらば永遠の友よ』のお話をお願いします。

『ガブリンチョ・オブ・ミュージック』の内容を決める際に、今までの恐竜戦隊を集めては？というアイデアも出たのですが、夏の劇場版は上映時間が短いので、VSシリーズで実現するチャンスを探っていました。その結果、従来のふたつのスーパー戦隊の競合作品という枠組みに囚われない、豪華な作品になりました。

『ゴーバスターズ』は個人的にも好きな作品で、オンエア当時から撮ってみたかったですし、『ジ

外ドラマ『私はケイトリン』の吹き替えで声優デビュー。2009年の劇場作品『大怪獣バトル ウルトラ銀河伝説 THE MOVIE』以降は、ウルトラマンゼロの声を担当し続けている。『DEATH NOTE』『機動戦士ガンダム00』『亜人』『GODZILLA怪獣惑星』など、数々の代表作を持つ日本のトップレベルの声優。

㊹桃瀬美咲
日本で活動する女優。2008年に第33回ホリプロタレントスカウトキャラバンで審査員特別賞を受賞し、芸能界デビュー。そのキュートなルックスとは裏腹に、特技の極真空手を活かして、アクションシーンも吹き替えなしで演じる。2013年の『劇場版 獣電戦隊キョウリュウジャー ガブリンチョ・オブ・ミュージック』では、レムネア役として出演。『赤×ピンク』（2014年）、『宇宙刑事NEXT GENERATION』シリーズなど坂本監督作品にも多数参加している。

ユウレンジャー』と『アバレンジャー』に関しては『パワーレンジャー』でガッツリやっていたので、僕のほうがスタッフよりも詳しいぐらいでした（笑）。『ゴーバスターズ』は再度、細かい設定やアイテムの描写、キャラクター間の関係性を見直しながら準備に入りました。

『ゴーバスターズ』のアクションは実は!?

――『ゴーバスターズ』のアクションは、手の動きを使ったスピード感のある個性的なアクションが特徴的ですよね。

実は『仮面ライダーフォーゼ』を撮影している時に、撮影所で『ゴーバスターズ』のアクション監督をやっていた㊽福沢博文くんに会うたびに、実戦的な手技や、ナイフを使った格闘術を教えて欲しいと頼まれていました。

僕がLAでブルース・リーが開発した格闘技・JKD（ジークンドー）を習っていたからです。JKDは中国拳法や東南アジアの格闘技の複雑な動きと、西洋のボクシングなどをミックスした格闘技で、『ボーン・アイデンティティー』など様々なハリウッド映画の格闘シーンで見られる実戦的な格闘技です。

技の説明を聞かれると、その場でパパパッと見せたりして、福沢くんとは色々とアクション交流をしていました（笑）。

㊺佃井皆美
日本で活動する女優。アクションを得意としており、『獣拳戦隊ゲキレンジャー』のリンシー役でスーツアクションを務めてデビュー。2014年に出演した『仮面ライダー鎧武／ガイム』では、湊耀子役だけでなく変身後の仮面ライダーマリカのスーツアクターも担当している。人見早苗、下園愛弓とともにWIPE OUTという歌唱ユニットを結成していた時期もあり、歌と踊りも得意。現在は様々な大型舞台でも活躍している。『009ノ1 THE END OF THE BEGINNING』（2013年）、『ウルトラマンX』（2015年）、『破裏拳ポリマー』（2017年）などの坂本監督の作品に多数参加している。

㊻JAP工房
さまざまな映像作品やアーティストの衣装デザイン、制作を手がけるデザイン会社。2005年からは『牙狼〈GARO〉』シリーズを長

――『ゴーバスターズ』の独特のアクションの裏に、実は坂本監督も絡んでいたんですね（笑）。あと、この作品で僕が気になっていることとして、『ジュウレンジャー』のロボ、大獣神のスーツが登場するのですが、『ゴーカイジャー ゴセイジャー スーパー戦隊199ヒーロー大決戦』には出ていなかったんです。これはアメリカから持ってきたりとかしたのでしょうか。

この作品で使った大獣神のスーツは、実は日本で展示用に作られた物で、ほとんど動けないんです。㊾柴崎監督の『特命戦隊ゴーバスターズVS海賊戦隊ゴーカイジャーTHE MOVIE』でも、チラッと使われていたと思います。

大獣神は関節もほぼ曲げられない状態なので、その分CGバージョンが存在するアバレンオーとキョウリュウジンを動かしまくる作戦でしたね。

新しいVSシリーズを見せたい

――ストーリーの流れも独特な感じがありましたが。

従来のVSシリーズだと、始めはぶつかり合うふたつのスーパー戦隊が、共通の敵を倒すために協力するという流れが、ある意味パターン化していたように感じられました。

今回は4つのスーパー戦隊が絡み合う物語なので、従来のパターンではなく、集結する恐竜チームを、プロフェッショナルな特殊部隊『ゴーバスターズ』が、ミッションをクリアしながらサポー

くに渡り担当。2013年の『009ノ1 THE END OF THE BEGINNING』以降、坂本監督の作品で何度もタッグを組む。『劇場版 獣電戦隊キョウリュウジャー ガブリンチョ・オブ・ミュージック』（2013年）で衣装制作を担当し、スーパー戦隊シリーズに初参加した。

㊼中村静香
日本で活動する女優、グラビアアイドル。2002年に芸能活動を開始し、2004年からグラビアアイドルとして活動。そのキュート顔立ちとグラマラスなボディのギャップで一気にトップグラビアアイドルとして人気を博す。2013年に『劇場版 獣電戦隊キョウリュウジャー ガブリンチョ・オブ・ミュージック』で天野美琴（Meeko）役として出演し、劇中で披露した「Dino Soul」でソロCDデビューも果たした。『ゴッドタン』のアイドル飲み姿カワイイグランプリや、『痛快TVスカッとジャパン』の再現ドラマの

トするという構成になりました。

その中でキョウリュウジャーが闇堕ちをして、衣装が黒ベースになりますが、これは大森プロデューサーからの提案で、ポスターや予告編を一目見ただけでも「あれ？　今回は何かが違う！」と、インパクトを残したいという考えからでした。

ついにガブティラがしゃべる！

――なるほど、そういうことだったんですね。あとはこの作品でガブティラがようやく喋りましたね。しかも声が㊿山寺宏一さん！

実に豪華なキャスティングですよね！　お忙しい中、山寺さんは快く引き受けて下さり、ガブティラに更にキャラクター性が増したと思います。

今作ではダイゴとガブティラとの絡みは、ドラマの見せ場でもあり、とても重要なシーンです。特にTVシリーズから続くふたりの友情には思い入れがあります。山寺さんのパフォーマンスのおかげで、心に残るシーンになったのではないでしょうか。

歴代恐竜戦隊集合や陣マサトの復活、リメイクされたグリフォーザーやガイルトン、豪華声優陣など、いろいろな挑戦が出来た作品だと思います。

実は僕が日本で参加したスーパー戦隊のTVシリーズは、『ゴーカイジャー』と『キョウリュウ

悪役でブレイクする。

㊽福沢博文
レッド・エンタテインメント・デリヴァー所属のアクション監督、俳優、スーツアクター、スタントマン。『超獣戦隊ライブマン』アトラクションショーのジンマー兵役でスーツアクターとしてデビュー。特撮作品の現場には、『高速戦隊ターボレンジャー』の戦闘員役で初参加。その後も、仮面ライダーシリーズやスーパー戦隊シリーズなど数多くの特撮作品にスーツアクターとして出演している。2001年の『百獣戦隊ガオレンジャー』以降2011年の『海賊戦隊ゴーカイジャー』まで数々のレッドを演じた。2012年の『特命戦隊ゴーバスターズ』以降は、スーパー戦隊シリーズのアクション監督を担当している。

㊾柴﨑監督
日本で活動する映像作品の監督。主に平成仮面ライダーシリーズの助監督を務め、小学館のてれびくん全

ジャー』しかないんです（笑）。パワーレンジャーシリーズをずっと担当していた事もあり、たくさん関わっている印象があるかもしれませんが。

TVシリーズ以外だと、Vシネマの『宇宙戦隊キュウレンジャー Episode of スティンガー』や『宇宙戦隊キュウレンジャーVSスペース・スクワッド』『スペース・スクワッド ギャバンVSデカレンジャー』『ガールズ・イン・トラブル スペース・スクワッド EPISODE ZERO』などの変化球が多いですね（笑）。

これからも印象を残せる作品を作れるように頑張ります！

員応募サービスのハイパーバトルDVDシリーズや、ネットムービーを手掛けていた。2006年の『仮面ライダーカブト』で監督デビュー。メイン監督としては『特命戦隊ゴーバスターズ』（2012年）、『動物戦隊ジュウオウジャー』（2016年）、『宇宙戦隊キュウレンジャー』（2017年）を担当している。

㊿山寺宏一
日本で活動する声優。1985年にOVA『メガゾーン23』の中川真二役で声優デビュー。その後も『魔神英雄伝ワタル』や『らんま1／2』などのアニメ作品に多数出演し、1997年からはバラエティ番組『おはスタ』のメイン司会者を務めてお茶の間の人気者に。2014年の『獣電戦隊キョウリュウジャーVSゴーバスターズ 恐竜大決戦！さらば永遠の友よ』では、ティラノサウルスの声を担当している。

009ノ1
THE END OF THE BEGINNING

石ノ森章太郎原作の漫画『009ノ1』の実写化作品。世界がウェスタンブロックとイースタンブロックに二分された近未来で、ウェスタンブロックの00機関のスパイとして活動する過去なき女性型サイボーグエージェント、ミレーヌ・ホフマン。モンスターと蔑まれながらも、冷徹に任務を遂行するミレーヌの前に移民の青年クリス、そしてミレーヌ同様の力を持つ女サイボーグ、ミリアムが現れた時、彼女の心にざわつきに似た不思議な感情が芽生える。そんな混乱の中、要人奪還任務に失敗したミレーヌは00ナンバーを剥奪され、追われる身となるのだった。「エロス&バイオレンス」をテーマにしたヒロインアクション作品で、美しい女性たちをカッコよく描きたいという坂本監督の志向が画面から存分に伝わる作りになっている。独自の世界観で二転三転するストーリー展開も必見。石ノ森章太郎生誕75周年記念作品。R15+指定。

映画『009ノ1 THE END OF THE BEGINNING』2013年9月7日公開

アクションヒロイン監督枠として確立

――まず、映画『009ノ1 THE END OF THE BEGINNING』製作の経緯というのをお願いします。

『009ノ1』は、東映ビデオさんからのオファーですね。『仮面ライダーW（ダブル）FOREVER AtoZ／運命のガイアメモリ』の羽原レイカや、『仮面ライダーフォーゼ THE MOVIE みんなで宇宙キターッ!』のインガ・ブリンクといった女性キャラクターの活躍などから、僕の監督としてのイメージが〝ヒロインアクション〟が得意だと認識され始めていたんです。

それで、東映ビデオさんから何かヒロイン物の企画をやりませんかというオファーをいただきました。

①「TOEI HERO NEXT」
スーパー戦隊シリーズや仮面ライダーシリーズに出演した俳優陣が、同じ作品内のメンバーで出演する映画シリーズ。『仮面ライダーオーズ／OOO』のメンバーが出演する『PIECE～記憶の欠片～』、『仮面ライダーフォーゼ』のメンバーが出演する『ぼくが処刑される未来』、『海賊戦隊ゴーカイジャー』のメンバーが出演する『恋する歯車』、『獣電戦隊キョウリュウジャー』のメンバーが出演する『俺たち賞金稼ぎ団』の4本が製作された。

――「TOEI HERO NEXT」①の枠とは違うんですよね。

特撮作品とは関係ない、劇場公開を含めた企画です。『009ノ1』のタイトルは、僕のほうから提案させていただきました。

元々、原作やアニメは好きでチェックしていましたし、以前に他社で企画開発の話があったのですが実現せず、僕が前から撮りたかった作品のひとつだったんです。仮面ライダーでお付き合いのある石森プロさんからも実写化OKの許諾を得ていました。

――漫画原作ありの作品ですけど、キャラクターやストーリーに関してはどのように構築していったのでしょう。

基本的には原作漫画に登場するキャラクターたちを使い、ストーリーはいくつかのエピソードの要素を再編集して、オリジナルのストーリーを構成していきました。

――この作品はド派手なアクション＋大量の血飛沫が舞ってましたね。

東映ビデオさんからは、派手にやって下さいと言っていただいたので、遠慮せずにやりました（笑）。もともと僕はホラー映画が好きで、アメリカ時代はホラー作品にも多く参加していたので、血飛沫描写は楽しかったですね。ただ、予算の関係上特殊メイクや特殊効果のチームは呼べなかったので、自分たちで工夫してやったんですよ。メイクさんとスタントチームで協力してスプレーで吹き掛けたりして。全部手作りです（笑）。

②岩佐真悠子
日本で活動する女優。「ミスマガジン2003」に選ばれて芸能界デビュー後、雑誌グラビアを中心に活躍。2004年に『Deep Love～アユの物語～』の主人公であるアユ役で女優デビュー。2013年には『009ノ1THE END OF THE BEGINNING』でミレーヌ・ホフマン役として主演している。

③滝裕可里
日本で活動する女優。2001年に劇場作品『Star Light』で主演を果たし女優デビュー。幼少の頃から習っていたフィギュアスケートで鍛えた体幹を持ち、アクションのセンスも抜群。2016年にNHK連続テレビ小説『べっぴんさん』で朝ドラ出演を果たす。2014年に『ウルトラマンギンガS』で杉田アリサ役としてレギュラー出演する他、『仮面ライダーW（ダブル）RETURNS 仮面ライダーアクセル』（2011年）や『宇宙刑事ギャバンTHE MOVIE』（2012

気になる女性を見かけたらメモ

――この作品のキャスティングの基準に関しては？

主人公のミレーヌ・ホフマン役には大人の魅力を持つ強い女性をイメージしていたので、岩佐真悠子②ちゃんにオファーしました。真悠子ちゃんとは今作が初めてなのですが、以前から一緒にお仕事をしたいと思っていました。

どの作品を撮る時も必ずキャスティングの話は出るので、僕は日頃からテレビや映画、雑誌を見ていて気になる人を見付けるとメモを取るようにしています。キャストを選ぶ時は、そのメモを確認しながら提案する事も多いですね。過去には『仮面ライダーW（ダブル）RETURNS 仮面ライダーアクセル』でヒロインを演じた滝裕可里③ちゃんも、彼女が出ているCMを観た時に印象に残り、メモに書き留めておきました。

クリス役の木ノ本嶺浩④くんやDr．クライン役の杉本彩⑤さんは『W（ダブル）』、ソガベ役の横山一敏⑥さんは『フォーゼ』などと、僕は他の作品でご一緒した方々にお願いする事が多いですね（笑）。

坂本監督が同じ役者を起用する理由

年）、『仮面ライダーゴースト』（２０１５年）、『仮面ライダービルド』（２０１７年）など複数の特撮作品に出演経験がある。

④木ノ本嶺浩
日本で活動する俳優。第19回「ジュノン・スーパーボーイ・コンテスト」にて、審査員特別賞を受賞。２０１０年、『仮面ライダーW（ダブル）』にて仮面ライダーアクセルに変身する照井竜役を演じる。Vシネマ『仮面ライダーW（ダブル）RETURNS 仮面ライダーアクセル』では同役で主演を務めた。映画、TVドラマ、舞台などを中心に活躍中。

⑤杉本彩
日本で活動する女優、タレント。１９８０年代中頃はモデル、グラビアアイドルとしてバラエティ番組などに出演していたが、１９９０年代に入ると本格的に女優として活動を開始。多くの映画、TVドラマに出演し、その精悍な顔つきから大人の魅力を持つセクシーな女性を数

——⑦長澤奈央さんや⑧市道真央さん、⑨佃井皆美さんに⑩人見早苗さんなど、坂本監督の作品でよく見かける方が多いですね。そういえば坂本監督の作品は、他にも⑪中村浩二さんや⑫出合正幸さんといった常連メンバーとも言える方々も多いですが、そこには理由があるのでしょうか。

その感覚は、僕が敬愛するジャッキー・チェンの映画の影響だと思います。ジャッキーの作品は、どの映画を見てもジャッキーの気心知れた常連さんたちが、毎回違う役で登場します。

東映作品も僕が子供の頃見ていた⑬プログラムピクチャー時代は、『トラック野郎』シリーズや『女必殺拳』シリーズなどで、前作でも出ていた役者さんが、続編に別役で登場する事も普通でしたし(笑)。

アクションに関しては、息が合っている人たち同士じゃないと危険だったりもします。それに、僕はアクション出身なので、アクションをしている人たちを応援したいという気持ちが大きいです。なので、アクションをしている人で、役者さんを目指している人たちを起用する事は多々ありますね。

大事なのが、良い役者さんと出会うと、また一緒に仕事をしたいと思わせてくれる事です。また違うタイプの役を演じてもらい、更なる魅力を引き出したくなるじゃないですか。

——役者としてそこで違った顔も見せてもらいたいということですね。

そうですね。信頼ある方々と一緒のお仕事は楽しいですから。なので、僕的には同じ役者さんを

多く演じた。現在は動物愛護活動にも力を入れている。

⑥横山一敏
JAE所属のアクション俳優、スタントマン、スーツアクター。主に東映特撮作品でキャラクターを演じていたが、がっしりとした巨躯に鋭い眼光を活かし、数々の映像作品や舞台に俳優として出演。2012年に坂本監督が手掛けた『仮面ライダーフォーゼ』では、劇場作品を含めてレオ・ゾディアーツに変化する立神吼役を演じた。また、2013年には『009ノ1 THE END OF THE BEGINNING』でソガベ役を演じている。

⑦長澤奈央
日本で活動する女優。2002年に放送された『忍風戦隊ハリケンジャー』でハリケンブルーに変身する野乃七海役として出演後、数々の映画、TVドラマに出演。2009年、日米合作映画『ホテルチェルシー』で初主演を飾る。アクションを得意とし

何度も起用する事に関しては、まったく抵抗がありません。また出演していただき、色々な役を楽しんでいただきたいと思いますね。

それと素晴らしいのが、各作品での新しい出会いですね。『009ノ1』では真悠子ちゃんと出会えて、色々な刺激をもらいました。

――新しい出会いといえば、本田博太郎⑭さんや竹中直人⑮さんといった豪華なベテラン陣が脇を固めていますね。

やはり、本田さんや竹中さんに出演していただけると、作品が締まりますね。貫禄と存在感が違います。おふたりともダメ元でオファーしたら、喜んで受けて下さり、現場も楽しんでいただけたようでした。竹中さんは、『仮面ライダーゴースト』で久しぶりに再会した時も覚えていて下さり、嬉しかったですね。

男性陣は居場所に困る現場!?

――岩佐さんもアクション含めてすごく頑張っている印象を受けました。

アクション経験が少ないとの事なので、撮影前に練習しましたね。本人は凄くサバサバした姉御肌で、僕もガードを下ろしてフランクに付き合えました（笑）。

もちろんアクションも一生懸命で、多少の経験のなさは演技力でバッチリとカバーしていました

ており、吹き替えなしでキレのあるアクションシーンを演じることに定評がある。『仮面ライダーW（ダブル）』『仮面ライダーフォーゼ』『トラベラーズ 次元警察』『009ノ1 THE END OF THE BEGINNING』など、坂本監督作品への出演も多い。

⑧市道真央
日本で活動する女優、声優。2011年に『海賊戦隊ゴーカイジャー』でゴーカイイエローに変身するルカ・ミルフィ役で女優デビューし、2012年にはTVアニメ『クッキンアイドル アイ！マイ！まいん！』で声優デビューもしている。なお声優活動の際は、M・A・Oという別名を用いており、『烈車戦隊トッキュウジャー THE MOVIE ギャラクシーラインSOS』や『宇宙戦隊キュウレンジャー』では、こちらの名義でもスーパー戦隊シリーズへの出演を果たした。

⑨佃井皆美
日本で活動する女優。アク

ね。今作ではエロティックな絡みのシーンもあったのですが、そのシーンの段取りも臆する事なくオープンに打ち合わせが出来て、良いシーンが撮れました。

――では、また機会があれば是非。

それは是非ご一緒したいですね！

――木ノ本さんも二面性のある役どころで。

ですね。『W（ダブル）』の時にVシネマも含めて、アクセル担当が多かったので仲良くなり、今作ではまったく違う役をオファーしました。本人も二面性のある役へのチャレンジを楽しんでいましたね。特に正体を現した後の吹っ切れ具合は見ている僕も気持ちよかったです。ただ、年上の女性が多い現場だったので、木ノ本くんは常にイジられてましたね（笑）。

クライマックスの緊迫したシーンとは裏腹に、モニター周りは笑い声に溢れていました。真悠子ちゃんと奈央ちゃんは、何故か絡みのシーンの後に凄く仲良くなって、ふたりでタッグチームを組んで木ノ本くんをイジってましたね。

――そこもきわどいシーンでしたからね。

クライマックスのシーンは『女囚さそり』シリーズや、『0課の女 赤い手錠』などの東映作品のオマージュが入っています。赤い衣装や、手錠、それと真悠子ちゃんの髪型や独特の雰囲気が70年代東映作品っぽくて、現場でワクワクしていましたね。

ションを得意としており、『獣拳戦隊ゲキレンジャー』のリンシー役でスーツアクションを務めてデビュー。2014年に出演した『仮面ライダー鎧武／ガイム』では、湊耀子役だけでなく変身後の仮面ライダーマリカのスーツアクターも担当している。人見早苗、下園愛弓とともにWIPE OUTという歌唱ユニットを結成していた時期もあり、歌と踊りも得意。現在は様々な大型舞台でも活躍している。『009ノ1 THE END OF THE BEGINNING』（2013年）、『ウルトラマンX』（2015年）、『破裏拳ポリマー』（2017年）などの坂本監督の作品に多数参加している。

⑩人見早苗
日本で活動するアクション女優、スーツアクター、スタントウーマン。2013年まではJAEに所属し、主に東映特撮作品の女性キャラクターを演じてきた。坂本監督が絶対の信頼を置いているアクション女優のひとりで

――市道さんは『海賊戦隊ゴーカイジャー』後の参加になるのですか？

ちょうど撮影時期が『特命戦隊ゴーバスターズVS海賊戦隊ゴーカイジャー THE MOVIE』と被っていましたね。真央ちゃん演じるシェリンが銃で頭を撃ち抜かれ、大流血の最期を迎えるシーンを撮った後に、血だらけの姿のまま『ゴーバスターズVSゴーカイジャー』の現場に移動して行きました（笑）。

特殊メイク材料をご近所から調達

――血糊に関しては相当使った感じですか。

そうですね。沢山用意してもらいました。内臓や脳髄などは、近所のスーパーやコンビニでソーセージやドーナッツなどを買って来て、それをほぐして血糊を混ぜたりして代用しましたね。僕の作品を多く担当してくれているメイクさんが、機転を利かせて対応してくれて助かりました。僕も自主映画を撮っていた時の記憶が蘇り、燃えましたね。

レーティングによる表現の制限

――エロスをどこまで盛り込もうというのは、悩んだところなのでしょうか。

作品の見所のひとつとして、そこはギリギリまで攻めました。ただ、どのような描写になるかに

坂本監督作品の常連。スーツアクトレスから顔出しの演技まで、アクティブな女性を担当し、テコンドーをベースとした切れのある動きを見せる。主な代表作は『獣拳戦隊ゲキレンジャー』（２００７年）のゲキイエロー役、『炎神戦隊ゴーオンジャー』（２００８年）のゴーオンイエロー役、『仮面ライダー×仮面ライダー フォーゼ&オーズ MOVIE大戦MEGA MAX』（２０１１年）のソラリス役および仮面ライダーなでしこ役、『ガールズ・イン・トラブル スペース・スクワッド EPISODE ZERO』（２０１７年）のビアン役など。

⑪中村浩二
倉田プロモーション所属のアクション俳優。格闘技を得意とし、鋭い蹴り技には定評がある。平成ウルトラマン三部作『ウルトラマンティガ』（１９９６年）、『ウルトラマンダイナ』（１９９７年）、『ウルトラマンガイア』（１９９８年）で主役ウルトラマンの様々なタイプのスーツアクターを

より、⑯レーティングや出る役者さんの条件も変わってくるんです。

『009ノ1』はR18ではなく、R15+を目指していたので、絡みのシーンで腰を動かしてはいけないとか、乳首を出してはいけないなどの諸条件が生まれます。このような条件は、キャスティングの時にしっかりと役者さんたちと確認して了承を得ないと、現場で混乱が生まれてしまいます。その条件により、作品を受けてもらえるかどうかの大きな判断材料にもなりますし。

——レーティングの壁というのは大きいんですね。

バイオレンスに関しては、作品の内容によってかなり作用されますね。普通の日常世界を舞台にする作品だと、バイオレンス描写の制限が厳しくなりますが、架空の世界観やSF、ファンタジー要素のある作品は規制が緩くなったりします。

——ウルトラマン関係で似たようなことを聞いたことがあります。今は切断はダメだけど、メカなら切ってもいいよ、みたいな。

それと同じですね（笑）。エロスとバイオレンスの描写は、いつもレーティングとせめぎ合いを続けていますね。『KIRI -「職業・殺し屋。」外伝-』や『赤×ピンク』もディスカッションには時間が掛かりましたね。

——後からダメだと言われることもあるんですよね。

そうなると該当シーンをカットするしか方法はなくなります。本来であればちゃんとしたガイド

担当。倉田プロモーションでは坂本監督の1年先輩にあたり、坂本監督作品の常連でもある。『仮面ライダーW（ダブル）FOREVER AtoZ／運命のガイアメモリ』（2010年）、『トラベラーズ 次元警察』（2013年）、『破裏拳ポリマー』（2017年）などに出演。

⑫出合正幸
日本で活動する俳優。以前は倉田プロモーションに所属していたこともあり、アクションを得意とする。2006年の『轟轟戦隊ボウケンジャー』でボウケンシルバーに変身する高丘映士役を演じる。特技の英語を活かし、2013年には忠臣蔵をモチーフとしたキアヌ・リーブス主演のハリウッド大作『47RONIN』にも出演している。坂本監督とは弟子の関係にあり、坂本監督作品の常連でもある。『仮面ライダーW（ダブル）FOREVER AtoZ／運命のガイアメモリ』（2010年）、『獣電戦隊キョウリュウジャー』（2013年）、『破裏拳ポリ

ブックがあり、それに従えば良いのですが、作品のジャンルにより変わるので、ルールを決めるのは難しいですね。

またルールも時代によって変わっていきます。僕が子供の頃は、『必殺仕事人』シリーズや『影の軍団』シリーズなどの時代劇で入浴シーンがあり、女性の胸なども露出させていましたが、今は出来ません。

――今、逆に映画なら脱いでもいいですという女優さんも増えている印象があるので、そういう面ではちょっと変わりつつあるのかもしれません。

それに関しては女優さんご本人の気持ちと、所属する事務所さんのご意向、作品の内容にも関係してきますね。文芸作品かどうか？ 宣伝はどう行われるか？ も含めて判断条件のひとつになると思います。

ギリギリのエロスとバイオレンス配分で良作を

――エロスとバイオレンスは紙一重というか、そのバランスに熟慮して作られた作品なんですね。

そうですね。基本的にバイオレンス要素は物語にリアリティや緊迫感、絶望感を持たせる役割として機能させ、エロスは下品にではなく女性の魅力を更に引き上げる方法として描きたいと思っているのですが、人によって捉え方が違うと思います。人それぞれ感覚の違いがあるので難しいです

マー』（2017年）、『モブサイコ100』（2018年）『キュウレンジャーVSスペース・スクワッド』（2018年）などに出演。

⑬**プログラムピクチャー**
特定の映画会社が製作や配給、興行などを一手に行い、上映作品の決定権やスケジュールを管理する上映システムのこと。B級映画という用語のように使われることもあるが、本来は公開が予定されている番組を埋めていく作品のことで、1950年代～1970年代に量産された。

⑭**本田博太郎**
日本で活動する俳優、書家。劇団での芝居を続けつつ、1977年に『性と愛のコリーダ』で映画初出演。1980年に『ただいま放課後』で熱血教師のドンガメ先生を演じて世間に広く知られるようになり、1981年には自身の代表作となる『必殺仕舞人』に出演。『仮面ライダーカブト』『仮面ライダー×スーパー戦隊×宇宙刑事 スーパーヒーロー大戦Z』

ね。男性目線になり過ぎないように気を付けて、女性が憧れるカッコ良いヒロインを撮る事が理想ですね。どうしても趣味は出ちゃいますが（笑）。

『009ノ1』に関しては、流血描写が多いので苦手だという方々もいると思いますが、真悠子ちゃんがカッコ良かったという反応も聞こえ、胸を撫で下ろしました。本人も作品を気に入ってくれましたし。

ただ、ヒロインアクションを描いていく中で、僕の中でも多くの課題にチャレンジした作品だった事は確かです。この作品を機に、『赤×ピンク』や『白魔女学園』シリーズなどのヒロインアクションを多く手がけるきっかけとなった記念碑的な作品ですね。

ひとつネタバラシをすると、『仮面ライダー×仮面ライダーウィザード&フォーゼ MOVIE大戦アルティメイタム』がアップして、約10日後に『009ノ1』がインしたので、『MOVIE大戦アルティメイタム』のアクマイザーたちのセットを流用して、『009ノ1』のラストバトルのシーンに使っているんです。気付いた人はいますかね？（笑）。

といった特撮作品にも出演している。書家としての活動の幅も広げており、自身が出演する作品の毛筆題字を数多く手掛けている。

⑮**竹中直人**
日本で活動する俳優、コメディアン。1977年の芸能界デビュー後、コメディアンとして多数のバラエティ番組で活躍。俳優としても独特な演技でさまざまな作品に出演し、1996年には大河ドラマ『秀吉』で演じた豊臣秀吉役が好評となり、その後何度も秀吉役を演じている。2015年に『仮面ライダーゴースト』で仙人（イーディス）役でレギュラー出演。映画やTVドラマといった俳優活動だけでなく、声優やバラエティ番組の司会者、映画監督など多岐わたって活動する。

⑯**レーティング**
映画鑑賞を行う際に、その作品を視聴できる年齢制限のこと。日本では映画倫理機構がその審査を行っている。

白魔女学園

テレビ朝日と東映が製作したドラマ作品。傷ついた少女たちを救うとされる白魔女を育成する「白魔女学園」に入学した7人の少女たち。皆同様に心に傷を持つ少女たちは、身を寄せ合うようにして〝エチュード〟と呼ばれる過酷な試練を乗り越え、彼女たちの希望となる魔力を得ていく。だが、白魔女への覚醒へと繋がる最終試練〝コンクール〟で彼女たちに突き付けられた使命。それは最後のひとりになるまで互いに殺し合うことだった。希望から絶望に落とされた、少女たちの行き着く先は……。

アイドルグループ「でんぱ組．ｉｎｃ」のメンバーをメインキャストに迎え、観る人の心を突き刺すような美しくもダークなドラマが展開される。坂本監督作品の中でも異色作と言えるだろう。第1作目は劇場公開と同時に劇場版より長尺な全10話の分割版がネット配信され、続編の劇場版も製作された。

映画『白魔女学園』２０１３年９月21日公開／ネット配信『白魔女学園』（全10話）２０１３年９月21日配信／映画『白魔女学園　オワリトハジマリ』２０１５年６月13日公開

ネット配信の目玉として作られた作品

――『白魔女学園』はＴＶシリーズではなく、ネット配信と劇場公開という形で世に出ましたが、この仕事の成り立ちとはどのような感じだったのでしょう。

『白魔女学園』は、東映さんがネット配信作品をメインに製作するコンテンツ事業部という部署を立ち上げ、テレビ朝日さんとの共同開発作品としてスタートしました。

その当時、『仮面ライダーＷ（ダブル）』や『仮面ライダーフォーゼ』でお世話になった東映の高橋一浩①プロデューサーが、テレビ朝日に出向していて、今回のオファーも高橋さんからいただきました。

元々東映さんも仮面ライダーシリーズやスーパー戦隊シリーズのスピンオフネットムービーを作

①高橋一浩
日本の映像作品のプロデューサー。東映所属。坂本監督が関わった２００９年の『仮面ライダーＷ（ダブル）』と２０１１年の『仮面ライダーフォーゼ』にてサブプロデューサーを担当。２０１２年にテレビ朝日コンテンツビジネス戦略部へと出向し、そこで『白魔女学園』（２０１３年）シリーズを手掛ける。２０１５年に東映に復帰し『仮面ライダーゴースト』でメインプロデューサーを担当する。

っていたのですが、今後のデジタルコンテンツの強化の為、コンテンツ事業部を立ち上げたのだと思います。

――企画の概要は決まっていたのですか？

配信が中心の企画という事で、テレビ朝日さんのほうから、アイドルグループを主役にしたいという提案がありました。そこで、このプロジェクトに監督として特撮作品の多い僕、脚本家として数々のアニメのヒットシリーズを手掛けた吉田玲子[②]さんが招聘されました。

特撮・アニメ・アイドルの要素を融合させ、たくさんのファンを取り込みたいという作戦です。『白魔女学園』シリーズは劇場公開もしていますが、それは配信用の作品を一本にまとめて再編集したバージョンです。ソフト化の時は、配信版を一本化した物だったので、厳密には合計3バージョン存在する事になりますね。

今作で大きな刺激となったのが、吉田玲子さんとお仕事が出来た事ですね。吉田さんのキャラクター造形には、独特の目線による切り込みと、巧みな会話のリズムがあります。男性目線では決して発想出来ないようなアイデアの数々に、凄く感銘を受けたんです。この作品が縁となり、『モブサイコ100』の脚本もお願いしました。

一風変わったアイドルグループとの出会い

②吉田玲子
日本で活動する脚本家。「おジャ魔女どれみ」シリーズや『おじゃる丸』など、数多くのアニメ作品で脚本、シリーズ構成を手がけている。スタジオジブリの『猫の恩返し』（2002年）、『バクマン』シリーズ（2010～2012年）、『ガールズ&パンツァー』（2012年）、『弱虫ペダル』（2013年）などヒット作を数多く手がける。2013年に『白魔女学園』で初めて実写映画の脚本を担当した。2018年の『モブサイコ100』で再び坂本監督とタッグを組んでいる。

――主演のアイドルグループはどのように決めたのですか。

色々と候補がある中、テレビ朝日さんのネット配信番組「でんぱの神神」③の主演アイドルグループ「でんぱ組．ｉｎｃ」④が面白く、人気も上昇中なので会ってみて下さいと推薦されたんです。それで、高橋さん率いるプロデューサー陣と一緒に、彼女たちが出演しているネット番組の収録にお邪魔させていただき、でんぱ組のメンバーと個人面談をしたんです。

すると、各メンバーがとてもユニークな経歴の持ち主で、普通のアイドルたちにはない独特の雰囲気にとても惹かれました。

――メンバーそれぞれが、何かしらの得意分野を持っていますよね。

芸術系の学校を出ていたり、ゲームやアニメ、コスプレおたくだったり、昔引きこもりだったりなど、色々な経験を経て頑張って来た子たちによるグループなんですね。ファンも彼女たちに共感して応援するというコンセプトが、とても刺激的でした。プロデューサー陣も、彼女たちとこの企画を進めて行きたいと全員一致で意見がまとまりました。

その旨を吉田玲子さんに伝えて、でんぱ組．ｉｎｃの資料を渡し、演技経験が少ない彼女たちが感情移入出来るように、キャラクターの雰囲気と名前を本人に寄せて脚本を進めていただきました。

作風は意外にもハード路線

③「でんぱの神神」
2012年からテレ朝動画で配信されているバラエティ番組。でんぱ組．ｉｎｃのメンバーが〝神〟と崇める人物を尋ねるコーナーや、ライブの裏側に密着するといった構成が中心となっている。

④「でんぱ組．ｉｎｃ」
日本で活動する女性アイドルグループ。現在のメンバーは7名で、全メンバーがオタク的な要素を持ち合わせており、それぞれに担当のジャンルとカラーがある。

——メインビジュアルはすごく幻想的な雰囲気だったので、『白魔女学園』はでんぱ組．ｉｎｃのＰＶ的な内容を想像していたのですが、物語はハード路線で、基本はバトルロワイヤル型式の殺し合いですよね。それが意外すぎて……。

そうですね（笑）。普通のアイドル映画だと、可愛くキャピキャピして終わりになってしまいますが、でんぱ組．ｉｎｃならではの面白さを出したかったんです。それと、せっかくの配信用作品なので、地上波では出来ない事をするという狙いもありました。

——規制の波がすでに押し寄せていたと。まだネット配信オンリーというのは日本だと全然メジャーではなかったですよね。

配信作品としては初期の方だと思います。少しでも視聴者の興味を引くように色々と詰め込みましたね（笑）。地上波では出来ないハードな内容、フェティッシュなエロティズム、魔女への変身という特撮的な面白さ、美少女同士のバトルロワイヤルアクションなど盛りだくさんです。殺しあって強くなっていく魔女たちの物語……。

そんな内容にアイドルたちが全力で挑んだら、面白い作品になると確信がありました。ちょうど僕が『魔法少女まどか☆マギカ』[5]にハマっていた時期だったので、エンドレスで観てましたね。

この作品が公開される頃には、でんぱ組．ｉｎｃが大ブレイクしたのが嬉しかったですね。僕たちもライブに何度か行きましたが、行くたびに会場がたくさんの人たちで埋め尽くされていくのを

⑤**『魔法少女まどか☆マギカ』** ２０１１年に放送されたＴＶアニメ。原作が存在しないオリジナルアニメということもあり、先が読めないストーリー展開で大きな話題となり大ヒット。その乙女チックな作画とハードな内容のギャップが話題を呼んだ。２０１２年にはＴＶシリーズの総集編2本、２０１３年には完全新作1本の劇場作品が公開。完全新作の『［新編］叛逆の物語』は、深夜アニメの劇場作品としては初となる、興行収入20億円突破を記録した。

感じて感動しました。

――まさにでんぱ組のアイドルとしての成長も目の当たりにしたんですね。

ですね。その波に乗り続編の製作も決定しました。

遊技機メーカーと特撮作品の融和

――続編として作られたのが、2015年の映画『白魔女学園 オワリトハジマリ』ですね。

周囲の反響や海外配信での好成績に加えて、遊技機メーカーさんが作品に興味を持っていただいた事が大きいですね。

――いわゆる「牙狼〈GARO〉」シリーズと同じような体制ですか。[6]

そうですね。アイドルグループ主演のオリジナルコンテンツという事が、遊技機メーカーさんに興味を持ってもらった理由だと思います。

――たしかにそれは大きな惹きになりますよね。特撮シーンを演出に使ったりもできるので、遊技機自体も凄く作りやすいと思いますし。

そんな背景がありつつ『オワリトハジマリ』の製作が始まりました。その際、遊技機化を視野に入れて登場する魔女たちのキャラクター数を増やす事、女性の特撮ファンにアピールするために男性キャストを追加する事になりました。

⑥「牙狼〈GARO〉」シリーズと同じような体制
『牙狼〈GARO〉』は2006年のTVスペシャル放映後から長期間続編が製作されていなかったが、2008年に登場したパチンコ機「CR牙狼」が大ヒットを記録。このパチンコ機の発売元であるサンセイアールアンドディがスポンサーとなり、2010年以降はさまざまなメディアでシリーズが展開されている。

⑦鳥居みゆき
日本で活動する芸人、女優。2007年に独特な世界観を醸し出すコントでブレイク。それ以前から演劇を中心に女優活動も続けており、2008年には『全然大丈夫』で映画にも初出演。2015年には『白魔女学園 オワリトハジマリ』で弟切すみれとして出演した。

1作目は、でんぱ組.ｉｎｃのファンや男性ファンの獲得には成功したので、2作目は女性ファンも獲得したいという狙いもありました。

――『オワリトハジマリ』は『白魔女学園』のエッセンスを残しつつボリュームアップをした、実に続編らしい、そして映画らしい作品だと思いました。

元々は配信用作品なので、各話に必ず物語的な転調やアクション、エロティズムを入れる必要があったのですが、今作は1本の作品としてのバランスを意識した事が大きいと思います。

前作の学園ミステリー&ホラー要素の代わりに、でんぱ組.ｉｎｃ全員が変身したり敵キャラに黒魔女たちがいたりと、アクションや特撮的要素も増えていますね。前作をベースに世界観をより広げたのが『オワリトハジマリ』ですね。

キャスティングは、両作とも素晴らしい人たちが集まってくれました。

でんぱ組をサポートするキャスト陣

――黒魔女側の鳥居みゆきさん⑦は、ナチュラルな姿なのか演技なのかわからなくて、すごく印象に残りました。

みゆきちゃんとは初めてのお仕事でしたが、とても面白かったですね。今までご一緒させていただいたお笑いの方々は、結構貪欲にアドリブを入れたり、テイクごとにバリエーションを変えてく

⑧**小宮有紗**
日本で活動する女優、グラビアモデル、声優。2012年、『特命戦隊ゴーバスターズ』のイエローバスターに変身する宇佐見ヨーコ役でTVドラマ初出演。特技のダンスを活かしたクールでスタイリッシュなアクションを見せ、同役では坂本監督作品『獣電戦隊キョウリュウジャーVSゴーバスターズ 恐竜大決戦！さらば永遠の友よ』にも出演している。2015年、『ラブライブ！サンシャイン!!』から声優としても活動を開始。黒澤ダイヤ役を演じ、劇中のアイドルグループ「Aqours」のメンバーとなる。

⑨**山谷花純**
日本で活動する女優。2008年のTVドラマ『CHANGE』で女優デビュー。2015年に『手裏剣戦隊ニンニンジャー』でモモニンジャーに変身する百地霞役を演じる。『仮面ライダー×仮面ライダー ウィザード&フォーゼ MOVIE大戦アルティメイタム』（2012年）、『白魔

るのですが、みゆきちゃんはシャイな部分があるので、テストだと自信なさげだったんです。ただ、一度カメラが回ると一気に弾けて思いっきりやってくれるんです。色々と刺激的でしたね。

1作目の時は、でんぱ組.incのメンバーはお芝居経験がほぼなかったので、彼女たちの周囲は実力ある女優さんたちで固めて、お芝居面でサポート出来ればと思いました。

そこで⑧小宮有紗ちゃんと⑨山谷花純ちゃんに参加してもらい、彼女たちのお芝居に誘発され、でんぱ組.incのメンバーたちも素晴らしい演技を披露してくれました。2作目では、⑩小池里奈ちゃんと⑪市道真央ちゃんに参加してもらいましたね。

『オワリトハジマリ』の撮影時に、久しぶりにでんぱ組.incのメンバーに会いましたが、みんなアイドルオーラが増してキラキラしていましたね。大きなツアーをいくつも経験し、メディアの露出も増えましたからね。もちろん1作目の頃も面白くて魅力的なグループでしたが、約1年での成長は著しかったですね。

忙しいアイドル業で疲れていても、撮影現場に入ると笑顔で頑張ってくれました。その中でも、⑫もがちゃんへの負担はかなり大きかったと思います。

彼女はとても真面目なので、虐められたり、周囲の人たちが死んでしまったりする今回の役所は精神的にもかなり辛かったと思います。でもお芝居に真剣に向き合い、お芝居の面白さに気付いてくれたのは嬉しかったですね。

女学園』（2013年）、『宇宙刑事シャイダー NEXT GENERATION』（2014年）、『白魔女学園オワリトハジマリ』（2015年）など、坂本監督作品への出演も多い。2018年『モブサイコ100』では暗田トメ役としてエキセントリックな演技を見せ、視聴者に大きなインパクトを残した。

⑩小池里奈
日本で活動する女優。2004年に『美少女戦士セーラームーン』のルナ（人間体）役で女優デビュー。その後はジュニアアイドルとして人気を博し、様々な雑誌に掲載され、数々の写真集やイメージDVDが発売される。女優としても意欲的に活動し、その高い演技力が評価を得て、たくさんのTVドラマや映画に参加する。『仮面ライダーキバ』『ウルトラマンギンガS』などに出演し、2014年の『赤×ピンク』ではアクションも披露。2015年には『白魔女学園オワリトハジマリ』で衣笠

——感謝しかない感じですね。

そうですね。彼女からはプロ意識というか、やり遂げるという強い気迫を感じました。両作とも完成試写の後で「凄く良かったです！」と言ってくれたのが、何より嬉しかったですね。

——『オワリトハジマリ』は、『ウルトラマンギンガS』とはほぼ同時期に撮っていたんですよね。

『ウルトラマンギンガS』を最初と最後しか担当していないのは、途中、僕が『白魔女学園』と『宇宙刑事NEXT GRNERATION』を撮る事が既に決まっていたからです。

『ウルトラマンギンガS』の準備中に、もがちゃんがキャスティングされて、同時期に『オワリトハジマリ』を準備していたのでビックリしましたね。それに加えて小池里奈ちゃんも被っていましたし（笑）。

『ウルトラマンギンガS』から『オワリトハジマリ』へ行き、そしてまた『ウルトラマンギンガS』に戻るというスケジュールで、その年はもがちゃんとずっと一緒にいた感じですね（笑）。

りな役を演じた。

⑪市道真央
日本で活動する女優、声優。2011年に『海賊戦隊ゴーカイジャー』でゴーカイイエローに変身するルカ・ミルフィ役で女優デビューし、2012年にはTVアニメ『クッキンアイドル アイ！マイ！まいん！』で声優デビューもしている。なお声優活動の際は、M・A・Oという別名を用いており、『烈車戦隊トッキュウジャー THE MOVIE ギャラクシーラインSOS』や『宇宙戦隊キュウレンジャー』では、こちらの名義でもスーパー戦隊シリーズへの出演を果たした。

⑫もが
最上もが。日本で活動するモデル、タレント、歌手、女優。2012年に『怪速少女』で女優デビューし、以降も『ウルトラマンギンガS』や『重版出来！』などに出演。でんぱ組.incのメンバーだったが、2017年に脱退。以降は、ソロで活動している。

スーパー戦隊、および仮面ライダー出演を経た役者を中心にキャストを組んだ「TOEI HERO NEXT」シリーズの第4弾。いつかビッグになりたいと願う「劇団バズーカ」の面々は、警視庁からの依頼で300万円の懸賞金を懸けられたある逃亡犯を追うことに。何も持たない彼らだけが持つ独自の武器〝芝居〟を駆使し、劇団バズーカの面々は逃亡犯を追う！　懸賞金を獲得し、彼らは念願の公演を行うことができるのか？

『獣電戦隊キョウリュウジャー』のキャストたちで送るコメディ作品。坂本監督が監督を続投し、テンポの良い軽妙な作風に仕上げている。また、要所では歴代スーパー戦隊シリーズの出演者が登場して作品を豪華に彩り、オマージュに満ちた演出でファン心をくすぐる。好評につき舞台化もされており、坂本監督はアクション面で作品をサポートした。

俺たち賞金稼ぎ団

Vシネマ『俺たち賞金稼ぎ団』2014年7月11日発売

『キョウリュウジャー』が順調に撮影終了して誕生した企画

――『俺たち賞金稼ぎ団』を作ることになった経緯というのをお願いします。

『獣電戦隊キョウリュウジャー』の撮影が順調に進み、確保していたメインキャストのスケジュールに約1ヶ月余裕が出来たんです。

キャスト人気もあったシリーズなので、その期間にVシネマ『帰ってきた獣電戦隊キョウリュウジャー　100YEARS　AFTER』に加えてもう1本作りましょうという事になりました。

それが「TOEI HERO NEXT」①の復活に繋がった感じです。

――TOEI HERO NEXTの枠になった理由はなぜでしょう。

TOEI HERO NEXT自体は、『仮面ライダーオーズ／OOO』、『仮面ライダーフォーゼ』、

①**「TOEI HERO NEXT」**
スーパー戦隊シリーズや仮面ライダーシリーズに出演した俳優陣が、同じ作品内のメンバーで出演する映画シリーズ。『仮面ライダーオーズ／OOO』のメンバーが出演する『PIECE -記憶の欠片-』、『仮面ライダーフォーゼ』のメンバーが出演する『ぼくが処刑される未来』、『海賊戦隊ゴーカイジャー』のメンバーが出演する『恋する歯車』、『獣電戦隊キョウリュウジャー』のメンバーが出演する『俺たち賞金稼ぎ団』の4本が製作された。

『海賊戦隊ゴーカイジャー』の時に製作された3本の後、休止状態だったのですが、大森敬仁[②]プロデューサーからの『キョウリュウジャー』のキャストで違った作品を見たいという思いから復活しました。

それで、「『帰ってきた獣電戦隊キョウリュウジャー』とTOEI HERO NEXTのどっちを撮りたいですか」と聞かれたので、新しいチャレンジに惹かれてTOEI HERO NEXTを選んだんです。

――だから坂本監督は『帰ってきた獣電戦隊キョウリュウジャー』[③]を撮っていないんですね。

元々TOEI HERO NEXTは、その年の番組のキャストから何人かが参加して、特撮とは違うコンセプトの作品に挑戦するというシリーズでした。

ただ、その場合は観に来てくれるお客さんが、その役者さんのファンに限定されてしまうという事が過去のデータから分かっていました。

なので、今回はお客さんの窓口を広げるために、すべての役をスーパー戦隊シリーズのOBやOGで固める〝スーパー戦隊オールスターズ〟にしましょうという事になりました。香港のオールスター映画として製作された、ジャッキー・チェンの『五福星』と同じコンセプトですね。

ここでもジャッキーの影響が出てますが（笑）。

②大森敬仁
日本の映像作品のプロデューサー。東映所属。2005年、『仮面ライダー響鬼』でプロデューサー補を務め、2008年の『仮面ライダーキバ』でサブプロデューサーとなる。2013年、『獣電戦隊キョウリュウジャー』でメインプロデューサーを担当し、以後は『仮面ライダードライブ』(2014年)、『仮面ライダーエグゼイド』(2016年)、『仮面ライダービルド』(2017年)を手掛ける。

③『帰ってきた獣電戦隊キョウリュウジャー 100 YEARS AFTER』
『獣電戦隊キョウリュウジャー』のVシネマで、TVシリーズの100年後を舞台にした作品。復活したデーボス軍を相手に、キョウリュウジャーの子孫たちが立ち上がる。子孫たちは性格や名前こそ違うが、TV版と同キャストが演じている。

幾らでも作れる物語

――物語に関してはどのように構築していったのですか。

僕にオファーが来た時点で、大森プロデューサーは既にヨーロッパ企画に所属する酒井善史[4]さんに声をかけて、ドタバタコメディの脚本を発注していました。

なので、劇団の役者たちが架空のお芝居をしながら、犯罪者を捕まえた賞金で劇団公演資金を稼ぐ……という作品の大まかなコンセプトは出来上がっていましたね。その後、僕も参加して物語を固めて行った感じです。

大森プロデューサーの意向により、『キョウリュウジャー』と同じ世界観で、ちょうど最終回近辺の時間軸で繰り広げられる物語となりました。

とにかくスーパー戦隊ファンに貪欲にアピールして行く事を念頭に、キャストが決まったところは台本にもオマージュやパロディ要素を入れて行きました。

それに加えて、ドタバタコメディの中に刑事モノのような謎解き&サスペンスや、ホロリとする人情劇を入れたいと、すべてにおいて欲張りな台本が完成しました。

――ちゃんと物語の軸となる事件があり、それを解決していく内容ですからね。

『賞金稼ぎ団』の物語は、劇団バズーカの劇団員たちがお芝居をしながら何かしらの事件を解決

④酒井善史
日本で活動する俳優、脚本家。2000年から劇団「ヨーロッパ企画」の公演に出演するようになり、以降は全作品に出演。脚本家としても活動しており、ヒーローショーやドラマなどの脚本を担当している。2014年には『俺たち賞金稼ぎ団』で初の映画脚本を担当した。

するというフォーマットなので、いくらでも話は作れます。可能であれば深夜ドラマや配信ドラマでまたやりたいですね。

——確かにキャラクター物としても完成していますね。それぞれタイプの違う役者が揃っていて、自分たちの役に則った活躍で事件を解決していくという。

はい。舞台版は丸山敦史が演じる金原寿朗と、金城大和が演じる青木純蔵、斉藤秀翼が演じる黒田賢の3人以外はメンバーが入れ替わっていますが、それでも劇団バズーカとして成立しています。作品的には凄く良いフォーマットだと思います。

現場はスーパー戦隊同窓会

——『キョウリュウジャー』以外のキャストを揃えるのは大変だったのではないでしょうか。

出来るだけ多くのOB、OGの方々に参加して欲しかったので、出番自体も基本的に半日あれば撮影出来る分量に止めてあります。そのほうがスケジュールを調整して参加していただける方々が増えるからです。

現場はスーパー戦隊同窓会状態でした（笑）。キャストの方々に、必ず自分が演じていたキャラの決め台詞やポーズをお芝居に組み込んで下さいとリクエストしたり、僕もパワーレンジャー版ですがスーパー戦隊シリーズには長く関わっていたので、色々と提案させていただいたりと和気藹々とした楽しい現場でしたね。

――観る側の知識が試される感じの作品ですね。

スーパー戦隊のファンが、どれくらいネタを拾ってくれるか楽しみでしたね。スーパー戦隊シリーズのスピンオフ的な作品である『非公認戦隊アキバレンジャー』は、凄くコアなスーパー戦隊愛に溢れた作品でしたが、今作には僕なりのスーパー戦隊愛が詰まっています（笑）。

まさか舞台でシリーズ化されるとは思いませんでしたけど（笑）。舞台版『賞金稼ぎ団』も、映画版と同じフォーマットで楽しいですよ。僕もアクション面で参加しています。『白魔女学園』もそうでしたが、僕が担当した作品が続編へと続いて行くというのは凄く嬉しい事ですね！

『アキバレンジャー』に坂本監督が出たのは⁉

――確かに本作のスーパー戦隊愛は『アキバレンジャー』に通じる気もしますね。

僕は『非公認戦隊アキバレンジャー シーズン痛』に出演したんですけど、あれって実は騙されたんですよ（笑）。鈴村展弘[⑤]監督から「2時間ぐらい現場に来て、エキストラとして参加してくれませんか？」と連絡があったんです。

それなら現場見学ついでに良いかなと思い気軽に返事したら、制作部から衣装合わせの連絡があ

⑤鈴村展弘
日本で活動する映像作品の監督、舞台演出家。『特捜エクシードラフト』にサード助監督として参加以降、数々の特撮作品に助監督、監督補として参加。『仮面ライダークウガ』ではチーフ助監督に起用された他、監督デビューも果たしている。その後も『美少女戦士セーラームーン』『特捜戦隊デカレンジャー』『仮面ライダー剣』などにローテーション監督として参加するなど、さまざまなシリーズで活動。2013年には『ノーコン・キッド～ぼくらのゲーム史～』で、自身初となるメイン&パイロット監督も担当した。

り、台本に台詞があったりと……気が付けば役をやらされていたという。

アメリカから来た『パワフルレンジャー』の監督という役で金髪のカツラ被ってます……。あのカツラは『海賊戦隊ゴーカイジャー』のドン・ドッコイヤーのカツラなんですよ（笑）。

スピンオフでもたらされる役者陣の心の余裕

――『キョウリュウジャー』のメインキャスト陣は、『賞金稼ぎ団』で『キョウリュウジャー』とはまったく違う立ち位置、性格のキャラクターを演じていましたが、そこの狙いというのは。

『キョウリュウジャー』の役とは真逆な役を演じてもらったほうが、キャストの子たちもやりがいもあり、面白いんじゃないかと思ったんです。予想通りみんなハッチャケて、伸び伸びと楽しみながら演じていましたね。

――そこには役者として今後の演技の勉強にもなるという考えもあったのですか。

同じグループで違うお芝居をすると、新鮮さが増して新しい刺激になると思います。それにスピンオフ系の作品は、みんなプレッシャーなく自由に演技が出来ますから。

『ｆｒｏｍ Ｅｐｉｓｏｄｅ ｏｆ スティンガー 宇宙戦隊キュウレンジャー ハイスクールウォーズ』の時も、キュウレンジャーのメンバーが凄くハッチャケていましたし。みんなのノリには共通点を感じましたね。

——スーパー戦隊シリーズや仮面ライダーのレギュラーキャストは、1年間ずっと同じ役をやるので他のお仕事もできないし、『賞金稼ぎ団』に関しては、1年間『キョウリュウジャー』を頑張ったご褒美的になったかもしれないですね。

1年を通して同じ役を演じるというのは他では出来ない経験ですが、違う事もやってみたいという気持ちは出て来ると思います。シリーズ撮影中も変化球的なエピソードが来ると、みんな喜んでやりますし。

『賞金稼ぎ団』は、みんなキャラクターが特徴的でハマリ役でしたね。アッキー[6]と斎藤くん[7]のキスシーンも、ふたりはノリノリでしたし（笑）。

——初めてだったらどうするんだって感じですよね（笑）。でも、そこは役者魂で。

周りで見ていたアミィちゃん[8]と小宮有紗ちゃん[9]が「すごくドキドキする！」って言いながら楽しそうでしたね（笑）。

撮影場所は、ほとんどが東映東京撮影所[10]の中と徒歩で行ける近所ですね。大泉の地元映画です（笑）。ちゃんとロケに出たのはファミレスのタイガーボーイと、クライマックスの倉庫だけだと思います。撮影期間も短くて毎日長時間の撮影が大変でしたが、密度が濃く終始笑いが絶えない現場でした。

⑥アッキー
塩野瑛久。日本で活動する俳優。２０１１年に第24回「ジュノン・スーパーボーイ・コンテスト」で審査員特別賞およびAOKI賞を受賞し、2012年に芸能界デビュー。２０１３年には『獣電戦隊キョウリュウジャー』でキョウリュウグリーンに変身する立風館ソウジ役で出演。坂本監督作品は『俺たち賞金稼ぎ団』（２０１４年）、『モブサイコ１００』（２０１８年）にも参加している。２０１７年からエンターテイメント集団「男劇団 青山表参道X」の副リーダーに就任した。

⑦斎藤
齊藤秀翼。日本で活動する俳優、ミュージシャン。２０１０年に映画『大奥』で俳優デビュー。２０１３年に『獣電戦隊キョウリュウジャー』でキョウリュウブラックに変身するイアン・ヨークランド役として出演。その後も2・5次元舞台を中心に活動を続ける他、２０１５年にはアーティストとしてメ

舞台ブームの影で映像作品に影響が

――完成後の手応えはどうでした。

公開初日の舞台挨拶が終わると、一番後ろの席に行ってお客さんの反応を見ていました。撮影中は現場が盛り上がり面白かったのですが、それが内輪受けかどうか分からないぐらい麻痺していたんです（笑）。

僕にとって『キョウリュウジャー』のメンバーは、何をやっても可愛いし面白く思えちゃうんです。果たしてお客さんがどう受け止めてくれるかが未知数で不安でしたね。

でも、ちゃんと狙った所で皆さんが笑ってくれて、胸を撫で下ろしました（笑）。

――『賞金稼ぎ団』は舞台にシフトチェンジしていきましたが、その経緯というのは。

東映さんが新しい事業として舞台興行を始めるようになり、その中のラインアップとして『賞金稼ぎ団』が選ばれたんだと思います。劇団の話なので、舞台化しやすかったという事もあるかもしれません。

今は2・5次元舞台が大流行で、劇場を抑えるのが大変みたいです。舞台版の続編にあたる『さらば俺たち賞金稼ぎ団』も、1作目公演後すぐにシアターをブッキングしないと空きがない状態でしたから。

ジャーデビューも果たした。坂本監督作品は『賞金稼ぎ団』（2014年）、『白魔女学園オワリトハジマリ』（2015年）にも参加している。

⑧アミィ
今野鮎莉。日本で活動する女優。2013年の『獣電戦隊キョウリュウジャー』でキョウリュウピンクに変身するアミィ結月役でTVドラマ初出演。その後はTVドラマ『闇金ウシジマくんseason3』（2016年）や映画『恋愛漫画はややこしい～集まれ！恋する妄想族～』（2014年）などに出演。健康的な色気が魅力で、『キョウリュウジャー』の劇中では特技の一輪車や、柔軟性を活かしたアクションも披露した。

⑨小宮有紗
日本で活動する女優、グラビアモデル、声優。2012年、『特命戦隊ゴーバスターズ』のイエローバスターに変身する宇佐見ヨーコ役でT

――舞台出身というか、そこで人気になって映像方面へ出てくる役者さんや、特撮出身者が舞台へという流れも増えてきました。

そうですね。ただ、舞台に参加すると拘束期間が長くなるから、映像作品に呼びにくくなるという事もあるんですよね。オファーした役者さんが、舞台稽古や公演でＮＧだった事が今までに何度もあります。

逆に特撮作品に出ると、お芝居やアクションも鍛えられるし、固定ファンも付くので舞台に呼ばれる事も多くなります。舞台に頻繁に出て経験を積んで人気を出すか、映像作品を狙うか、役者さん側もとても難しい選択だと思います。

『賞金稼ぎ団』は映画や舞台、ＴＶや配信シリーズでも対応出来るフォーマットなので、是非続けたいですね！

Vドラマ初出演。特技のダンスを活かしたクールでスタイリッシュなアクションを見せ、同役では坂本監督作品『獣電戦隊キョウリュウジャーVSゴーバスターズ 恐竜大決戦！さらば永遠の友よ』にも出演している。2015年、『ラブライブ！サンシャイン!!』から声優としても活動を開始。黒澤ダイヤ役を演じ、劇中のアイドルグループ「Aqours」のメンバーとなる。

⑩東映東京撮影所
東京都練馬区に位置する東映の映画スタジオ。土地柄から「大泉撮影所」と呼ばれることもある。

宇宙刑事 NEXT GENERATION

宇宙刑事シリーズ30周年を記念して作られた『宇宙刑事ギャバン THE MOVIE』（監督：金田治）の後を受けて製作されたVシネマシリーズ。2代目シャリバンの日向快と、2代目シャイダーの烏丸舟の活躍を描く。シャリバンは違法薬物の取引、シャイダーは武器密輸犯を追っていくが、物語はやがてひとつに収束。2本連作の構成になっており、シャイダー編のラストではシャリバンに加えて2代目ギャバンの十文字撃も合流。この作品のために書き下ろされた串田アキラ氏の新曲をバックに次代を担う3人の宇宙刑事による熱い競演を見ることができる。

坂本監督は2作とも監督を担当し、連作だがまったく違う作風に仕上げている。リアル志向に徹した物語と熱い展開が従来の宇宙刑事シリーズのファンである大人の男性層の琴線に触れ、絶賛の声で迎えられた。

Vシネマ『宇宙刑事シャリバン NEXT GENERATION』2014年10月10日発売／Vシネマ『宇宙刑事シャイダー NEXT GENERATION』2014年11月7日発売

新たな戦場、宇宙刑事シリーズ

――『宇宙刑事 NEXT GENERATION』を製作する事になった、そもそものきっかけは何だったのでしょう。

金田治監督[1]が撮られた『宇宙刑事ギャバン THE MOVIE』[2]の時に、宇宙刑事シリーズのリブートプロジェクトがあり、宇宙刑事シャリバンと宇宙刑事シャイダーのスーツを新規で作ったそうです。ただ、なかなか諸条件が揃わず、映像作品は実現出来ずにいたそうです。

そこからちょっと離れますが、僕は『俺たち賞金稼ぎ団』を撮った後に作品の手応えを感じていたので、東映ビデオの中野剛プロデューサーと、何か戦隊やライダーの卒業生たちでもう1本撮りたいですねと話していました。そこで塚田英明プロデューサー[3]を巻き込んで相談した所、面白そ

①金田治
日本で活動する映像作品の監督。JAE代表取締役社長。元スタントマンで、1971年の『仮面ライダー』の頃から活動していた。1975年頃から演出家に転向し、アクション監督として『宇宙刑事ギャバン』や『宇宙刑事シャリバン』といったメタルヒーローシリーズに携わる。1990年代になると本編監督も手掛けるようになり、平成仮面ライダーシリーズやスーパー戦隊シリーズを多数担当。劇場作品も数多く手掛け、代表作としては『劇場版 仮面ライダーディケイ

うだと乗って下さり、当初は別の企画で話を進めていたんです。

――その企画というのも東映ヒーロー系の作品だったんですか？

当時進めていたのは『スーパーヒロイン大戦』ですね。僕はイベントや取材などで、度々『スーパーヒロイン大戦』を撮りたい！　と公言していましたが、なんとかそれを実現出来ないかと探っていました。

塚田さんとの打ち合わせも済み、企画の方向性が見えた所で、いざ塚田さんがプロデューサー同士の打ち合わせで東映ビデオさんに行った所、いきなり電話があり、企画自体はGOなのですが、作品が変わり宇宙刑事シリーズのリブートとなりましたとの事。もう、驚くしかないですよね（笑）。『スーパーヒロイン大戦』が撮れないのは残念ですが、宇宙刑事シリーズは当時から大好きだった作品です。もちろん即答でお受けしました。

――動きが早いというか……それは凄い話ですね。

僕は当時の宇宙刑事シリーズや、映画『伊賀野カバ丸』[4]、『コータローまかりとおる！』[5]などのJAC[6]（現JAE）さんの作品が大好きでした。なので、金田監督が『ギャバン THE MOVIE』を撮っている時も、現場に見学に行っていたほどなんです。

今、宇宙刑事を誰に向けて作るのか

ドオールライダー対大ショッカー』（2009年）、『宇宙刑事ギャバン THE MOVIE』（2012年）などがある。

②『宇宙刑事ギャバン THE MOVIE』
2012年に公開された日本の特撮映画。『宇宙刑事ギャバン』の誕生30周年を記念して、初の単独オリジナル映画として公開された。TVシリーズでも主演した大葉健二や西沢利明が同役で出演している他、東映特撮作品に出演経験のある俳優が多数出演している。

③塚田英明
日本の映像作品のプロデューサー。東映所属。2001年に『仮面ライダーアギト』でサブプロデューサーとして初めて特撮作品に参加し、2004年に『特捜戦隊デカレンジャー』で、メインプロデューサーとしてデビューする。その後も『仮面ライダーW（ダブル）』『仮面ライダーフォーゼ』などを担当し、

——作品コンセプトはどのようなものに。

Vシネマという販売形態を活かして、しっかりとした刑事ドラマを描くという目標がありました。やはりタイトルに〝刑事〟とあるので、特撮作品で大人の鑑賞に耐えられる〝警察ジャンル〟にチャレンジしたかったんです。

塚田プロデューサーも、自身がプロデュースする「科捜研の女」シリーズで培った知識や経験を、この作品に反映したいと意気込んでいました。

そして、もうひとつの目標は、これもタイトルにある〝NEXT GENERATION〟が大事なキーワードとなります。二代目ギャバンの十文字撃は、前作で初代ギャバンの一条寺烈からバトンタッチされましたが、日向快（演：三浦力⑦）と鳥丸舟（演：岩永洋昭⑧）はその過程が描かれていません。

この2点から、今作のコンセプトは刑事ドラマをしっかりと描き、快と舟に正式にシャリバンとシャイダーの称号を受け渡すという事でした。

フォーマットとしては、『仮面ライダーW（ダブル）RETURNS』を参考に、『宇宙刑事シャリバン』と『宇宙刑事シャイダー』で2本の作品に分ける事になりました。それぞれの作風を変え、お客さんに色々な要素を楽しんでいただきたかったからです。

それと、MOVIE大戦シリーズから得た経験により、単体作品としての見心地感はもちろんの

現在は『科捜研の女』『京都人情捜査ファイル』といった刑事ドラマも手掛けている。

④『伊賀野カバ丸』
1979年から「別冊マーガレット」で連載されていた少女漫画。山奥で育った野生児のような少年忍者、伊賀野影丸が、都会の高校で巻き起こす騒動やラブコメディを描いた作品。1983年に実写映画化、TVアニメ化がされた。

⑤『コータローまかりとおる！』
1982年から「週刊少年マガジン」で連載されていた少年漫画。続編の『新・コータローまかりとおる！ 柔道編』や『コータローまかりとおる！L』を含めると20年以上に渡る長期連載作品で、格闘やギャグにラブコメディなど、さまざまなジャンルのストーリーが展開された。1984年年には東映製作により実写映画化。JAC所属の俳優が多数出演

事、両作にドラマの連動性を持たせようという、良いとこ取りの貪欲な企画ですね。

そして、この2本を繋ぐキーパーソンとなるのが、⑨石垣佑磨くん演じる十文字撃となります。

次なる課題が、この作品を誰に向けて作るか？　です。今回はVシネマなので、見ていただけるファン層は、当時宇宙刑事シリーズを見ていた人たちが多いだろうと予測されました。

そこで、ターゲットをお子さんから大人までの幅広い層を狙うのではなく、今回は宇宙刑事シリーズのファンに向けた作品にしようとコミットしました。

これは『キョウリュウジャー』やスーパー戦隊シリーズのコアなファン向けに作られて成功を収めた、『俺たち賞金稼ぎ団』と同じ手法です。

「俺たちはこういうのが観たかったんだ！」と、宇宙刑事シリーズのファンを唸らせる作品を目標に、皆の足並みが揃いました。

刑事と名が付くなら刑事ドラマ要素を

——警察ジャンルで難しかった事はなんでしたか。


塚田さんの作品は、毎回入念な脚本の打ち合わせをします。特に今回は、〝警察ジャンル〟という事で、事件発生から犯人逮捕までのドラマを細部に至るまで組まなくてはなりません。

もちろんその中に、特撮ならではの面白さ、アクション、二代目へのバトンタッチなどを盛り込

している。

⑥JAC
株式会社ジャパンアクションクラブ。かつて日本にあった俳優の千葉真一が設立した日本の芸能事務所。アクション俳優の育成やマネージメントに加え、映画や舞台、各種イベントのアクションシーンの演出も手掛けていた。真田広之、志穂美悦子、大葉健二、春田純一といった数多くのアクションスターを輩出。現在は株式会社ジャパンアクションエンタープライズとして活動。代表取締役社長は、監督業も務める金田治。

⑦三浦力
日本で活動していた俳優。2007年、『獣拳戦隊ゲキレンジャー』でゲキバイオレットに変身する深見ゴウ役を演じて注目される。坂本監督作品ではVシネマ『宇宙刑事シャリバン NEXT GENERATION』（2014年）にて宇宙刑事シャリバンに変身する日向快を演じた。2018年3月に俳優業

まなければならないので大変です。

銀河連邦警察とはどんな組織なのか？　を整理する所から始めて、このシリーズを今後も続けたいという意気込みの元、アイデアを捻りました。

予算とスケジュールは限られているので、宇宙規模の大犯罪を解決するのは難しくなります。そこで塚田さんの提案により犯罪集団のコピーキャットを取り締まるという話に決定しました。

初代宇宙刑事たちが戦ったマクー、マドー、フーマを崇拝する犯罪者たちですね。これも実際に良くある事件などを下敷きにしています。

二作品を差別化する為に、『シャリバン』はハードコア路線、『シャイダー』はその逆にコメディ路線で行く事も決まり、それを前提に各キャラクターに厚みを付けていく作業に入りました。三浦くん演じる快はすごく真面目で一本気、岩永くんの舟は軽い感じだけど、実は出来る男という感じです。漫画『コブラ』のコブラ[10]や『シティーハンター』の冴羽獠[11]ですね（笑）。

脚本家の荒川稔久[12]さんも当時から宇宙刑事シリーズの大ファンで、セリフの雰囲気や言い回しも、当時を彷彿させる抜群のセンスで書き込んでくれました。

2作品を同時に撮影

――お話を聞いていると、宇宙刑事シリーズの世界観がどんどん広がっていくのを感じます。

を引退した。

⑧岩永洋昭
日本で活動する俳優、モデル、声優。2008年の『トミカヒーロー レスキューフォース』でR5に変身する石黒鋭二を演じた後、2010年の『仮面ライダーオーズ／OOO』では仮面ライダーバースに変身する伊達明役を演じた。筋骨隆々とした肉体美に定評があり、上半身を露わにするシーンを演じることも多い。坂本監督作品ではVシネマ『宇宙刑事シャイダー NEXT GENERATION』（2014年）、VCINEXT『宇宙戦隊キュウレンジャーVSスペース・スクワッド』（2018年）で、宇宙刑事シャイダーに変身する烏丸舟役を、TVドラマ『モブサイコ100』では爪のメンバーである誇山役を演じた。

⑨石垣佑磨
日本で活動する俳優。2000年にホリプロ「21世紀ムービースターオーディショ

シャリバンとシャイダーの称号を継承させる事に関しては、拘りましたね。『シャリバン』のほうには初代シャリバンの[13]渡洋史さんを、初代シャイダーの[14]円谷浩さんは残念ながら亡くなられているので、『シャイダー』にはアニー役の[15]森永奈緒美さんが奇跡的に出演してくれました。

オリジナル作品の出演者たちから継承を受ける事により、彼らは今作以降二代目として正式に活動出来るようにしたかったんです。

――万全の態勢を整えて撮影開始ですが、現場はどのような感じだったのでしょう。

二本同時撮りだったので、ロケーションによっては、午前中に建物外のカフェでシャイダー編を撮り、午後は内部のバーでシャリバンを撮ったりと忙しかったですね（笑）。撮影も毎日長時間に渡りましたが、楽しかったですよ。

――ギャバンが最後に出てきて、いい感じで締めていました。

石垣くんの存在は大きいですよね。やはり宇宙刑事といえばギャバンがセンターですから（笑）。ラストの3人揃い踏みも色々とアイデアが出たのですが、最終的にはファンが何を見たいか？を最優先に考え、現状のような豪華な仕上がりになりました。

やはり世代なのか、合成部にも宇宙刑事シリーズのファンが多く、通常の予算では考えられないほどの合成カット数と、クオリティに仕上げてくれました。異空間のエフェクトや、それぞれのシップの変形など豪華ですよね。

ン」で準グランプリを受賞して、芸能界デビュー。『ごくせん』（2002年）や映画『あずみ』（2003年）、森恒二の漫画『ホーリーランド』の実写ドラマ（2005年）などに出演し人気を博す。テコンドーやキックボクシングを得意とし、アクションもすべて自分でこなす。2012年に『宇宙刑事ギャバン THE MOVIE』で宇宙刑事ギャバンtype.Gに変身する十文字撃役で映画初主演を果たした。その後、数々の作品でギャバンを演じ続け、2018年現在もスペース・スクワッドシリーズはシリーズ継続中。

⑩コブラ
1978年から1984年にかけて、「週刊少年ジャンプ」で断続的に連載された寺沢武一の漫画『コブラ』の主人公。左腕に仕込んだサイコガンを武器に、一匹狼の宇宙海賊として銀河系に名を轟かせている。冗談交じりに話す3枚目を気取っているが、いざというときには本

制作陣の宇宙刑事愛が炸裂。創意工夫でゴージャス感を演出

――『シャイダー』のクライマックスは豪華ですね。串田アキラ⑯さんの歌をバックにメカも総登場します。

この作品の為に作ってもらった新曲ですね。曲の雰囲気はオリジナルの宇宙刑事シリーズを彷彿させる熱い曲になっています。串田さんご自身も『シャイダー』編にカメオ出演していただいて、嬉しかったですね！

劇伴は基本的には過去作の曲を、今の技術でミックスし直して使っています。それに、渡辺宙明⑰先生が新曲を幾つか用意してくださり、作品に統一感が生まれました。みなさんの作品への参加意欲は凄かったですね。お陰様で、宇宙刑事愛が爆発した作品になり、宇宙刑事シリーズは多くの人たちに愛された作品なんだと痛感しましたね。

――昔、当時の作品を観ていた人たちが今、制作スタッフとして入っていて、仮面ライダーシリーズやスーパー戦隊シリーズに並ぶ東映ヒーローの代表作、宇宙刑事シリーズに携われるというのは、やっぱり燃えるところなんでしょうね。

作品をリブートする時に、過去の雰囲気や演出をそのまま再現する方法、素材だけを使いまったく新しくする方法、オリジナルの雰囲気を今の技術でアップデートする方法と、色々ありますが、僕が好きなのは3つ目で、脳内補完された当時の記憶を今の技術で更に発展させる方法ですね。

来の凛々しい性格を見せて勇敢に戦う、ハードボイルドなヒーロー。

⑪冴羽獠 1985年から1991年にかけて、「週刊少年ジャンプ」で連載された北条司の漫画『シティーハンター』の主人公。美女に弱く人並み外れたスケベ心を持つが、その実は新宿を拠点に活動する凄腕の殺し屋。美女絡み、もしくは心を動かされる事情がある場合のみ依頼を受け、法では裁けない悪を密かに撃つ。

⑫荒川稔久 日本で活動する脚本家、作詞家。1987年の『仮面ライダーBLACK』以降、TVアニメや特撮作品を中心に数多くの脚本を担当。『仮面ライダークウガ』や『特捜戦隊デカレンジャー』ではメインライターも務めている。また、『鋼鉄天使くるみ』や『りぜるまいん』など、自身が手がけたTVアニメ主題歌の作詞を担当すること

代表的なリブート作品では、J・J・エイブラムス監督の『スター・トレック』が大好きですね。あの作品はまさに、オールドファンを喜ばせ、新規のファンを増やした作品だと思います。本当にさじ加減が上手いですよね。子供の頃から『スター・トレック』シリーズや『スター・ウォーズ』シリーズなどのSF映画が大好きだったので、J・J版を見た時は大興奮でした。

今作でもJ・J作品からの影響があって、画面上に入っている横一線のフレアエフェクトがそれです。J・Jの作品には、どれにも共通してスポットライトやレンズフレアを使った光の演出が目を引きます。この手法によりSF感が増す感じがして、僕は大好きなんです。勝手に〝J・Jフレア〟と命名してます（笑）。

今作も限られた予算の中で、どうやってSF感を出そうと考えた結果が、美術部と照明部に小型のLED照明を用意してもらい、セットやフレーム内に配置してもらいました。100均ショップで売っているような安物ですが（笑）。後ほど仕上げ作業の段階で、このLEDを光源としてトラッキングしてもらい、その上にフレアを乗せるという作業をしたんです。

――幻想的な光のラインを後から付け足す感じなんですね。

特殊なレンズを使えば、普通に撮影するだけで光源を拾ってフレアになるのですが、現場で時間がかかりセッティングが大変です。それを簡易的に再現する方法を編み出したんです。これにより少しはハリウッドSF感が出たのではないかと思います（笑）。

も多い。

⑬渡洋史
日本で活動する俳優。元JAC所属で、1983年に『宇宙刑事シャリバン』にて宇宙刑事シャリバンに変身する伊賀電を演じる。また、1986年には『時空戦士スピルバン』（1986年）では、スピルバンに変身する城洋介を演じ、メタルヒーローシリーズで2作品の主役を務めることとなった。その後、映画、ドラマ、舞台を中心に活躍。Vシネマ『宇宙刑事シャリバン NEXT GENERATION』（2014年）にて再び伊賀電を演じ、二代目に後を託した。

⑭円谷浩
日本で活動していた俳優。円谷プロダクションの元社長・円谷一は実父。俳優として駆け出しの頃、『宇宙刑事シャイダー』（1984年）にて宇宙刑事シャイダーに変身する沢村大役に抜擢される。その後も時代劇を中心に活動していた

映像作品を売り出すため、模索の時

——宇宙刑事たちは今、スペース・スクワッドシリーズのほうで広がりを見せていますが、僕的には宇宙刑事シリーズが『宇宙刑事 NEXT GENERATION』で途切れるのは勿体ないと思ったほど楽しく観させていただきました。少し前に『非公式戦隊アキバレンジャー』とかありましたけど、これこそ深夜枠向けの特撮番組なんじゃないかなと。そういった話はなかったのでしょうか。

僕もそう思います。今や特撮作品は子供たち向けのものだけじゃなく、大人のファン向けとしても、十分ビジネスとしての可能性は広がって来ていると思います。深夜番組だけじゃなく、『仮面ライダーアマゾンズ』のようなネット配信形態などで、スペース・スクワッドシリーズや、宇宙刑事NEXT GENERATIONシリーズを継続するのが理想ですね。

深夜番組などで予算が制限されても、アイデア次第で色々と出来る事があると思います。特に大人向けに作る作品なら、重圧なドラマやスタイリッシュなアクションを見せられますし、毎回CG合成を使った派手なアクションや巨大戦がなくちゃいけないなどの〝暗黙のルール〟にも柔軟性が出ると思いますし。

近年はソフトだけの売り上げで作品を成立させるのは非常に難しくなって来ています。以前はソフトを買って保有するというのがファンの間で定着していたのと、全国のレンタル店が購入し、数

が、2000年に体調不良を理由に俳優業を引退。翌年、37歳という若さで逝去した。

⑮**森永奈緒美** 日本で活動する女優。元JAC所属で、『宇宙刑事シャイダー』のアニー役を演じて脚光を浴びる。1999年に女優業を引退したが、Vシネマ『宇宙刑事シャイダー NEXT GENERATION』（2014年）にて女優として復帰する。

⑯**串田アキラ** 日本で活動するシンガー。耳に心地よい高音のハスキーボイスが特徴的で、アニメソングの大御所のひとりとして数えられる。「太陽戦隊サンバルカン」「宇宙刑事ギャバン」「キン肉マン Go Fight!」など、世代を問わず歌い継がれる数々の名曲を担当。

⑰**渡辺宙明** 作曲家、編曲家。1956年に『人形佐七捕物帳 妖

本ずつ棚に並んでいました。しかし最近は、ソフトを買う習慣が減り、レンタル店が激減してしまいました。

それに変わり、アニメ作品で良くあるように、1～2週間のイベント上映をして話題を作ってからのソフト販売や、デジタル配信など色々な新しい販売スタイルが生まれつつあります。

――今、イベント上映系は多いですよね。そのイベントの模様自体もDVDやBlu-rayにして売ってしまおう、みたいな。

メディアの進化により、様々な方法で作品を視聴する事が可能になった今がちょうど転換期なのかもしれませんね。今までの劇場公開からソフト発売というパターンが古くなり、今後はどんなスタイルが定着していくか？　それに合わせて作品のニーズも変わって来るのではないでしょうか。

艶六死美人』で映画音楽の作曲を初めて担当。その後も『マジンガーZ』や『秘密戦隊ゴレンジャー』を始め、数々のTVアニメや特撮作品の主題歌、劇中音楽などを担当してきた。90歳を超えた2018年現在も、現役として活動している。

KIRI ー「職業・殺し屋。」外伝ー

西川秀明原作の漫画『職業・殺し屋。』をベースとしたアクション映画。オークション方式でターゲット殺害を請け負う、闇の殺人請負サイト「殺し屋。」。そんな日々、己の快楽のために殺しに耽る殺し屋たちを密かに監視する女性の影があった。彼女の正体は幼き頃より人を殺める術を磨いてきた孤高の殺し屋、キリ。母を殺し、妹のようにかわいがっているルイの心を破壊した殺し屋を彼女は探していた。そして、ターゲットの両目を抉るという残酷な手口の殺し屋が現れた時、彼女は自身が狙う獲物が出現したことを悟る。
原作漫画の持つエキセントリックな世界観を、魅力を損なうことなくリアリティある設定に再構築して実写化。二転三転していくテンポの良い物語に加えて、各々の役者が見せるスピーディーで迫力に満ちた格闘シーン、殺伐とした切れ味鋭いナイフアクションなどが見どころ。

映画『KIRI!「職業・殺し屋。」外伝-』2015年6月20日公開

難易度の高いオファー

――『KIRIー「職業・殺し屋。」外伝ー』の配給は東映ビデオさんですが、まず、どういう経緯でお仕事を受けることになったのでしょう。

制作は①エクセレントフィルムさんという、様々な作品をプロデュースしている制作会社です。先方から②釈由美子さんでアクション映画を撮りませんか？　とお誘いを受け、今回初めてご一緒させていただきました。この企画が成立したところで、東映ビデオさんが配給に名乗りを上げてくれました。

エクセレントフィルムさんに詳細を確認する為におうかがいすると、『職業・殺し屋。』という③西川秀明さんの漫画があり、それをベースに釈由美子さん主演でアクション映画を作りたいとの

①**エクセレントフィルム**
映画、ビデオ作品、CMなどの映像制作、TV企画などを請け負う制作会社。近年の代表作としては『おみおくり』（2018年）、『身体を売ったらサヨウナラ』（2017年）、『彼岸島 デラックス』（2016年）など。

②**釈由美子**
日本で活動する女優、タレント。かつてはグラビアアイドルとして活動していたが、現在は女優として多くのTVドラマや映画、バラエティ番組に出演。主演代表作は、『修羅雪姫』（2001年）、『ゴジラ×メカゴジ

事でした。

ただ、原作漫画を読むと分かるのですが、かなりグロテスクな描写とエロチックな描写が豊富で、釈さんのイメージに合うキャラクターは、あまり存在していなかったんです。

今回の企画は、原作をそのまま実写化するのではなく、「外伝」という扱いで、原作のキャラクターたちをベースに、その世界観に釈さん演じる映画オリジナルのキャラクターを登場させてアレンジするという企画でした。


——原作漫画は独自の世界観を持った作品ですよね。


『職業・殺し屋。』という漫画は、ネットの裏サイトで、もっとも安い値段で殺しの依頼を競り落とす〝逆オークション〟で競い合う殺し屋たちの物語です。その殺し屋たちがとにかくユニークで、様々な特徴や殺し方を持っています。

ただ、その殺し方や被害者たちの描写が、かなり過激で、そのまま映像化するとR18＋でも足りないぐらい刺激的なんです。

釈さんサイドから役のイメージとして、悲しい過去を背負ったクールな殺し屋というリクエストもありました。

これは、僕の理想としていた釈さんのイメージとピッタリです。ただ、原作にはそのようなキャラクターは登場しないので、原作の持ち味と、釈さん演じるキャラクターのイメージをどのように

ラ』（2002年）、その続編『ゴジラ×モスラ×メカゴジラ 東京SOS』（2003年）、TVドラマ『スカイハイ』（2003年）など多数。男勝りなクールビューティーなイメージが強く、14年ぶりに本格アクションに挑戦した坂本監督作品『KIRI-『職業・殺し屋。』外伝-』（2015年）においても、主人公の冷徹な殺し屋、キリを演じている。

③西川秀明
日本で活動する漫画家。漫画家デビューは1980年代だが、1990年に「エニックスファンタジーコミック大賞」で優秀賞を受賞し、その後、様々な雑誌で連載作品を掲載。2000年〜2010年までは「ヤングアニマル嵐」「ヤングアニマル」で『職業・殺し屋。』を連載し、2011年〜2014年まで続編の『新 職業・殺し屋。斬 ZAN』を連載。現在は羽海野チカによる『3月のライオン』のスピンオフ作品『3月のライオン昭和

同じ世界観で結びつけるかが本作を手掛ける上で一番のチャレンジになりました。

僕は以前に釈さんが主演した『修羅雪姫』や『ゴジラ×メカゴジラ』、『スカイハイ』などを観ていて、その力強い目力に惹かれ、一緒にお仕事をしたいと思っていたので、何とかしてこの話を成立出来るようにアイデアを絞りました。

物語構成や映像表現にしても、絶対に釈さんに気に入ってもらえる作品にしたいという思いは強かったです。

独自の世界観を持つ漫画をどうリアルに持っていくか

――原作の世界観の再構築の必要性が出てくるわけですね。

アレンジはOKとの事だったので、原作の設定や登場キャラクターをベースに、それらをもう少しリアリティのある世界観に落とし込む所から始めました。

本作で④久保田悠来くんや⑤小宮有紗ちゃん、⑥水崎綾女ちゃんたちが演じている殺し屋たちは、原作にも登場するキャラクターです。ただ、漫画ならではの言動や表現方法は、いくつかの設定を残しつつも、リアリティのある方向にアレンジしてあります。

その彼らの共通の競争相手として登場するのが、釈さん演じるキリです。キリは、妹のように可愛がっているルイとの悲しい運命を背負いながら殺しを請け負う孤高の殺し屋です。殺し屋集団V

異聞 灼熱の時代』を「ヤングアニマル」で連載中。

④久保田悠来
日本で活動する俳優。2009年の舞台『戦国BASARA』の主人公、伊達政宗役や、2013年の『仮面ライダー鎧武／ガイム』での仮面ライダー斬月に変身する呉島貴虎役で知られる。インタビューではユーモアを交えた受け答えをするなど頭の回転が早く、撮影現場でも周囲の人々に慕われる兄貴分的な存在であるという。坂本監督作品では『KIRI -「職業・殺し屋。」外伝-』（2015年）で主人公のリョウ役や、『モブサイコ100』にて覚醒ラボの所長、密裏賢治役を演じた。

⑥小宮有紗
日本で活動する女優、グラビアモデル、声優。2012年、『特命戦隊ゴーバスターズ』のイエローバスターに変身する宇佐見ヨーコ役でTVドラマ初出演。特技のダンスを活かしたクールでスタイ

S孤高の殺し屋という、原作の外伝という構図で落ち着きました。
これが漫画『職業・殺し屋』をベースに、ハリウッド映画調のリアリティとアクションでキャラクター性と物語を再構築したのが、映画『KIRI―「職業・殺し屋。」外伝―』という作品です。

――逆オークションでの殺し請負方法や、各殺し屋たちが使う武器や裏の顔などは原作を踏襲していましたね。

原作の特徴的部分は残させていただきました。原作者の西川先生が撮影現場を見学しに来てくれたり、試写の後にお褒めの言葉をいただけたのが嬉しかったですね！

――撮影はスムーズにいったのでしょうか。

撮影前に釈さんが習っている武道のレッスンを見学させていただいたり、今作ではナイフを使ったアクションがメインになるので、何度か一緒にアクション練習をさせていただいたりしました。普段から武道やフィットネスで鍛えている釈さんの身体能力はもの凄く高く、ナイフの使い方や身のこなしもバッチリで、撮影もスムーズに行きましたね。
釈さんのアクションシーンは多かったのですが、撮影が進むごとに動きにも磨きがかかり、アクション間の表情やタイミングもバッチリ決めてくれました。
撮影期間中も時間が空くとジムやヨガなどに通い、殺し屋という役を演じるうえで、説得力のある体型作りに努力されていました。撮影時期は真冬で、連日深夜に及んだので身体的にかなり厳し

リッシュなアクションを見せ、同役では坂本監督作品『獣電戦隊キョウリュウジャーVSゴーバスターズ 恐竜大決戦！さらば永遠の友よ』にも出演している。2015年、『ラブライブ！サンシャイン!!』から声優としても活動を開始。黒澤ダイヤ役を演じ、劇中のアイドルグループ「Aqours」のメンバーとなる。

⑥水崎綾女
日本で活動する女優。2004年に芸能界デビュー。その後はグラビアやタレント活動を主にしていたが、2007年『キューティーハニー THE LIVE』で、シスターミキに変身する早乙女ミキ役を演じてからは、本格的に女優活動を開始。2012年の『特命戦隊ゴーバスターズ』では、ゴーバスターズの前に立ちはだかる幹部的存在のエスケイプ役を演じた。坂本監督作品では『赤×ピンク』（2014年）、『KIRI -「職業・殺し屋。」-外伝』（2015年）など

い条件だったのですが、釈さんはストイックに作品に取り組み、痛くても寒くても、他のキャストに暖かい言葉をかけながら、現場を引っ張ってくれました。

坂本監督が若き日に憧れたヒロインの遺伝子を継ぐ女優

――他のキャストはどうだったのでしょうか。

久保田くんとのお仕事は、今作が初でしたが、とてもユニークな人で他のどの作品を見ても魅力的ですね。性格も気さくで、現場ですぐに仲良くなり、その後も『宇宙戦隊キュウレンジャー Episode of スティンガー』や『モブサイコ100』などでご一緒させていただいています。アクションもバッチリこなす、大好きな俳優さんです。

有紗ちゃんと綾女ちゃんはもう常連さんですね（笑）。毎回色々な役やアクションにチャレンジしてもらい、信頼して何でも任せられる仲間です。真冬の撮影の中、ふたりとも薄着で頑張ってくれました（笑）。

『仮面ライダー×仮面ライダー フォーゼ&オーズ MOVIE大戦MEGA MAX』で、仮面ライダーアクア／ミハル役を演じた、荒井敦史くんとの再タッグも嬉しかったです。会うたびに男っぽくなり、芝居やアクションも何でもこなす素晴らしい才能の持ち主です。『モブサイコ100』では、かなりブッ飛んだ役にチャレンジしてもらいました。

に出演。2017年、ヒロイン役で出演した映画『光』が、第70回カンヌ国際映画祭コンペティション部門に出品され、エキュメニカル賞を受賞する。

⑦**文音（あやね）**
日本で活動する女優。2008年の映画『三本木農業高校、馬術部』にて初出演、初主演デビューを飾り、第33回報知映画賞新人賞、第32回日本アカデミー賞新人俳優賞を受賞。もともとインターナショナルスクールで語学を学んでいたこともあり、2012年にはニューヨークへ留学。演技にさらに磨きを掛けるべく、ニューヨークフィルムアカデミーで学ぶ。2014年に帰国し、日本での女優活動を再開する。父は歌手の長渕剛、母はアクション女優の志穂美悦子。

もうひとりこの作品で出会い、僕的に大きな衝撃を受けたキャストが⑦文音ちゃんですね。文音ちゃんは、インターナショナルスクールに通っていたので、英語もネイティブで、その明るい性格からすぐに仲良くなりました。現場でも僕がとっさの日本語での説明に困ると、英語に切り替えて会話していましたね（笑）。

文音ちゃんが演じたのは、釈さん演じるキリの妹のルイで、これも映画版オリジナルのキャラクターです。壮絶で悲しい過去を持ち、彼女もナイフを武器に戦います。多重人格という難しい役所で、複雑な感情の表現が多かったのですが、何度も役について話し合ったり、提案をしてくれたり、しっかりとルイを作り上げて熱演してくれました。

今までTVドラマで多少のアクション経験があったようでしたが、本格的にガッツリとアクションシーンがある作品は、今作が初めてでした。

ただ、体が柔らかく運動神経も抜群で、アクションを覚えるのも早かったですね。難しいナイフの動きも覚えて、武道の有段者の釈さんにバッチリ付いて行っていました。

実は彼女は、僕のアクションヒロイン好きのきっかけとなった、⑧志穂美悦子さんの娘さんなんです。志穂美さんは、僕が子供の頃に初めて憧れた女性で、今でも定期的に主演作を見返すぐらい大好きな方です。

文音ちゃんがアクション中に時折見せるキッとした表情にお母様の面影を感じ、ドキッとしまし

⑧志穂美悦子
元女優。1970年代にJAC（現JAE）所属のアクション女優として大活躍し、主演作としてシリーズ化された映画『女必殺拳』（1974年）、角川映画の『二代目はクリスチャン』（1985年）などがある。1987年、歌手の長渕剛との結婚を機に女優業を引退。現在は本名の長渕悦子名義でフラワーアーティストとして活動している。

たね。

師匠との初仕事は緊張の連続

――坂本監督の師匠である⑨倉田保昭さんも出演されていますが、『牙狼〈GARO〉～闇を照らすもの～』に参加した時以来になるのでしょうか。

『闇を照らすもの』の時は、僕が撮ったシーンには倉田先生は出演されていなかったので、実際に監督として一緒にお仕事をさせていただいたのは今作が初です。いやあ……もう、今までの人生の中で一番緊張しましたね（笑）。

僕の中では16歳の時に弟子入りしてから、体に染み込んだ記憶はそのまま変わらないので、今だに倉田先生にお会いすると緊張しますね。

現場でも倉田先生のシーンになると、緊張してしまい、すっかり監督の顔から弟子の顔になってしまい、「坂本！」と呼ばれると、どこにいても全速力で駆け付けます。スタッフはいつものメンバーだったので、「こんな監督今まで見た事ない！」と大笑いされましたね（笑）。

嬉しかったのは、倉田先生が現場を楽しんでくれた事ですね。バッチリとアクションシーンも決めてくださり、生の迫力は本当に凄かったです。撮影の合間は常に突きや蹴りの練習や、筋トレをしていて、普段から背筋をピンッと伸ばしたその姿は本当に憧れです。

⑨倉田保昭
日本や香港、中国で活動しているアクション俳優。空手、柔道、合気道といった数々の武道の有段者で「和製ドラゴン」の名でも知られている。1970年代には香港映画界で活躍。1974年には映画『帰ってきたドラゴン』が日本でも公開され脚光を浴びた。1975年の刑事ドラマ『Gメン'75』にレギュラー出演。倉田演じる草野刑事をフィーチャーしたエピソード、通称「香港カラテシリーズ」が人気となる。後進の指導にも力を入れており、多くのアクション俳優を排出した「倉田プロモーション」代表を務めている。坂本監督も倉田プロモーションの門を叩き、映画界への第一歩を踏み出している。

倉田先生の教えに、アクション出身の僕らは、例え監督になろうとアクションシーンでキャストに指導する時は、必ず自ら見本を見せて、ちゃんとイメージを伝えなくてはダメだという物があります。まったく同じ動きにならなくても、イメージを共有する事は大切なので、見本を見せる事で要領や雰囲気を掴んでもらう目的もあります。

僕が香港映画に参加した時も、必ずアクション監督がまず実演して見せてくれました。ジャッキー・チェンも同様です。

アクションには色々な流派があり、中には見本を見せてしまうとキャストが上手く出来ない場合は自信をなくしたり、真似し過ぎて個性がなくなる可能性があるので、見本は見せないと言われる方々もいますが、基本的に倉田流アクション出身のアクション監督やスタントマンは、自ら動いて見せる事がほとんどだと思います。

僕も倉田先生の教えを守ろうと、出来るだけ現場で動くようにしていますが、迫り来る年齢に歯向かうのは難しいですね（笑）。今作でも、現場で僕が動いてキャストに教えていた所を倉田先生が見ていて、「良く動いてるな」と言っていただいたのが嬉しかったです。

――倉田さんのキャスティングはどういう経緯で？

キリの師匠役のキャスティングを、エクセレントの社長の伊藤秀裕さんと相談していた時に、伊藤さんから提案がありました。僕は今までの作品では、恐れ多くてなかなか倉田先生にオファーを出来ずにいましたが、役柄的にはピッタリなので、緊張しつつも伊藤さんにオファーをお願いしました。

誰かに背中を押されない限り、なかなか踏み出せなかった事にチャンレンジが出来ましたね。

——ある意味、お師匠様との記念になった現場だったと。

今も時々弟子たちが集まり、倉田先生とご飯を食べる時があります。やはり、みんなそれぞれ活躍していて忙しくても、先生との会には集まりますね。

みんな集まると当時の思い出話などで、ワイワイ楽しく盛り上がります。弟子入りした時期は違っても、みんな倉田先生を中心に、絆で繋がっているのが感じられてとても幸せな時間なんです。

仮面ライダーゴースト

平成仮面ライダーシリーズ第17作目。敵の襲撃で一度は死んでしまったが、仮面ライダーゴーストに変身する力を得て甦った天空寺タケルと、タケルを襲った謎の怪人、眼魔（ガンマ）との戦いを描く。タケルが完全に蘇るには、偉人たちの魂を宿した15個の目玉型のアイテム、眼魂（アイコン）を集めなければならない。偉人たちの生き様に触れることでタケルは心を成長させていき、戦いはやがて地球と眼魔世界、ふたつの異なる世界を巻き込み、壮大さを増していく。

坂本監督は物語が後半戦に差し掛かる第29話&第30話。第36話～第38話を担当。第3の仮面ライダーであるアランの心の成長や、眼魔の幹部ジャイロとの決着戦などを、坂本監督らしい独創的かつ熱い演出で描き、『仮面ライダーゴースト』の世界を華やかに彩った。

TV『仮面ライダーゴースト』（全50話）2015年10月～2016年9月

3年ぶりの仮面ライダー作品

——『仮面ライダーゴースト』で、久しぶりに仮面ライダーの監督を手掛ける事になりましたね。

『ゴースト』は、『仮面ライダーW（ダブル）』の頃からお世話になっていた高橋一浩①さんが初めてメインプロデューサーを担当するという事で、早いうちから声をかけていただいていたんです。僕も、もっと早くから参加したかったのですが、ちょうど同時期に『ウルトラマンX』の撮影や、韓国作品の企画を手伝うために、韓国に約半年間在住していたので、なかなかスケジュールの調整が出来ませんでした。ようやく『ゴースト』に参加出来たのが、第29話「再臨！ 脱出王の試練！」と第30話「永遠！ 心の叫び！」からでした。

——小宮有紗②さんが登場するエピソードですね。『W（ダブル）』と同じく途中参加ということで、撮影に

①高橋一浩
日本の映像作品のプロデューサー。東映所属。坂本監督が関わった2009年の『仮面ライダーW（ダブル）』と2011年の『仮面ライダーフォーゼ』にてサブプロデューサーを担当。2012年にテレビ朝日コンテンツビジネス戦略部へと出向し、そこで『白魔女学園』（2013年）シリーズを手掛ける。2015年に東映に復帰し『仮面ライダーゴースト』でメインプロデューサーを担当する。

②小宮有紗
日本で活動する女優、グラ

は苦労したのではないでしょうか。

キャストが既に撮影に慣れていたのと、スタッフも『仮面ライダーフォーゼ』の頃とほぼ同じだったので、撮影自体には問題はありませんでしたが、準備段階での宿題がとても多い状況でしたね（笑）。登場人物たちが物語の謎へと動き始めた時期だったので、今後の展開を把握しなければならなかったのと、メインアイテムの眼魂③は、誰が何を持っていて、どれを使ってどのフォームにチェンジするのか？　など、まずはオンエアされたエピソードをチェックしながらの勉強会から始まりました。

初めは『ゴースト』の世界観や設定は、幾つかの層に分かれていて複雑な印象を受けました。〝生と死〟のコンセプトから、眼魔世界④の設定、各キャラクターの行動原理など、映像を観ながらそれらを少しずつ自分なりに紐解きつつ、分からない所や今後の展開の予想をまとめた質問リストを作ってから高橋さんとの本打ちに臨んだんです。その結果、高橋さんとは何度もご一緒させていただいた事も謎解きのプラスとなり、物語の目指しているゴールが見え始めて来ました。

新たな仲間の加入をアクションで盛り上げる

――第30話は アラン⑤が真の意味で 天空寺タケル⑥の仲間になるという、『ゴースト』全体にとってもターニングポイントとなるエピソードです。

ビアモデル、声優。2012年、『特命戦隊ゴーバスターズ』のイエローバスターに変身する宇佐見ヨーコ役でTVドラマ初出演。特技のダンスを活かしたクールでスタイリッシュなアクションを見せ、同役では坂本監督作品『獣電戦隊キョウリュウジャーVSゴーバスターズ　恐竜大決戦！さらば永遠の友よ』にも出演している。2015年、『ラブライブ！サンシャイン!!』から声優としても活動を開始。黒澤ダイヤ役を演じ、劇中のアイドルグループ「Aqours」のメンバーとなる。

③眼魂（アイコン）『仮面ライダーゴースト』に登場する、眼球の形をしたアイテム。仮面ライダーたちが変身するために使用する「ゴースト眼魂」と、敵怪人である眼魔たちが使用する「眼魔眼魂」の2種類がある。

④眼魔世界（ガンマせかい）『仮面ライダーゴースト』に

『ゴースト』のテーマである〝生と死〟という部分を含め、アランがフミ婆の死を経験して心を成長させていくという構想は、かなり早い段階から高橋さんの頭にあったそうです。高橋さんからは「今回はアランにとって重要なエピソードになるので、キャラクターの心情をしっかりと描いて下さい」というリクエストをいただきました。

そこで、アランの感情の流れと変化を物語の軸に、仮面ライダーゴースト、仮面ライダースペクター、仮面ライダーネクロム、3人の仮面ライダーが初めて共闘するシーンがクライマックスとして一番盛り上がるように逆算して演出プランを建てて行きました。

——結構な重責ですね……。

ですね（笑）。初めて参加するエピソードが、物語構成全体の軸として機能する重要回だったんですから。最初は不安もありましたが、撮影が始まるとキャスト陣の雰囲気が凄く良かったのと、アラン役の⑦磯村勇斗くんが凄く真面目で役作りに真剣に取り組んでいた事がプラスの方向へと動かしてくれました。こちらから課題を与えると、それに対して一生懸命応えようとしてくれるうえ、自分からも色々とチャレンジしたがってくれたんです。

その結果出来上がったのが、決意したアランが、たこ焼きを食べながら戦うシーンなのですが、周囲のスタッフからは本打ちの段階から「たこ焼きを食べながら戦うの？　なんで？」って疑問に思われたんです（笑）。あれは僕の中では映画⑧『ドラゴン危機一髪』で、仲間を無残に殺されたブ

登場する敵怪人の眼魔たちが住む世界のこと。地球とは別の惑星に存在しており、深刻な大気汚染によって大気は黒い塵で汚れ、世界中に赤い色の空が広がっている。

⑤アラン
『仮面ライダーゴースト』における主要人物のひとりで、仮面ライダーネクロムに変身する青年。当初は仮面ライダーゴーストである天空寺タケルらと対立していたが、彼に命を救われたことでその考えに変化が生じ、やがてともに戦うようになる。TVシリーズと同時進行で、Blu-ray特典映像用にアランを主人公に据えたスピンオフ作品『仮面ライダーゴースト アラン英雄伝』も製作された。

⑥天空寺タケル
『仮面ライダーゴースト』の主人公。物語冒頭で眼魔に襲われて命を落とすが、仙人によって肉体と引き換えに仮面ライダーゴーストとし

ルース・リーが、敵の本拠地にポテトチップスのようなスナック菓子を食べながら乗り込んで行くというシーンのオマージュなんです。

ブルース・リーが仲間の想いを背負って戦うという凄くカッコ良いシーンで、そこにアランのフミ婆への想いを重ねた感じです。僕的にはまったく違和感なく提案したつもりでしたが、やはり何を観て育ったか？　という年代とカルチャーギャップが発生してしまいますね（笑）。

アランにたこ焼きのイメージが付いたのは……

――アランと言えばたこ焼きというイメージが付いていますが、そのエピソードから強くなったのかもしれないですね。


そうなんですか!?　その前からアランはフミ婆とのシーンが多かったので、僕ひとりの責任ではないと……確かに次に担当した第37話でも、アランが精神修行をするシーンでは、たこ焼きをネタに使っていますね（笑）。第37話の〝たこ焼きバトルPART2〟は、『拳精』⑨というジャッキー・チェンの映画のオマージュで遊ばせてもらいましたが（笑）。

『ゴースト』の現場は初めての割には、すんなり馴染む事が出来た気がします。やはり何度もご一緒させていただいている高橋さんの作品という事で、僕も馴染みやすかったのかもしれないですね。ライダーのスタッフとは『仮面ライダー×仮面ライダー　ウィザード&フォーゼ　MOVIE大

て復活を果たす。その後は眼魔が引き起こす怪奇事件を解決しながら、生き返るために眼魂を集める戦いに身を投じていく。

⑦磯村勇斗
日本で活動する俳優。2015年の『仮面ライダーゴースト』で、仮面ライダーネクロムに変身するアラン役で出演。その後、同作のBlu-ray特典のスピンオフ作品『仮面ライダーゴースト　アラン英雄伝』（全4話）で初主演を果たした。以降もNHK連続テレビ小説『ひよっこ』や『デイジー・ラック』などに出演し、映画やTVドラマで精力的に活動を続けている。

⑧『ドラゴン危機一髪』
1971年製作の香港映画。日本公開は1974年。ブルース・リーがゴールデン・ハーベスト社と契約して主演した第1作目。当時の香港における興行記録を更新するヒット作となった。20世紀初頭を舞台に、麻薬の密売

戦アルティメイタム』以来でしたが、温かく迎えてくれたので、全然知らない場所にポンと行ったのではなく、久しぶりに帰って来た！　という感じでした。

アイドル活動と修業をリンク

――第36話「猛烈！　アイドル宣言！」＆第37話「習得！　それぞれの道！」はアランの修行回で、続く第38話「復活！　英雄の魂！」はジャイロとの決着戦です。ここも燃えるエピソードでした。

アランの修行に加えてアイドル要素もプラスされましたが、これは高橋さんからのリクエストです。脚本の⑩長谷川圭一さんもアイドル回にノリノリでしたね（笑）。

今回改めて感じたのが、『ゴースト』は、海外ドラマのように、様々なキャラクターの物語が同時に進行する構成だという事ですね。それぞれの物語が途中でシンクロしたり、別々の結末を迎えたり。特に第36話＆第37話は、前回担当したエピソード以上に、そのスタイルを強く感じました。どうやってアカリとホナミを中心としたアイドルたちの友情と、アランの修行をシンクロさせて盛り上げようか？　という所がチャレンジでしたね。

そこで思い付いたのが、曲をバックにアカリたちのダンスの練習と、アランの修行を交互に描写する手法です。ダンスと格闘技と、それぞれジャンルは違いますが、人物の心情の変化はシンクロしていたと感じたからです。ここは80年代のサントラベースのアメリカ映画の影響が大きいシーン

をするギャング一味に従兄弟たちを殺された主人公チェンが、復讐に燃えて戦いを挑む姿を描く。

⑨拳精
1978年に製作の香港映画。ジャッキー・チェン主演で、武術指導も行っている。主人公のイーロンが5人の精霊から五匹の獣をモチーフとした拳法「五獣拳」を学び、「七殺拳」を操るルーツァオと激突する。ジャッキー作品の中でも、非常にコメディ色が強いことで知られている。

⑩長谷川圭一
日本で活動する脚本家。主にアニメ、特撮作品を手掛ける。美術部として様々な映像作品に携わる傍ら、1996年の『ウルトラマンティガ』で脚本家としてデビュー。以後、2013年の『ウルトラマンギンガ』までの平成ウルトラマンシリーズに参加。2009年、『仮面ライダーW（ダブル）』以降は平成仮面ライダーシリーズにも参加する。2011年の『仮面ラ

ですね（笑）。完成した映像を見た高橋さんから「とても坂本監督っぽい演出ですね」と言われました（笑）。

――⑪Harp+y4によるステージもよかったです

事前に楽曲を作ってもらい、キャストにダンスと歌の練習をしてもらった成果が出たと思います。アイドル回の演出をする時に、絶対にステージやMVなどの歌唱シーンは、それ独自でも普通のアイドルと変わらないクオリティで見せたい！　という拘りがあります。

ドラマなどでアイドル描写がある時に、それがただの背景として描かれて、アイドルとしての魅力がおろそかになっている作品も多々見かけます。それでは物語上もアイドルとしてのキャラが成立しないという思いがあり、『仮面ライダーフォーゼ』のクイーンフェスの映像や、『獣電戦隊キョウリュウジャー』でのキャンデリラ役の⑫戸松遥ちゃんのライブシーンも拘りを持って撮りました。なので、Harp+y4のライブシーンも気合が入っています！　それぞれの作品のフルの歌唱&ダンスシーンが、Blu-rayの特典映像として収録されているのでご確認下さい（笑）。

このエピソードのゲストヒロイン・ホナミ役として⑬奥仲麻琴ちゃんに出演していただいたのですが、その理由としては、今は卒業していますが、彼女は⑭「PASSPO☆」というアイドルグループに所属していた本物のアイドルだったからです。やはりアイドルグループのリーダーとして仲間を引っ張っていく役柄は、本物のアイドルじゃないとオーラが出ませんからね（笑）。

イダーW（ダブル）RETURNS 仮面ライダーアクセル』ではカメオ出演もしている。

⑪Harp+y4
『仮面ライダーゴースト』の第36話と第37話に登場した4人組のアイドルグループ。劇中歌の「全力スタートライン！」も歌唱している。

⑫戸松遥
日本で活動する声優、女優、歌手。2007年に『がくえんゆーとぴあ まなびストレート！』で声優デビュー。2013年には『獣電戦隊キョウリュウジャー』で喜びの戦騎 キャンデリラの声優を担当する他、キャンデリラの人間態としても出演している。『ハピネスチャージプリキュア！』や『妖怪ウォッチ』など数多くのTVアニメで主演する他、2008年からは歌手活動も精力的に行っていて、2009年には声優ユニット「スフィア」を結成し日本武道館でコンサートを開くなど精力的に活動。坂本監督の『白魔女学

『ウィザード』のコヨミ役と全然違う役柄ですが、麻琴ちゃんのアイドルオーラの凄さは、『俺たち賞金稼ぎ団』の主題歌をPASSPO☆にお願いした時に、舞台挨拶で直接見てビックリしましたから。

そして、今回どうしてもチャレンジしたかったのは、アカリ役の⑮大沢ひかるちゃんの新しい魅力を引き出したいという事です。アカリはリケジョという設定だったので、女性的な魅力というよりもインテリな部分や、御成と組んでのコメディ担当という印象が強かった気がします。本人は体育会系の爽やかな魅力を持つ綺麗な娘なので、このエピソードで、ひかるちゃんのその部分を見せられればと思いました。

ただ、丁度その頃ひかるちゃんは、運悪く別の撮影で腰を痛めてしまっていました。ですが、それを押してもダンスシーンを絶対やり遂げる！　という彼女の強い意志と頑張りで撮影に挑み、また、その姿が劇中のアカリとも重なり、感動したのを覚えています。

ミスター仮面ライダーVS仮面ライダー

――第38話の見せ場と言えば、タケルとジャイロの決戦だと思います。まずジャイロを演じたのが高岩成二さんだという事に驚かされました。

高岩さんが『ゴースト』に顔出し出演していたので、これは絶対撮らなきゃ！　という不思議な

園オワリトハジマリ』（2015年）に出演し、劇中歌も披露している。『パワーレンジャー ミスティックフォース』の日本語版吹き替え版で、ブルーレンジャーに変身するマディソン役を担当。

⑬奥仲麻琴
日本で活動する女優。元PASSPO☆のメンバーとしてアイドル活動も行っていた。2011年には写真集『RUN RUN まこと』を出版。2012年の『仮面ライダーウィザード』にて、ヒロインのコヨミ役を演じる。『仮面ライダーゴースト』では、坂本監督が担当した第36話、第37話にてアイドルのホナミ役とホナミに取り憑いたサンゾウ役を演じている。その他に『俺たち賞金稼ぎ団』（2014年）では、PASSPO☆として主題歌を担当している。

⑭「PASSPO☆」
日本で活動するアイドルグループ。「みんなでつくるアイドルユニット」をコンセプト

使命を感じ（笑）、台本に組み込んでいただきました。

タケル役の⑯西銘駿くんは可愛いらしい顔をしていますが、凄く運動神経が良くて、アクションが上手いんです。吹っ飛ばされたりする、いわゆる〝リアクション〟も気持ち良く決めてくれます。それは第29話&第30話の撮影時に、ちょっとだけ西銘くんに動いてもらった時から感じていて、是非、高岩さんと戦わせたいと思いました。


――高岩さんと西銘さんのアクションの絡みに加えて、連続フォームチェンジがテレビで観られたのにも驚きました。


以前から最終フォームが登場すると、基本フォームやそのバリエーションのフォームの活躍が少なくなる事が気になっていました。何とか物語終盤でも基本フォームの活躍を描けたら……という願いもあった所、第38話がタケルが15の英雄たちと絆を再確認するというエピソードだったので、これは願いを叶えるには丁度良い！　と思いました。

今回の本打ちをしている時期が、⑰諸田敏監督の夏映画『劇場版 仮面ライダーゴースト 100の眼魂とゴースト運命の瞬間』の撮影準備をしている頃でした。そこで、高橋さんに夏の劇場版では連続フォームチェンジはするのですか？　と確認した所、その予定はないとの事。それを聞き、これで条件は揃った！　という感じで、連続フォームチェンジを提案させていただきました。

今後は最終フォームのゴースト ムゲン魂が活躍していく事になるし、英雄たちとの絆を描くと

に、ファンやメンバーによる意見を集めながら結成された。キャビンアテンダントをイメージした衣装や、専門用語である「PASSPO☆用語」があり、旅や空をイメージした世界観を徹底しているのが特徴。

⑮大沢ひかる
日本で活動する女優。2011年に舞台『プール・サイド・ストーリー』の主演、岬役で女優デビュー。2015年に『仮面ライダーゴースト』でヒロインの月村アカリ役で出演。その後も『猫忍』（2017年）や『恋がヘタでも生きてます』（2017年）など、TVドラマや映画を中心に活動を続けている。

⑯西銘駿
日本で活動する俳優、モデル。2014年に第27回「ジュノン・スーパーボーイ・コンテスト」でグランプリを獲得。2015年に『仮面ライダーゴースト』で仮面ライダーゴーストに変身する天空寺タケル役を演じ、俳優デビュー

いう意味でも、面白いんじゃないかという事で、高橋さんからも賛同をいただき、TVシリーズで、あのような豪華なシーンを組み込む事が出来たんです。そこからはいつものようにパズルを組み立てる宿題に追われましたが（笑）。

合成カットは各エピソードで使用制限があるのですが、担当回内でのヤリクリは可能です。今回は3話持ちだったので、最終的に3話分の合計カット数が既定内に収まっていれば良いのです。幸いにも第36話&第37話はアイドル回で、比較的合成カットを使わずに成立するエピソードだったので、その分を第38話に回して、思いっきりやらせていただきました。

短い期間でも充実できた『ゴースト』

――最近は本当に運動神経がいい若い役者さんが多くて、配役に関してはその点も重視して選んでいるという感じもします。

基本的に運動神経が良いか悪いかが、キャスティングの決定条件になるかどうかは分かりませんが、事務所さんを含めて、キャストに普段から体を鍛えるように指導する習慣はついて来ていると思います。特撮以外でもキャストにアクションを要求する作品は男女関係なく増えていますし、自分のジムにも練習しに来る役者さんは増えています。

『ゴースト』のキャスト陣もみんな、アクションの要求にも一生懸命答えてくれました。最近は

を果たす。その後もTVドラマ『未解決の女 警視庁文書捜査官』（2018年）や舞台『おおきく振りかぶって』（2018年）などで活躍している。2017年からはエンターテイメント集団「男劇団 青山表参道X」のメンバーとしても活動している。

⑰諸田敏
日本で活動する映像作品の監督。1985年、『電撃戦隊チェンジマン』に助監督として参加するが、1991年以降は数々のTVドラマで助監督を経験した後、1996年に『超光戦士シャンゼリオン』で特撮作品に復帰。同作品で監督としてもデビュー。以後はスーパー戦隊シリーズや平成仮面ライダーシリーズをコンスタントに手掛けるようになる。CGを使ったユーモラスな演出や、キャストに〝水落ち〟させることで知られている。また、自らの監督回にカメオ出演することも多い。

⑱聡太郎
日本で活動する俳優、モデル。

自分が監督で入ると聞くと、キャストたちのほうからアクションがしたいアピールが来るようになりました（笑）。

『宇宙戦隊キュウレンジャー Episode of スティンガー』を担当した時も、僕はVシネマで初めて『キュウレンジャー』の現場に参加したのに、キュウレンジャーのメンバーみんなから続々と、「アクションやらせて下さい！」ってお願いをされました（笑）。

『ゴースト』は担当させていただいたのが合計で5話という短いスパンになってしまいましたが、タケル、マコト、アラン、それぞれのアクションシーンや、劇場版並みの連続フォームチェンジ、小宮有紗ちゃんや奥仲麻琴ちゃんなどのゲストヒロインの参加、御成のコスプレと天才的なコメディ、『獣拳戦隊ゲキレンジャー』の頃は叶わなかったジャベル役の⑱聡太郎とのお仕事、⑲竹中直人さんとの再会など、色々と思い出深い出来事が多く、非常に楽しかったですね。

竹中直人さんとは、『009ノ1 THE END OF THE BEGINNING』に出演していただいた以来だったのですが、ちゃんと覚えてくださっていて、当時の現場でのエピソードなんかも話されていました。

あれだけたくさんの作品に出演されているのに、本当に凄い方だなぁと驚きました。

1999年に第12回「ジュノン・スーパーボーイ・コンテスト」で審査員特別賞を受賞後、俳優業を中心に活動。アメリカ出身で英語もネイティブ。2007年に『獣拳戦隊ゲキレンジャー』でゲキチョッパーに変身する久津ケン役で出演の他、『仮面ライダーゴースト』では眼魔スペリオルに変身するジャベル役を演じた。

⑲竹中直人
日本で活動する俳優、コメディアン。1977年の芸能界デビュー後、コメディアンとして多数のバラエティ番組で活躍。俳優としても独特な演技でさまざまな作品に出演し、1996年には大河ドラマ『秀吉』で演じた豊臣秀吉役が好評となり、その後何度も秀吉役を演じている。2015年に『仮面ライダーゴースト』で仙人（イーディス）役でレギュラー出演。映画やTVドラマといった俳優活動だけでなく、声優やバラエティ番組の司会者、映画監督など多岐わたって活動する。

仮面ライダーエグゼイド

平成仮面ライダーシリーズ第18作目。バグスターウイルス感染者、通称ゲーム病患者を救うために衛生省が組織した電脳救命センター（CR）に選ばれた〝天才ゲーマーM〟こと研修医の宝生永夢。彼はウイルス感染者から生み出された怪人、バグスターを倒して患者を治療するため、仮面ライダーエグゼイドに変身する。患者の身体だけでなく人の心も救おうとする永夢の前には、ひと癖もふた癖もある医者＝仮面ライダーたちが現れ、戦いは混迷を極めていく。

坂本監督はTVシリーズにおいては初期の第3話&第4話の監督を担当。時期的にはそれに続く形で前作の『仮面ライダーゴースト』との競作となる劇場版を監督し、新たに「平成ジェネレーションズ」シリーズを打ち立てた。

TV『仮面ライダーエグゼイド』（全50話）2016年10月～2017年8月／映画『仮面ライダー平成ジェネレーションズ Dr.パックマン対エグゼイド&ゴーストwithレジェンドライダー』2016年12月10日公開

『ゴースト』と『エグゼイド』どっちを選ぶ？

——『仮面ライダーゴースト』の次の仮面ライダーシリーズである『仮面ライダーエグゼイド』の第3話「BANしたあいつがやってくる！」と第4話「オペレーションの名はDash！」を担当していますが、引き続きお願いしますということになったのでしょうか。

『仮面ライダーゴースト』の第36話～第38話を撮影中のタイミングで、『仮面ライダーエグゼイド』は大森敬仁①プロデューサーの指揮の元、既に準備に入っていました。その時に、『ゴースト』の高橋一浩②プロデューサーのほうから、その時はまだ「MOVIE大戦」と呼んでいましたが冬映画のオファーをいただいたんです。

「それは是非に！」と、お引き受けした所、まだ冬映画の撮影が始まるまでに時間があるので、

①大森敬仁
日本の映像作品のプロデューサー。東映所属。2005年、『仮面ライダー響鬼』でプロデューサー補を務め、2008年の『仮面ライダーキバ』でサブプロデューサーとなる。2013年、『獣電戦隊キョウリュウジャー』でメインプロデューサーを担当し、以後は『仮面ライダードライブ』（2014年）、『仮面ライダーエグゼイド』（2016年）、『仮面ライダービルド』（2017年）を手掛ける。

②高橋一浩
日本の映像作品のプロデュー

タイミング的にもう1回TVシリーズの撮影に入れそうだとの事でした。

でも、それがもう一度『ゴースト』を担当するのか、MOVIE大戦の前に『エグゼイド』のTVシリーズを経験しておいたほうが良いか、大森プロデューサーと調整するのでお待ち下さいとの事になったんです。

プロデューサー間で相談した結果、やはり『エグゼイド』のTVシリーズを経験しておいたほうが良いのではという事で、急遽『エグゼイド』への参加が決まりました。


――第3話は仮面ライダースナイプ、第4話は仮面ライダーレーザーという、メインキャラクターとなる新仮面ライダー登場のエピソードですが、撮影に入るまでどのような準備をしていたのでしょうか。


パイロット版に当たる第1話&第2話が完成する前に撮影に入る必要があったのですが、僕は『エグゼイド』の立ち上げには関わっていなかったので、準備段階から手探り状態でした。

まず大森プロデューサーと打ち合わせをし、『エグゼイド』のコンセプトや世界観、キャラクターなどの説明を受け、そこから脚本家の高橋悠也③さんや石森プロの方々と本打ちに入りました。

第3話は3号ライダーのスナイプ、第4話は4号ライダーのレーザーの紹介回で、それぞれがシューティングとバイクレースを基本とした戦闘スタイルなので、ふんだんにアクションを交えて印象的に紹介して下さいとのリクエストを受けました。

本作のチャレンジは、すべてのアクションがゲーム世界を中心に繰り広げられるので、そのゲー

サー。東映所属。坂本監督が関わった2009年の『仮面ライダーW（ダブル）』と2011年の『仮面ライダーフォーゼ』にてサブプロデューサーを担当。2012年にテレビ朝日コンテンツビジネス戦略部へと出向し、そこで『白魔女学園』（2013年）シリーズを手掛ける。2015年に東映に復帰し『仮面ライダーゴースト』でメインプロデューサーを担当する。

③高橋悠也
日本で活動する脚本家。主に映画、TVドラマ、アニメなどを手掛ける。劇団UNIBIRDの主催者でもあり、公演の脚本・演出も担当している。2016年には『仮面ライダーエグゼイド』のメイン脚本を担当。TVシリーズ全話に加えて劇場版やVシネマ、小説など、『仮面ライダーエグゼイド』に関わるすべての物語を手がけた。2018年に公開された映画『仮面ライダーアマゾンズTHE MOVIE最後

ム世界をどう表現するか？　という所にあると感じました。

撮影中でお忙しい中、④中澤祥次郎監督にビジョンの共有の為、ゲーム世界の映像表現やCGエフェクトの事などを質問させていただき、撮影された第1話と第2話の素材にCGが加わるたびに確認させていただいたりと、少しずつイメージを固めて行きました。

ヒーロー作品の垣根を払う

――第1話、第2話は、武器などで打撃をヒットさせても火薬を使わずCGによるヒットエフェクトを多用していたので、『エグゼイド』はそういった方向性で行くのかと思っていたら、第3話では空間をジャンプ移動しながら爆破もガンガンやっていたので「おぉっ！」となったのを覚えています。


スナイプはシューティングゲームをベースにしたライダーなので、必然的にアクションは銃撃戦を基本としたスタイルとなり、その場合は爆発を使った演出は効果的になります。

戦闘シーンのロケーションも、火薬が自由に使える場所を選び、中澤祥次郎監督が使ったゲームのようなエフェクトにプラスする形で、実際の爆破とワイヤーアクションを混ぜて行きました。

仮面ライダーで爆破とワイヤーを交えた激しい銃撃戦を撮るのは、Vシネマの『仮面ライダーW（ダブル）RETURNS 仮面ライダーエターナル』の冒頭、NEVERのアクションシーン以来だったので、楽しかったですね。


ノ審判』の脚本も担当。

④中澤祥次郎
日本で活動する映像作品の監督。1993年、『五星戦隊ダイレンジャー』に助監督として東映特撮作品に参加する。2000年、『未来戦隊タイムレンジャー』で監督デビュー。2007年、『獣拳戦隊ゲキレンジャー』ではメイン監督を担当。2008年『仮面ライダーキバ』からは平成仮面ライダーシリーズにも参戦する。コミカルな演出に定評がある一方で、熱い展開では画面から高い熱量を感じさせるほどのシーンを作り上げるなど、優れた演出手腕を発揮する。

レーザーに関しては、ゲーム世界とはいえ本物のバイクレースで表現したかったので、撮影で使えるサーキット場を探していただき、そこにカメラを車両に搭載出来るカメラカーや、バイクをワイヤーで吊れる大型のクレーン車を持ち込んで、大掛かりな撮影を実行しました。

自分は普段はゲームをまったくやらないので、今回の宿題は、過去の作品を見るのではなく、動画配信サイトのＹｏｕＴｕｂｅで延々とゲーム画像を検索してプレイ画面を見る事でしたね（笑）。

今までの撮影との大きな違いは、スタビライザー⑤の付いた小型の最新カメラＯｓｍｏを自由に動かし、ゲームのプレイ画面のような臨場感のあるハイクオリティな映像が撮れるようになった事ですね。

仮面ライダーシリーズは、今までも搭載型の小型カメラＧｏＰｒｏや、リモコンで操作するドローンなど、最先端のカメラを導入して撮影されて来ました。数年前までは不可能だった事が、手軽に表現出来るようになるというのは凄い事ですよね。

撮影を始めて嬉しかったのは、キャストの中に『ウルトラマンX』で一緒だった、松本享恭⑥くんがスナイプに変身する花家大我役で入っていた事ですね。彼は根が真面目で可愛らしく、しかも自分が大我の初変身回を担当するというのも、何かの縁を感じました。

――仮面ライダー、スーパー戦隊、ウルトラマンと多くのヒーロー番組を股にかけている役者さんも多くなりました。昔はあまりそういうのはよくなかったという話も聞いていますが。

⑤スタビライザー
自動車やカメラなどに取り付けられた揺れを抑える機構のこと。

⑥松本享恭
日本で活動する俳優。2015年に『ウルトラマンX』の貴島ハヤト役で俳優デビューし、2016年には『仮面ライダーエグゼイド』で仮面ライダースナイプに変身する花家大我を演じた。その後も『人狼ゲーム ロストエデン』（2018年）、『福岡恋愛白書13 ～キミの世界の向こう側～』（2018年）などに出演している。

作品の間が近過ぎたり、主人公やメインキャストを演じた役者さんは、前に演じていた役のイメージが強いので、特撮作品への続投を避けるという事はあると思います。ただ、近年は過去にどんな作品に出ていたかよりも、その役に合っているかどうかを基準にキャスティングされる事が多く、偶然に特撮作品が続いたというケースも発生しますね。

僕もウルトラマンシリーズを担当する時に、役に合っていれば東映さんの作品に出ていた人をキャスティングする事もありますし。

——僕らヒーロー好きからすると、仮面ライダー、スーパー戦隊、ウルトラマンというのが3大ヒーローという認識ですから、それらの番組にすべて出た方というのは特別な目で見てしまいますね。

グランドスラムですね（笑）。僕もその輪を広げられるように、引き続き頑張ります！

新たなアクション俳優を排出する事務所

——『エグゼイド』のキャストに関して九条貴利矢役の小野塚勇人[7]さんは、劇団EXILE所属ですよね。LDH JAPAN[8]の方々って、最近特撮界でよく見かけるというか、映画『HiGH&LOW』[9]シリーズのヒットもあって、新たな時代のアクション俳優の総本山的な事務所になるような気もしています。

小野塚くんと同じ劇団EXILEに所属する小澤雄太[10]くんとは、『ウルトラマンジード』で一緒にお仕事しましたが、ふたりとも体育会系の印象ですよね。身体能力も高かったですし、安心し

⑦小野塚勇人
日本で活動する俳優。2010年頃から舞台を中心に活動し、2012年に劇団「EXILE」に加入。2013年の舞台『吾輩は坊さんである』では主演を務めている。2016年、『仮面ライダーエグゼイド』にて仮面ライダーレーザーに変身する九条貴利矢役で出演し人気を博する。代表作は『HIGH & LOW』シリーズ（2015年～2017年）。

⑧LDH JAPAN
株式会社LDH JAPAN。芸能事務所。ダンス&ボーカルグループ「EXILE」の初期メンバーで設立したエグザイルエンタテイメント有限会社を前身としており、EXILEが国民的人気グループになったことにより事業を拡大。「三代目 J Soul Brothers from EXILE TRIBE」「E-girls」といったアーティストに加えて、天野浩成、早乙女太一といった俳優など、多岐にわたるジャンルの芸能人が

てアクションを任せる事が出来ました。

今後も特撮作品に、彼らのような才能のある俳優さんが参加してくれると、色々な可能性が広がると思いますね。

第4話では、小野塚くんの身体能力を活かして、アクション監督の宮崎剛[11]さんが、彼の変身ポーズに蹴りの動きを組み込みました。

他のキャラは皆、手でゲーム画面を選択する所、貴利矢だけは蹴りで選択するという。貴利矢はニヒルながらも憎めない部分があったり、今までのライダーにはなかったキャラクターですよね。そこに小野塚くん本人の魅力も加わり、更にキャラクターを面白くしていると思います。

フォーゼを超える衝撃来たる！

――エグゼイドのデザインに関してはどう思われましたか？

エグゼイドのデザインは、正直な話、仮面ライダーフォーゼを見た時より衝撃的でした（笑）。

SDガンダムのようなシルエットのレベル1も驚きですが、レベル2もかなりの物です。

自分の中にある仮面ライダー像とはあまりにもかけ離れたビジュアルでしたね。同じピンクが基準色なディケイドはカッコ良く感じられたのですが、エグゼイドは仮面ライダーを象徴する要素が見当たらないというか……やはり、あの目にはかなりインパクトありますよね（笑）。

所属している

⑨『HIGH&LOW』シリーズ
ある荒廃した街を舞台に、5つのグループの抗争劇を描いたTVドラマ『HIGH&LOW～THE STORY OF S.W.O.R.D.～』を起点として作られた総合エンタテイメントで、TVだけでなく舞台、映画、漫画と様々なメディアで物語を展開。全員主役と謳ったクセの強いキャラクターや独自の世界観が話題を呼び、大人気のコンテンツとなった。

⑩小澤雄太
日本で活動する俳優。2009年に「第1回劇団EXILEオーディション」に合格し、俳優として活動開始。ブレイクダンスを特技とする。劇団EXILE公演を始め、数々の舞台やTVドラマで活動し、2017年の『ウルトラマンジード』で伊賀栗レイト役として出演。ウルトラマンゼロが乗り移った状態と、気弱なサラリーマンの

新しい仮面ライダーのデザインには毎回驚かされながらも、撮影した後は「仮面ライダーを撮った！」という充実感があるのですが、『エグゼイド』だけはTVシリーズと映画を撮った後でも、「あれ？　今、自分が撮ったのって仮面ライダーだっけ？」という気持ちが残りましたね。

『仮面ライダーW（ダブル）』に登場する仮面ライダーアクセルは、自身がバイクに変形したり、仮面ライダーとしては珍しい部類に入ると思うのですが、何故か仮面ライダーとして認識出来るし、カッコ良いとも感じます。

仮面ライダー鎧武（ガイム）に関しても、初めて見た時は、仮面ライダーとして挑戦的なデザインだなぁと思っていましたが、『Dr．パックマン対エグゼイド＆ゴーストwithレジェンドライダー』で鎧武（ガイム）がエグゼイドと並んだ時に、「あっ！　やっぱり鎧武（ガイム）って仮面ライダーなんだ！」と感じました。

『エグゼイド』のライダーたちと何が違うのか？　具体的に説明出来ないのがもどかしいですが（笑）。『エグゼイド』は、そういったカルチャーショック的な部分も大きく、僕の中ではかなりインパクトの強い仮面ライダーでしたね。

――『エグゼイド』の物語に関してはいかがでしたか。こちらはファンの間で、とても評価が高いです。

キャラクターは凄く魅力的ですし、〝医療〟と〝ゲーム〟という別世界のテーマの融合や、シリアスなドラマもあり、物語の構成や展開も含めてかなり面白いですね。ゲーマドライバー[12]やラ[13]

レイトの芝居の使い分けが好評で人気キャラとなる。

⑪宮崎剛
JAE所属のアクション監督。主に東映特撮作品でスタントマン、スーツアクターとして活動後、1999年の『救急戦隊ゴーゴーファイブ』よりアクション監督に転向。2001年、『仮面ライダーアギト』以降は平成仮面ライダーシリーズを手掛けるようになり、翌年の『仮面ライダー龍騎』以降、『仮面ライダーウィザード』、『仮面ライダー鎧武／ガイム』、『仮面ライダードライブ』以外のシリーズでは、メインのアクション監督を担当。

⑫ゲーマドライバー
『仮面ライダーエグゼイド』に登場する変身ベルトで、〝適合者〟と呼ばれる人間のみが使用可能。変身の際には「ライダーガシャット」が必要になる。

⑬ライダーガシャット
『仮面ライダーエグゼイド』

イダーガシャットといったギミックや、変身シークエンスや必殺技もカッコ良いと思います！
僕も作品を離れてしまった後も、ファンとして映画やVシネマも含めて夢中で見ていましたね。

隣の芝生は青く見える……!?

――仮面ライダーのイメージに縛られない新しいヒーロー像を作るというチャレンジ的な意味合いもあったのかもしれないですね。この時期、仮面ライダーはもう1作ありましたから。

『仮面ライダーアマゾンズ』ですね！　あの作品は『仮面ライダーTHE FIRST』や『仮面ライダーTHE NEXT』を彷彿させますよね。僕は本当に昭和ライダーが大好きなので、『アマゾンズ』を羨ましいなぁ！　と思いながら見ていました（笑）。

平成初期の作品の雰囲気を出しながらも、スプラッター描写など、かなり挑戦的な事もしているし、デザインもカッコ良いですよね！『THE FIRST』と『THE NEXT』もそうですが、昭和ライダーのアレンジの仕方が絶妙にカッコ良い。

ネット配信という新しい土俵を得たことで、スタッフの皆さんは水を得た魚のように活き活きとしていました。撮影所で『アマゾンズ』のスタッフと話すと、みんな「こっち楽しいよ～！」って自慢するんです（笑）。

『アマゾンズ』は、僕もよく知る[14]田渕景也がアクション監督を務めていて、新鮮なライダーア

に登場するアイテム。ゲームソフトがモチーフとなっており、ゲームハードにあたるゲーマドライバーに差し込むと、そのソフトに登場するキャラクターの力を持った仮面ライダーに変身できる。

⑭田渕景也
スタントチーム「Gocoo」所属のアクション監督。数多くの映画、TVドラマのアクション監督を務めており、代表作としては映画『HENTAI KAMEN』（2013年）、映画『進撃の巨人 ATTACK ON TITAN』（2015年）などがある。

クションを見せてくれましたし、『THE FIRST』と『THE NEXT』では、⑮横山誠さんの度肝を抜くワイヤーアクションとバイクアクションが光っていました。

いつの日か、僕も『アマゾンズ』や『THE FIRST』、『THE NEXT』のようなアダルトな仮面ライダーを撮ってみたいですね。

オールオリジナルキャストという挑戦

――TVシリーズ『エグゼイド』から引き続きという形で、『Dr. パックマン対エグゼイド&ゴースト with レジェンドライダー』に行くわけですけども、どのような感じの立ち上がりだったのですか。

最初の打ち合わせでは、MOVIE大戦恒例の「さて、今年は何をやりましょうか?」という所から始まりました(笑)。

この時点では、大森プロデューサーのほうから、『エグゼイド』としては、何か実在するゲームとコラボしたいという事と、前年の⑯『仮面ライダー×仮面ライダー ゴースト&ドライブ 超MOVIE大戦ジェネシス』に習い、1本の映画として製作したいという事以外決まっていませんでした。

前に担当したMOVIE大戦2作では、変化を持たせるためにW(ダブル)を出したり、石ノ森キャラをリブートしたりしましたが、それから何年か経ち、今、新しい事、みんなが見たい仮面ライダー映画とは何だろう? という点に頭を悩ませました。

⑮横山誠
日本で活動する映像作品の監督、アクション監督。有限会社AAC STUNTS代表取締役社長。かつてはスタントマンとしても活躍しており、パワーレンジャーの仕事を機に渡米。そこで坂本監督と出会い、監督としての道を歩むこととなる。代表作に『キューティーハニー THE LIVE』『牙狼〈GARO〉~闇を照らす者~』など。

⑯『仮面ライダー×仮面ライダー ゴースト&ドライブ 超MOVIE大戦ジェネシス』
仮面ライダーのクロスオーバー作品「MOVIE大戦」シリーズの第7弾で、2015年公開。『仮面ライダードライブ』は4本目、『仮面ライダーゴースト』は初の劇場作品となる。複数のパートに分かれていたそれまでのMOVIE大戦とは違い、1本のストーリーのみで構成されている。

僕がメイン監督を務めた『仮面ライダーフォーゼ』の後からちょうど『エグゼイド』で5作目にあたり、ライダー生誕45周年です。そこで思い付いたのが、ここで『ウィザード』以降の5人を集められたら、面白い作品になりそうだという事です。

今まで春映画などで、沢山のライダーが集まった事はありましたが、近年のライダーに限定した集合映画はありませんでした。また、人数を絞ったほうが、各ライダーの見せ場も作りやすいのではないか？　と思ったからです。

早速、そのアイデアをプロデューサー陣に提案すると、まずは東映とテレビ朝日のほうで、このコンセプトで良いか一度協議するとの事でした。

無事に全員一致で、『ウィザード』から『エグゼイド』までの集合映画を作る事が決まった後は、次なる壁として、オリジナルキャストを何処まで集められるか？　という大きな課題が待ち受けていました。

ここからの作業が大変です。公開日は既に決まっているので、時間はあまりありません。どのキャストが参加出来るか分からないまま、参加キャストの組み合わせを想定して色々なバージョンのプロット作りや、コラボするゲームの交渉が始まりました。

僕は近年アメリカで続々作られているマーベル・シネマティック・ユニバースや、ＤＣエクステンデッド・ユニバースの映画でのヒーロー同士のコラボレーションが大好きなので、今度こそ仮面ライダーでそれに近い映画が撮れる！　と意気込んでいましたね。ある意味、以前からやりたかった石ノ森アベンジャーズです（笑）。

その後、１９８０年に爆発的にヒットしたナムコ（現バンダイナムコエンターテインメント）さんのゲーム、「パックマン」[17]とのコラボが無事に決まり、どうしてもスケジュールの都合のつかなかった佐野岳[18]くん以外のキャストの参加も、徐々に確定して行きました。タイトルも、今までのＭＯＶＩＥ大戦シリーズではなく、正式に〝平成ジェネレーションズ〟となる事に決まりました。

デルザー軍団編という大発明

――「平成ジェネレーションズ」シリーズは、出演できる役者さんの都合に合わせて、内容を変える必要があるんですね。

レジェンドライダーたちの参加、不参加が、作品の構成にあまりにも大きく影響してしまうと、台本自体が作り直しになってしまうので、あくまでも主役として宝生永夢と天空寺タケルが物語のコアとなり、そこにレジェンドライダーたちがどう絡んで行くか？　という所に折衷案を求める方法を取りました。

ただ、参加キャストが決まっても、皆さんそれぞれお忙しいので、どれくらいスケジュールが貰えるかは、撮影ギリギリになるまで、分からない状態です。

⑰「パックマン」
１９８０年にナムコから発売されたアーケードゲーム。日本だけでなくアメリカでも大ヒットを記録し、２００５年には「最も成功した業務用ゲーム機」としてギネス・ワールド・レコーズに認定を受けた。２０１６年に公開された『仮面ライダー平成ジェネレーションズ Dr．パックマン対エグゼイド&ゴースト ｗｉｔｈ レジェンドライダー』では、敵キャラクターとして登場している。

⑱佐野岳
日本で活動する俳優。２０１１年の第24回「ジュノン・スーパーボーイ・コンテスト」でグランプリを受賞。２０１２年の舞台『ＳＡＫＵＲＡ』で俳優デビュー。２０１３年に『「また、必ず会おう」と誰もが言った。』で主演を飾る。同年、『仮面ライダー鎧武／ガイム』にて仮面ライダー鎧武（ガイム）に変身する主人公、葛葉紘汰役を演じ、特質された身体能力の高さを活かし、劇中で

そこで思い付いた次なる作戦が、〝デルザー軍団編〟[19]を、オマージュする事です。これは、『仮面ライダーストロンガー』のクライマックスの流れを踏襲し、それぞれのライダーが同じ目的に向かって行動して行き、途中で何人かが出会ったり、ニアミスしたりしながら、最後に勢揃いするという構成です。

登場人物全員が常に一緒に行動してしまうと、撮影スケジュール的に無理が生じますが、各自が役割を持って行動していれば、別々に撮影する事が出来ます。

そこで皆さんにお願いしたのが、スケジュール的にどれだけ無理をしても構わないので、半日だけで良いから、飯島寛騎[20]くん、西銘駿[21]くん、竹内涼真[22]くん、白石隼也[23]くんが揃う集結シーンが撮れる日を作って下さいという事でした。他のシーンは、パワーレンジャー時代にやっていたように、代役を使い片撮り[24]でも撮れる自信がありました。

その結果、プロデューサー陣の苦労と、各事務所さんにも色々とご協力していただき、何とか半日だけ全員が揃う日が確保出来ました。

――それが横並びで変身するシーンですね。

はい！　竹内くんや白石くんも売れっ子で忙しい中、この日の為に時間を空けてくれました。

――パズル作業みたいなスケジュール調整になりますね。

そうですね。この日は半日空きますとか、この日は1日使えますとか（笑）。例えば、ある日は

は吹き替えなしのアクションを多数披露した。その後、映画、TVドラマ、舞台などで活躍。「究極の男は誰だ!?　最強スポーツ男子頂上決戦」などのスポーツバラエティ番組にも定期的に出場しており、好成績を収めている。代表作は『下町ロケット』（2015年）、『陸王』（2017年）、『となりの怪物くん』（2018年）など。

⑲デルザー軍団編
1975年に放送された『仮面ライダーストロンガー』において、ブラックサタンに代わる敵組織、デルザー軍団登場以降のエピソード（第27話〜最終話）のこと。構成員が全員大幹部級という強敵揃いで、クライマックス近辺では世界中に散っていた仮面ライダーたちが日本に集結する。

⑳飯島寛騎
日本で活動する俳優。2015年に第28回「ジュノン・スーパーボーイ・コンテスト」でグランプリを受賞。201

飯島くんと西銘くんはいるけど白石くんはいない。となれば、永夢とタケルが乗り込んで来るカットを撮って、手前にいるバックショットの晴人は代役を使う。白石くんが参加出来る別の日に晴人向けのカットを撮る……しかし手前のバックショットの永夢は本人だけど、タケルはスケジュールの都合がつかないので代役にお願いする……的な感じです。

それを知った後に、改めて作品を観ていただくと、会話をしているシーンでも片方の人物だけしか写っていないシーンが結構あったりしますよ（笑）。

各役者さんのスケジュールを見比べながら、複雑なパズルをこなして、スケジュールを成立させてくれた、スケジューラーの[25]カミホリくんには感謝しています。彼が続編の『仮面ライダー平成ジェネレーションズFINAL ビルド&エグゼイドwithレジェンドライダー』で映画監督デビューしたのは本当に嬉しいです。

それぞれのアクションの見せ方に工夫を

――アクションシーンはご本人に演じてもらったんですか？ 竹内さんとか思いっきり叩きつけられたりしてましたけど。

さすがに顔の見えない吹き飛ばされるカットはスタントマンによる吹き替えになりますが、その他は全部ご本人に演じてもらっています。来瀬荘司を演じたプロレスラーの[26]棚橋弘至さんに持ち

6年の『仮面ライダーエグゼイド』にて仮面ライダーエグゼイドに変身する主人公、宝生永夢役として初主演を務める。2017年からはエンターテイメント集団「男劇団 青山表参道X」のメンバーとしても活動している。

㉑**西銘駿**
日本で活動する俳優、モデル。2014年に第27回「ジュノン・スーパーボーイ・コンテスト」でグランプリを獲得。2015年に『仮面ライダーゴースト』で仮面ライダーゴーストに変身する天空寺タケル役を演じ、俳優デビューを果たす。その後もTVドラマ『未解決の女 警視庁文書捜査官』（2018年）や舞台『おおきく振りかぶって』（2018年）などで活躍している。2017年からはエンターテイメント集団「男劇団 青山表参道X」のメンバーとしても活動している。

㉒**竹内涼真**
日本で活動する俳優。20

上げられたり、机に叩き付けられたりしているのはすべて竹内くん本人です。吹き替えを用意しているので、無理をしないようにと伝えても、可能な限り自分でやらせて下さい！　と、ヘトヘトになりながらも頑張っていました。

――白石さんはかなり狭い場所でアクションしていましたね。

素面アクションは、それぞれテーマを変えて構成しました。晴人は狭い所でトリッキーなアクションですね。白石くんはサッカーをやっていたので、蹴りが上手く、狭い所であえて蹴りを使って戦っています。進ノ介は力と力のぶつかり合いのパワー戦。永夢はＶＳ中国武術ですね。

――この作品におけるタケルのやられっぷりは凄まじかったです。

西銘くんは思いっきりの良いやられっぷりが画になるし、上手いんです（笑）。僕の神様ジャッキー・チャンもやられアクションの天才です。ジャッキー・チェンの見せ場と言えば、ボロボロにやられながらも立ち上がって行く所ですが、今作では西銘くんに、それを実演してもらっています。

ＮＥＶＥＲを超えるという難しい課題

――今回の敵となるゲノムプロジェクトにはどういったこだわりを込めたのでしょうか。

これだけヒーローが揃うと、それに対抗出来る強大な敵が必要になります。『仮面ライダーＷ（ダブル）ＦＯＲＥＶＥＲ ＡtoＺ／運命のガイアメモリ』に登場したＮＥＶＥＲ級の悪の集団を揃え

13年に女性ファッション誌「mina」主催のminaカレグランプリにてグランプリを受賞。同年、第43回東京モーターショー2013での企画「車家の人々」が実施した「次男は君だ!!オーディション」にてグランプリを受賞。ミニドラマ『車家の人々』で俳優デビュー。2014年、『仮面ライダードライブ』にて仮面ライダードライブに変身する泊進ノ介役で初主演を飾る。その後、映画、TVドラマ、CMなどに多数出演している。代表作にNHK連続ドラマ小説『ひよっこ』（2017年）、『陸王』（2017年）、『センセイ君主』（2018年）など。

㉓白石隼也
日本で活動する俳優。2007年に第20回「ジュノン・スーパーボーイ・コンテスト」で準グランプリを受賞。2008年の映画『制服サバイガールII』で俳優デビュー。2012年には『仮面ライダーウィザード』にて仮面ライダーウィザードに変身

たいという思いがありました。

NEVERはイメージカラーが黒だったので、今回は、『仮面ライダーエグゼイド』のテーマでもある〝医療〟に合わせて白をイメージカラーにしました。〝ドクター・テロリスト〟ですね（笑）。キャスティングも実際にアクションが出来る人たちに演じてもらい、説得力を出したかったんです。それで棚橋さんや、中国武術の世界ジュニアチャンピオンの経歴を持つ㉗山本千尋ちゃんにオファーしました。

――背の高さで際立っていた竜崎一成も目立っていました。

見た目にインパクトのある人を探していたら、㉘『クローズZERO』や㉙『ガチバン』シリーズなどに出演していた㉚鈴之助くんを推薦されました。数々のヤンキー映画でのアクション経験や、実際の格闘技の経験もあるので、すぐにオファーをかけましたね。

あれだけ背が高くて蹴りも上がるので、見栄えが良いですよね。本人も凄く面白い人柄だったので、すぐに仲良くなり、『モブサイコ100』でも、重要な役柄を演じてもらいました。

――財前美智彦を演じた㉛佐野史郎さんも不気味な存在感を放っていました。

佐野さんは、本当にノリノリでしたね（笑）。危ない科学者っぽい雰囲気でお願いしますと言ったら、「ああ。もう大丈夫です！」と、完璧な役作りでした。特撮が大好きで（特に、ゴジラとウルトラマンシリーズ）、現場にいる間、ずっと特撮の話をしていました（笑）。

する主人公、操真晴人役を演じた。特技はサッカーで、『ウィザード』においても晴人はかつてサッカー選手を夢見ていたという設定で、劇中にて華麗なボール捌きを披露した。坂本監督作品『仮面ライダー平成ジェネレーションズ Dr.パックマン対エグゼイド&ゴーストwithレジェンドライダー』では、およそ3年ぶりに同役を演じた。

㉔片撮り
方向により別々に撮影して、編集で同じ場所にいるように見せる事。

㉕カミホリ
上堀内佳寿也。日本で活動する映像作品の監督。2008年、映画『劇場版さらば仮面ライダー電王ファイナル・カウントダウン』で東映特撮作品に参加する。同年の『仮面ライダーキバ』から助監督として作品に携わり、その後、『仮面ライダーゴースト』の特別先行映像や、Vシネマ『ゴー

ちょうど『ウルトラマンオーブ』の最終回にご出演されたすぐ後だったので、ふたりで盛り上がっていましたね。その後、僕が日活撮影所で『ウルトラマンジード』の撮影をしている時も、偶然佐野さんも隣のスタジオで別の作品の撮影をしていて、特撮のセットに遊びに来てくれました。

――財前が変身するゲノムス、これは造形的にすごくカッコいいですよね。映画だけではもったいないキャラだな……と思っていたら、Vシネマにも登場しました。

5人の仮面ライダーたちが立ち向かっていく敵なので、強くてカッコ良くないと、映画としての面白さに欠けてしまいますからね。敵の描写にはいつも拘っています。次の理想は、スピンオフで『Dr.パックマン&ゲノムプロジェクトVS NEVER』ですね!(笑)。

鎧武(ガイム)を本物にするための苦労

――葛葉紘汰役の佐野岳さんの声はアーカイブからですよね。

佐野くんには出演オファーを出しのですが、どうしてもスケジュールの都合がつかず実現出来ませんでした。その代わり、声をアーカイブから使わせていただく承諾をもらえました。アシスタントプロデューサーが『仮面ライダー鎧武/ガイム』を全話観直して、使えそうなセリフをメモした後、音響チームが音声を抜き出したライブラリを作成し、その中から厳選した台詞を台本に入れ込んで行きました。

ストRE:BIRTH仮面ライダー スペクター』の監督などを手掛ける。2017年、『仮面ライダーエグゼイド』にて本編監督としてデビュー。同年、『仮面ライダー平成ジェネレーションズFINAL ビルド&エグゼイドwithレジェンドライダー』にて映画監督としてデビューした。2018年現在、東映特撮作品の若手監督のホープとして、大きな期待が掛けられている。

㉖**棚橋弘至**
日本で活動するプロレスラー、俳優。1999年に新日本プロレスに入団。2001年以降はトップレスラーとして活躍し続けている。仮面ライダーシリーズをこよなく愛しており、自身の決めポーズや決め台詞などにさまざまなオマージュが見られる他、「100年に一人の逸材」という異名も『仮面ライダーキバ』に登場する紅音也の台詞が元になっている。2016年には坂本監督作品の『仮面ライダー平成ジェ

編集作業が終了した後、実際にライブラリの音声を映像に挿入し、雰囲気と合わなかったり、台詞が足りなかった場合は、再度ライブラリから引っ張って来る作業を繰り返し完成させました。

――なかなか終わりの見えない手間のかかる作業ですね。

でも、佐野くんの声が入るのと入らないのだと、鎧武（ガイム）感が全然違うじゃないですか。今回は〝全員本人〟に拘ったので、妥協せずにやらせてもらいました。

佐野くんとは是非何処かでご一緒したいですね。彼の身体能力は素晴らしく、何度かウチのジムで一緒にアクションの練習もした事もあるので。

――『平成ジェネレーションズ』シリーズに関して言うと、鎧武（ガイム）は神様ということで、便利な立ち位置で活躍できる存在になりましたね。

ですね。『仮面ライダードライブ』のメインプロデューサーも担当していた大森プロデューサーの、地下深く眠っているベルトさん（ドライブドライバー）を持って来られるのは、神様しかいないのでは？ というアイデアで、あの天井を突き破って現れる鎧武（ガイム）の登場方法が決まりました（笑）。

――ドライブに変身する泊進ノ介の物語への絡め方も自然でした。

進ノ介は立場が警察官という事で、物語の中で登場させやすいですし、便利に機能出来ますよね。警察署に行けば、進ノ介がいても違和感がないので。

ネレーションズ Dr．パックマン対エグゼイド&ゴースト with レジェンドライダー』で、仮面ライダーシリーズへの出演を果たした。

㉗山本千尋
日本で活動する女優。幼い頃から中国武術を習っており、2008年に開催された第2回世界ジュニア武術選手権大会にて武術太極拳の世界王者になるなど、武術家として輝かしい経歴を残す。その後、女優に転向し、2013年、舞台『時空警察ヴェッカー1983』でデビュー。坂本監督の『仮面ライダー平成ジェネレーションズ Dr．パックマン対エグゼイド&ゴースト with レジェンドライダー』、『ウルトラマンジード』にも出演。

㉘『クローズZERO』
2007年公開の高橋ヒロシの漫画『クローズ』を原作とした実写映画。不良たちの巣窟となっている高校を舞台に、番長の座を賭けた壮絶な争いが繰り広げられ

苦労した拘りを込めて生まれた名作

――作業は大変そうですが、『Dr．パックマン対エグゼイド&ゴースト with レジェンドライダー』には、やはり坂本監督ならではの拘りをたくさん感じさせます。MOVIE大戦シリーズの歴史をさらに一歩進める、素晴らしい作品だったと思います。

ありがとうございます！　僕にとっては『仮面ライダー×仮面ライダー ウィザード&フォーゼ MOVIE大戦アルティメイタム』以来の劇場版仮面ライダーでしたし、今回はライダー生誕45周年記念作品という看板も背負っていたので、気合が入りましたね。

また、自分の首を締めるように各主題歌に合わせた連続フォームチェンジでバトルもやりましたし。今回も宿題の量が膨大でしたが（笑）。

『ウィザード』は、『MOVIE大戦アルティメイタム』で、『ゴースト』はすぐ直前まで撮っていたので覚えていましたが、リフレッシュする必要はありました。

『鎧武／ガイム』と『ドライブ』に関しては、本当にファン目線でしかオンエアを観ていなかったので、猛勉強する必要がありました。毎晩ノートにメモを取りながらエンドレスで映像を観まくる日々の繰り返しでしたね。ベルトや武器といったガジェットの扱い方法なども、すべてメモを取りました。やはりファンの方々をガッカリさせたくありませんから。

る。原作の1年前を描いた完全オリジナルのストーリーだが、原作の主要キャラクターも数名登場している。

㉙『ガチバン』シリーズ
2008年に公開された、不良たちの戦いを描くアクション映画『ガチバン』。その後、劇場作品とオリジナルビデオを合わせて全23作品が製作されている。

㉚鈴之助
日本で活動する俳優。1996年に劇場作品『地獄堂霊界通信』の主演で俳優デビュー。その後は『クローズZERO』や『ガチバン』シリーズなどに出演し、2016年に坂本監督作品『仮面ライダー平成ジェネレーションズ Dr．パックマン対エグゼイド&ゴースト with レジェンドライダー』でドラルバグスターに変化する竜崎一成で出演。劇中で長身を活かした鋭い蹴り技のアクションを披露している。『モブサイコ100』（2018年）にも出演している。

僕にとって現場では、造形管理の中村さんがアドバイザー的な存在で、ライダーの細部だけではなく、特撮全般を詳しく教えていただきました。撮影前に小学館さんから出てる「超全集」[32]などの資料を貸してくれたり、色々とお世話になりました。

さながらライダーファッションショー

――各仮面ライダーが連続フォームチェンジをする戦闘シーンの撮影は、一括でやった感じなんですか。

ロケーションの関係上、ウィザードと鎧武（ガイム）は同じ日でしたが、ドライブは別日です。午前中にヨーロッパっぽい風景のある場所でウィザードを撮り、その近くにある歴史保存館に移動して鎧武（ガイム）……という感じです。時間がそんなにあるわけではないので、手早く撮らないと終わりませんね。

――撮影に行くときの荷物だけでも凄い事になっていそうです。

大量ですよ（笑）。フォームチェンジに必要な分だけスーツをトラックに積んで行くわけですから。事前に使用フォームのリストを演出部と造形管理部に渡して、それに付随する武器とかも全部揃えてもらいます。

倉庫から出すだけで大変な作業ですが、現場ではさながらファッションショーのように、次から次へと助監督の指示により撮影順に合わせて準備します（笑）。

㉛佐野史郎
日本で活動する俳優。1975年に劇団「シェイクスピア・シアター」に参加し、俳優として活動開始。1992年、TVドラマ『ずっとあなたが好きだった』の桂田冬彦役で不気味な存在感を見せ、マザコンの同義語として「冬彦さん」と呼ばれるほどのブームを生み出す。その後も演技光る怪優として数多くの映画、TVドラマに出演。2018年にはTVドラマ『限界団地』にてドラマ初主演を果たした。大の特撮好きで、特にゴジラシリーズには強い思い入れがある。

㉜「超全集」
小学館てれびくん編集部から出版されている、主にヒーロー作品をテーマとしたムック本シリーズ。基本的に番組終了後に出版されることが多く、ストーリーやキャラクター、設定などが丁寧にまとめられていることから、映像制作関係者からも資料本として重宝されている。

ファンが観たいものは坂本監督の観たいもの

――ウィザードはTVシリーズでは2回しか登場していないオールドラゴンを出したり、鎧武（ガイム）に関しては1度しか出ていないバナナアームズにフォームチェンジしたり、レアなフォームが登場するのはファン心理的にも心をくすぐられます。

オールドラゴンは『MOVIE大戦アルティメイタム』で、色違いのスペシャルラッシュが出ましたね。まだCGモデルが残っていたので、今回の登場が決まりました。バナナアームズは登場時のエピソードが印象に残っていたのでレパートリーに入れました。

作品全体の尺を考えると、各仮面ライダーに使える時間が約1分ほどで、ちょうどTVサイズの主題歌の間奏部分がないぐらいの長さですね。コンテを切る段階から、頭の中で主題歌を流し、基本フォーム→派生フォーム→中間フォームという流れのベースを作ります。

そして、今回は「KAMEN RIDER GIRLS」[33]がアクション用の劇中歌を提供してくれたので、最終フォームでの幹部怪人にフィニッシュを決めるシーンはその曲に合わせる事にしました。

仮面ライダーに限らず、他のヒーローでも連続フォームチェンジを撮る場合、一番重視するポイントは、画面と構図の変化と、カット割りのテンポとリズムですね。技の違いも重要なポイントです。

[33]「KAMEN RIDER GIRLS」
2010年に仮面ライダーシリーズ40周年を記念して結成されガールズダンスユニット。仮面ライダーシリーズの主題歌や劇中歌を担当する他、各種イベント等にも参加して、会場を盛り上げている。2015年までは各メンバーに担当となる仮面ライダーが設定されており、衣装もそれに準じていたが、現在はそれがなくなっている。

同じような技が続かないように組み立てたりします。例えばフォームが変わってもフィニッシュ技の武器などが似ている場合は、必殺技ではなく別の技で構成したりもしますね。

決してファンの皆様のウケを狙って、フォームや武器を選択しているわけではないのですが、僕もファンのひとりとして見ている部分が大きいので、結果的に引っかかるポイントが似ちゃうのかもしれませんね（笑）。

獣電戦隊キョウリュウジャーブレイブ

韓国で『獣電戦隊キョウリュウジャー』が社会現象を巻き起こすほどに大人気になったことを受けて製作された作品。リメイクではなく『キョウリュウジャー』から数年後の物語という続編になっており、新たに獣電竜に選ばれた5人の若者たちが、韓国を蹂躙するネオデーボス軍と戦う。1話15分で全12話という短めの構成だが、メンバーが選ばれるところからネオデーボス軍壊滅の達成、通常のスーパー戦隊シリーズと同じく、ひとつの物語として完結するまでが描かれる。

『キョウリュウジャー』同様、メイン監督として起用された坂本監督は、全話のエピソード監督とアクション監督を担当。日本でお馴染みのスーパー戦隊シリーズを韓国の視聴者向けにするにはどのようなアレンジを加えればいいのか。物語の展開や演出などで、その手腕を存分に発揮させている。

ネット配信『獣電戦隊キョウリュウジャーブレイブ』2017年4月～6月

韓国で社会現象を巻き起こした『キョウリュウジャー』

――『獣電戦隊キョウリュウジャーブレイブ』の製作が決まった経緯というのをお願いできますか。

『獣電戦隊キョウリュウジャー』が韓国で大ヒットした事を受けて、『キョウリュウジャーブレイブ』の製作が決まりました。以前韓国では、アメリカ版のパワーレンジャーシリーズを放送していたのですが、近年、日本のスーパー戦隊シリーズの吹替版がパワーレンジャーというタイトルはそのままで放送されるようになったんです。

『キョウリュウジャー』は『パワーレンジャー・ダイノフォース』というタイトルで放送されていました。

僕も2015年は半年間ほど仕事で韓国に滞在していたのですが、街のいたる所で『キョウリュウジャー』の人気を実感しましたね。仕事で会う人たちも、僕が『キョウリュウジャー』の監督だと分かると、皆さん指を立ててエンディングのダンスポーズをするんです。EDの「みんな集まれ！キョウリュウジャー」が韓国のスポーツ団体の公式応援歌にも選ばれて、会場全体でダンスを踊った映像も観せてもらいました。

それで、韓国でスーパー戦隊シリーズを配給している大元メディアさんと、バンダイコリアさんから、『キョウリュウジャー』の続編制作の依頼が、東映さんにあったそうです。僕にオファーが来たのは、『仮面ライダー平成ジェネレーションズDr．パックマン対エグゼイド&ゴーストwithレジェンドライダー』を撮る前、2016年の夏頃ですね。

東映東京撮影所でプロデューサーの武部[1]さんとすれ違いざまに、「年末、空いてます？」と聞かれ、オファーをお受けしました。まだこの時は、詳細は知らされずに、後ほどそれが『キョウリュウジャー』の続編で、しかも韓国版と聞いて驚きました（笑）。

『キョウリュウジャーブレイブ』の要として

――現行のスーパー戦隊作品ではないんだ、と。

情報が入る度に驚く事ばかりで（笑）。しかも今回は初めてとなる白倉[2]さんと武部さんチームの作品です。

①武部
武部直美。日本の映像作品のプロデューサー。東映所属。主に初期の平成仮面ライダーシリーズで白倉伸一郎がメインプロデューサーを手掛けた作品でサブプロデューサーを務め、『仮面ライダーキバ』（2008年）ではメインプロデューサーを担当。その後は『仮面ライダーオーズ／OOO』（2010年）、『特命戦隊ゴーバスターズ』（2012年）、『仮面ライダー鎧武／ガイム』などをプロデュース。坂本監督とは2017年の『獣電戦隊キョウリュウジャーブレイブ』にて、プロデューサーとして『仮面ライダー×仮面ライダーフォーゼ&オーズMOVIE大戦MEGA MAX』（2011年）以来にタッグを組んだ。

②白倉
白倉伸一郎。日本の映像作品のプロデューサー。東映所属。2018年現在は東映株式会社の取締役、テレビ第二営業部長。1991年に『鳥人戦隊ジェットマン』で

――白倉さんは春の仮面ライダー映画に関わることが多いですけど、坂本監督は春映画はやっていないですからね。

スーパー戦隊シリーズの新規展開を狙うプロジェクトだと聞き、しかも僕が大好きな『五星戦隊ダイレンジャー』や『仮面ライダーアギト』をこの世に送り出した白倉さんの作品なので、凄く嬉しかったですね。ただ残念だったのが、『キョウリュウジャー』のメインプロデューサーを担当していた大森[3]プロデューサーが同時期に『仮面ライダーエグゼイド』を担当していた為、参加出来なかった事です。

脚本家も、白倉さんや武部さんの作品を数多く担当している下山健人[4]さんに決まり、今回のプロジェクトで『キョウリュウジャー』の経験者は僕のみという状況でしたが、白倉さんと武部さんは事前に作品の事を把握していてくれたので、心配事はなかったですね。

今作は韓国で全12話の放送が決まっていて、放送枠も1話15分のみという実験的な要素を含む作品でした。なので、撮影効率をあげる為に、イン前にすべての脚本を仕上げ、僕ひとりで全話をまとめて撮るというのが白倉さんの作戦でした。

続編として意味のある作品にするために

――パワーレンジャーシリーズのようなリメイクではなく、過去作と地続きの続編というのには、本当に

プロデューサー補佐として参加し、『恐竜戦隊ジュウレンジャー』からはプロデューサーとして、『超光戦士シャンゼリオン』や『仮面ライダーアギト』など数多くの東映特撮作品を手がけている。平成仮面ライダーシリーズの人気を不動の物とした第一人者。『仮面ライダーTHE FIRST』（2005年）、『仮面ライダーTHE NEXT』（2007年）、『仮面ライダーアマゾンズ』（2016年）などの意欲的な作品を多数手がける。

③大森
大森敬仁。日本の映像作品のプロデューサー。東映所属。2005年、『仮面ライダー響鬼』でプロデューサー補を務め、2008年の『仮面ライダーキバ』でサブプロデューサーとなる。2013年、『獣電戦隊キョウリュウジャー』でメインプロデューサーを担当し、以後は『仮面ライダードライブ』(2014年)、『仮面ライダーエグゼイド』(2016年)、『仮面ライダービルド』(2017年)

驚きました。

韓国の皆さんは、既に『獣電戦隊キョウリュウジャー』を観ていてファンも多いので、リメイクだと意味を成しません。続編じゃないと納得してくれないのでは？　という思いがありました。

それと、今回の目的は、パワーレンジャーとは違った方法による、本当のローカライズです。既にある日本の作品をアレンジするのではなく、始めから韓国用に作るという事です。

それは新しいアイテムのデザインや配色、脚本やキャラクター構成、キャスティングに至るまで、すべてが韓国の視聴者は何を見たいのか？　にプライオリティを置いて作られました。

その結果生まれたアイデアが、前作からの橋渡しをする役となるキャンデリラとラッキューロが、迫り来る新たな敵に対抗するために、トリンの命令で新メンバーを集めるという物語のベースラインです。

チームの出会いから別れまで、1話15分×12話という短いスパンの中でスーパー戦隊シリーズの1年分を凝縮して描かなければなりません。なので、ゲストキャラをすべて排除し、メインキャラクターたちのみで物語を回していく方法が取られました。

――敵幹部の数やロボの数も前作とほぼ変わらなかったですね。

韓国で『キョウリュウジャー』が放送していた当時は、ほとんどの玩具が品薄となり、特にロボに関しては入荷日に行列が出来、商品の取り合いで喧嘩が起きてニュースに取り上げられたほどで

を手掛ける。

④下山健人
脚本家。主にアニメ、特撮作品を多く手掛ける。浦沢義雄に師事し、『美少女戦麗舞パンシャーヌ 奥様はスーパーヒロイン！』（2007年）にて特撮作品に初参加。以後は『天装戦隊ゴセイジャー』（2010年）、『海賊戦隊ゴーカイジャー』（2011年）などを手掛け、2015年の『手裏剣戦隊ニンニンジャー』では、メイン脚本家を担当している。アニメの代表作は『BLEACH』（2008年）、『NARUTO-ナルト-SDロック・リーの青春フルパワー忍伝』（2012年）、『新幹線変形ロボ シンカリオン THE ANIMATION』（2018年）など。

す。今回の放送は短いスパンながら、用意された玩具のラインナップは通常1年かけて消化する分量とほぼ同数ありました。それだけローカライズされる『キョウリュウジャー』に期待を寄せているという事です。

この分量のアイテムや獣電竜たちをすべて物語に組み込む為に、パワーレンジャーの時に使っていたメソッドで、出物表を作って埋めていくという作業を提案させていただきました。

まずホワイトボードに第1話〜第12話の分割表を作り、物語を決める前に、登場する敵幹部やアイテム、獣電竜たちをエピソード毎に割り振って行きます。その後、物語的に起きる事をメモ書きのように追加して行く感じです。

10分強にスーパー戦隊のフォーマットを詰め込む

――坂本監督がパワーレンジャーでやっていた方式ですね。

番組は1話15分ですけど、オープニングやエンディング、予告を含めての15分なので、本編に使える尺は約10分ちょっとしかありません。しかもその中に変身シーンがあり、アクションもあり、巨大戦もあるんです。通常のスーパー戦隊シリーズのAパート分の時間だけで、すべてを盛り込まなければいけません。

加えて白倉さんと武部さんが韓国サイドと事前に打ち合わせをした時に、人気のあるキャラクターをフィーチャーして欲しいというリクエストもあったとの事です。

『キョウリュウジャー』の放送当時、韓国ではレッドとゴールドが人気だった為、今回はこのふたりを物語の軸にする事が決定しました。そして、韓国では根強い人気を持つテーマ〝兄弟〟を描く事になりました。

武部プロデューサーの恐るべき眼力

――キャストに関してはどのようにして決まったのでしょうか。


キャスティングで本当に凄かったのは、武部さんのキャスティング力ですね。今回のプロジェクトは、韓国人の俳優さんをキャスティングしますが、撮影は日本です。言葉や生活の問題も含めて、越えなければいけないハードルはたくさんあります。でもその問題は、武部さんの素晴らしいリサーチ力により解決しました。

日本でも活躍する韓流アイドルたちはたくさんいて、その中には日本語を話せる人たちもいます。武部さんの入念なリサーチにより、そのアイドルたちをキャスティングする事になったんです。

いざオーディションが始まると、様々なグループのメンバーたちと会いましたが、皆さんのクオリティの高さに驚かされましたね。みんなルックス良し、スタイル良し、好青年、お芝居も出来るんです。通常、特撮作品のオーディションだと経験の少ない新人さんたちと会う事が多いのですが、今回は違いました。

最終的には4つのグループ（MYNAME、Apeace、大国男児、CROSS GENE）からの選抜メンバーとなりました。韓流アイドルファンには夢のようなキャスティングだったと思います。

――それは存じていませんでしたが、実は凄い面々が集っていたんですね。番組開始前のインタビュー映像で、キョウリュウピンク役の子以外は日本語が堪能だったので驚いた記憶があります。

本当にみんな上手です。ただ、キョウリュウピンクに変身するユン・ドヒ役のイ・ユジンだけは、白倉さんと武部さんにより韓国で行われたオーディションで選ばれたので、日本語は話せませんし、日本に来るのも初めてだったんです。

新たなスタッフも導入

――新しいスーパー戦隊シリーズの1番組を立ち上げたのとほぼ変わらないですね。メイン監督に加えてアクション監督も兼任ということで大変だったのではないでしょうか。

立ち上げから撮影を含めて比較的タイトなスケジュールだったので、大変でしたが、慣れ親しんだ『キョウリュウジャー』だったので助かりましたね（笑）。

同時期に『動物戦隊ジュウオウジャー』の撮影も終盤に差し掛かり、『宇宙戦隊キュウレンジャー』

の準備も進んでいたので、JAE[5]さんからはトリン、キャンデリラ、ラッキューロを演じた岡元次郎さん、蜂須賀祐一さん、神尾直子さんのみの参加で、メインのスーツアクターは BOSアクションユニティ[6]から選ばれました。

BOSの社長・岩上弘数はパワーレンジャーで長年一緒にやって来た仲間なので、僕が理想とするアクションも熟知してくれています。『スペース・スクワッドギャバンVSデカレンジャー』や『宇宙戦隊キュウレンジャーVSスペース・スクワッド』も、BOSがアクションコーディネートを担当しています。

後番組は『ジュウオウジャー』

――12話でちゃんと物語を終わらせたことには驚きました。パワーレンジャーのようなシーズン制にして、長くやるのかと思っていたので。

韓国でのスーパー戦隊シリーズは1週間に2話放送されます。シリーズが最終回を迎えると、新番組が始まるまでの間は、過去作品の再放送で繋ぐそうです。『キョウリュウジャーブレイブ』は、当時放送中だった『烈車戦隊トッキュウジャー』と、次に放送される『動物戦隊ジュウオウジャー』の間に放送され、新番組に繋ぐ役目もあったんです。

なので、12話の最後に『ジュウオウジャー』が登場して、日本では恒例のバトンタッチをする事

⑤JAE
株式会社ジャパンアクションエンタープライズ。俳優の千葉真一が設立したジャパンアクションクラブ（JAC）を前身とする日本の芸能事務所。アクション俳優の育成やマネージメントに加え、映画や舞台、各種イベントのアクションシーンの演出も手掛けている。JAC時代も含めると、真田広之、志穂美悦子、大葉健二、春田純一といった数多くのアクションスターを輩出。現在の代表取締役社長は、監督業も務める金田治。

⑥BOSアクションユニティ
パワーレンジャーシリーズに参加していた岩上弘数が代表を務めるアクションチーム。『スペース・スクワッド ギャバンVSデカレンジャー』、『獣電戦隊キョウリュウジャーブレイブ』、『宇宙戦隊キュウレンジャーVSスペース・スクワッド』などでスタントやアクション・コーディネートを担当した。アクションスクールスタジオを運営していて、

になったんです。日本のファンが見たら、驚くかもしれませんが（笑）。

『キョウリュウジャーブレイブ』は韓国マーケット用に作られた作品ですが、もし日本のファンを意識して作っていたら、物語や演出が色々と変わっていたかもしれませんね（笑）。

国に合わせた作風という重要性

——作風もどちらかというと、ちょっとコメディチックですよね。

ですね。韓国サイドから明るく楽しい作品にして欲しいとのリクエストもありました。兄弟ネタや、コメディの入るテンポとシリアスなドラマのバランスなどは、以前、⑦韓国作品の立ち上げを手伝っていたのが大きなプラスとなりましたね。長く海外生活をしていて気付いたのは、やはり相手の文化を知らないと、ちゃんと理解し合えないという事ですね。

僕は行く先々の国の言葉を覚えるのが好きで、今回も出来るだけ知っている韓国語は現場で使うようにしていました。

——国に合わせた演出、ストーリーが必要ということですね。

そうですね。『キョウリュウジャーブレイブ』のキャストの子たちは本当にみんな明るい子ばかりで、現場でも騒がしいぐらいでしたが、楽しかったですね。

韓国の方々は、日本人よりスキンシップが多く、アメリカ人の僕には自然に感じられました。み

スタントマンや役者、子供達用にアクション教室を開講している。

⑦韓国作品の立ち上げ
2015年、坂本監督はオリジナルSFドラマシリーズを立ち上げるために、韓国での仕事を主としており、その年の半年以上は韓国に滞在している。現在、その作品は様々な事情によりペンディング状態となっている。

んな可愛いんですよ。女性スタッフもみんな男子キャストにメロメロでした（笑）。撮影から数年経った今でも、スタッフたちは彼らのライブやイベントがあると参加しているみたいです。

――日本でも吹替版が配信されましたが、評判はどうでしたか？

日本では『キョウリュウジャー』のファンや、韓流ファンの方々には観ていただけたようですね。韓国では評判も良く、玩具も好成績を残せたようです。

スペース・スクワッド
ギャバンVSデカレンジャー

『宇宙刑事 NEXT GENERATION』シリーズの世界観を引き継いだ『宇宙刑事ギャバン』と『特捜戦隊デカレンジャー』の競作で、Vシネマ発売前に限定劇場公開もされている。ある武器取引を捜査していた宇宙刑事ギャバンこと十文字撃は強敵マッドギャランに敗北し、相棒のシェリーまで失ってしまう。この失態により捜査から外された撃は、マッドギャランの行方を掴むために単独で地球に赴き、デカレンジャーの協力を仰ごうとするが……。

坂本監督が得意とする競作作品で、この作品も類に漏れずギャバンとデカレンジャーが見事な融合を果たしている。先々の展開の広がりを感じさせる心躍る結末が待っており、スペース・スクワッドシリーズは、坂本監督のライフワークになりそうな気配すら漂わせている。本編に加えて前日談でも監督を担当。

Vシネマ『スペース・スクワッド ギャバンVSデカレンジャー』2017年7月19日発売／Vシネマ『ガールズ・イン・トラブル スペース・スクワッド EPISODE ZERO』2017年8月9日発売

塚田プロデューサーの魔法再び

——『スペース・スクワッド ギャバンVSデカレンジャー』が生まれた経緯をお願いできますか。

『宇宙刑事NEXT GENERATION』が成功を収めたので、以前から続編を作ろうという動きはありました。今回も塚田[①]さんが東映ビデオさんと続編制作の打ち合わせに行くと、またもやサプライズな結果となりました（笑）。

『特捜戦隊デカレンジャー 10 YEARS AFTER』の成功を受けて、宇宙刑事とデカレンジャーのコラボ企画をやるという事です。本当に宇宙刑事シリーズ関連の作品は、企画の段階からサプライズが多いんです（笑）。

——塚田さんの謎のマジック再びですか（笑）。

①塚田
塚田英明。日本の映像作品のプロデューサー。東映所属。2001年に『仮面ライダーアギト』でサブプロデューサーとして初めて特撮作品に参加し、2004年に『特捜戦隊デカレンジャー』で、メインプロデューサーとしてデビューする。その後も『仮面ライダーW（ダブル）』、『仮面ライダーフォーゼ』などを担当し、現在は『科捜研の女』、『京都人情捜査ファイル』といった刑事ドラマも手掛けている。

どちらかと言うと、『宇宙刑事NEXT GENERATION』の上映イベントは男性のお客さんが多く、『デカレンジャー10 YEARS AFTER』は当時のキャスト人気もあり、女性のお客さんへのアピールに成功していたんです。そこで出たアイデアが、この2本をコラボさせて、両方のお客さんにアピール出来る作品を作れないか？ という事です。

それと、もうひとつの新しい試みとして、今作からODS上映方式を採用するという事です。ODS上映方式とは、Other Digital Sourceの略で、映画以外のコンテンツをデジタル映像上映設備を利用して、期間限定で上映するというシステムです。

近年のVシネマは、ソフトの販売数を伸ばすのに、イベント上映会が大きな役割を果たして成功を収めてきました。それをさらに拡大させて、期間限定で上映するというチャレンジです。ODSにかけるためには、劇場作品には満たない上映時間、低価格な入場料、上映館数が絞られるなどの諸条件が発生しますが、これは宣伝効果を含めて画期的な方法です。この記念すべき第1回作品が『スペース・スクワッド ギャバンVSデカレンジャー』となったのです。

大人に向けた新しい『デカレンジャー』

──『デカレンジャー』に関しては、待ってましたという感じだったのではないでしょうか。

そうですね！『パワーレンジャー・S．P．D．』でメインの製作総指揮になったり、『海賊戦隊ゴーカイジャー』の『デカレンジャー』回を担当させていただいたり、『デカレンジャー』キャスト6人による日本語吹き替え版の『パワーレンジャー・S.P.D.』の監修も担当したり、何と言っても木下あゆ美[2]ちゃん演じるジャスミンがいますからね（笑）。『デカレンジャー』には凄く縁があり、思い入れがありますね。

今作のデカレンジャーで狙ったのは、〝大人のデカレンジャー〟です。今回は〝ギャバンVSデカレンジャー〟なので、前作『宇宙刑事NEXT GENERATION』の作風を引き継ぎながら、新しい6人の活躍を描く事がチャレンジでしたね。今の『デカレンジャー』のキャスト陣で見せる骨太の警察ドラマが撮りたかったんです。

ただ、僕が不安だったというか、プレッシャーとして感じていたのが、『デカレンジャー』のファンに観ていただいた時に、ちゃんと『デカレンジャー』らしさを感じてもらえるのか？という事ですね。

でも、嬉しいことに、作品が完成した後のキャスト&スタッフ用の試写で、作品を見た塚田さんやキャストのみんなに「新しいデカレンジャーですね！」と言っていただけたんです。公開前の上映イベントでファンの皆様からも同じ答えをいただきました。

それ以外に気を付けたのは、今作はイベント上映ではなくODSという形で期間限定ですが劇場公開される作品なので、お子さんたちも見に来るという事です。なので、ストーリーはハードコア

②木下あゆ美
日本で活動する女優。2004年に放送された『特捜戦隊デカレンジャー』でデカイエローに変身する礼紋茉莉花役で人気となり、その後数多くのTVドラマ、映画に出演。声優としても活動している。主演代表作として2006年に放送された『怨み屋本舗』シリーズ、坂本監督の『トラベラーズ 次元警察』など多数。

路線を狙うにしても、『宇宙刑事NEXT GENERATION 宇宙刑事シャリバン』でやったような、バイオレンスな流血描写は避けなければいけませんでした。

現代の宇宙刑事を引っ張る熱血漢

――スペース・スクワッドのリーダーとなった石垣佑磨[3]さんはどうでした。僕のほうもお仕事でお会いしたことがあり、もの凄く熱い方だと感じたのですが。

石垣くんは本当に熱い男ですね。〝ギャバン〟に対しての思い入れが物凄く強いですし、撃というキャラクターに対して明確な考えを持っています。だから毎回内容や台詞回し、アクションに関しても提案してくれて、一緒にディスカッションしています。

石垣くんは、撮影が始まるまでにいつも関係性のある作品を観て、その作品の世界観やキャラクターを理解する所から始めています。それを踏まえてのリアクションなどの提案が多く、とても研究熱心だと感心しています。今回は『デカレンジャー』をTVシリーズのみじゃなく、映画やVシネマまでもすべて見て研究していましたね。撃というキャラクターをさらに深く掘り下げてくれるので、演出の良い刺激になります。現場でも頼もしいリーダーですね。

復活の「スーパーヒロイン大戦」

③石垣佑磨
日本で活動する俳優。2000年にホリプロ「21世紀ムービースターオーディション」で準グランプリを受賞して、芸能界デビュー。『ごくせん』(2002年)や映画『あずみ』(2003年)、森恒二の漫画『ホーリーランド』の実写ドラマ(2005年)などに出演し人気を博す。テコンドーやキックボクシングを得意とし、アクションもすべて自分でこなす。2012年に『宇宙刑事ギャバン THE MOVIE』で宇宙刑事ギャバンtype.Gに変身する十文字撃役で映画初主演を果たした。その後、数々の作品でギャバンを演じ続け、2018年現在もスペース・スクワッドシリーズはシリーズ継続中。

——『スペース・スクワッド』は、新しいシステムの基軸となる重要な作品だったんだという印象を受けましたが。

東映ヒーロー作品のODS第1弾で、この作品次第でシリーズが続くかどうかのプレッシャーは凄かったですね。

当初、今作は様々なメディア展開により、より多くの人たちに見ていただきたいという思いからODSとしての劇場公開と、スピンオフ作品のネット配信を予定していました。

その配信用の作品として企画されたのが『ガールズ・イン・トラブル スペース・スクワッド EPISODE ZERO』です。

——『仮面ライダーW(ダブル) RETURNS』や『宇宙刑事NEXT GENERATION』同様、ふたつ同時に制作するということですか。

そうですね。ただ、『W(ダブル) RETURNS』や『宇宙刑事NEXT GENERATION』は、各作品のボリュームが同等の5:5でしたが、『ガールズ・イン・トラブル』は元々配信用として予定されていたので、ボリュームの比重は7:3ぐらいです。

その事もあり、脚本打ちで持ち上がったのが密室劇というアイデアでした。密室劇なら撮影スケジュールや予算も、アイデア次第でコンパクトになります。

スピンオフ作品が『ガールズ・イン・トラブル』と決まる前に、公開方法には様々な提案があり、

④**『CUBE』**
1997年製作のカナダ映画。立方体が組み合わさったような巨大迷路内に閉じ込められた男女グループの脱出劇を描く。立方体内には様々な仕掛けや罠が組み込まれており、常に張り詰めた緊張感の中で物語は進

なかなか決定打が出ないまま脚本の打ち合わせが進んで行きました。ただ、どのように公開するかに関係なく、ファンの人たちが喜んでくれる作品で、まだスーパー戦隊シリーズでチャレンジした事がない作品をやろうという意気込みは強かったですね。

そこで僕が提案したのが、以前企画にGOサインが出る寸前までいった『スーパーヒロイン大戦』の復活です。デカレンジャーと宇宙刑事シリーズのヒロインのみが出る密室劇アクションを提案させていただきました。塚田さんやプロデューサー陣も苦笑いしながらOKを出してくれたので、無事にリベンジが達成された感じです（笑）。

――『ガールズ・イン・トラブル』は言い方は悪いですが、お茶濁し系の短編作品かと思ったら、すごく観応えのある作品だったので驚きました。

気合い入っていましたから（笑）。塚田さんからの提案により、映画『CUBE』④のようなミステリー要素を入れる事になりました。それと、『スペース・スクワッド』との関連性を持たせるために、ソフィ長官がスペース・スクワッド発足を思い付く前日談という構成になりました。

このように、だんだんと設定が煮詰まっていった感じです。探り探りでしたけど、色々と考えているうちに連鎖反応的に構築されていきましたね。

壮大な世界として広がるスペース・スクワッド

んでいく。ひとつの立方体セットを使いまわして撮影しており、低予算で工夫した映画としても有名な一本。

⑤荒川
荒川稔久。脚本家、作詞家。1987年の『仮面ライダーBLACK』以降、TVアニメや特撮作品を中心に数多くの脚本を担当。『仮面ライダークウガ』や『特捜戦隊デカレンジャー』ではメインライターも務めている。また、『鋼鉄天使くるみ』や『りぜるまいん』など、自身が手がけたTVアニメ主題歌の作詞を担当することも多い。

⑥八手三郎
数々の東映特撮作品を手掛ける原作者。2012年に放送された『非公認戦隊アキバレンジャー』では、主人公たちの物語の創造主として登場した。

⑦『アベンジャーズ』
マーベルスタジオズが手掛ける映画シリーズ「マーベル・シネマティック・ユニバース」

——最終的にスペース・スクワッド誕生まで繋げていくには、どうすればいいのかみたいな感じでしょうか。

そうですね。塚田さんによる綿密な段取りと計算に僕もアイデアを出して肉付けしたりと、本当に楽しいプロセスでしたね。脚本の荒川[5]さんも含めてみんなでパズルを解いていくような感じです。特にシリーズの今後を見越して、邪教団・幻魔空界の設定には色々と拘りました。

そして一番の課題は宇宙刑事シリーズの銀河連邦警察と、『デカレンジャー』の宇宙警察の違いはいったい何か？　という所ですね。同じ組織なのか？　それともまったく違うのか？　その辺も設定に注意した所です。

ここでも塚田さんの刑事ドラマの経験が謎を解く鍵となり、銀河連邦警察が組織対策班、ローカルな事件を解決する所轄が宇宙警察の地球署という事になりました。

元は同じ警察組織ですが、事件性により担当する管轄が違うという事ですね。

——同じスペース・スクワッドシリーズという世界設定の中にいる宇宙の警察なんだから、とりあえず過去のことは一旦忘れて、大きな組織の中の違う部署ってことにしたわけですね。

実は元々宇宙刑事シリーズはマクーなどの犯罪組織を相手にしていましたし、『デカレンジャー』は単独犯を相手にしていたので、過去を忘れたというよりは、再度確認して整理した感じですね。

今作は八手三郎[6]原作の『アベンジャーズ』[7]というコンセプトだったので、スーパー戦隊シリーズとメタルヒーローシリーズが両立出来る世界観を作る事が目的でした。

の第6作で、2012年公開。それまでのシリーズの集大成的クロスオーバー作品で、マーベル・コミックスのキャラクター、アイアンマン、ハルク、キャプテン・アメリカ、ソー、ブラック・ウィドー、ホークアイが一堂に会し、異星人の侵略から地球を守るために戦う。

⑧黒崎輝
日本で活動していた俳優、歌手。元JAC所属。『スパイダーマン』や『バトルフィーバーJ』といった特撮作品のスタントマンを経て、1980年に『柳生あばれ旅』で俳優デビュー。その後は時代劇を中心に活動し、1985年には『巨獣特捜ジャスピオン』のジャスピオン役で主演を果たしている。1995年に俳優業を引退した。

⑨『巨獣特捜ジャスピオン』
1985年に放送された特撮作品。宇宙刑事シリーズに続く、メタルヒーローシリーズ第4作とされているが、ストーリーや設定は一新されて

——ラストはまさしくそんな感じでしたね。あれには世界の広がりを感じてワクワクしました。

昔のファンが観ても納得出来る理由付けのある調整点と、新しいファンが観て楽しめる設定が理想だと思います。マーベルとDCはヒーロー共存の世界観構築に成功を収めているので、東映ヒーローでもそれを目指しました。

宇宙戦隊とのコラボ。そして第2弾へ!?

——なるほど。今後に繋がっていければということなんですね。

ですね。それが実を結んで、『宇宙戦隊キュウレンジャーVSスペース・スクワッド』の誕生となりましたし。

——スペース・スクワッドシリーズも続きが観たいというファンはすごく多いですね。

嬉しいです! 僕も続けられるように努力します!

東映を代表するメタルヒーローの思い出

——メタルヒーローシリーズはずっと観ていたのですか。

メタルヒーローシリーズに関してはONとOFFがありますね。宇宙刑事シリーズ三部作と、黒崎輝[8]さんが主演の『巨獣特捜ジャスピオン』[9]は、当時のJAC[10]作品の一連として観ていまし

いる。宇宙刑事シリーズとの共通点が多く見られる一方で、主人公のコミカルな性格や、巨大怪獣と戦う展開など差別化が図られている。

⑩JAC
株式会社ジャパンアクションクラブ。かつて日本にあった俳優の千葉真一が設立した日本の芸能事務所。アクション俳優の育成やマネージメントに加え、映画や舞台、各種イベントのアクションシーンの演出も手掛けていた。真田広之、志穂美悦子、大葉健二、春田純一といった数多くのアクションスターを輩出。現在は株式会社ジャパンアクションエンタープライズとして活動。代表取締役社長は、監督業も務める金田治。

⑪『世界忍者戦ジライヤ』
1988年に放送された特撮作品。世紀の秘宝「パコ」を代々守りし戸隠流正統の忍者、山地闘破が、ジライヤスーツを身に纏って磁雷矢（ジライヤ）となり、世界中の忍者たちと激闘を繰り

た。その後はたまたまテレビでやっていたら見るぐらいになったのですが、戻るきっかけが⑪『世界忍者戦ジライヤ』ですね。

その頃は既にこの業界に入り、週末や休日はアトラクションショーに出演してジライヤと戦っていたので、その勉強のために毎週観るようになりました（笑）。

その後に渡米したのですが、倉田アクションクラブ時代のひとつ上の先輩だった山下優さんが⑫『特捜ウインスペクター』の主役・香川竜馬役にキャスティングされたと聞き、日本からビデオを送ってもらい観ていましたね。次にガッツリ観ていたシリーズは⑬『重甲ビーファイター』と『ビーファイターカブト』ですね。僕は同時期にパワーレンジャーをやっていて、ビーファイターシリーズがアメリカでリメイクされる話を聞き、チェックしていました。

――ありましたね。海外版の『ビーファイター』。

僕は関わっていませんが、⑭『ビッグ・バッド・ビートルボーグ』、『ビートルボーグ・メタリックス』というシリーズで、放送されていました。子供たちが主役で、⑮『キャスパー』のようなモンスターコメディ調にリメイクされていましたね。

スタジオがパワーレンジャーの隣だったので、アメリカ人のスタントマンたちは両方掛け持ちの人もいました。僕が監督を担当した『パワーレンジャー・ワイルドフォース』でのパワーレンジャー10周年記念回「フォーエバー・レッド」では、『超力戦隊オーレンジャー』ベースの『パワーレ

広げる姿を描く。ハイテクスーツではなく、装具というべき必要最低限の装備を身に着けたキャラクターたちが、忍者らしい軽快なアクションで攻防を繰り広げる、メタルヒーローシリーズの中でも異色の活劇風作品。

⑫『特捜ウインスペクター』
1990年に放送された特撮作品。メタルヒーローシリーズの流れを汲む作品だが、それまでの特撮作品のように怪人を率いる悪の組織が存在しないのが特徴。メタルヒーローシリーズとしては初めて、開始当初からの集団ヒーロー体制が導入された。

⑬『重甲ビーファイター』と『ビーファイターカブト』
1995年に放送された『重甲ビーファイター』。異次元からの侵略者を相手に、最先端科学と昆虫の力を併せ持つビーファイターが奮闘する姿を描く。人気を受けて翌年には続編の『ビーファイターカブト』が放送された。

ンジャー・ジオ』での悪の組織「マシーン・エンパイヤ」の残党として、ビーファイターの5体が敵として登場しています。

――『スペース・スクワッド』では、最後にクールギンの名前が出てきたので、すごく気になっていて。

『超人機メタルダー』[16]や『ブルースワット』[17]は、当時、パワーレンジャーの制作会社の倉庫にあった資料のビデオで観ていましたね。特に『メタルダー』は、子供の頃大好きだった『人造人間キカイダー』[18]を彷彿させ印象的でした。第1話での悪者たち総登場は圧巻でした。子供番組なのに、物語は結構ハード路線でしたね（笑）。

僕の願いとしてはスペース・スクワッドシリーズで、色々なヒーローをフィーチャーしてリブートして行く事なんです。

特撮作品には大きな転換期が来ていると思います。今までのTVシリーズから劇場公開作品、その後にVシネマというルーティーンから、近年は作品によりODS、配信、イベント上映など、公開方法や時期、本数も違います。

新しいフォーマットとして広がり始めた配信作品も、一時期は数々のジャンルの作品が一気に製作されましたが、最近は様子見というか、作られた作品群の結果を見極めて、製作本数を抑えている時期のようにも思われます。やはり配信作品にも原作のネームバリューなどがなければ、広がりが悪く、視聴回数は伸びないようですね。

⑭**『ビッグ・バッド・ビートルボーグ』、『ビートルボーグ・メタリックス』**
1996年にアメリカで放送された特撮作品。『パワーレンジャー』と同様に、『ビーファイター』シリーズの映像の一部を使って作られた作品。『ビッグ・ハット・ビートルボーグ』は『重甲ビーファイター』がベースに、『ビートルボーグ・メタリックス』は『ビーファイターカブト』がベースになっている。

⑮**『キャスパー』**
1995年製作のアメリカ映画。スティーヴン・スピルバーグが製作総指揮を務めている。同名TVアニメの実写映画作品で、心を閉ざした少女、キャットと仲良くなりたいと願う心優しい孤独な少年幽霊・キャスパーとの交流を描いたハートフルコメディ作品。

⑯**『超人機メタルダー』**
1987年に放送された特撮作品。メタルヒーローシリーズとしては初めて、アンドロイドを主人公に据えた

『スペース・スクワッド』シリーズがどのような形で続いていくかわかりませんが、是非続けて行きたいですね。

今、試練の時をどう乗り越えるか

——TVに関しても動きがあり、仮面ライダー、スーパー戦隊の[19]放送時間帯が変わりました。

ですね。TV局サイドは視聴率を確保するために、何がベストなのかを放送枠を含めて色々と探っているのではないでしょうか？

視聴するお子さんの数が年々減っているので、作品全体の売り上げにも大きく影響して来ていますね。利益が下がれば、自動的に予算も減りますし。少子化が進む中で、どうやって生き残って行くか、みんな必死に悩みながら探している状態だと思います。

——結果、スケール感が小さくなり、余計お客さんも離れていっちゃう可能性も大きいですね。

はい。だから今、その対策を含めて大人向け特撮作品を作っていく事に意味があるのではないでしょうか。

今までの作品を見ていると、誰に向けてその作品を作るのかを見極めて振り切ったほうが、ファン層を獲得する事に繋がる気がします。

——当然、お金を持っているのは大人なので、その人たちにどうやってアピールするかという事ですよね。

作品となった。また主人公が自身の存在理由がわからぬまま戦う点や、敵組織の軍団員に個性的な人間ドラマが用意されている点など、意欲的な要素が盛り込まれている。

⑰**『ブルースワット』** 1994年に放送された特撮作品。メタルヒーローシリーズ第13作。エイリアン集団「スペースマフィア」と戦う秘密組織「ブルースワット」のメンバーたちの活躍を描く。他のメタルヒーローシリーズと違い、戦闘のエキスパートたちの物語といった要素を強く押し出し、強化装甲を〝変身〟ではなく、ユニフォームの上から〝装着〟したり、チーム内の装備が共通だったりと、徹底したリアル路線を追求した野心作。そのあまりの異色さに視聴者から賛否両論が巻き起こり、途中から大幅に路線を変更し、通常のメタルヒーローシリーズに寄せていく内容となった。

子供の数も減っているから、玩具で売上を出すのは凄く厳しいでしょうし。

減っているお子さんたちを、様々な番組が取り合っている状況ですよね。欲しい物をすべて買い与える親は少ないと思うので。

今後マーケットを広げない限りは、作品のクオリティをキープ出来るだけの予算を捻出していけるかが大きな問題となって来ると思いますね。

⑱**『人造人間キカイダー』**
1972年に放送された特撮TVシリーズで、石ノ森章太郎原作作品。犯罪組織ダーク打倒のために密かに作られた人造人間のキカイダーとジローの戦いを描く。ジローの体内に組み込まれた不完全な「良心回路」により正義と悪の狭間に苦悩する姿が随所に描かれており、名作との呼び声も高い。2014年にはリメイク映画『キカイダー REBOOT』が作られた。

⑲**放送時間帯が変わりました**
ニチアサキッズタイム。2007年から設定された日曜朝7：00～9：00までの、テレビ朝日系列の子ども向け番組が放送されていた時間帯。2012年以降はこの呼称は公式ではなくなっていたが、視聴者の間では使用されていた。2018年現在は仮面ライダーが9：00～、スーパー戦隊が9：30～に移動したため、この1時間を指して「ニチゴゼ」（日曜午前）と呼ばれ始めている。

宇宙戦隊キュウレンジャー
Episode of スティンガー

『宇宙戦隊キュウレンジャー』のスピンオフ作品で、サソリオレンジに変身するスティンガーが主役のエピソードとなっている。設定的にはキュウレンジャーのメンバーが宇宙組と地球残留組の二手に分かれた第13話の後の物語。地球人から迫害を受けている宇宙人の少女ミカ・レーツと出会ったスティンガーは、復讐心を抱きジャークマターに加担しようとするミカに兄・スコルピオの面影を見てしまう。その後、交流を重ねることで、少しずつだが互いを理解していくふたりだったが、運命は残酷な方向へと向かっていく。

スピンオフという形で『宇宙戦隊キュウレンジャー』に坂本監督は参加。大人向けのハードコアな本編に加え、作風をガラリとコメディ調に変えた東映特撮ファンクラブで配信された全4話のショートドラマも手掛けている。


Vシネマ『宇宙戦隊キュウレンジャー Episode of スティンガー』2017年10月25日発売／ネット配信『from Episode of スティンガー 宇宙戦隊キュウレンジャー ハイスクールウォーズ』（全4話）2017年9月9日配信

超ハード路線スーパー戦隊

――『宇宙戦隊キュウレンジャー Episode of スティンガー』の監督を引き受けた経緯を教えていただけますか。


『仮面ライダーW（ダブル）』の時にアシスタントプロデューサーを務めていた望月卓①くんが、『宇宙戦隊キュウレンジャー』で初めてメインプロデューサーになるというので、僕も「何かあったら手伝うよ」という話をしていたんです。

ある日、別件の打ち合わせで東映撮影所にいたら、望月プロデューサーが僕に会いに来てくれてオファーしてくれたのが『Episode of スティンガー』でした。

当時、僕は円谷プロさんで『ウルトラマンジード』を担当していたのですが、偶然にも『Epi

①**望月卓**
日本の映像作品のプロデューサー。東映所属。2009年に『仮面ライダーW（ダブル）』でプロデューサー補を務め、2013年からは『非公認戦隊アキバレンジャー』『仮面ライダー鎧武／ガイム』などの数々の特撮作品でプロデューサーとして参加するようになった。2017年の『宇宙戦隊キュウレンジャー』で、メインプロデューサーとしてデビューする。

ｓｏｄｅ ｏｆ スティンガー』の撮影予定スケジュールが『ウルトラマンジード』のローテーションの間だったんです。望月くんのメインプロデューサーデビュー作に関われる事が嬉しかったですね！

――スーパー戦隊シリーズには珍しい、重い展開のストーリーでしたが、このような作風になったのはどうしてでしょう。

それは望月プロデューサーからの提案です。望月プロデューサーとは、『仮面ライダーＷ（ダブル）ＲＥＴＵＲＮＳ』シリーズも一緒にやっていたのですが、今作もＶシネマと言うフォーマットを活かして、『Ｗ（ダブル）ＲＥＴＵＲＮＳ』のようにコアなファン向けのハードな『キュウレンジャー』にしたいとの事でした。

『キュウレンジャー』は、その豊富なキャラクター数から大人のファンも多く、様々なサイドストーリーを膨らませる事が可能です。そこを見越して、第13話「スティンガー、兄への挑戦」の後のスティンガーとチャンプの行動を、わざとＴＶシリーズでは描かなかったそうです。

何故なら、スティンガーには女性ファンも多く、ＴＶでは描けないアダルトな雰囲気のスティンガーを見せられれば、ファンは喜ぶだろうという確信もあったみたいです。

そのリクエストを受けて今作の趣旨を理解したので、本打ちの前にＴＶシリーズを細部まで見直し、まだオンエアされていないエピソードや撮影中の物は台本をいただき、スティンガーのキャラクターや、チャンプとの関係性を理解する所から始めました。

脚本家も望月プロデューサーからの提案で、『宇宙戦隊キュウレンジャー THE MOVIE ゲース・インダベーの逆襲』から下山健人[②]さんが続投。僕とも『獣電戦隊キョウリュウジャーブレイブ』に続き2回目のタッグです。

ストーリーの元になったのは

――第13話「スティンガー、兄への挑戦」で、スティンガー&チャンプの地球組と、その他のメンバーの宇宙組でいったん話が分岐しますから、この間のふたりの行動は、最初から決まっていたのかと思っていました。


『Episode of スティンガー』の本打ちが始まった段階では、第13話~第16話の間のスティンガーとチャンプの行動の詳細はまだ決まっていませんでした。ただ、その頃は既に19話~21話の脚本は完成していたので、TVシリーズの流れに合うようにつじつまを合わせ、今後の展開に矛盾がないように配慮する必要がありました。

そこで話題に上がったのが、スティンガーに旅の途中で兄のスコルピオを自分の手で倒す覚悟を決めるショッキングな出来事があったのでは？ という事です。それを受け、僕の中でイメージした作品は『帰ってきたウルトラマン』の第33話「怪獣使いと少年」[③]と、富野由悠季監督のアニメ『無

②**下山健人**
日本で活動する脚本家。主にアニメ、特撮作品を多く手掛ける。浦沢義雄に師事し、『美少女戦麗舞パンシャーヌ 奥様はスーパーヒロイン！』(2007年)にて特撮作品に初参加。以後は『天装戦隊ゴセイジャー』(2010年)、『海賊戦隊ゴーカイジャー』(2011年)などを手掛け、2015年の『手裏剣戦隊ニンニンジャー』では、メイン脚本家を担当している。アニメの代表作は『BLEACH』(2008年)、『NARUTO-ナルト- SDロック・リーの青春フルパワー忍伝』(2012年)、『新幹線変形ロボ シンカリオン THE ANIMATION』(2018年)など。

③**『帰ってきたウルトラマン』の第33話「怪獣使いと少年」**
地球に漂流してきた宇宙人と、それを密かに保護する少年に関するエピソード。周囲で不可解なことが起きるようになり迫害され始めた少年を守るため、姿を見

敵超人ザンボット3』という、子供の頃に大きな印象を残した2作品でした。

両作品に共通しているのは、罪のない宇宙人が、人間じゃないという理由だけで迫害される話です。『キュウレンジャー』でも「お前たちがいるから地球人がジャークマターに襲われるんだ!」という話題に触れていて、それが印象に残っていたからかもしれません。

物語を構成する上でスティンガーが辿り着く先が、兄であるスコルピオを倒す覚悟を決めるという悲しい結末になる事は決まっていました。

そこに、ジャークマターの作戦により迫害を受けた悲しい宿命（サガ）を背負った女性と、仲間を殺して悪に走ったスコルピオの行動を重ねられないか? それがスティンガーの悲哀の話として、見応えのある大人のドラマになるのでは? と思ったんです。そのアイデアを本打ちで提案させていただき、物語の構成が決まりました。

ラストはスーパー戦隊らしく

――普段のスーパー戦隊とは離れた物語になりましたね。

とはいえ『キュウレンジャー』という作品である事には変わりはないので、クライマックスはスーパー戦隊シリーズならではの盛り上がりが出るように、その辺を逆算しながら演出をしています。

戦闘シーンでは主題歌を流しながらナパームをたくさん使って派手に構成しました。『獣電戦隊

せた宇宙人が人々によって殺害されてしまうという衝撃的な内容が話題となった。

④『無敵超人ザンボット3』 1977年に放送されたTVアニメで、日本サンライズ（現サンライズ）が初めて手がけたオリジナル作品でもある。異星人の侵略者に巨大ロボットで立ち向かう少年少女たちを描いた作品だが、敵によって人間爆弾に改造されるサブキャラクターや、純粋な地球人ではないために一般人から非難を受ける主人公たちなど、ハードな設定やストーリー展開が今なお語り継がれている。

キョウリュウジャー』ばりです（笑）。それから、僕が監督すると聞いたキャストのみんなから「アクションやらせてください！」とリクエストもありました（笑）。

脚本構成で参考にしたのは、『仮面ライダーW（ダブル）RETURNS 仮面ライダーエターナル』ですね。冒頭とラストが現在で、全体が回想シーンとして物語が進行するというスタイルです。『Episode of スティンガー』は、物語の構成、作品のトーン、内容のすべてが今までのスーパー戦隊シリーズにはない、初のチャレンジとなりました。

――そうですね。大人向けのスーパー戦隊作品というのはそもそも存在してなかった気がしますし。

初めてだと思います。『忍風戦隊ハリケンジャー』や『特捜戦隊デカレンジャー』の「10 YEARS AFTER」シリーズは、当時の作品の雰囲気を今のキャストで再現するというコンセプトでしたから。一番近いのは、僕の撮った『スペース・スクワッド ギャバンVSデカレンジャー』に登場するデカレンジャーだと思います。この作品のデカレンジャーは、「大人のデカレンジャー」というコンセプトで演出していたので。

女性の心を掴んだスティンガー

――スティンガー役の岸洋佑⑤さんの熱演は光っていましたね。

スティンガーは女性人気が凄いですね！ 一緒にイベントに参加した時に痛感しました（笑）。

⑤岸洋佑
日本で活動する俳優。2017年、『宇宙戦隊キュウレンジャー』にてサソリオレンジに変身するスティンガー役でTVドラマ初出演し、同年、坂本監督が手がけたVシネマ『宇宙戦隊キュウレンジャー Episode of スティンガー』では同役で初主演を飾る。アーティスト活動も精力的に行っており、2015年にはミニアルバム「YOU」、2016年にはシングル「夏、キミ。／笑って」をリリース。『Episode of スティンガー』でも主題歌「見えない絆」、挿入歌「サソリ座の歌（acoustic ver.）」と「一輪の影」を歌っている。

スティンガーのファンの心を掴むために、スティンガーが普段見せない表情を見せたい、激しい感情の動きを表現したい、セクシーでミステリアスな面を前面に出したいと思いました。

それと注目したのが、岸くんのアーティストとしての一面ですね。元々役者をやる前からアーティスト活動をしていたので、その実力は本物です。準備段階から何度も「サソリ座の歌」を聞き、今回新たに曲を提供してくれる事に決まった岸くんとも、新曲について打ち合わせを何度もしました。僕は80年代に流行った、映画⑥『フラッシュダンス』などの、歌ありきの作品が大好きなので、岸くんならドラマを盛り上げる歌唱シーンを挿入出来るのではないかと思いました。

作品のドラマとリンクして、ファンの心を掴む歌を作りたいという岸くんの思いもあり、今作では監督とアーティストとしての立場でディスカッションしながら曲を作ってもらいました。

スティンガーは、こんなにカッコ良いんだ！　と思って欲しいという願いを込めて作品を撮っています。

坂本監督が起用を待望した女優

——ミカ役の⑦間宮夕貴さんはオーディションですか？

オファーです。彼女は僕がいつか一緒に仕事をしたいと思っていた女優さんのひとりですね。僕がKADOKAWAさんで撮った『赤×ピンク』の前後に、彼女も⑧『甘い鞭』と⑨『ちょっとかわ

⑥**『フラッシュダンス』**
1983年公開。プロダンサーを目指す女性が、苦難や挫折を経てオーディションを勝ち抜く姿を描いた作品。ハリウッド映画では初めて、ブレイクダンスを取り上げた作品とされている。主題歌や劇中歌も効果的に使われ、サウンドトラックも大ヒットした。

⑦**間宮夕貴**
日本で活動する女優。グラビアアイドルとして活躍した後に女優に転身。2013年にはKADOKAWAのエロス路線の映画『フィギュアなあなた』『甘い鞭』に2作連続で出演。特に『甘い鞭』では、拉致監禁される女子高生という衝撃的な役を体当たり演技で挑み、高く評価された。2017年には坂本監督作品『宇宙戦隊キュウレンジャー Episode of スティンガー』にて、地球人から迫害を受ける宇宙人の女性、ミカ・レーツ役を演じる。2018年には『モブサイコ100』にて爪のメ

いいアイアンメイデン』というKADOKAWA作品に出演していて、KADOKAWAのプロデューサーさんからも太鼓判を押された女優さんでした。その後、彼女の作品を見た時に、その思いっきりの良い体当たりな演技と、彼女の美しいルックスに惹かれました。

　直接面識はありませんでしたが、メイキングなどで見る間宮さんは、サバサバしていてとても魅力的で、いつか一緒に仕事をしたいと思い、作品を探していたんです。

『Episode of スティンガー』の台本が固まっていくうちに、ミカ・レーツ役は間宮さんしか考えられないようになり、熱烈なオファーを出したという経緯です。まだ特撮作品未経験ですし、作品にフレッシュな魅力を加えてくれると確信がありました。

――『赤×ピンク』からと数えると、4年越しの念願ですね。

　ですね。片想いは得意ですから（笑）。間宮さんは『赤×ピンク』を観ていてくれて、熱心に『キュウレンジャー』も勉強してくれました。勉強し過ぎて、今ではすっかりファンになったようですが（笑）。

　衣装合わせも無事に済み、撮影前にアクション練習をしたのですが、驚いた事に本格的なアクション練習は初めてだとの事。今までの作品は、まさに体当たりで挑み、受身も知らないまま突き飛ばされたり、倒れたりしていたとの事です。

――グラビアをやっていたのは存じていたんですけど、いつの間にか女優になっていてびっくりしました。

ンバー、槌屋も演じている。2018年7月に名前を枡田幸希に改めて活動中。

⑧『甘い鞭』
2009年に発表された官能ホラー小説で、著者は大石圭。不妊治療医とSMクラブのM嬢というふたつの顔を持つ主人公の、過去や現在を描く。拉致監禁やレイプといった、過激な題材を取り扱っている。2013年には石井隆監督、壇蜜主演で実写映画化された。

⑨『ちょっとかわいいアイアンメイデン』
2011年に漫画誌「4コマnanoエース」で連載を開始した4コマ漫画。学校公認で拷問を研究、実行することを目的とした部活「拷問部」に所属する少女たちの日々を描く。2014年にドラマCD化、吉田浩太監督、木嶋のりこ主演で実写映画化された。

度胸がありますね。アクションシーンは、本番まで不安げに何度も繰り返し練習するのですが、いざカメラが回るとスイッチが入り、周囲のスタッフが驚くほど力一杯動いてくれます。毎日筋肉痛だったようですが（笑）。

岸くんも初めは相手が女性なので遠慮気味でしたが、撮影が進むとふたりとも本気でぶつかり合うようになりましたね。

美男美女の熱演がもたらした相乗効果

――結果、気持ちの乗った演技になったと。

そうですね。アクションだけでなく、ドラマも本気度２００％です。ふたりのシーンは、感情を露わにするシチュエーションが多かったので。その甲斐もあって、ミカ・レーツは女性ファンからも評判が良く、本人も女性ファンが増えた！　と喜んでいました（笑）。

――間宮さんはこれからも活躍しそうですね。

ですね！　その後『モブサイコ１００』にも出てもらいました。今後も機会があれば、ご一緒したいですね！

――ファンの反応の手応えというのはいかがでした。

発売前の上映イベントは、会場のお客さんがほぼ女性でしたね（笑）。その中で目に付いたのが娘とお母さんで来られた方々ですね。母娘揃って『キュウレンジャー』ファンって凄いですよね。

クライマックスでは涙を流しながら観ているお客さんも沢山いましたし、反応は凄く良かったと思います。女性ファンの方々が、ミカ・レーツと自分を重ねて感情移入してくれた事が、僕にとって最高のプレゼントでした。

東京のイベントには『キュウレンジャー』メンバー以外に、間宮さんも登壇して、一緒に撮った『from Episode of スティンガー 宇宙戦隊キュウレンジャー ハイスクールウォーズ』との作風のギャップが凄い！ という話題で盛り上がりました（笑）。

——東映特撮公式ファンクラブで配信されたスピンオフムービーですね。

そうです。尺が短いので、撮影自体は1日半と短かったのですが、みんな終始テンション落ちる事なく、ハッチャケたお芝居をしていましたね（笑）。ファンクラブのネット配信用ですから、いつもと違う一面を見せたい！ と、みんな張り切っていました。撮影後も口を揃えて「すごく楽しかったです！」と言ってくれて、嬉しかったですね！

TVだけでは描けないキャラクター数

——『キュウレンジャー』に関しては、他のキャラクターを主軸とした物語をもっと観てみたいですね。

ですよね！ それが望月プロデューサーの望みでもありましたし。それもあり『宇宙戦隊キュウレンジャーVSスペース・スクワッド』ではハミィを物語の軸にしているんですよ。

――チャンプやバランスといったスーツメンバーを含めると、かなりの大所帯ですからね。

そこで面白いのが、キャストとスーツアクターたちの年齢のギャップですね。『キュウレンジャー』のスーツアクターの方々は、JAE[10]さんのベテラン陣が多いので、キャストのみんなも良い刺激になったと思います。

通常スーツアクターの出番はキャストが変身した後なので、現場で一緒にお芝居する時間って比較的少ないんです。でも『キュウレンジャー』や『特命戦隊ゴーバスターズ』のように、常にキャラクターたちと一緒にお芝居をしていると、先輩たちから吸収出来る事が多かったのではと思います。

『Episode of スティンガー』は、素敵なキャストたちとの出会いと、長い歴史あるスーパー戦隊シリーズで色々とチャレンジが出来た作品だったので、凄く思い入れのある大好きな作品になりましたね。

⑩JAE
株式会社ジャパンアクションエンタープライズ。俳優の千葉真一が設立したジャパンアクションクラブ（JAC）を前身とする日本の芸能事務所。アクション俳優の育成やマネージメントに加え、映画や舞台、各種イベントのアクションシーンの演出も手掛けている。JAC時代も含めると、真田広之、志穂美悦子、大葉健二、春田純一といった数多くのアクションスターを輩出。現在の代表取締役社長は、監督業も務める金田治。

宇宙戦隊キュウレンジャーVSスペース・スクワッド

期間限定の劇場公開とソフト発売の連動による新企画「VCINEXT」シリーズの第1弾。『宇宙戦隊キュウレンジャー』のTVシリーズ後のエピソードにして、『スペース・スクワッド ギャバンVSデカレンジャー』の続編。スペース・スクワッドが追う邪教団・幻魔空界の十二使徒、宇宙忍デモストを追い、宇宙刑事シャイダーはキュウレンジャーの宇宙へ向かう。その頃、キュウレンジャーたちは、ハミィが事件を起こしたネオキュータマ強奪事件を巡り、ふたつに分裂しようとしていた。果たしてハミィの真意とは……。そしてキュウレンジャーたちは元の固き結束を取り戻せるのか!? 東映が新たに展開しようとする新基軸シリーズ第1弾の監督として坂本監督を起用。その信頼の厚さが窺えると言えるのではないだろうか。
スペース・スクワッドシリーズファン、キュウレンジャーファンのどちらも納得の熱い絆の物語が楽しめる。

VCINEXT『宇宙戦隊キュウレンジャーVSスペース・スクワッド』2018年6月30日公開

『宇宙戦隊キュウレンジャー』のラストを飾る豪華な作品。

――『宇宙戦隊キュウレンジャーVSスペース・スクワッド』の企画発足の経緯と、新たに出来た「VCINEXT」というレーベルのご説明をお願い出来ますか。

東映ビデオさんの作品で、ODS方式[1]の劇場公開を含めた新しいVシネマのレーベルがVCINEXTです。『スペース・スクワッド ギャバンVSデカレンジャー』が同じ方式での公開&発売で成功を収めたので、その形式がレーベルとして正式に立ち上がった感じだと思います。

『宇宙戦隊キュウレンジャー Episode of スティンガー』を撮った後に、望月卓プロデューサー[2]から、もう少し『宇宙戦隊キュウレンジャー』を撮りませんかとオファーをいただきました。スケジュール的にTVシリーズへの参加は難しかったので、毎年恒例の「VSシリーズ」か「帰

①**ODS方式**
Other Digital Sourceの略で、映画以外のコンテンツをデジタル上映システムや、5・1チャンネルサラウンドシステムを利用して、映画館で上映すること。劇場向けのライブ配信サービスもその一部。劇場に配信用のネットワークが引かれ、ライブストリーミング用のコーデックがあれば大画面でのパブリックビューイングが可能になる。

②**望月卓**
日本の映像作品のプロデューサー。東映所属。2009年に『仮面ライダーW（ダ

ってきたシリーズ」のどちらかを担当するという話になったんです。ただ、その後に現行作品の編成が変更される事になり、僕がどの作品を担当するかは未定となりました。

――2017～2018年は激動でしたね。仮面ライダーとスーパー戦隊のTVシリーズの枠が移動し③、仮面ライダーの春映画④も途絶えてしまいました。

スーパー戦隊シリーズの映画／Vシネマは、今作からVSシリーズ枠と帰ってきたシリーズ枠を1本に纏めて、ODSとして新しい企画を立ち上げるという方向に決まったと聞きました。

それを受けての望月プロデューサーからの提案は、TVシリーズでは描けなかったキュウレンジャー同士の抗争をやってみたいという事と、過去の戦隊ヴィランズを蘇らせてキュウレンジャーたちと戦わせたいという新たなVS企画へのアプローチでした。

マーベルの『シビル・ウォー／キャプテン・アメリカ』⑤とDCコミックスの『スーサイド・スクワッド』⑥を足したような豪華な企画です。この新しい企画にチャレンジ出来るのは、僕にとっても嬉しい事でしたね。

――そこにスペース・スクワッドが加わったのはどうしてでしょう。

現行作品が『快盗戦隊ルパンレンジャーVS警察戦隊パトレンジャー』なので、キュウレンジャー同士が争う「戦隊VS戦隊」というフォーマットだと同じ構成になってしまいます。

それに今作は新企画の第1弾なので、ヴィランズに加えてもうひとつ話題性を乗せたいという上

ブル』でプロデューサー補を務め、2013年からは『非公認戦隊アキバレンジャー』『仮面ライダー鎧武／ガイム』などの数々の特撮作品でプロデューサーとして参加するようになった。2017年の『宇宙戦隊キュウレンジャー』で、メインプロデューサーとしてデビューする。

③TVシリーズの枠が移動
「ニチアサキッズタイム」のこと。2007年から設定された日曜朝7：00～9：00までのテレビ朝日系列子ども向け番組が放送されていた時間帯。2012年以降はこの呼称は公式ではなくなっていたが、視聴者の間では使用されていた。2018年現在は仮面ライダーが9：00～、スーパー戦隊が9：30～に移動したため、この1時間を指して「ニチゴゼ」（日曜午前）と呼ばれ始めている。

④仮面ライダーの春映画
毎年春に公開されていた、仮面ライダーシリーズの劇

層部の会議によって選ばれたのが、スペース・スクワッドだったという事です。

こうしてこの作品は、『宇宙戦隊キュウレンジャー』としての最後の作品でもあり、『スペース・スクワッド』の1・5という立ち位置の盛り盛りの豪華な企画になりました。

時間はないが、やることは山盛り

――『キュウレンジャー』を撮る予定だったけど、気が付いたらスペース・スクワッドも加わっていたと。


宇宙刑事絡みの作品の企画立ち上げは、いつもサプライズが多く、いきなり話が浮上します（笑）。宇宙刑事NEXT GENERATIONシリーズや、スペース・スクワッドシリーズもそうでしたが、今回もビッグサプライズです。しかも企画が決まったのが、撮影予定の1ヶ月ちょっと前というギリギリのスケジュールでした。

『宇宙戦隊キュウレンジャー』のキャストが1月後半からGロッソ⑦での公演やファイナルライブツアーのリハーサルに入ってしまうので、撮影期間は動かせません。それに脚本家の毛利亘宏⑧さんが、同時期に舞台の演出もしていたので本当に余裕がありませんでしたね（笑）。幾度かの打ち合わせを受け、僕が全体の構成案を出し、毛利さんにそれを整理してもらう感じで台本を進めていきました。

それに今作はスペース・スクワッド関連の作品なのと、『獣拳戦隊ゲキレンジャー』からメレの

場版作品。2012年からはスーパー戦隊シリーズとのクロスオーバー作品など意欲的なテーマの作品が公開されるようになった。2018年には従来のTVシリーズの劇場版ではなく、Amazonプライム・ビデオで配信されている『仮面ライダーアマゾンズ』の劇場版、『仮面ライダーアマゾンズ 最後ノ審判』が5月に上映された。

⑤『シビル・ウォー／キャプテン・アメリカ』
マーベルスタジオズが手掛けた映画シリーズ「マーベル・シネマティック・ユニバース」の第13作で、2016年公開。アベンジャーズのメンバーを国際連合が管理する「ソコヴィア協定」を巡って、キャプテン・アメリカとトニー・スターク（アイアンマン）が対立。両陣営に分かれて、ヒーロー同士が激しくぶつかり合う。

⑥『スーサイド・スクワッド』
DCコミックスの作品を原作にした映画シリーズ「DCエ

参加も決まったので、塚田英明[9]さんにスーパーバイザーとして入っていただける事になり、主に関連キャラクターの台詞周りを担当していただきました。年末年始を返上して頑張りましたね(笑)。

――物語の流れはどの様に決めたのでしょう。

まず、どのようにこの2作品を繋げるかが大きな課題でした。スペース・スクワッドは今までのメタルヒーローシリーズとスーパー戦隊シリーズを同一の世界観として構築した作品ですが、『キュウレンジャー』はTVシリーズ第18話「緊急出動！スペースヒーロー！」で既に別宇宙の設定だという事を明確にしています。

ただ、ギャバンこと十文字撃と共演しているので、なんとかそこを手掛かりにと考察していきました。

まず共通の敵を持たせる事。スペース・スクワッドは警察組織の一部なので犯人逮捕のプライオリティが高い。現在スペース・スクワッドが追っているのは、教祖フメイン率いる邪教集団・幻魔空界……という幾つかのポイントから、今作の敵が十二使徒[10]のひとりになる事が確定しました。

――十二使徒のメンバーって、もう全員決まっているのでしょうか。

一応メタルヒーローシリーズの幹部たちでリストアップされています。まだ仮のメンバー編成ですが。

また、打ち合わせの早い段階で望月プロデューサーのほうから、今作ではハミィをフィーチャー

クステンデッド・ユニバース」の第3作で、2016年公開。ハーレイ・クインやジョーカーなど、DCコミックスに登場する犯罪者たち（スーパーヴィラン）を主役に据えている。

⑦Gロッソ シアターGロッソ。東京ドームシティアトラクションズ内にある屋内劇場。かつてヒーローショーが開催されていた屋外ステージのスカイシアターに代わって、2009年にオープン。スーパー戦隊シリーズのヒーローショーを中心に展開。それ以外にもアニメ作品のキャラクターショーやAKB48の公演に使用されることもある。

⑧毛利亘宏 劇作家、演出家、脚本家。劇団「少年社中」の創設メンバーで、2018年現在も主宰として全作品の演出を手がけている。2010年の『仮面ライダーオーズ／OOO』以降、『仮面ライダーゴースト』や『宇宙戦隊キュ

したいというリクエストがありました。TVシリーズで描ききれなかったハミィのルーツに触れて、ハミィを軸にキュウレンジャー同士の抗争が勃発するという流れです。

ハミィを物語の軸にするという事から、〝忍者〟というキーワードが出て、忍者に関係ある敵という事から選ばれたのが、『世界忍者戦ジライヤ』⑪の宇宙忍デモストでした。これにより、十二使徒のひとりの宇宙忍デモストを追って、スペース・スクワッドがキュウレンジャーの宇宙にやって来るという流れが出来ました。

——デモストのスーツは新たに作ったのですか。

デザイナーの野中剛⑫さんに、宇宙忍デモストを今風にアレンジしたら？　というテーマでデザイン画を描いて頂き、新規でスーツを作りました。オリジナルの面影を持ちながらも、今風にアップデートされた非常にカッコ良いデザインだと思います。

ヴィランズ復活のモチーフはあの有名忍者小説

——ヴィランズの人選はどのようにして決めたのでしょう。

まず歴代のスーパー戦隊シリーズの幹部リストを作成して、誰を蘇らせるかというディスカッションから始まりました。

そこで上がった条件が、顔出しのキャストが演じている幹部、比較的新しいスーパー戦隊ファン

ウレンジャー』など、東映特撮作品の脚本を手がけるようになった。

⑨塚田英明
日本の映像作品のプロデューサー。東映所属。2001年に『仮面ライダーアギト』でサブプロデューサーとして初めて特撮作品に参加し、2004年に『特捜戦隊デカレンジャー』で、メインプロデューサーとしてデビューする。その後も『仮面ライダーW（ダブル）』、『仮面ライダーフォーゼ』などを担当し、現在は『科捜研の女』『京都人情捜査ファイル』といった刑事ドラマも手掛けている。

⑩十二使徒
『スペース・スクワッド』に登場する宗教団体「邪教団・幻魔空界」の幹部たちのこと。邪教団・幻魔空界が従えている12の犯罪組織をそれぞれが率いている。

⑪『世界忍者戦ジライヤ』
1988年に放送された特

から認識出来る幹部、物語の設定的に一度死んでいる幹部という物でした。その条件を満たしてセレクトされたメンバーが、メレ、エスケイプ、バスコ、不破十臓です。

――ネオキューターマが死者を蘇らせるアイテムとなる設定はどこから。

僕が大好きな山田風太郎原作の『魔界転生』⑬がアイデア元になっています。デモストが未知なるエネルギーを含むネオキューターマを使い、忍術で死んだヴィランズを蘇らせるという設定です。デモストが天草四郎で、ヴィランズが宮本武蔵たちという感じですね。

後はメレが出る事により、ハミィとのカメレオン戦士同士の共演という所に焦点を当ててドラマを構成しました。

――メレはどちらかというと『獣拳戦隊ゲキレンジャー』のサブ戦隊ポジション的な感じもあったので、ヴィランズに入れるのはどうなのかという話はファンの間で上がっていました。

蘇ったヴィランズは、現世に未練がある事が条件なんです。バスコは〝宇宙最大のお宝〟が欲しい、エスケイプは〝いいモノ〟を探している、不破十臓は〝強い者と斬り合いたい〟という未練をそれぞれ持っていて、デモストは彼らの目的がキュウレンジャーにあると刷り込みます。

デモストの誤算は、メレにそれがなかったという事です。メレのすべては理央様の為に捧げているので、死後の世界で一緒になれた今、現世に未練などなかったのです。

今作では、メレのキャラクターは塚田さん監修の元、忠実に再現されていて、そこがハミィとの

撮作品。世紀の秘宝「パコ」を代々守りし戸隠流正統の忍者、山地闘破が、ジライヤスーツを身に纏って磁雷矢（ジライヤ）となり、世界中の忍者たちと激闘を繰り広げる姿を描く。ハイテクスーツではなく、装具というべき必要最低限の装備を身に着けたキャラクターたちが、忍者らしい軽快なアクションで攻防を繰り広げる、メタルヒーローシリーズの中でも異色の活劇風作品。

⑫野中剛
日本で活動するキャラクターデザイナー、玩具デザイナー、イラストレーター。1987年にバンダイ入社。『闘将!! 拉麺男』で初めて商品を手がけて以降、ガンダムシリーズ、メタルヒーローシリーズ、スーパー戦隊シリーズ、平成ウルトラマンシリーズ、平成仮面ライダーシリーズなど、数多くの玩具を担当した。現在はフリーで活動しており、『ウルトラマンオーブ』に登場したギャラクトロンや、『ウルトラマン

ドラマを生むきっかけになるように構成されています。

――ちゃんとそこは考えてあるんですね。

それはそうですよ（笑）。せっかくオリジナルキャストに集まってもらうので、再生怪人扱いにはしたくないですから。単なるデモストの手下ではなく、ちゃんとそれぞれのキャラクター性をキープした状態で物語に参加してもらいたかったんです。

平田裕香ちゃんも、再びメレを演じるのに意味のある作品にしたいという強い思いもありました。塚田さんによる監修の元、現場でも何度もシーンごとにディスカッションして、納得してもらいながら演じていただきました。

ヴィランズの活躍に関しては、過去作のファンが見ても納得してくれる仕上がりになっていると思います。

――キュウレンジャー側で拘った事は。

キュウレンジャーが仲間割れをする事にも、ちゃんと納得出来る理由を用意したかったんです。鳳ツルギは救世主ではなく宇宙大統領という立場から、宇宙全体の平和を保つために、犯罪者は取り締まる義務があります。リベリオンに残ったスティンガーやラプターはツルギと行動をともにしますが、散り散りになったラッキーたちは、ハミィを守る為に団結します。

――思想の違いで分かれるということですね。

ジード』のギルバリスなどをデザインしている。

⑬**『魔界転生』**
山田風太郎による伝奇小説。名だたる剣豪たちを転生させて部下とし、江戸幕府をの転覆を目論む魔界衆と、魔界衆から離反した柳生十兵衛との戦いを描く。その後のさまざまな作品に影響を与えただけでなく、『魔界転生』自体も実写映画、漫画、アニメ、ゲームなどさまざまなメディアに派生していった。

⑭**大久保桜子**
日本で活動する女優。2017年、『宇宙戦隊キュウレンジャー』にてカメレオングリーンに変身するハミィ役として女優デビュー。英検一級を取得しており、英語での日常会話も問題ない。2018年、坂本監督作品のVCINEXT『宇宙戦隊キュウレンジャーVSスペース・スクワッド』では、物語上で自身が演じたハミィが大きくフィーチャーされた。

そうですね。ふたつのチームの目的はハミィを守る事で一致しているのですが、思想の違いで争ってしまう。ハミィがそれに対して罪悪感を感じ押し潰されそうになる……物語中盤の盛り上がりは、ふたつのチームの本気のぶつかり合いとなります。

キャスト陣も試写の後に「一番辛かった……」と言っていたぐらい、ファンの方々にもショッキングなシーンになっているのではないでしょうか。

望月プロデューサーの狙いは、たとえ離れていてもキュウレンジャーメンバーの心はひとつという物語を描く事でした。全員揃って「行くぜ！」という展開はＴＶシリーズの最終回で既にやっているので、違った形でメンバーたちの絆を表す事に拘りました。


――たとえバラバラになっても、チームの心はひとつだと改めて確認出来ると。


それが本作のテーマです。今までのＶＳシリーズと雰囲気は違いますが、クライマックスはスーパー戦隊ならではの熱い展開になっていると思います。

本打ちの当初、宇宙刑事たちが入る事によってキャラクター数が飽和状態になる事を危惧していましたが、彼らが参加した事によって物語がスムーズに進むように構成出来たと思います。

特に烏丸舟の女の子を見ればすぐに口説くという軽いノリは、全体的にシリアスなシーンの多いこの作品に良いスパイスとなり、愛されキャラになっていると思います。

舟とキュウレンジャーチームの絡みも新鮮ですしね。そして、撃は熱きリーダーとして、チーム

⑮JAP工房
様々な映像作品やアーティストの衣装デザイン、制作を手がけるデザイン会社。２００５年からは『牙狼〈ＧＡＲＯ〉』シリーズを長くに渡り担当。２０１３年の『００９ノ１ THE END OF THE BEGINNING』以降、坂本監督の作品で何度もタッグを組む。『劇場版 獣電戦隊キョウリュウジャー ガブリンチョ・オブ・ミュージック』（２０１３年）で衣装制作を担当し、スーパー戦隊シリーズに初参加した。

⑯出合正幸
日本で活動する俳優。以前は倉田プロモーションに所属していたこともあり、アクションを得意とする。２００６年の『**轟轟戦隊ボウケンジャー**』でボウケンシルバーに変身する高丘映士役を演じる。特技の英語を活かし、２０１３年には忠臣蔵をモチーフとしたキアヌ・リーブス主演のハリウッド大作『４７ＲＯＮＩＮ』にも出演している。坂本監督とは弟

をサポートして貫禄を見せてくれています。

不安に押しつぶされそうな中、頑張りを見せたのは

――物語上、ハミィの葛藤といった心理描写が大事になりますよね。

そうですね。今回一番嬉しかったのが、TVシリーズのスタッフの方々に、今まで見た事のない表情やお芝居をハミィがしていると言ってもらえた事ですね。⑭大久保桜子ちゃん本人も成長した姿を見せたいと凄く頑張っていましたし、僕も桜子ちゃんの意気込みを受け止められるように取り組みました。その思いが1年間キュウレンジャーに携わったスタッフの方々にも感じてもらえて本当に良かったです。

桜子ちゃんは前作の『宇宙戦隊キュウレンジャー Episode of スティンガー』を気に入ってくれていて、今作で主役を務める事にプレッシャーを感じていたようです。その分アクション練習も真剣に取り組んで、本編でも吹き替えをほぼ使わずに全部自分で演じてくれています。あの忍者の衣装も今作の為に作ったオリジナルなんです。

――あの黒い衣装でしょうか。

そうです。スケジュール的に厳しかったのですが、いつも僕の作品で素晴らしい衣装を提供してくれている⑮JAP工房さんに無理を言ってデザイン＆制作をお願いしました。

弟子の関係にあり、坂本監督作品の常連でもある。『仮面ライダーW（ダブル）FOREVER AtoZ／運命のガイアメモリ』（2010年）、『獣電戦隊キョウリュウジャー』（2013年）、『破裏拳ポリマー』（2017年）、『モブサイコ100』（2018年）『キュウレンジャーVSスペース・スクワッド』などに出演。

⑰高山侑子
日本で活動する女優。2007年に雑誌『ピチレモン』の専属モデルとして活動。2008年の映画『空へ‐救いの翼 RESCUE WINGS‐』で映画初出演、初主演を果たす。2012年には『仮面ライダーウィザード』で大門凛子役を演じる。坂本監督作品では『トラベラーズ次元警察』（2013年）、『宇宙戦隊キュウレンジャーVSスペース・スクワッド』（2018年）に出演している。

⑱岩永洋昭
日本で活動する俳優、モデ

――この作品には1年間頑張ったご褒美的な側面がありますね。

『俺たち賞金稼ぎ団』もそうでしたが、TVシリーズが終わった後の撮影は、緊張感も薄れてワイワイ騒ぎながらする印象が強いのですが、今作はドラマ面でもシリアスな場面も多く、みんな特別な想いを持って挑んでいました。

それと、僕が監督をするという事で、みんなからアクションをやりたいとリクエストが多かったです（笑）。物語のバランスを調整しながら、ちゃんとみんながアクション出来るように組み込みました。

キャストはみんな可愛いですね。僕は『キュウレンジャー』は2本しか撮っていませんが、みんなと仲良くなれました。

――現場の雰囲気も良かったようですね。

みんな仲良くて楽しかったですね！　今作には大統領補佐官役で⑯出合正幸くんと⑰高山侑子ちゃんも出ています。望月プロデューサーから、特撮ファンも喜ぶキャスティングにしましょうという提案があり、ふたりに参加してもらいました。

出合くんは自分の作品の常連さんですが（笑）、実は『モブサイコ100』の撮影中に舟役の⑱岩永洋昭くんと「次も一緒だね」と話しをしていたら、出合くんが「僕も出たいです！」と言った事がきっかけで出演が決まりました。

ル、声優。2008年の『トミカヒーロー レスキューフォース』でR5に変身する石黒鋭二を演じた後、2010年の『仮面ライダーオーズ／OOO』では仮面ライダーバースに変身する伊達明役を演じた。筋骨隆々とした肉体美に定評があり、上半身を露わにするシーンを演じることも多い。坂本監督作品ではVシネマ『宇宙刑事シャイダー NEXT GENERATION』（2014年）、VCINEXT『宇宙戦隊キュウレンジャーVSスペース・スクワッド』（2018年）で、宇宙刑事シャイダーに変身する烏丸舟役を、TVドラマ『モブサイコ100』では爪のメンバーである誇山役を演じた。

⑲水崎綾女
日本で活動する女優。2004年に芸能界デビュー。その後はグラビアやタレント活動を主にしていたが、2007年『キューティーハニー THE LIVE』で、シスターミキに変身する早乙

侑子ちゃんとは『トラベラーズ 次元警察』と『仮面ライダー×仮面ライダー ウィザード&フォーゼ MOVIE大戦アルティメイタム』に続き三度目ですね。その間も他の作品で何度かオファーを出したのですが、スケジュールが合わずに、やっと実現しました。

ファンの方々は理解が早い!

――エキストラ参加のシーンの撮影現場はどのような雰囲気でしたか。

東映特撮ファンクラブの会員の方々60名以上に参加してもらい、宇宙大統領の演説シーンを撮りました。

スーパー戦隊シリーズの撮影という情報のみで応募したので、現場に来て次々に詳細が分かると、会場から歓声が沸いていましたね(笑)。撮影の途中で、当日参加していたキャスト陣が、皆様に挨拶をした時は異常な盛り上がりでした。

エスケイプ役の⑲水崎綾女ちゃんが、エキストラの方々に混ざって会場に座るシーンがあるのですが、まさかのエスケイプの登場に周囲がザワザワして「本物ですか?」と確認する人までいました(笑)。

『劇場版 獣電戦隊キョウリュウジャー ガブリンチョ・オブ・ミュージック』の時もそうでしたが、ファンの方々がエキストラとして参加すると、皆さんシーンの飲み込みが早いんです。普段観てい

女ミキ役を演じてからは、本格的に女優活動を開始。2012年の『特命戦隊ゴーバスターズ』では、ゴーバスターズの前に立ちはだかる幹部的存在のエスケイプ役を演じた。坂本監督作品では『赤×ピンク』(2014年)、『KIRI「職業・殺し屋。」外伝』(2015年)などに出演。2017年、ヒロイン役で出演した映画『光』が、第70回カンヌ国際映画祭コンペティション部門に出品され、エキュメニカル賞を受賞する。

⑳クールギン
スペース・スクワッドシリーズの敵組織・幻魔空界の十二使徒のひとりで、名前のみ登場している。『超人機メタルダー』に登場したゴッドネロス旗下のヨロイ軍団軍団長、凱聖クールギンがベースのキャラクターであると考えられる。

㉑『超人機メタルダー』
1987年に放送された特撮作品。メタルヒーローシリーズとしては初めて、アンドロイ

る作品なので、こっちが説明する前に瞬時にシーンを理解して一生延命お芝居をしてくれますし、現場でのチームワークもバッチリです。本当にいつもありがとうございます！

スペース・スクワッドの未来はどっちだ⁉

――今後、スペース・スクワッドシリーズをどのようにしていきたいですか。

前作『スペース・スクワッド ギャバンVSデカレンジャー』の最後に クールギン[20]に触れているので、是非次回作では『超人機メタルダー』[21]にも触れたいですね。それと今作のラストに触れているレスキューポリスシリーズ。今の技術でレスキューアクションを見せられたら面白い映像になると思います。

メタルヒーローシリーズの代表作としたら、3作品続いた宇宙刑事シリーズとレスキューポリスシリーズ、それと2作品続いたビーファイターシリーズだと思います。ただ、まだ他にもたくさん作品があるので、是非色々なメタルヒーローやスーパー戦隊とコラボして、教祖フメインを撃破するまで辿り着きたいですね。

まさにマーベルの『アベンジャーズ』[22]やDCコミックスの『ジャスティス・リーグ』[23]のように、十二使徒との戦いを何作か重ねた後に、最終作としてヒーローたちが大集合して教祖フメインと対決する……という構成が夢ですね。

ドを主人公に据えた作品となった。また主人公が自身の存在理由がわからぬまま戦う点や、敵組織の軍団員に個性的な人間ドラマが用意されている点など、意欲的な要素が盛り込まれている。

㉒**『アベンジャーズ』**
マーベルスタジオズが手掛けた映画シリーズ「マーベル・シネマティック・ユニバース」の第6作で、2012年公開。それまでのシリーズの集大成的クロスオーバー作品で、マーベル・コミックスのキャラクター、アイアンマン、ハルク、キャプテン・アメリカ、ソー、ブラック・ウィドー、ホークアイが一堂に会し、異星人の侵略から地球を守るために戦う。

㉓**『ジャスティス・リーグ』**
DCコミックスの作品を原作にした映画シリーズ「DCエクステンデッド・ユニバース」の第5作で、2017年公開。それまでのシリーズの集大成と呼べる作品で、バットマン、スーパーマン、ワンダーウーマンが、新たな仲間であるフラッシュ、

――僕は『特捜ロボジャンパーソン』[24]のビルゴルディを今の菅田俊[25]さんで見たいですね（笑）。

色々と夢が膨らみますよね！　僕は『ブルースワット』[26]が撮りたいです。スワットアクションや逮捕術をリアルに表現したら面白いと思います。

どういう形になるかは未定ですが、スペース・スクワッドシリーズは今後も続けて行きたいです。

ただ、これればかりはファンの皆様の応援がなくては続けられないので、応援よろしくお願いします！

アクアマン、サイボーグとともに、超常現象を引き起こす「マザーボックス」を守るため侵略者に立ち向かう。

㉔『特捜ロボジャンパーソン』のビルゴルディ
1993年に放送された特撮TVシリーズ『特捜ロボジャンパーソン』の後半から登場する敵キャラクター。主人公であるバイオボーグ、ジャンパーソンの強化発展型という設定になっており、菅田俊演じる帯刀コンツェルン総裁、帯刀龍三郎が自らの肉体を改造することで、ビルゴルディへの変身能力を得た。

㉕菅田俊
日本で活動する俳優。『電子戦隊デンジマン』や『特捜最前線』などに出演し、1984年には『10号誕生！仮面ライダー全員集合!!』で仮面ライダーZX（ゼクロス）に変身する村雨良を演じ、TVドラマ初主演を果たす。その後も任侠映画やハリウッド映画を始め、悪役からコミカルな役柄まで

幅広い活躍を続けている。

㉖『ブルースワット』

1994年に放送された特撮作品。メタルヒーローシリーズ第13作。エイリアン集団「スペースマフィア」と戦う秘密組織「ブルースワット」のメンバーたちの活躍を描く。他のメタルヒーローシリーズと違い、戦闘のエキスパートたちの物語といった要素を強く押し出し、強化装甲を〝変身〟ではなく、ユニフォームの上から〝装着〟したり、チーム内の装備が共通だったりと、徹底したリアル路線を追求した野心作。そのあまりの異色さに視聴者から賛否両論が巻き起こり、途中から大幅に路線を変更し、通常のメタルヒーローシリーズに寄せていく内容となった。

坂本浩一×対談②
女優 木下あゆ美

「趣味だけで起用していると、
職権乱用って
言われちゃいますからね（笑）」

プロフィール
2005年、特撮作品『特捜戦隊デカレンジャー』にてデカイエローに変身する礼紋茉莉花（ジャスミン）役を、翌年には『怨み屋本舗』では主人公の怨み屋を演じ注目される。坂本監督作品では『仮面ライダーW（ダブル）』『獣電戦隊キョウリュウジャー』などに出演。『トラベラーズ 次元警察』（2013年）では主人公のユイ役（長澤奈央とW主演）に起用されている。現在は2児の母として、子育てにも奮戦中。

撮影：堀 智昭

◎実は対談は初というふたり

――おふたりがお会いするのは、いつ以来でしょうか。

坂本 『スペース・スクワッド ギャバンVSデカレンジャー』と『ガールズ・イン・トラブル スペース・スクワッド EPISODE ZERO』の舞台挨拶以来だよね。ふたり目のお子さんの出産間近でお腹が大きかったし。

木下 そうですね。

坂本 実はこういった1対1の対談は初めてなんです。

――プライベートでお会いするということは、あまりないのでしょうか。

木下 坂本さん、忙しいんですよね。作品が終わるたびに、みんなで食事に行こうという話になるんだけど、いつも時間が作れないようで。

坂本 自分は行けない時が多くて、寂しいんです。

木下 みんなのスケジュールも合わせないといけないから難しいですよね。イベント終わりとかだと、少しは行けたりはしますよね。

坂本 だね。『スペース・スクワッド』のイベントの後は、みんなでご飯食べに行ったよね。

――そういう時って、どういうお話をしているのでしょうか。

坂本 普通……というか、こうやって面と向かって話す機会ってあんまりないよね。軽くは話すけど。

木下 現場だとお仕事があるので、やる事やらないといけないですからね。

──どの女優さんと対談したいですかと坂本監督にお聞き聞いたところ、強いリクエストがありまして……。

坂本 はい。是非あゆ美ちゃんでお願いしますと（笑）。

木下 ありがとうございます！（笑）。

坂本 僕があゆ美ちゃんの事が好きなのは、みんな知ってるので（笑）。

◎ニュージーランドからの熱視線

──坂本監督の噂というのは、『特捜戦隊デカレンジャー』をやっていた時から届いていたのでしょうか。

木下 いえ、その時はまだ。

坂本 当時、日本に来た時に『デカレンジャー』の撮影現場をディズニーのプロデューサーと一緒に見学しに行ったんですが、雨天でロケが中止になりキャストには会えなかったんですよ。

──その時は、木下さんにお会いする気は満々だったんですか？

坂本 もちろんです（笑）。当時、小学館さんがパワーレンジャーの取材で毎年ニュージーランドに来ていたのですが、僕が「ジャスミンが可愛い！」と言っていたら、あゆ美ちゃんのサイン入り下敷きや、うちわを送ってくれました（笑）。サインに平仮名で「こういちくんへ」と書いてあったのが、ちょっとドキっとしました（笑）。

写真集「れもん色の午後」はちゃんと自分で2冊買ったんだよ。

木下 へぇ、2冊も！

坂本 当時発売されたジャスミンのフィギュアや、バンダイアパレル①さんの子供サイズのジャスミンの制服もいただきました。さすがに奥さんに怒られましたが（笑）。

木下 （笑）。

――どうですか。このお話をお聞きして……。

坂本 どうですかって（笑）。

木下 その当時はサインを頼まれることが多かったので、実はあんまり覚えてないんです（笑）。

――だとすると、おふたりが初めてお会いしたのは『仮面ライダーW（ダブル）』の時になるのでしょうか。

坂本 そうですね。もしかして日本に行けばあゆ美ちゃんと一緒にお仕事が出来るかもしれない！　という思いもありましたが（笑）。ちょうど円谷プロさんの『大怪獣バトル ウルトラ銀河伝説 THE MOVIE』が終わる頃に東映の塚田②さんから『W（ダブル）』のオファーを頂きました。

木下 そっか。塚田さん『W（ダブル）』やっていましたもんね。

①バンダイアパレル
バンダイの事業部のひとつ。キャラクターグッズの中でも、衣服や靴、アクセサリーなどのアパレルグッズを取り扱っている。

②塚田
塚田英明。日本の映像作品のプロデューサー。東映所属。2001年に『仮面ライダーアギト』でサブプロデューサーとして初めて特撮作品に参加し、2004年に『特捜戦隊デカレンジャー』で、メインプロデューサーとしてデビューする。その後も『仮面ライダーW（ダブル）』『仮面ライダーフォーゼ』などを担当し、現在は『科捜研の女』『京都人情捜査ファイル』といった刑事ドラマも手掛けている。

坂本 それでオファーを受ける条件が、あゆ美ちゃんをゲストヒロインで出してもらう事だったんです。塚田さんも苦笑いしながら、「ちょっと聞いてみます」って言ってました（笑）。

木下 坂本監督の噂は皆さんいっぱいされていたので、耳には届いていたんですけど、仮面ライダーシリーズは初めてだし、スーパー戦隊ではヒーロー側だったのに、悪役やってホントに大丈夫かな？ とか、色々重なったので、その頃はまだ坂本監督の思い出はないんですよ（笑）。

坂本 片想いは慣れているから（笑）。

木下 ちゃんと出来てるかな？ 大丈夫かな？ という事ばかり考えていました。

◎逆に周囲が意識してしまう撮影現場

――現場に入ってみて、どのような感じだったのでしょうか。

坂本 僕もその時が初の東映さんの現場だったので、ちょっとおとなしくしていた気が……というか探り探りの状況でしたね。今まで何年も一緒にやっているスタッフの中に入って行きますからね。撮り方のスタイルも違うし。それに、現場に憧れのあゆ美ちゃんがいたので、ドキドキでしたし。

――現場で緊張はありましたか？

坂本 緊張はありましたよ……って、どっちの緊張ですか？

——木下さんに対してです（笑）。

坂本 もちろんですよ。こう見えて結構シャイなので。

木下 そんな感じじゃなかった気がしますけどね（笑）。まぁ、〝坂本監督だから〟という事で、意識する感じはまだその頃なかったので、私は普通にお仕事として頑張らせていただきました。

坂本 自分も頑張ったよ（笑）。ただ、周りの方々が気を遣って、すぐに「一緒に写真を撮りましょう！」と、たくさん写真を撮ってくれたので、『W（ダブル）』の時はあゆ美ちゃんと撮った写真がいっぱいあるんです（笑）。まさかその後、こんなにたくさん一緒に作品をやるとは思わなかったよね。

木下 ですね（笑）。

◎坂本監督作品の常連女優に

——その後は『海賊戦隊ゴーカイジャー』のデカレンジャー回、長澤奈央[3]さんとのダブル主演の『トラベラーズ 次元警察』、『仮面ライダーフォーゼ THE MOVIE みんなで宇宙キターッ！』と、立て続けに坂本監督の作品に起用されることになりましたね。

木下 『ゴーカイジャー』はちょっとだけですよね。坂本監督なので、私も「呼ばれるかもよ」なんてことは聞いていましたけど（笑）。

坂本 僕の担当が『デカレンジャー』回だったか

③長澤奈央
日本で活動する女優。2002年に放送された『忍風戦隊ハリケンジャー』でハリケンブルーに変身する野乃七海役として出演後、数々の映画、TVドラマに出演。2009年、日米合作映画『ホテルチェルシー』で初主演を飾る。アクションを得意としており、吹き替えなしでキレのあるアクションシーンを演じることに定評がある。『仮面ライダーW（ダブル）』『仮面ライダーフォーゼ』『トラベラーズ 次元警察』『009ノ1 THE END OF THE BEGINNING』などの坂本監督作品への出演も多い。

ら「よしっ！」と思って、脚本家の荒川④さんにジャスミンが出るシーンをお願いしました（笑）。ジャスミンの格好をしたあゆ美ちゃんを見るのは初めてだったから、ちょっと感動しましたね。

木下 みんなも「懐かしい！」とか言いながらやっていました。

坂本 次が『トラベラーズ』ですね。日本の特撮が台湾で人気があるので、特撮に出ている俳優さんをキャスティングすると喜ばれたんです。

木下 ああ、だから戦隊出身の人が多かったんですね。ほとんど知り合いだし同窓会的な感じもありました。

坂本 撮影現場でも現地のスタッフから「写真撮って下さい！」って言われたの覚えてる？

木下 もちろん、覚えていますよ。でも坂本監督は台湾では本当に大変そうでしたね。現地のスタッフが多かったから。

坂本 日本人のスタッフは6、7人しかいなかったよね。後は通訳さんと、現地のスタッフばかり。ただ、皆さん優秀だったし、一生懸命頑張ってくれました。

撮影初日は夜遅くまで撮ったり、雨が降って撮影が止まったり、若干のトラブルはあったけど、数日経ったら通訳さんを通さなくてもコミュニケーションを取れるぐらいチームワークも良くなってたよね。

④荒川
荒川稔久。日本で活動する脚本家、作詞家。1987年の『仮面ライダーBLACK』以降、TVアニメや特撮作品を中心に数多くの脚本を担当。『仮面ライダークウガ』や『特捜戦隊デカレンジャー』ではメインライターも務めている。また、『鋼鉄天使くるみ』や『りぜるまいん』など、自身が手がけたTVアニメ主題歌の作詞を担当することも多い。

木下 うん。『トラベラーズ』のお仕事で、台湾の人たちは親日家というのを凄く感じました。みんな親切だし、現地のスタッフも人数が多かったんですよ。椅子を持ってくる専門の人がいたりとか、ホントにこんな贅沢でいいのかな？　という感じもありました。

坂本 あと、ご飯も毎回気を使って美味しい物を用意してくれたよね。本当に毎回ご飯が楽しみだった。あとタピオカミルクティーにみんなハマってました（笑）。

木下 ボランティアで来てくれた人も結構いましたよね。

坂本 大変だったけど、充実した毎日だったし、主演がふたりとも好きな女優さんだったから、楽しかった（笑）。衣装とメイク部の女性スタッフが、撮影しているとモニターを見ている僕の顔をずっと見ているんです。あゆ美ちゃんを撮っていると凄く顔がにやけるって（笑）。

木下 突っ込まれてる（笑）。

坂本 あゆ美ちゃんのカットだと顔が全然違う！　ってずっと言われてた（笑）。

ただ、台湾であゆ美ちゃんの事を凄いな！　と思ったのは、昼ドラの経験なのか、長ゼリフでセリフが詰まっても、撮影の流れを考えて、ちょっとセリフを戻して、自然にリカバリー出来るんです。それは、流石だと思った。

木下 それは昼ドラというより、『デカレンジャー』の時に「お前がダメでも別のやつが大丈夫だったらそのカットはそのまま行けるんだから、止めるな！」と注意されていたからですよ。本当に初めての作品だったので色々と現場で鍛えられました

坂本 なるほど！　あと、当時自分は塚田さんから「本人はルックスのイメージと違ってホワ～ッとした感じですよ」と聞いていたんだけど、いざ会ってみると、またそこが良かったという（笑）。

◎〝木下あゆ美〟を起用する本当の理由

――では、坂本さん的には木下さん＝ジャスミンというわけではないのですね。

坂本 それは違います。もちろんジャスミンも好きですが、他の作品もちゃんと見ていて、素晴らしい女優さんだから一緒にお仕事をしたいと思いますね。

木下 そうなんですね。

坂本 もちろん！　決める所はバッチリと決めてくれるのがカッコ良い。

――『トラベラーズ』の後が『みんなで宇宙キターッ！』ですね。

坂本 スカイダイン＝白山静は、最初はドジっ子だけど、実は冷酷な機械だったという二面性を持った難易度の高い役でした。脚本を作っている段階からイメージはあゆ美ちゃ

んだったので、塚田さんや高橋[5]さんに相談したら賛同してくれました。そういえば、あゆ美ちゃんは自分の作品でスーツ姿が多いかもです。普段周りにスーツ姿の女性がいないから、憧れがあるのかもですね（笑）。

木下 そうですね。会社に行く仕事じゃないですからね。

――木下さんを起用する狙いが見えた気がします。カッコいい女性で、かつ印象に残る重要な役所として必要な女優さんなんだなと。

坂本 見えてきました？　もちろん好きな人と一緒にお仕事をするのは楽しいですが、それだけじゃなく、ちゃんと役を演じるうえで、あゆ美ちゃんが一番だと思うからなんです。

木下 趣味だけになっちゃうと、職権乱用って言われちゃいますからね（笑）。

坂本 いつも期待以上の結果を出してくれるのも嬉しいですね。「アクション出来ないよ」と言いながら、本番はバッチリ決めてくれるし。

木下 デカレンジャーの中では一番アクションが出来ないと言われていますよ。

坂本 でも『スペース・スクワッド』の時は、デカレンジャーのメンバーも凄い！　って褒めてたよ。

木下 それは「上手くなってる。成長してるじゃ

⑤高橋　高橋一浩。日本の映像作品のプロデューサー。東映所属。坂本監督が関わった2009年の『仮面ライダーW（ダブル）』と2011年の『仮面ライダーフォーゼ』にてサブプロデューサーを担当。2012年にテレビ朝日コンテンツビジネス戦略部へと出向し、そこで『白魔女学園』（2013年）シリーズを手掛ける。2015年に東映に復帰し『仮面ライダーゴースト』でメインプロデューサーを担当する。

ん」って事ですね（笑）。

坂本 なんだかんだ言って、アクション系の作品多いからね。

木下 そうですね。坂本さんの作品以外でもアクション増えました。

――スーパー戦隊出身者という事で、アクションが出来ると思われているのではないでしょうか。

木下 そうなんです。みんなそう思うみたい。

坂本 あゆ美ちゃんの雰囲気的がそう思わせるんだと思うよ。

木下 私の顔から「出来ます！」という感じが出ているのかもしれないですね。今は老いとの戦いと、筋肉痛との戦いが（笑）。

坂本 『ガールズ・イン・トラブル』はアクションがたくさんあったからね。

木下 素面でのシーンがほとんどだったので、誤魔化せない感じでしたね。本当に危ない所は吹き替えさんにお願いしましたけど。

坂本 でも、基本的に本人たちに頑張ってもらいました。

――『ガールズ・イン・トラブル』の撮影期間はどれくらいだったんでしょうか。

坂本 『スペース・スクワッド』と同時に撮ったので、2本合わせて2週間半くらいですね。

木下 それくらいでしたっけ。結構タイトだった気が。

坂本 密度が濃かったからね。1日が長かった

（笑）。『スペース・スクワッド』のロケから帰って来ると、夕食後からセットで『ガールズ・イン・トラブル』という日も多かったから。

木下 女の子がフィーチャーされる作品と聞いて嬉しい反面、2作品同時に撮ると知って嘘でしょ！ と、ビックリしました（笑）。少し前にやった『特捜戦隊デカレンジャー10 YEARS AFTER』[6]は、ちょっとしか出番がなかったので、気持ち的には楽だったんですけど、今回はメインだから「やばい。ちゃんとやんなきゃ！」って（笑）。子供のためと思えば、何とか乗り切れましたね。

――お子さんは撮影所に連れてきていたんですか。

木下 実家に預けていました。『特捜戦隊デカレンジャー10 YEARS AFTER』の時は、自分の子供役で出演もしました。

坂本 そうだった！ 自分の息子も『宇宙戦隊キュウレンジャー』の東映特撮ファンクラブのスピンオフ『from Episode of スティンガー 宇宙戦隊キュウレンジャー ハイスクールウォーズ』で、小太郎のアクション吹き替えで日本デビューしました（笑）。

木下 そうなんですか！

――木下さんの息子さんも坂本監督のジムに修行に出してはどうでしょう。

⑥**『特捜戦隊デカレンジャー10 YEARS AFTER』** 2015年に発売されたスーパー戦隊シリーズのVシネマ。『特捜戦隊デカレンジャー』の放送終了から10年後の世界を描いている。TVシリーズのレギュラーメンバーが再集結している他、オリジナルキャラクターのネオデカレッドやネオデカイエローなども登場した。

木下 修行に？ ヘタレだからな。ビビリなんですよね（笑）。

坂本 男の子はみんなママには甘えん坊だから（笑）。

木下 家じゃ強気なんですけどね（笑）。

◎お母さんはスーパーヒロイン!?

――木下さんのお子さんは、『デカレンジャー』を観ているんですか。

木下 2歳になった頃から、『デカレンジャー』だけじゃなく、ずっとヒーロー番組に夢中です。

――お母さんがジャスミンだということには気付いているんですか。

木下 さすがに気付いてますよ（笑）。他の作品も観ているので、何となくですけど私の仕事が女優さん、というかテレビに出る人なんだろうなと。

坂本 子供は認識力が高いからね。

木下 ただ、私が強いのかもと思っているフシもあります（笑）。あと、ジャスミンじゃなくてウメコが大好きで。

坂本 自分の息子も当時ウメコ派で、パパと意見が割れてました（笑）。

木下 バンとウメコが好きみたい。あとは電車が好きだから『烈車戦隊トッキュウジャー』が大好きで。

坂本 電車が好きな子は多いよね！

――『獣電戦隊キョウリュウジャー』にも出演されていましたしね。

坂本　はい、でもあゆ美ちゃんが出る回は自分担当じゃない事が多くて、大森⑦プロデューサーに意地悪されているのかと思ってました（笑）。

木下　ね。意外と少なかったですよね。

坂本　メイン監督だとイベント回が多いので、なかなかサイドストーリーが回って来ないんですよ。

――キョウリュウシアンに変身したのも狙いですか。

木下　坂本さんが何か言ったんじゃないんですか？（笑）。

坂本　違うよ（笑）。最初のキャスティングは僕からの提案だったけど、あれは脚本の三条⑧さんのプランです。

――今後、こういった作品でご一緒にお仕事をしたいというのはありますか。

坂本　自分としては、特撮作品ではない作品でご一緒したいですね。今のあゆ美ちゃんだからこそ出来る役があると思うので。

木下　是非！　スーパー戦隊をやるには、年齢的に厳しくなって来たから（笑）。

坂本　いやいや。そんな事はないでしょう（笑）。

木下　入り込める余地がなくなってきてますね。シリーズを重ねて魅力ある若者たちがどんどん増えていますし。

⑦大森
大森敬仁。日本の映像作品のプロデューサー。東映所属。2005年、『仮面ライダー響鬼』でプロデューサー補を務め、2008年の『仮面ライダーキバ』でサブプロデューサーとなる。2013年、『獣電戦隊キョウリュウジャー』でメインプロデューサーを担当し、以後は『仮面ライダードライブ』(2014年)、『仮面ライダーエグゼイド』(2016年)、『仮面ライダービルド』（2017年）を手掛ける。

⑧三条
三条陸。日本で活動する漫画原作者、および脚本家。元々は雑誌「ホビージャパン」やアニメ誌「OUT」にてライターとして活動。1986年、OVA『装鬼兵MDガイスト』でアニメ脚本家デビューし、翌年の

坂本　まぁ、今のヒロインは自分の娘より年下が多いからねぇ。「お父さん、何歳？」って聞くと、自分より年下の事も多いし。

木下　それは聞いちゃダメですよ（笑）。

――これを機会に何か聞いておきたいことはありますか？

木下　聞いておきたい事ですか？　そういえば、坂本さんの私生活が謎です。普段はどうしてるんだろうって。

坂本　私生活は、本当に何にもないよ（笑）。最近は忙しくて、プライベートがまったくないかなぁ。撮影などがなくても部屋にこもって映画観たり宿題したり。

木下　そうなっちゃいますよね。

坂本　基本、出不精なので、自分から出かけないかな。後は部屋の掃除をします。奥さんに鍛えられて、今ではすっかり習慣として身に付いてます（笑）。

木下　そうなんですね（笑）。

坂本　はい。今年（２０１８年）は、春先が空きそうなので、２年半ぶりにＬＡの自宅に帰る予定です。

木下　帰ったら何をしたいですか？

坂本　息子が一生懸命、カンフーやアクションの練習をしているので、息子と一緒に練習するのと、奥さんの手料理をずっと食べていないので、それが楽しみです。

１９８７年に「コミックボンボン」で連載された『スカイボンバー一直線』にて漫画原作者としてデビューする。少年向けの胸躍る熱い展開を得意としており、代表作として『ＤＲＡＧＯＮ ＱＵＥＳＴ -ダイの大冒険-』（漫画原作）、『ガイキング ＬＥＧＥＮＤ ＯＦ ＤＡＩＫＵ-ＭＡＲＹＵ』（脚本）などがある。特撮作品ではメイン脚本家として『仮面ライダーＷ（ダブル）』（２００９年）、『獣電戦隊キョウリュウジャー』（２０１３年）、『仮面ライダードライブ』（２０１４年）などを手掛けている。

コラム

ネットにも載っていない、坂本監督の知られざるお仕事

今回のインタビュー中に、坂本監督が手掛けた仕事のうち、あまり知られていない作品の話を幾つか聞くことができたので、ここで紹介しておこう。

2012年2月16日にプレイステーション3、Xbox 360、Microsoft Windows用のゲームソフトとしてセガ（現セガゲームス）より発売された『バイナリードメイン』。近未来の東京を舞台に特殊部隊が活躍するシューティングゲームで、大ヒットゲーム『龍が如く』シリーズの総合監督・名越稔洋氏が制作したことでも知られており、発売前には大々的なプロモーションを行っていたため、ゲーム好きなら名前を聞いたことや、プレイしたことがあるのではないだろうか。

坂本監督はこのゲームのムービーパートの監督を担当。LAにて、モーションキャプチャーのアクターオーディションを行い、日本のスタジオで約3週間キャプチャー収録。ムービーパート全編の絵コンテも坂本監督が切っている。

最終ブラッシュアップ前の仮CGムービーまでは坂本監督が監修していた。また、ゲームパートで各キャ

ラクターが見せるアクションのモーションキャプチャーは、アルファスタントが担当している。

ちなみに、坂本監督はゲームの制作としては、2012年3月1日にPlayStation Portable用のゲームソフトとしてバンダイナムコゲームス・バンプレストレーベルより発売された、ガンダムシリーズ、仮面ライダーシリーズ、ウルトラマンシリーズのキャラクターたちが共演する『グレイトバトル フルブラスト』のオープニング絵コンテにも参加している。

もうひとつは、ブシロードの大人気カードゲーム「カードファイト!! ヴァンガード」のCMを2バージョン監督している。

ヴァンガードのイメージキャラクターを務めるミュージシャンのDAIGO氏が、燃え盛る太陽を背後に、天高くジャンプして勇ましくカードを投げる「登場編」と、レギオンの力を使いブラックDAIGOと共闘する「レギオン編」の2本を、BREAKERZの曲「BUTTERFLY」に合わせて演出。2013年の放送当時から視聴者の間では「なんか特撮作品っぽいCMだな……」という声が上がっていたという。DAIGO氏が随所で見せる構えもどことなく変身ポーズのよう。

『ウルトラマンサーガ』公開後の撮影だったということで、撮影現場では坂本監督とDAIGO氏でウルトラマンの話題も出たとのこと。その辺りも実に興味深い。

円谷プロダクション編

大怪獣バトル ウルトラ銀河伝説
THE MOVIE

２００９年に公開されたウルトラマンシリーズの劇場作品。当時の現行作品であった『ウルトラギャラクシー大怪獣バトル』をベースにしながら、前作にあたる『ウルトラマンメビウス』、いわゆるウルトラ6兄弟が存在する世界観も組み込んで物語が描かれている。かつて封じられた悪のウルトラマン、ウルトラマンベリアルが復活を果たし、ウルトラの国を攻撃。レイオニクス（怪獣使い）の血を受け継ぐレイを擁するZAP SPACYの面々とウルトラマンメビウス、そして新たに登場した若き戦士にしてウルトラセブンの息子、ウルトラマンゼロが、ウルトラマンベリアルの野望を挫くべく、激戦に身を投じる。

坂本監督が日本での活動を開始する起点となった記念碑的作品。ウルトラの国を新たに見つめ直して世界観を再構築し、見事なスペース・オペラに昇華。今へと繋がるウルトラマン人気の盛り上げに大きく寄与した。

映画『大怪獣バトル ウルトラ銀河伝説 THE MOVIE』２００９年12月12日公開

日本第一弾は大作ウルトラマン

――パワーレンジャーシリーズがいったん休止になり、その期間に手掛ける事になったのが、『大怪獣バトル ウルトラ銀河伝説 THE MOVIE』だったということですが、その経緯をお話しいただけますか。

日本の『炎神戦隊ゴーオンジャー』をベースとした『パワーレンジャー・RPM』の制作時に、パワーレンジャーシリーズの権利が①ディズニーから再びサバンに戻ることになりました。その権利関係の手続きが終了するまでの約2年ほど、新作の制作が一時ストップされる事になったんです。

同じ時期に円谷プロさんが②株式会社ティー・ワイ・オーの傘下に入り、当時円谷プロさんの副社長に就任された③岡部淳也さんから、ハリウッド映画のようなウルトラマンの映画を撮りませんか？　とオファーをいただきました。ウルトラマンは子供の頃からの憧れのヒーローだったので、

①ディズニーから再びサバンに戻る
パワーレンジャーのアジア以外の放送権利はサバン・エンターテインメント（現サバン・キャピタル・グループ）が持っていたが、２００２年に放送した『パワーレンジャー・ワイルドフォース』以降はウォルト・ディズニー・カンパニーに移行。２０１１年に放送した『パワーレンジャー・サムライ』以降はサバン・キャピタル・グループに戻っている。なお、現在の放送権利は玩具メーカーのハズブロが有している。

②株式会社ティー・ワイ・オー
日本のコンテンツ制作会社。

勿論即答でＯＫさせていただきました。

――岡部さんとはどのような関係だったのでしょうか。

以前、アメリカで岡部さんの企画をお手伝いする事があり、その時のお付き合いが縁となりました。オファーを受けたのが『パワーレンジャー・ＲＰＭ』の撮影中で、僕はニュージーランドにいたのですが、わざわざ現地まで来てくださり、作品の概要をお話ししてくれました。

――『パワーレンジャー・ＲＰＭ』終了後の休止期間中に、ウルトラマンの映画を撮るという事ですね。

はい。なので、作品の準備はニュージーランドにいる時から始まりました。円谷プロさんでは、絵コンテでスタッフとイメージを共有させ、準備を進めるのが重要なプロセスになっていて、どの作品も準備段階の早いうちに絵コンテ④をすべて完成させなければなりません。なので、まだその時は準備稿⑤でしたが台本を受け取ってすぐに絵コンテの作業に入りました。

『パワーレンジャー・ＲＰＭ』の撮影が終わって家に帰ると、絵コンテを描いて、出来上がった分をファックスで送り、仮眠を取って翌朝撮影に向かうという生活を繰り返していましたね。

国を離れて打ち合わせ。時代は進歩した

――絵コンテを大量に描くというのは全然、苦ではなかったのですか？

子供の頃から漫画が大好きで、しょっちゅう絵を描いて遊んでいました（笑）。その延長線で、

2007年に円谷プロダクションの親会社になったが、2010年にフィールズ株式会社にその保有株式を売却した。

③岡部淳也
日本のプロデューサー、クリエイター、映像作品の監督。TV番組やCMなどの映像制作に特殊造形美術、『バーチャファイター』や『電脳戦機バーチャロン』といったゲームのCG映像など、クリエイターとしての活動内容は多岐に渡る。2009年には『大怪獣バトル ウルトラ銀河伝説 THE MOVIE』のプロデュースや脚本も手がけた。2007年から2009年までは円谷プロダクションの代表取締役副社長兼クリエイティブ統括を務めていた。

④絵コンテ
映像作品を撮影する前に、1カットの内容がどういうものか、構図やカット割りをイラストで示してスタッフのビジョンを共通する為に用いられるもの。簡単な説明書

パワーレンジャーシリーズでも合成カットの絵コンテは自分で描くようになったので、苦ではなかったですね。ただ、全編描くのは初めてでしたけど。

パワーレンジャーシリーズは、特撮や合成シーンにスーパーバイザーが付かないんです。なので、僕は独学と経験から特撮と合成を学び、撮影した素材を元に合成会社と直接打ち合わせをしていました。その結果、合成の知識が身に付いた感じですね。

『大怪獣バトル ウルトラ銀河伝説 THE MOVIE』は、従来のウルトラマンシリーズと違い、ミニチュア撮影をなくし、ほぼ全編をグリーンバック⑥で撮影してCGで背景を作るという手法でした。なので、本当に全編を1カットずつ撮影方法も考えながら絵コンテを描かなきゃならなかったんです。出来上がった絵コンテをベースにスカイプ⑦で打ち合わせをしていましたね。

——スカイプですか。国を離れていても打ち合わせできるとは、時代の進歩ですね（笑）。

僕はパソコンが苦手なのですが、指示をいただきながら頑張って使えるようになりました（笑）。

ニュージーランドでのパワーレンジャーの作業も終わり、7年間暮らした地を離れLAに引き上げたのですが、引き上げて3日後には日本に向かわないと準備が間に合わないという事でした。小さい息子や引き上げ後の後処理などをすべて奥さんに託し、僕はひとりで日本に旅立つ事になりました。

ニュージーランドが生活のベースだったので、慣れないLAに残された奥さんは本当に大変だっ

きや撮影方法なども表記される。

⑤**準備稿**
撮影に使用される決定稿のひとつ前の段階の台本で、細かなセリフなどの修正は加えられていないが、スタッフの準備の目安となる台本。物語の流れや場面設定は最終に近いものが多い。

⑥**グリーンバック**
クロマキー合成という、映像を合成する技術に用いられる緑色の背景のこと。グリーンバックで撮影した人物に、別の映像の背景を合成するといった形で使用される。

⑦**スカイプ**
マイクロソフトが提供するインターネット電話サービス。パソコンやスマートフォンなどで、無料かつ複数人数による音声通話が可能になる。

たと思います。奥さんのサポートなしでは成立しなかったですね。

久しぶりの日本に感じることは

――この時点で既に日本で本格的に監督業をやろうと思っていたのでしょうか。

それは考えていませんでしたね。『大怪獣バトル ウルトラ銀河伝説 THE MOVIE』が終わったら、LAに帰るつもりでした。まさかこうなるとは（笑）。

その時、僕が日本に来る条件としてリクエストさせていただいたのが、住む場所の確保ですね。日本には住む場所がなかったので（笑）。円谷プロさんのご好意により日活撮影所[8]近くに部屋を用意していただき、そこに寝泊りしながら毎日撮影所に通う生活が始まりました。

――久しぶりに日本に来てみてどうでした？　変わったな……と感じるようなことはありましたか？

日本に長期間滞在するのは高校生以来だったので、色々と戸惑いました。車に乗ると渋滞により移動の時間が読めなかったり、食生活ではチョイスが多すぎて困ったり。

海外で生活していると、例えばラーメン屋さんだと車で行ける距離に1～2軒あるぐらいで、どこに行くかあまり悩まないのですが、東京にはたくさんあるじゃないですか。そういった高校生の時には意識しなかったカルチャーギャップが結構ありましたね。

⑧日活撮影所
日活株式会社の映画スタジオ。かつては東京や京都などに複数存在していたが、2018年現在は東京都調布市にのみ残っている。

新たに描かれる光の国伝説

——本格的に日本での仕事がスタートし、どのように『大怪獣バトル ウルトラ銀河伝説 THE MOVIE』が作られていったのかを具体的に教えていただけますか。

少し前に話を戻すと、オファーを受けた時に岡部さんからどのような作品にしたいか？　と聞かれました。

もともとウルトラマンシリーズは大好きで、日本からビデオやレーザーディスク、DVDを購入してすべて観ていたのですが、今までの作品をジャンル分けすると〝ファンタジー〟とか〝ファミリー向け〟という印象が強かった気がしました。そこで、もし僕に撮らせていただけるなら、ウルトラマンが⑨ワイヤーアクションで縦横無尽に飛び回るアクション映画を撮りたいですとお伝えしたんです。

自分が子供の頃に好きだったのが、格闘を得意とする『ウルトラマンレオ』や、ウルトラ兄弟が宇宙で激闘を繰り広げる⑩内山まもる先生の漫画⑪『ザ・ウルトラマン』でした。また、⑫『スター・ウォーズ』のようなスペースオペラも好きだったので、それらの要素を含んだウルトラマンを撮ってみたかったんです。その意見が一致し、僕の参加が決まりました。

この時点で物語的には、『ウルトラギャラクシー 大怪獣バトル』シリーズをベースにする事、光

⑨ワイヤーアクション
キャストやスタントマンが特殊なハーネスを装着し、ワイヤーを取り付けることにより、人力もしくは機械でワイヤーを引いてジャンプ力や浮遊感を強調するアクション。以前は、細いワイヤーを黒く塗ったり、照明の調整により見えないように工夫していたが、近年は合成処理で消している。なお、ワイヤーアクションは和製英語で、海外ではワイヤーワーク（wire work）と呼ぶ。

⑩内山まもる
漫画家。アニメ制作会社のタツノコプロ在籍中に漫画家として活動を開始。1970年の『ジャンボーグA』以降、『帰ってきたウルトラマン』や『ウルトラマンA』など数多くのウルトラマンシリーズの漫画化を手がけた。1978年に「コロコロコミック」にタイトルを『ザ・ウルトラマン』と改題して再掲載されたのをきっかけにブレイク。第三次ウルトラマンブームの一翼を担うこととな

の国を最先端の技術で再現して歴史を再構築する事、ウルトラマンベリアルが光の国を壊滅状態に追い込む事、ウルトラセブンの息子であるウルトラマンゼロをこの作品の大きなアピールポイントとして紹介する事などが決まっていました。

防衛隊や変身者ではなく、ウルトラマンが物語を繋ぐ世界観は、漫画『ザ・ウルトラマン』を連想させ、とても魅力的に感じました。

悪役のウルトラマンベリアルを魅力的に見せながら、それをも凌駕する圧倒的に強くてカッコいい新たなウルトラマン＝ウルトラマンゼロがお披露目されるという構成は岡部さんからのアイデアで、参考例として出された作品が、僕も大好きな『マジンガーZ対暗黒大将軍』⑬だったんです。それによりイメージが一気に伝わりました（笑）。

同時に僕の頭の中では、ウルトラマンベリアルが漫画『ザ・ウルトラマン』のジャッカル⑭とリンクしました。これで作品の方向性がバッチリ見えた感じですね。

キャラクターの絶妙なバランスと思わぬゲスト

——ヒビノ ミライことウルトラマンメビウス、『ウルトラギャラクシー 大怪獣バトル』シリーズのレイ、そしてウルトラマンゼロの3人が物語の軸となっていますが、そこのバランスの取り方というのはどのように調整したのでしょうか。

る。『大怪獣バトル ウルトラ銀河伝説 THE MOVIE』には、坂本監督の要望で光の国の住人役としてゲスト出演している。2011年に逝去。

⑪**『ザ・ウルトラマン』**
内山まもるが手がけたウルトラマンシリーズの漫画。1975年に「小学三年生」誌上で連載された漫画「さよならウルトラ兄弟」を改題し、1978年に「コロコロコミック」で再掲されて人気を博したウルトラマンシリーズの外伝。ゾフィーを主人公に据えたオリジナルストーリーとなっている。個々のウルトラマンたちに性格的な個性がつけられている他、本作オリジナルの怪獣や宇宙警備隊々員も登場する。

⑫**『スター・ウォーズ』**
1977年にジョージ・ルーカスの構想を元にスタートしたアメリカの映画シリーズ。"遠い昔、遥か彼方の銀河系"を舞台にしたスペースオペラで、3つのエピソードで

出来るだけバランス良く各自を活躍させて、それぞれの存在がなければ物語が解決出来ないという役割を与えたかったんです。作品を見ていただくと分かるのですが、怪獣を操る力を持つレイオニクスのレイがギガバトルナイザーを通してラスボス怪獣のベリュドラを弱らせたり、ウルトラマンメビウスがレイと光の国を繋いだり、ウルトラマンベリアルと決着を付けるのがウルトラマンゼロだったりと、それぞれがキーマンとして機能しています。

僕が共演映画を担当する時に大切にしている事は、各登場キャラクターの役割ですね。よくお手本にするのが、『マジンガーZ対デビルマン』などのダイナミックプロさんの対決シリーズです。このシリーズは作品の世界観の融合が素晴らしいと思います。

今作の本当の意味でのゲストは、ウルトラマンダイナのみじゃないでしょうか。光の国とは違う世界観のウルトラマンの代表ですね。また、『ウルトラマンダイナ』は最終回で、アスカが異次元に旅立ったので、物語的にも無理なく繋げられますし。

――ゲストと言えば、『ウルトラマンコスモス』の⑮杉浦太陽さんも出ていますが、こちらはどういった理由で出ていただいたのでしょう。

太陽くんに関しては、撮影中に彼のほうから熱烈な出演希望オファーがありました（笑）。出てくれるのなら新たにシーンを作りましょう！　と急遽用意したシーンなんです。

円谷プロ作品の凄い所は、作品をまたいでキャラクターが登場しても、世界観やコンセプトが崩

ひとつのシリーズという構成になっている。エピソード4から6、エピソード1から3という不規則な時系列の順番で公開された。2018年現在は最新の三部作のうちエピソード7と8までが封切られており、エピソード9は制作中。また本編以外にスピンオフ作品やアニメなど、外伝作品も多数制作されている。

⑬『マジンガーZ対暗黒大将軍』
『マジンガーZ』の劇場作品第2弾で、1974年公開。TV版の最終回を先取りした内容となっており、続編『グレートマジンガー』のキャラクターである主人公の剣鉄也やグレートマジンガーなどが登場している。

⑭ジャッカル
漫画『ザ・ウルトラマン』に登場する敵キャラクター。ジャッカル大魔王とも呼ばれる宇宙人で、ブラックホールのエネルギーを吸収して強大な力を手にし、ウルトラ

れないように、どの作品にもスーパーバイザーが付いて調整する所ですね。そのような努力が、初代ウルトラマンやウルトラセブンが今でも現役として活躍出来ている理由だと思います。

『大怪獣バトル ウルトラ銀河伝説 THE MOVIE』は、僕が一番影響された昭和第2期ウルトラマンシリーズ（『帰ってきたウルトラマン』『ウルトラマンA』『ウルトラマンタロウ』『ウルトラマンレオ』）の延長線上にあると思っています。客演や兄弟の設定、光の国、ウルトラマンキングの存在などはこの時期から始まっていますからね。

2017年に放送された『ウルトラマンジード』も、同じ世界観を受け継いでいます。それを考えると感慨深いものもありますね。

スピンオフに坂本監督の盟友参戦

――『大怪獣バトル ウルトラ銀河伝説 THE MOVIE』の前日譚に当たる『ウルトラマンメビウス外伝 ゴーストリバース』は⑯横山誠さんが監督を担当していますが、どういう経緯でそうなったのでしょう。


この一連の作品には、本放送終了後から約2年経った『ウルトラマンメビウス』の復活というテーマもありました。『大怪獣バトル ウルトラ銀河伝説 THE MOVIE』の公開前に、前日談をスピンオフという形でリリースして盛り上げる作戦ですね。

さすがに映画とスピンオフを同時作業で進めるのは厳しいので、僕と旧知の仲である横山さんが

の国を壊滅に追い込んだあと、全宇宙の支配まで目論んだ。ゼットンやバードンといった強力な怪獣の他、ウルトラヒーローにも変身する能力を持つ。

⑮杉浦太陽
日本で活動する俳優、タレント。1998年にTVドラマ『おそるべしっっ!!!音無可憐さん』で俳優デビュー。2001年には『ウルトラマンコスモス』でウルトラマンコスモスに変身する春野ムサシ役で主演を果たす。『ウルトラマンサーガ』（2012年）や『劇場版 ウルトラマンギンガS 決戦！ウルトラ10勇士!!』（2015年）にも春野ムサシ役を演じている。2009年の『大怪獣バトル ウルトラ銀河伝説 THE MOVIE』にも出演している。

⑯横山誠
日本で活動する映像作品の監督、アクション監督。有限会社AAC STUNTS代表取締役社長。かつてはスタントマンとしても活躍してお

担当する事になりました。

――パワーレンジャー時代の盟友の再タッグになりますね。

そうですね。撮影は『ウルトラマンメビウス外伝 ゴーストリバース』が先だったので、ギガバトルナイザーをウルトラマンキングが封印したとか、ザラブ星人がラストでギガバトルナイザーを手に入れるといった繋がりの部分は、一緒に打ち合わせをして決めていきました。

今回の連動企画で、CGに関しては世界観を構築する背景や、光線などのエフェクトのみに使用し、ウルトラマンに関してはすべてワイヤーアクションで表現するという演出コンセプトがありました。これは新しい映像表現へのチャレンジでもあり、登場するウルトラマンたちが多いので、一部をCGにするのではなく、実写で[17]ルックを統一するためです。

当時の日本では、まだワイヤーアクションは主流ではなく、ワイヤーアクションを経験しているアクション部も少ない状況でした。そこでこの連動企画に関しては、パワーレンジャーを担当していた[18]アルファスタントのパワーレンジャーチームが、メインのウルトラマンたちを演じ、円谷プロさんのアクション部[19]「キャスタッフ」の方々にはサポートに回って頂きました。

――ウルトラマンゼロのスーツアクターと言えば、真っ先にキャスタッフの[20]岩田栄慶さんを連想しますが、『大怪獣バトル ウルトラ銀河伝説 THE MOVIE』の時だけ岩田さんがゼロを演じていないというのは、そういう理由もあったんですね。

り、パワーレンジャーの仕事を機に渡米。そこで坂本監督と出会い、監督としての道を歩むこととなる。代表作に『キューティーハニー THE LIVE』『牙狼〈GARO〉～闇を照らす者～』など。

⑰**ルック**
映像作品におけるビジュアルの印象のこと。元々はアメリカにおける映画業界の専門用語だった。

⑱**アルファスタント**
有限会社アルファスタント。1992年にアメリカで結成されたALPHA STUNTSが、日本での活動を本格化するために2003年に設立した会社。数々の映画やテレビドラマ、CM、ゲームなどのアクションやスタントのコーディネートに加え、アクションを志す人に向けてのスポーツジムも経営。代表は小池達朗。

⑲**キャスタッフ**
円谷プロダクション専属のアクションチーム。『電光超人

そうでなんです。ワイヤーアクションは重心をコントロールしたり、バランスを取るのが難しいので、全編をワイヤーアクションで表現する今回の作品は、普段からワイヤーアクションに慣れているパワーレンジャーのチームが担当したんです。

――アルファスタントの方々は、グリーンバック前での演技も慣れている感じだったのですね。

パワーレンジャーシリーズや他の作品でも、グリーンバックの撮影は多かったので、それは大丈夫でしたね。

坂本監督、そしてスタッフのウルトラマンへのこだわり

――グリーンバックでの撮影はカットが完成するまで、どうなるんだろう？　というのはありましたか。

事前に各シーンのルックに付いて打ち合わせをしていたので、イメージは頭にありましたが、実際に合成部がどのように仕上げてくるか楽しみでしたね。撮影中も、サンプルカットが上がって来るたびに「おーっ！」と声をあげていました（笑）。

『ウルトラファイトビクトリー』や『ウルトラファイトオーブ』はCG背景でも、予算やスケジュールの関係上2Dで作った物をはめていく方法ですが、今作は合成部の拘りにより、背景をすべて3Dモデリングで立体的に作っています。それにより、グリーンバックの撮影でもカメラを自由に動かして撮る事が可能だったんです。事前に3Dモデルで作られた背景を見ながら画面上でロケ

グリッドマン』以降、劇場版、TVシリーズ、配信シリーズ、オリジナルビデオなど、すべてのウルトラマンシリーズでメインのウルトラマンや怪獣たちのスーツアクターを担当している。また、映像作品のみならず、イベントなどにも参加している。

⑳岩田栄慶　円谷プロダクション専属のスーツアクターチーム「キャスタッフ」に所属するスーツアクター、俳優。『ウルトラ銀河伝説外伝 ウルトラマンゼロVSダークロプスゼロ』（2010年）以降、ウルトラマンゼロを演じたのをきっかけに、『ウルトラマンオーブ』や『ウルトラマンジード』など、多くの新世代（ニュージェネレーション）ヒーローズのウルトラマンのスーツアクターを担当している。

ハンも出来ましたし。

――ウルトラマンゼロやウルトラマンベリアルなどの新規登場のウルトラマン以外でも、目新しい感じのウルトラマンが多数登場していますが、あれは新規でスーツを作ったのでしょうか。

今作は造形の品田冬樹[21]さんの拘りが凄かったですね。回想シーンで登場するホーンの短いウルトラの父や、スターマークのないゾフィー、初代ウルトラマンのマスクをBタイプにしたり、ウルトラマンキングのマスクを新調したり、光の国の一般市民として登場した通称モブトラマンたちや、シャプレー星人やブラックキング、ザラガスなどすべてが品田さんの拘りから実現出来ました。

1本の作品でこれだけの量の造形は異例です。こちらからのリクエスト以上に、品田さんのウルトラマンシリーズへの愛情が爆発していましたね。特に初代ウルトラマンの放送当時は、ザラガスはゴモラのスーツを改造して作られたので、この二体が同画面上に存在する事は不可能でした。なので、ゴモラVSザラガスの対戦カードへの実現には燃えていましたね（笑）。

それ以外の拘りとしては、カプセル怪獣を3体揃えたという事ですね。この3体が同画面上に揃うのは、長いウルトラの歴史の中でも今作が初です。アギラのスーツのみ現存していなかったので、これも新規ですね。

それ以外に今作で僕が拘った所も多々あります。まずは、誰と誰が戦うか？　ですね。今作のクライマックスでは登場怪獣が多いので、撮影可能な状態の怪獣スーツのリストを見ながら、どの怪

㉑品田冬樹
キャラクター造形家。1982年以降、宇宙刑事シリーズやスーパー戦隊シリーズなど東映の特撮作品に多数参加。2009年に円谷プロに入社し、円谷プロの造形部LSS（Light Sculpture Studio）を指揮し、ウルトラマンシリーズの特殊造形を担当するようになる。

獣がどのウルトラマンと戦うか？　を決める対戦カードを初めに作りました。その対戦カードに沿って絵コンテを作成し、演出部にスケジュールを組んでもらいました。凄く悩みましたが、楽しい作業でもありましたね。

衣装への拘りもありました。まずはミライたちが着ているベストです。あれは『ウルトラマンタロウ』の時に、バーベキューに集まったハヤタたちが着ていたウルトラサイン入りのベストの今風バージョンですね。子供の頃、あのエピソードを見た時のワクワク感は今だに忘れられません。

ジェダイ[22]風のアレンジが加わっていますが（笑）。

それとブラザーズマント[23]です。やはりこれも子供の頃好きだった漫画『ザ・ウルトラマン』からの影響で、宇宙警備隊の上官たちにはどうしてもマントを付けたかったんです。内山まもる先生の世界観を再現する時のマストアイテムですね。今作には内山まもる先生にもご出演していただいていますし。

物語的な拘りは、ウルトラマンレオの登場ですね。当初の台本だとウルトラマンレオの登場シーンはなかったんです。ただ、そこは僕が一番好きなウルトラマンなので、どうしても登場させたかったんです。ウルトラマンレオの師匠にあたるウルトラセブンの息子を、その弟子が鍛えるという構図は、カンフー映画ファンとしては王道で燃える展開です。

もともとウルトラマンゼロが光の国から追放されるという設定があったので、そこから修行のア

㉒ジェダイ
『スター・ウォーズ』における、自由と正義の守護者を示す言葉。銀河を司るエネルギーである「フォース」と、光の刃を作り出す「ライトセーバー」という剣を駆使して戦う。

㉓ブラザーズマント
ウルトラマンシリーズに登場するアイテム。光の国のウルトラヒーローの中でも、特別な存在とされているゾフィーやウルトラマンらウルトラ6兄弟に、ウルトラの父から授けられたマント。

イデアを思い付きました。大リーグボール養成ギブス㉔的な拘束具を身に付けたウルトラマンゼロが、ウルトラマンレオに鍛えられて、免許皆伝で本当の力を発揮するという。まさにスポ根アニメとカンフー映画の要素をウルトラマンシリーズに落とし込んだ感じですね（笑）。

元総理が伝説の超人を担当

――だとしたら、ウルトラマンキングも最初はいなかったのでしょうか。

ウルトラマンキングは、エンディングの演説やウルトラマンベリアルを封じ込める回想シーンでの登場はありました。ウルトラマンレオとの修行のシーンに絡ませ、そこにアストラも登場させたのは僕の拘りからですが（笑）。

――ウルトラマンキングの声が小泉純一郎㉕さんという驚きのキャスティングに関しては。

それは岡部さんのアイデアですね。小泉純一郎さんにオファーするなんて、誰も思いつかないじゃないですか。話題性を呼び、皆さんに作品をアピールする為のサプライズなアイデアがドンドン出て来て、本当にビックリしましたね（笑）。

アフレコも警護のSPの方々が付き、極秘で行われました。ご本人がオファーを受けた理由が、息子さんの小泉孝太郎さんが『ウルトラマンタロウ』が好きだったからとの事でした。こっちは緊張して「すみません。もう1回よろしいですか？」とお願いをするのにドキドキでした。

㉔大リーグボール養成ギブス
漫画『巨人の星』に登場するアイテム。主人公・星飛雄馬の上半身を強化するために、父・一徹が作ったギプス。超強力なバネが仕込まれており、装着すると腕が逆方向に引っ張られてしまう。

㉕小泉純一郎
元政治家で、第87〜89代内閣総理大臣。内閣総理大臣の在任期間は1980日で、平成においては第2位の長期政権となった。2008年に次男の小泉進次郎を後継として指名して、政界を引退した。2009年には『大怪獣バトル ウルトラ銀河伝説 THE MOVIE』でウルトラマンキングの声を演じている。

人気キャラに成長したウルトラマンゼロとウルトラマンベリアル

——ウルトラマンゼロとウルトラマンベリアルがここまで人気キャラクターになるというのは、当時予想できましたか。

僕が日本で監督をした最初の作品なので、人気が出て欲しいという思いはありましたが、まさか約10年も人気を保つキャラクターに成長するとは、本当にビックリです。

初めに人気を実感したのは、公開後の評判や成績も良く、当時発売されたソフビフィギュアが全部売り切れたと聞いた時ですね。その後も毎年夏に開催される「ウルトラマンフェスティバル」の写真撮影会にウルトラマンゼロが出ると長蛇の列が出来たり、『ウルトラマンオーブ』でウルトラマンベリアルの要素を含んだサンダーブレスターが話題になったりと色々と評判は聞いていました。

——まだまだ謎も残されているキャラだったりはするので、その辺りもいろいろ予想とか妄想ができてファンとしては楽しいです。

お客さんに100パーセントを提供するより、自身で想像出来る範囲を残す手法がありますね。ある意味ウルトラマンは神格化したヒーローなので、ロジックで固めるよりは、詳細をある程度ボカしたほうが神秘性を保てて魅力が増すと思います。

——近年ではそこに人間らしさという部分も大きく加わるようになりました。

特にウルトラマンゼロからはそうですね。それまでのウルトラマンは『ウルトラマン物語（ストーリー）』[26]以外はあまり喋りませんでしたが、ウルトラマンゼロ以降は声優さんが声を担当したり、変身する役者さんが一体化する事により会話もするようになりました。

ウルトラマンゼロを演じてくれた宮野真守[27]くんは当時から人気声優でしたが、今では様々なメディアで大活躍するほどブレイクしています。それでもウルトラマンゼロというキャラクターに愛着を持ち、今でも自分が納得するまでお芝居を繰り返すほど、拘りを持ち続けてくれています。

もともと僕の中でウルトラマンゼロは、『あしたのジョー』[28]の矢吹丈とか『デビルマン』[29]の不動明のような不良的な要素を持つキャラクターイメージでした。今までのウルトラマンは優等生的なイメージが強かったと思いますが、その中にひとりぐらい破天荒なウルトラマンがいても面白いと感じたんです。ウルトラマンゼロはデザイン的にも尖っていますしね。

――ウルトラマンゼロのあの鋭い目付きは最初からそうだったのでしょうか。

デザイン画でも全体的にシャープなラインをしていますが、造形になって更に鋭い印象になりましたね。

――ウルトラマンベリアルに関してですが、最初にこの姿を見たときにスーツではなくCGなのかと思っていました。それくらいアニメチックというか、変わったウルトラマンだなという印象を受けたことを覚えています。

㉖『ウルトラマン物語（ストーリー）』
1984年に公開されたウルトラマンシリーズの劇場用作品。少年時代のウルトラマンタロウが、ウルトラの父とウルトラの母の教えを受けながら成長していく姿が描かれている。TVシリーズとは違い、一切地球人が登場しないことも特徴。

㉗宮野真守
日本で活動する声優、俳優、歌手。小学生時代から劇団に所属し、CMや舞台などで俳優活動を行い、海外ドラマ『私はケイトリン』の吹き替えで声優デビュー。2009年の劇場作品『大怪獣バトル ウルトラ銀河伝説 THE MOVIE』以降は、ウルトラマンゼロの声を担当し続けている。『DEATH NOTE』『機動戦士ガンダム00』『亜人』『GODZILLA怪獣惑星』など数々の代表作を持つ、日本のトップレベルの声優。

㉘『あしたのジョー』

ウルトラマンベリアルには岡部さんの拘りが詰まっていますからね。人間体型にはない猫背や、前方に突き出した顔の位置と下顎の大きさ、大きな爪など造形的にも大きなチャレンジでしたね。

ウルトラマンベリアルにレイオニクスのパワーを注入したレイブラッド星人にも、その拘りが現れていますね。これも人間体ではないデザインへの拘りとして、頭部がグリーンバックのパーツになっています。それにより、頭部が薄く平らな状態で異形な雰囲気を出しています。

——少しだけ映像に出ていた、レイブラッド星人にとり憑かれる前のウルトラマンベリアルですが、今でも『ウルトラマンジード』に登場したりイベントに出演したりなど、頻繁に使われていますね。

撮影時はまだ名前がありませんでしたが、ウルトラマンベリアルのアーリースタイルですね。登場シーンも少なかったので、急場で用意していただいたスーツがイベントや『ウルトラマンジード』でも活躍するとは思っていませんでしたね。

大迫力の大怪獣、ベリュドラ

——ラスボス的な位置にある百体怪獣ベリュドラも凄かったですね

ベリュドラは足元が見えないほどの巨大感重視で、あまり動かずに威厳を発して欲しいとリクエストがありました。僕はまずデザインを見た時に驚き、次に造形チェックでのあまりにも精巧に作り込まれたディテールに驚きましたね。

1968年から1973年にわたり「週刊少年マガジン」で連載された、高森朝雄原作、ちばてつや作画によるボクシング漫画。身寄りのない不良少年がボクサーとしての才能を見出され、プロボクサーの道を駆け上がっていき、様々なライバルと死闘を演じる。TVアニメや劇場作品などさまざまなメディアで展開する大ヒット作品となり、ライバルキャラである力石徹が死亡した際には講談社で葬儀が行われたほど。

㉙**『デビルマン』**
1972年から1973年にわたり「週刊少年マガジン」で連載された、永井豪による漫画。人類の滅亡を目論む悪魔たちと、悪魔を裏切った主人公との壮絶な戦いを描く。漫画版と同年に放送開始したTVアニメ版は、漫画版と基本設定こそ同じだがストーリー展開が大きく異なっており、ヒーローものとしてのテイストが強まっている。

ベリュドラは通常のスーツではなく㉚パペット形式で、頭を操る人、左右の腕や羽根をそれぞれ操る人たちなど総勢5～7人で操作する大掛かりな仕掛けです。それに、ベリアルが入る頭部のみリアルサイズを作りましたね。まさに映画ならではの贅沢なキャラクターですね。

――体表部分の怪獣たちが蠢いているシーンはどうやって撮ったんでしょうか。

黒いカーペットを敷いた上に、怪獣スーツを着たスーツアクターやスタッフたちをギュウギュウに詰めて寝転がってもらって、それを上から撮影しました。圧巻でしたね。すべての怪獣は揃っていないので、ベリュドラの設定通りではないですが（笑）。

――これだけの大作ですが、またこのようなウルトラマンの映画を監督したいという思いは強いですか？

『大怪獣バトル ウルトラ銀河伝説 THE MOVIE』は、丁度ウルトラマンシリーズが再度ブランドとして復活を遂げた時期に位置する作品だと思います。それに個人的にも、僕が日本で活動出来るようになった切っ掛けを作ってくれた作品ですし、思い入れは強いですね。プレッシャーもありましたが（笑）。

現状『ウルトラマンサーガ』以来、ウルトラマンの大作映画は途切れてしまっていますが、もしまたチャンスをいただけるのであればチャレンジしたいですね。

アフター『大怪獣バトル ウルトラ銀河伝説 THE MOVIE』

㉚**パペット形式**
特撮作品やSF作品の撮影において、着ぐるみだけでは表現しきれない表情などを、人形や、造形物に仕込まれたギミックを手動で操ることにより演技を表現する手法。

――『大怪獣バトル ウルトラ銀河伝説 THE MOVIE』を撮り終わったあと『仮面ライダーW（ダブル）』に関わるわけですけど、坂本監督として円谷プロさんから東映さんに、東映さんから円谷プロさんに仕事を行き来させるというのに抵抗はなかったのでしょうか。

抵抗はないですね。ただ単に光栄です（笑）。基本的に東映さんも円谷プロさんも、ほとんどの監督さんたちは助監督を何年も経験してから監督になるのですが、僕の場合はフリーの監督という立場です。オファーをいただけたら全力でそれにお答えして、再びオファーをいただけるように頑張るだけですから（笑）。

他の監督さんは、そのシリーズが終わると引き続き次のシリーズへと移行されて行く方々が多いですが、僕の場合は毎回リセットされて、また別のオファーを待つか、自分で営業しなければいけないので……流浪の監督ですね（笑）。だから使いやすいという所もあるのかもしれませんが。

――坂本監督的には今はその立場がいいというのはありますか。

常に新しい事にチャレンジして行きたいと思っているので、特撮以外のジャンルの作品のオファーもいただけるのは嬉しいですね。様々な作品を撮る事により刺激を受けて、また次の作品に反映されますから。毎回呼んでいただけないのはちょっと寂しいんですが……（笑）。

ウルトラマンギンガS

TV番組『新ウルトラマン列伝』内で放送されたウルトラマンシリーズにして、2013年に放送された『ウルトラマンギンガ』の続編。封印されたダークルギエルの復活を目論み、地球の地下に眠るエネルギー鉱石ビクトリウム入手を狙い暗躍する宇宙人たち。かつて地球を守っていたウルトラマンギンガはすでに未来へと帰っていたが、新たなる脅威を感じ、かつてともに戦った青年、礼堂ヒカルのもとに現れて戦う道を歩み始めた。そんなヒカルとギンガの前に、地底の民・ビクトリアンの青年、ショウが変身するウルトラマン、ウルトラマンビクトリーが出現する。

坂本監督がウルトラマンのTVシリーズ作品のメイン監督に初挑戦。前作『ウルトラマンギンガ』を受けて、新たなる防衛隊、UPGやウルトラマンビクトリーの登場など、作品の規模はスケールアップ。TVシリーズに続いて、後日談となる劇場版とスピンオフドラマも監督を担当している。

TV『ウルトラマンギンガS』（全16話）2014年7月〜9月、11月〜12月『新ウルトラマン列伝』内で放送／映画『劇場版 ウルトラマンギンガS 決戦！ウルトラ10勇士！！』／スピンオフドラマ『ウルトラファイトビクトリー』（全13話）2015年3月〜6月『新ウルトラマン列伝』内で放送

ウルトラマンシリーズへの帰還

――久しぶりに円谷プロさんで『ウルトラマンギンガS』を手掛けることになりましたが、その経緯を教えていただけますか。

ちょうど僕が『獣電戦隊キョウリュウジャー』の仕上げ作業を東映デジタルセンター①でやっていた時に、同じビルで『ウルトラマン列伝』②の仕上げをやっていたんですね。なので、お世話になった岡崎聖プロデューサー③や、丁度その時に作業に同席されていたアベユーイチ監督④にご挨拶させていただきました。『大怪獣バトル ウルトラ銀河伝説THE MOVIE』の後も、岡崎さんや渋谷浩康プロデューサー⑤とは定期的に連絡を取り合っていたんです。

ある時、渋谷さんからインドネシアでの『ガルーダの戦士ビマ』⑥の作業の合間に、岡秀樹監督⑦

①東映デジタルセンター
東映東京撮影所内にある、映像のオフライン編集や本編集、カラコレ、音声の録音や、アフレコ、ダビング、ミックスなどの仕上げ作業全般を行うスタジオのこと。

②『ウルトラマン列伝』
ウルトラマンシリーズ45周年を記念して、2011年からテレビ東京系列で放送開始されたTV番組。全ウルトラマンシリーズの中から人気のエピソードを厳選して、再編集した内容で形成されている。ウルトラマンゼロがナビゲーターとして毎回登場し、放送エピソードの解説を行っていた。

が日本に帰って来ているからご飯を食べましょうとお誘いがありました。そこでお話をしていると、『ウルトラマンギンガ』の続編製作が決定したが、まだ監督が決まっていないとの事でした。なので、またウルトラマンを撮りたいとお伝えしました。

その時の事が切っ掛けとなり、円谷プロの北浦嗣巳[8]プロデューサーから『ウルトラマンギンガS』のメイン監督のオファーをいただきました。

初のウルトラマンシリーズメイン監督へ

——坂本監督が手掛けた東映作品ですと、次は『宇宙刑事 NEXT GENERATION』まで飛びますね。

『ウルトラマンギンガS』のオファーを受けた時は、ちょうど『俺たち賞金稼ぎ団』の撮影を終えた頃でした。その後、『宇宙刑事NEXT GENERATION』と『白魔女学園オワリトハジマリ』を撮る事は決まっていたのですが、それらの撮影スケジュールは、『ウルトラマンギンガS』のパイロット版となる第1話～第3話までと、最終回の第15&16話といわゆる劇場版のODS[9]との間でした。なので、シリーズ中盤に参加出来なかったのが残念でしたね。

——円谷プロさんのTVシリーズのメイン監督というのは『ウルトラマンギンガS』が初ですよね。

そうですね。なので、円谷プロさんのスタッフと組むのも初めてだったんです。『大怪獣バトル ウルトラ銀河伝説 THE MOVIE』のメインスタッフはほとんどが新規参加の方々ばかりのイ

③**岡崎聖**
日本で活動するプロデューサー。株式会社バンダイ所属。2007年の『ウルトラギャラクシー大怪獣バトル』からプロデューサーとして参加し、『劇場版 ウルトラマンギンガS 決戦！ウルトラ10勇士!!』や『劇場版 ウルトラマンX きたぞ！われらのウルトラマン』などでは製作総括を担当した。

④**アベユーイチ**
日本の映像作品の監督。1997年に『ウルトラマンゼアス2 超人大戦・光と影』で、VFXコーディネーターとして円谷プロ作品に初参加。『ウルトラマンネクサス』から監督も務めるようになり、『ウルトラマンゼロ THE MOVIE 超決戦！ベリアル銀河帝国』（2010年）、『ウルトラマンギンガ 劇場スペシャル』（2013年）などを担当している。実写や特撮作品以外には『SDガンダムフォース』（2004年）などのアニメ作品も手掛けている。

レギュラーチーム、今までの円谷プロ作品を手がけた方はあまり多くはいませんでした。

初めてのスタッフの方々とのお仕事で、僕の中では期待と不安が同居していましたね（笑）。円谷プロさんと東映さんでは、撮影前の準備から撮影のシステム、仕上げの段取りなども色々と違っていたので、最初は戸惑いましたが、今まで色々な国で監督をして来たので、その違いが発見の楽しみに変換されて行きました。

今まで得た知識を円谷プロに輸入

――『ウルトラマンギンガS』の撮影ではどういったことに挑戦したのでしょうか。

今までの数々の経験から得た技術や知識を持って、ウルトラマンシリーズに反映させる事が目標でした。以前僕が撮った『大怪獣バトル ウルトラ銀河伝説THE MOVIE』は、全編グリーンバック[10]での撮影だったので、通常のミニチュア特撮[11]とは撮影方法も全然違います。

そんな中、僕が挑戦したかった事は、オープンセット[12]での撮影による巨大感の強調、デジタル合成により背景を作って世界観を広げる事、スピード感のあるカット割り[13]でアクションシーンをテンポ良く見せる事でした。

今までのウルトラマンシリーズにはなかった画作りに挑戦したかったので、プロデューサーとの交渉から始めたんです。過去の経験から余分な予算をかけなくてもそれらを実行する事が可能だと

⑤**渋谷浩康**
日本で活動するプロデューサー。円谷プロダクション所属。『ウルトラマンゼアス』などでのアシスタントプロデューサーを経て、『ウルトラマンコスモス』で初めてプロデューサーを務める。その後も『ウルトラマンネクサス』『ウルトラマンメビウス』など数々のウルトラマンシリーズに携わっている。円谷プロ作品の知識も広く、企画協力や企画監修者としても近年のウルトラマンシリーズに参加している。

⑥**『ガルーダの戦士ビマ』**
インドネシアのMNCメディアと石森プロが提携して2003年に製作された特撮作品。地球の天然資源を狙う異世界の侵略者たちに、不思議な石によって強大な力を持つ戦士へ変身できるようになった主人公が立ち向かう姿を描く。『仮面ライダーBLACK』にインスパイアされた設定となっている。

⑦**岡秀樹**
日本で活動する映像作品の

いう確信がありました。

　オープンのカットは、同じロケーションでドラマパートの撮影をしながら同時進行で爆破などの準備をして、用意が出来次第ドラマパートの撮影を一時中断して撮影したり、複雑なカットはミニチュア特撮で撮るのではなくデジタル合成で背景を作って撮影時間を短縮したりなど、色々と実行した結果、パイロット版用に用意していただいたスケジュールを短縮する結果が出せました。その成果が認められ、信頼関係を築きながら新しい事への挑戦を徐々に認めていただきました。パワーレンジャーシリーズでプロデューサーを何年も務めていた経験が活かされましたね。

　ウルトラマンはミニチュア特撮でのアクションがメインの見せ場です。そこをどう表現するかによって、作品の盛り上がりが左右されます。ただミニチュア特撮は、精巧なプラニングと準備、セッティングを要するので、他の等身大ヒーローのアクションシーンより撮影に時間が掛かります。しかし現状の作品は、過去のウルトラマンシリーズほど潤沢な予算やスケジュールを確保する事が難しいため、短い撮影時間でどう効率よく現場を進めるかが一番の勝負所でした。

　通常は撮りたい画の絵コンテ[14]をベースに、まずウルトラマンや怪獣の動きを確認、それに合わせたカメラアングルが確定されたら、周辺のミニチュアを飾り付けていきます。

　ただこの方法だと、時間が掛かりカット数は稼げません。なので、僕が提案した方法は、先に格闘するエリアの周辺にミニチュアを飾り込み、カメラを遠くに置いて望遠レンズでウルトラマンた

監督、助監督、脚本家。『ゴジラVSスペースゴジラ』に監督助手として参加以降、特撮作品に多数携わるようになる。『トミカヒーロー レスキューフォース』『魔弾戦記リュウケンドー』『ウルトラマンサーガ』『ガルーダの戦士ビマ』などの作品で監督を務めている。

⑧北浦嗣巳
日本で活動する映像作品のプロデューサー、監督。円谷プロ作品を数多く手掛けており、1996年の『ウルトラマンティガ』（1996年）～『ウルトラギャラクシー大怪獣バトル』（2007年）の平成ウルトラマンシリーズのほとんどの作品に監督、特技監督として参加。『ウルトラマンギンガ』（2013年）以降は、プロデューサー業に転向している。

⑨ODS
Other Digital Sourceの略で、映画以外のコンテンツをデジタル上映システムや、5・1チャンネルサラウ

ちが格闘する姿を撮る事です。望遠レンズを使う事により、被写体と飾りの距離感が縮まるように見えます。

この方法だと、カットごとに飾りを変えなくても、まるで遠くにいる人間からの目線のように街中や山中で格闘するシーンが、様々なアングルで撮影出来るんです。この方法でまずカット数を稼ぎ、それと合わせ技で、重要なカットにおいては通常の撮影方法も取り入れるというハイブリッドな撮影方法を提案しました。

これらのカットにオープンで撮影された煽りのカットや、ウルトラマンや怪獣をグリーンバックで撮影して背景をデジタル合成で作ったカットをミックスしていき、撮影時間を短縮しながら、新しい映像表現方法を生み出していく事にチャレンジしました。

本作からデジタル合成を担当したのは、今まで数々の東映さんの作品でご一緒させていただいた⑮日本映像クリエイティブさんです。日クリさんならクオリティの高い映像を作っていただけるという確証があったので、デジタル合成でも色々とチャレンジ出来ましたね。例えば、ウルトラマンの光線に合わせてカメラを振って、一気に怪獣に当たる所まで見せるカットなど、今までになかったカットが実現出来たんです。

自分のやり方を信じたことで作品は良い方向へ

ンドシステムを利用して、映画館で上映すること。劇場向けのライブ配信サービスもその一部。劇場に配信用のネットワークが引かれ、ライブストリーミング用のコーデックがあれば大画面でのパブリックビューイングが可能になる。

⑩**グリーンバック** クロマキー合成という、映像を合成する技術に用いられる緑色の背景のこと。グリーンバックで撮影した人物に、別の映像の背景を合成するといった形で使用される。

⑪**ミニチュア特撮** 映像作品における撮影方法で、実物大のセットを用意することが困難な場合に精巧なミニチュア模型を用いること。

⑫**オープンセット** スタジオ内ではなく、屋外に用意される撮影用のセットのこと。

⑬**カット割り** 映像作品の撮影を行う際

――確かに『ウルトラマンギンガS』は今までのウルトラマンシリーズに比べると、画的に新しい感じを受けた印象があります。

厳しい現状を打破して、どのようにお子さんたちに面白い作品を届けるかを一番の目標に、様々な画作りの実験を重ねていったのが、『ウルトラマンギンガS』だったと思います。

特にミニチュア特撮は、それまでにも短いシークエンスは経験していましたが、本格的に撮るのは初めてでした。ベテランのスタッフの方々から色々と刺激を受け、勉強になる事が多かったですね。ミニチュア特撮の奥深さを実感しました。

この時ウルトラマンのTVシリーズに参加して強く感じたのは、現状はウルトラマンシリーズでも変身アイテムや武器などの玩具アイテムの魅力もしっかり伝えなくてはいけない時代だという事ですね。

今までのウルトラマンシリーズは、物語と怪獣の特徴や描写を重要視する作風が強かった印象でした。ただ、現状はヒーローであるウルトラマンや、変身アイテム、武器などを子供たちに魅力的に見えるように意識していかないと、作品の成績に結び付いていかないという事ですね。僕が呼ばれたのも、ウルトラマンシリーズにおいて、この部分を強化する目的があったのかもしれません。

――『ウルトラマンギンガ』のスパークドールズをさらに発展させていくという感じですか。

に、演出プランに基づいてカメラのポジションを決めてシーンを分割する作業のこと。スタッフは、この監督のプランを台本に書き留めて、現場で対応していくことで作業を進めていく。

⑭**絵コンテ**
映像作品を撮影する前に、1カットの内容がどういうものか、構図やカット割りをイラストで示してスタッフのビジョンを共通する為に用いられるもの。簡単な説明書きや撮影方法なども表記される。

⑮**日本映像クリエイティブ**
日本映像クリエイティブ株式会社。東京都目黒区にあるVFX制作会社。映像作品における合成作業、および3DCGの制作などを請け負う。仮面ライダーシリーズ、スーパー戦隊シリーズ、ウルトラマンシリーズといった特撮作品のみならず、数々の映画やTVドラマの合成も手掛けている。「日クリ」の愛称で呼ばれる。

今作に関してはウルトラマンビクトリーの変身アイテム、ビクトリーランサーや、怪獣の特徴を身に付けるウルトランス、それにウルトラマンギンガのパワーアップ形態、ウルトラマンギンガストリウムと、パワーアップアイテムのストリウムブレスですね。これらをバリエーション豊かに魅力的に演出出来るか？　という事です。

ウルトランスの発動時にはバンク映像で表現して印象を付けたり、アクションシーンでは様々な形態を使用して特徴を強調したりしました。ストリウムブレスでは、それぞれの光線描写で[16]ウルトラ6兄弟のイメージを登場させインパクトを狙いました。

ウルトラマンというキャラクターは、何十年経っても決して色褪せない現役のヒーローなので、イメージとして登場しても、子供たちがちゃんとそのウルトラマンが誰なのかを認識出来るという確信がありました。

魅力的な『ウルトラマンギンガS』キャスト陣

——キャスティングに関しての注文などは？

基本的には候補者を集めてのオーディションでしたが、杉田アリサ役の[17]滝裕可里ちゃんは僕からのリクエストでオファーさせていただきました。以前Vシネマ『仮面ライダーW（ダブル）RETURNS 仮面ライダーアクセル』以来、また一緒にお仕事をしたいと思っていた所、アリサ役

⑯ウルトラ6兄弟
ウルトラマンシリーズに登場する光の国のウルトラ兄弟の中でも、重鎮メンバーのゾフィー、ウルトラマン、ウルトラセブン、ウルトラマンジャック、ウルトラマンA、ウルトラマンタロウの6人のこと。

⑰滝裕可里
日本で活動する女優。2001年に劇場作品『Star Light』で主演を果たし女優デビュー。幼少の頃から習っていたフィギュアスケートで鍛えた体幹を持ち、アクションのセンスも抜群。2016年にNHK連続テレビ小説『べっぴんさん』で朝ドラ出演を果たす。2014年に『ウルトラマンギンガS』で杉田アリサ役としてレギュラー出演する他、『仮面ライダーW（ダブル）RETURNS 仮面ライダーアクセル』（2011年）や『宇宙刑事ギャバン THE MOVIE』（2012年）、『仮面ライダーゴースト』（2015年）、『仮面ライダービルド』（2017年）など複数の特

がピッタリだと思ったので、推薦させていただきました。
松本ゴウキ役の⑱加藤貴宏くんは、集まった候補者の中から僕が事前に推薦させていただき、オーディション後に皆様の賛同を得て決定しました。僕は加藤くんが主演を務めた⑲『衝撃ゴウライガン!!』を観ていて、ゴウキのイメージにピッタリだと感じました。

――最終回でなんか言ってましたよね（笑）。

「我に勝算ありっ！」ですね（笑）。本人からアドリブで言って良いですか？　と聞かれたので、もちろんOKしました（笑）。
⑳小池里奈ちゃんはサプライズで『ウルトラマンギンガS』のオーディションを受けに来ていて、当日リストを見たら名前がありビックリでした。里奈ちゃんも僕がいると知らなかったらしく、会場に入って同じくビックリしていました（笑）。
里奈ちゃんの演技力の凄さには、『赤×ピンク』の時に驚かされていたので、もうその時点で僕の中でサクヤ役は里奈ちゃんで確定していたのですが、オーディション後には彼女の演技力に魅せられた会場全員が賛成してくれました。

――むこうからやって来たヒロインみたいな感じで。

ですね。㉑宇治清高くんも『仮面ライダーフォーゼ』で少しだけ一緒でしたが、印象に残っていて、彼のミステリアスな雰囲気やエスニックなルックスもショウ役にピッタリでした。もともとはゴウ

撮作品に出演経験がある。

⑱加藤貴宏
日本で活動していた俳優。長身のがっしりした体格を活かした豪胆な男らしい役を演じることが多く、映画、TVドラマ、舞台を中心に活動。2013年、特撮作品『衝撃ゴウライガン!!』にて主役の光人ゴウの人間態を演じる。坂本監督作品では『ウルトラマンギンガS』（2014年）にてUPG隊員の松本ゴウキを、『破裏拳ポリマー』にて強盗団のカズヤを演じた。

⑲『衝撃ゴウライガン!!』
2013年に放送されていた原作・総監督：雨宮慶太、脚本：井上敏樹の特撮作品。異世界からやってきた怪物たちから守るために、その異世界の超人たちが力を合わせて戦う姿を描く。深夜放送だったためにセクシャルな表現も多く、メタフィクション要素も盛り込まれたシナリオが特徴だった。

キ役でオーディションに参加したのですが、ショウ役でもチャレンジしてもらい、会場の皆さんの賛同を受けました。

前作からの主役、礼堂ヒカル役の[22]根岸拓哉くんは、この作品以降も『仮面ライダーエグゼイド』や『モブサイコ100』にも参加してもらい、今でも仲良しです（笑）。『ウルトラマンギンガS』のキャスト陣はみんな仲が良く、今だによく集まっているようですね。みんなの輪が広がり、本当に嬉しいです。

――ショウに関してですが、彼は怪獣が出現したから倒すという単純な目的で動いているのではなく、自身が悩みながら戦う理由を見つけるという、ウルトラマンの中では新しいキャラクターだと感じたのですが。

僕の個人的な好みかもしれませんが、どこか影のあるキャラクターに魅力を感じます。特にウルトラマンビクトリー／ショウは、今作ではウルトラマンギンガ／ヒカルとの共演作なので、差別化も考えなければいけません。

ヒカルは真っ直ぐに突き進む正義感溢れるキャラクターなので、ショウにはミステリアスというテーマを与えました。ショウを始めとするビクトリアンたちの衣装をエスニック風にしたり、彼らには民族的な不思議な力や歴史があったりなどですね。ウルトラマンビクトリーのデザインも、王道ウルトラマンのデザインとはちょっと違う、アグレッシブな感じがするじゃないですか。

――ウルトラマンギンガが明るい感じだったので、その対比という感じですね。

⑳小池里奈
日本で活動する女優。2004年に『美少女戦士セーラームーン』のルナ（人間体）役で女優デビュー。その後はジュニアアイドルとして人気を博し、様々な雑誌に掲載され、数々の写真集やイメージDVDが発売される。女優としても意欲的に活動し、その高い演技力が評価を得て、たくさんのTVドラマや映画に参加する。『仮面ライダーキバ』『ウルトラマンギンガS』などに出演し、2014年の『赤×ピンク』ではアクションも披露。2015年には『白魔女学園オワリトハジマリ』で衣笠りな役を演じた。

㉑宇治清高
日本で活動する俳優。映画やTVドラマなどを中心に活躍。2011年には坂本監督がメイン監督を務めた『仮面ライダーフォーゼ』にてユニコーン・ゾディアーツに変化する新田文博役を演じる。2014年には同じく坂本監督がメイン監督を務めた『ウ

ウルトラマンビクトリーのデザインに関しては色々と冒険していて、カラータイマー以外に、スーツの額や両腕両足に電飾を仕込んでいます。ファイトスタイルにしても、ウルトラマンギンガがオーソドックスなプロレスやパンチ系を得意としていたので、ウルトラマンビクトリーはあえて蹴り技を特技にしています。

　ヒカルとショウのバディ感も今作の重要な鍵になります。キャラクターの魅力＝俳優の魅力にも繋がるので、根岸拓哉と宇治清高というふたりの俳優の魅力を最大限に引き出していきながら、子供たちや特撮ファンだけでなく、女性ファンも取り込める作品にしたかったんです。

――敵側も結構、バラエティに富んでいますね。

　チブル星人エクセラーや様々な星人たち、元でんぱ組.inc.[23]の最上もがちゃんが演じるアンドロイド・ワンゼロなどですね。やはり星人が出て来ると『ウルトラセブン』リスペクトが多くなりますね（笑）。

――今作に登場した合体怪獣のファイブキングは、このあとの作品で何度も登場していますね。

　毎回新規の怪獣がどれくらい出せるかも大きな課題ですね。今作ではファイブキング、ビクトルギエル、シェパードンの3体です。ニュージェネレーションヒーローズシリーズ[24]は、年々と登場する新規怪獣が増えているので、この先どんな怪獣が出て来るか楽しみですね。

　新規怪獣じゃない場合は、台本の打ち合わせをする時に使用可能な怪獣のリストを確認しながら、

ルトラマンギンガS』にて、ウルトラマンビクトリーに変身するショウ役を演じた。

㉒根岸拓哉
日本で活動する俳優。ワタナベエンターテインメントの男性俳優集団「D-BOYS」のメンバー。2013年、『ウルトラマンギンガ』にてウルトラマンギンガに変身する礼堂ヒカル役で初主演を飾る。坂本監督と親交も深く、様々な作品に出演している。2016年の『仮面ライダーエグゼイド』では坂本監督が担当した第4話のゲストである西脇嘉高役や、2018年の『モブサイコ100』では不良高校生の枝野剛役を演じている。その他の代表作に『お迎えデス。』（2016年）、『クズの本懐』（2017年）、『ファイブ』（2017年）など。

㉓でんぱ組inc.
女性アイドルグループ。現在のメンバーは7名で、全メンバーがオタク的な要素を持ち合わせており、それぞれ

どんな物語が構成出来るかアイデアを出し合います。その作業は楽しいです（笑）。

――あの怪獣なくなっちゃったんだ！　というのもあるんでしょうね。

　ありますね。スーツの劣化が激しくて処分する物や、別の怪獣に改造される物もあります。『ウルトラマンマックス』や『ウルトラマンメビウス』の時に作られたスーツが多く、しっかりメインテナンスをしても限界がありますね。

――ラスボスのビクトルギエルもインパクトの強い怪獣でした。

　僕は怪獣といえば、ゴモラやレッドキングのようなオーソドックスな恐竜タイプが好きなんですよ。なので、ビクトルギエルには恐竜型、ダークルギエルの意匠、背中にあるＵＰＧの基地という要素が入っています。やはり恐竜タイプの怪獣は尻尾の破壊力に大きな魅力がありますよね。

　前作の『ウルトラマンギンガ』は舞台が学校で、物語的には局地的な印象が強かったので、『ウルトラマンギンガＳ』は宇宙や地底世界などに世界観を広げて差別化を狙いました。それと小規模ながらも防衛隊が復活するので、ウルトラマンシリーズならではのウルトラマンと人間の絆を描く事も重要なポイントですね。だからといって予算やスケジュールが大幅に増えるわけではないので、色々とチャレンジが多かったですが（笑）。

外へと拡大していく物語を目指す

に担当のジャンルとカラーがある。

㉔ニュージェネレーションヒーローズシリーズ
ウルトラマンシリーズの中でも、近年に放送された『ウルトラマンギンガ』以降の作品を指す。２０１８年現在は『ウルトラマンＲ／Ｂ（ルーブ）』までの6作品がある。

――UPGという設定は、坂本監督が入る前から存在していたのですか。

防衛隊の復活は僕の参加前から決まっていました。ビクトリアンのいる地底世界、怪獣対策として発足したばかりで設備のままならないUPG、チブル星人とアンドロイド・ワンゼロの存在などの基本設定は出来た状態でした。

――チブル星人はゲーム『大怪獣ラッシュ ウルトラフロンティア』㉕に出ているキャラクターでしたよね。

そうですね。ゲームに登場するキャラクターで、チブローダーを含めて商品化も視野に入れてのチョイスでした。

――『ウルトラマンギンガ』が青春もので、『ウルトラマンギンガS』ではそこに防衛隊が怪獣と戦うウルトラマンシリーズのフォーマットが加わり、かなり挑戦的な作品だと思いましたが。

『ウルトラマンギンガ』シリーズは、ウルトラマンシリーズの中でも転換期にあたる作品なのではないでしょうか? 今後ニュージェネレーションヒーローズシリーズとして続く事になるTVシリーズ復活への切っ掛けを作った作品ですし。

円谷プロ作品を作っていたが住まいは……

――この時期はまだ大泉学園にある東映さんの寮に住んでいた、と聞いていますが。

ですね(笑)。『ウルトラマンギンガS』の制作期間中も、東映さんの作品を撮り続けていたので

㉕『大怪獣ラッシュ ウルトラフロンティア』
2015年までデパートの玩具売り場などで稼働していたゲーム筐体、ウルトラマンシリーズを題材にしたデータカードダス。稼働当初は怪獣や宇宙人のみだったが、第5弾からはウルトラマンたちも登場するようになった。

……。ただ、その後ＫＡＤＯＫＡＷＡさんや他社さんとのお仕事も増えていき、どの撮影にも対応出来るように交通の便の良い高田馬場近辺に引っ越ししました。

――新たな住まいを借りたことで、日本中心でやっていこうと思ったりはしていたのでしょうか。

僕はオファーがある場所で作品を撮るというスタンスなので、今は日本の方々からオファーをいただいていますが、２０１５年は韓国からのオファーで半年間韓国にいましたし、その前はパワーレンジャーシリーズで7年間ニュージーランドに滞在していました。フレキシブルに動ければと思っています。

――今、ハリウッドでは中国映画産業が席巻していますけど、そのあたりから是非ということで来たりしたら……。

中国市場は大きいですからね。僕も一時期、中国の会社に呼ばれて何度か上海に行きましたが、まだ作品としては実現出来ていないですね。ただ、魅力的な市場ですし、カンフー映画好きから始まり中国の文化にも惹かれるので、是非チャレンジしたいですね。

最終回と一緒に撮られる劇場版

――『ウルトラマンギンガS』のTVシリーズのメイン監督に引き続き、『劇場版 ウルトラマンギンガS 決戦！ウルトラ10勇士!!』を監督されていますが、これはどういう経緯で決まったのでしょうか。

基本的に『ウルトラマンギンガS』以降のシリーズは、最終回と同時に劇場版の撮影が行われています。なので、必然的にメイン監督が劇場版を担当する事になりますね。劇場版の打ち合わせも早い時期から始まります。

――今のウルトラマンシリーズは、TVシリーズ＋映画でワンパッケージの作品ということになるんですね。『劇場版ウルトラマンギンガS 決戦！ ウルトラ10勇士!!』は、劇場版ならではの規模の大きな作品に感じました。

そう感じていただいて嬉しいです！ 厳しい条件の中、スタッフ一同が一丸となって少しでもスケール感が出るように努力しましたから（笑）。

10人のウルトラマンを揃えて記念すべき作品に

――ストーリーのアイデアとかコンセプトは坂本監督が決めたのですか。

物語の大枠は僕のほうから提案させていただきました。ちょうど「平成ウルトラマン」㉖シリーズのメインのウルトラマンを数えると10人になるので、10人全員が集合する作品が撮りたかったんです。昭和ウルトラマンは集合作品がありますが、平成ウルトラマンはなかったので。

ラスボスがタワーの頂上にいて、宿敵を倒して登っていくスタイルは、僕の大好きなブルース・リーの映画『死亡遊戯』㉗のオマージュです。他の作品でも使っていますが（笑）。一見各フロアご

㉖平成ウルトラマン
ウルトラマン生誕30周年を記念して、世界観を一新して製作されたウルトラマンシリーズ。『ウルトラマンティガ』から『ウルトラマンガイア』までの平成第1期シリーズと、『ウルトラマンコスモス』から『ウルトラマンメビウス』までの平成第2期シリーズがある。

㉗『死亡遊戯』
1978年に公開されたブルース・リー主演の香港映画。クライマックスでは通称「死亡の塔」と呼ばれる五階建てのタワーに主人公が侵入し、階層ごとに待ち構える強敵たちと1対1で戦い、最上階を目指していく。ブルース・リーが『燃えよドラゴン』の撮影に参加するために、撮影は一時中断。その後ブルース・リーが逝去したため、5年の歳月をかけて、過去のフィルムや似ている代役を起用し、ロバート・クローズが監督として抜擢され、サモ・ハン・キンポーがアクション監督を務めて完

とにシチュエーションを変えなければならないので、撮影も複雑な手順に思えますが、これは照明で背景の色を変えるだけで対応出来ると勝算がありました。

各ウルトラマンたちが戦う宿敵は、それぞれに相応しい相手を選んだのですが、ウルトラマンマックスに関しては、オリジナルの敵でコンディションの良いスーツはスラン星人しか残っていませんでした。

——それは仕方がないですね。『ウルトラマンマックス』での強敵と言えばゼットンやバルタン星人を思い出しますが、旧作のほうをイメージさせる宇宙人や怪獣を出すわけにはいかないですし。

『ウルトラマンマックス』は旧作の宇宙人や怪獣の登場が多く、オリジナルの敵が少なかったですね。ウルトラマンティガ、ウルトラマンダイナ、ウルトラマンガイアは3ヒーローの共闘が見たかったので、必然的にファイブキングが対戦相手に選ばれました。

TVと映画で敵のイメージを変えて差別化を

——メインの敵であるエタルガーは、シュッとしていてカッコいいですね。

それにはちゃんと狙いがあり、映画の敵は、TVシリーズ最終回の敵である恐竜型のビクトルギエルと被らないように、人間型にしたかったんです。

『ウルトラマンジード』の時も同じコンセプトです。TVシリーズ最終回のウルトラマンベリア

成させた。一部シーンではアクションの代役としてユン・ピョウが起用されている。

ル アトロシアスに対して、劇場版では怪獣型のラストジャッジメンター ギルバリスを登場させました。劇場版は最終回後に公開されるので、敵のイメージが被らないようにしたいという思いがあります。

――そこまで考えられているとは思いませんでした。

この作品が切っ掛けで平成ウルトラマンたちに「10勇士」という名称が付き、後に『ウルトラマンギンガ』からのウルトラマンたちには「新世代（ニュージェネレーション）ヒーローズ」という名称も生まれ、昭和世代の〝ウルトラ6兄弟〟の流れが復活しましたね。ウルトラマンゼロがどちらの誕生にも大きく関わっていて、『大怪獣バトル ウルトラ銀河伝説 THE MOVIE』を監督した僕としては、嬉しいですね。

紡がれていくセブン→レオの熱血魂

――ウルトラマンギンガビクトリーというフュージョン形態が登場しますね。

ふたりのウルトラマンをフュージョンさせるというコンセプトは、早い段階でバンダイさんから提案がありました。

――ヒカルとショウに対するウルトラマンゼロの厳しい特訓は、やっぱり『ウルトラマンレオ』のオマージュですか。

そうですね。ウルトラマンレオからウルトラマンゼロに繋いだ体育会系ウルトラマンの系譜を続けたいという思いがありました。それにウルトラマンゼロには、強くなるためには特訓という発想が、父親の代から染み付いているのだと思います（笑）。

――『ウルトラマンティガ』から『ウルトラマンギンガS』までに登場する10人のウルトラマン。彼らの活躍をすべて盛り込むのは大変な作業だったのではないでしょうか。

毎回の事ですが、今作も過去作を見直す宿題の量が多かったですね（笑）。それぞれのウルトラマンがどんな技を使うか？　どのように タイプチェンジ[28]するか？　などを再確認しながらメモを取って観返していましたね。

平成3部作の3人とウルトラマンコスモス、ウルトラマンネクサスは、当時の放送時以来タイプチェンジの出番がなかったので、スーツを探し出し、それらをスーツアクターが着られるように修復する所から始まりました。昔の物なので、スーツが縮んでしまい色々と大変でしたね（笑）。様々なスタッフさんの努力のお陰で実現する事が出来ました。

平成の時代を飾った主役ウルトラマンたちが全員登場する記念碑的な作品になれるように、気合いが入りましたね。

――特にウルトラマンティガ、ウルトラマンダイナの特徴といえば、タイプチェンジですからね。

作品を観ていた当時のインパクトは強かったです。中村浩二[29]さんとか、当時のスーツアクター

㉘タイプチェンジ
複数の形態に変身する、ウルトラマンたちの能力。長所だけでなく短所があったり、変身に制限があったりと、必ずしも純粋なパワーアップでないことも特徴といえる。

㉙中村浩二
倉田プロモーション所属のアクション俳優。格闘技を得意とし、鋭い蹴り技には定評がある。平成ウルトラマン三部作『ウルトラマンティガ』（1996年）、『ウルトラマンダイナ』（1997年）、『ウルトラマンガイア』（1998年）で主役ウルトラマンの様々なタイプのスーツアクターを担当。倉田プロモーションでは坂本監督の1年先輩にあたり、坂本監督作品の常連でもある。『仮面ライダーW（ダブル）　FOREVER AtoZ／運命のガイアメモリ』（2010年）、『トラベラーズ次元警察』（2013年）、『破裏拳ポリマー』（2017年）などに出演。

たちに知り合いも多く、アクション面も含めてチェックしていましたね。

スピンオフへと拡大した『ウルトラマンギンガS』

――『ウルトラマンギンガS』は、劇場版からさらに一歩前進し、『ウルトラファイトビクトリー』が作られることになりましたが、制作が決まった時はどうでしたか。

ウルトラマンビクトリーはウルトラマンゼロに続き、僕が誕生に関われた思い入れの深いウルトラマンなので、スピンオフのオファーをいただいた時は嬉しかったですね。

『ウルトラマンギンガS』の放送が終了して、『ウルトラマンX』が始まるまでの間に『新ウルトラマン列伝』放送枠内で、1話3分の新作映像を提供するという企画でしたが、役者を絡めた本編部分や、ウルトラマンビクトリーの強化形態、ウルトラマンビクトリーナイト、新アイテムのナイトティンバー、新規造形されたアリブンタやジュダ・スペクターなどが登場する豪華な作品でした。

ファイトシリーズのストーリー構成を考えるのは、とても楽しいプロセスなんです。どんな敵を登場させて、どのウルトラマンを客演させるかなど、ウルトラマンへの愛が溢れるスタッフが集まり、ワイワイガヤガヤやりながら決めていきます。

強大な敵を出したいというアイデアから、今回はヤプール率いる超獣軍団と、本作のオリジナルの敵として『アンドロメロス』㉚からジュダ・スペクターを登場させました。アリブンタの登場は、

㉚**『アンドロメロス』** ウルトラマンシリーズの外伝的作品で、漫画や雑誌グラビアから始まるメディアミックス展開が行われた。戦いに破れてブラックホールをさまよっていたゾフィーが、アンドロ族の戦士に救出されたあと、正体を隠して宿敵との戦いに臨む姿を描く。1983年から放送開始したTVシリーズは、漫画版と登場人物を除いてストーリーや設定が異なっており、ウルトラマンシリーズとの繋がりについても描かれていない。

製作統括の岡崎聖さんの地底戦士のウルトラマンビクトリーにはアリブンタと戦わせたいという思いから生まれ、ジュダ・スペクターは、㉛エンペラ星人級の強敵はいないか？　と議論を繰り広げた結果、『アンドロメロス』からチョイスしました。

客演ウルトラマンたちも、敵が超獣軍団なのでウルトラマンAはマストで！　とか、僕が監督を担当する事で自然とウルトラマンレオは含まれていたり、僕がアストラをリクエストしたりと、本当にみんなの愛が詰まっているんです。

物語的なチャレンジとしては、3分という限られた短い放送時間の中に、各話ごとにアクション的な見せ場と次回への引きを用意する所ですね。全13話を繋げたバージョンを見ていただけると分かりますが、ほぼノンストップでバトル展開が繰り広げられています。それぞれの見せ場にバリエーションを持たせるのに苦労しましたね。

比較的自由に撮れる作品、ファイトシリーズ

――昭和の後期のウルトラマン中心という珍しいメンバーですね。

ウルトラマンAを今の合成技術でリメイクし、カッコ良く見せたいというテーマがありました。やはり世代的には『ウルトラマンA』には思い入れがありましたから。

アストラに関しては、『大怪獣バトル ウルトラ銀河伝説 THE MOVIE』の時は、アクショ

㉛エンペラ星人
ウルトラマンシリーズに登場する異星人で、『ウルトラマンタロウ』では名前とシルエットのみが登場。『ウルトラマンメビウス』で初めてデザインや詳細な設定が登場し、作品全体の黒幕として決着までが描かれた。以降もさまざまな作品に違う姿や能力で登場している。

ン的な見せ場を作れなかったので、どうしてもウルトラマンレオとの兄弟揃ってのアクションを撮りたかったですね。

ファイトシリーズはTVシリーズよりも予算やスケジュールが厳しいので、必然的に宇宙や荒野が舞台になります。ただ、制作過程での自由度は高いので、僕やスタッフ陣が叶えたかった夢の組み合わせやシーンが再現出来るんです。

それと、ファイトシリーズはTVシリーズのスタッフとは違い、『ウルトラマン列伝』の制作スタッフで撮影されます。『ウルトラマン列伝』に出て来るウルトラマンゼロの語りとか、そういった新撮部分を担当しているスタッフです。撮影場所も普段の撮影所とは異なる場所で、グリーンバックが中心になりますね。

――『ウルトラファイトジード』にチャレンジしたいという思いはありますか。

是非やりたいですね！　それに『ウルトラファイトX』も！　このファイトシリーズはウルトラマンをヒーローとして描くにはとても良いフォーマットだと思います。世界観も広がりますし、新旧含めて様々なウルトラマンたちの共演なども描けるので、是非今後も継続出来たら良いですね。

ウルトラマンX

地球を襲った未知のエネルギー、ウルトラフレアにひとり立ち向かい、肉体を失いデータ化してしまったウルトラマンエックスと、地球を守る特殊防衛チーム「Xio」の研究員にしてウルトラマンエックスに選ばれた青年、大空大地との絆の物語。ウルトラマンと変身者が一体化するのではなく、エクスデバイザーというアイテムにウルトラマンエックスの人格が宿っているのが最大の特徴で、物語的にもバディものとしての要素が強い。
坂本監督は全22話中、5話のエピソード監督を担当。新ビークルの登場や自身も誕生に深く関わったウルトラマンゼロの登場回。さらに第12話〜第14話は3話連続で劇場版クラスの長編となっており、ウルトラマンエックスのパワーアップに加えて、前作『ウルトラマンギンガS』のキャラクターも登場。坂本監督の真骨頂とも言える客演エピソードが楽しめる。

TV『ウルトラマンX』（全22話）2015年7月〜12月『新ウルトラマン列伝』内で放送

まだまだ定着していなかった新ウルトラマンシリーズ

――『ウルトラマンX』はメイン監督ではなく、エピソード監督としての参加になりましたが、このような形で仕事を受けることになった経緯をお願いします。

『ウルトラマンギンガS』の終了時点では、まだ新作ウルトラマンの製作は100%確定していませんでした。プロデューサーと新作用の意見交換はさせていただいていましたが。

――ウルトラマンのTVシリーズが『新ウルトラマン列伝』に組み込まれていた時期ですから、新作をやるのか、そもそもやれるのか流動的だったということですね。

そうですね。当時は新作継続の有無は、作品の成績次第の所が大きかったのかもしれませんね。『ウルトラマンギンガS』は1クール半という短いスパンで、まだ2作目でしたし。

――そう考えると、毎年新しいウルトラマンが作られていくというのが、ようやく定着したんですね。でも、放送時期を確認すると、『ウルトラマンギンガS』が終わって半年後には『ウルトラマンX』がスタートしています。そこからのスパンは意外と短いような……。

『ウルトラマンギンガS』の撮影は夏には終わっていたので、それほど余裕はありませんが、制作期間的には間に合いますね。それに、『ウルトラマンギンガS』が好成績を収めたので、正式なGOサインが出る前から企画開発は始めていたと思います。

その流れで、先に制作が決まった『ウルトラファイトビクトリー』を担当する事になりました。

動き始めた韓国での仕事

――『ウルトラマンX』はメイン監督としては参加していませんけど、立ち上げの頃から参加しませんかという話自体はあったんですね。

そうですね。ただ、新作ウルトラマンに正式なGOサインが出る前に、僕が以前から韓国の会社と進めていた企画①が前進して、2015年は韓国で作業をして欲しいというリクエストを受けていました。

その事により、『ウルトラマンX』にはフルで参加出来なくなり、製作統括の岡崎聖②さんのリクエストにより、主に新ビークルやパワーアップ形態紹介回、僕が担当していたウルトラマン達の

①**進めていた企画**
2015年、坂本監督はオリジナルSFドラマシリーズを立ち上げるために、韓国での仕事を主としており、その年の半年以上は韓国に滞在している。現在、その作品は様々な事情によりペンディング状態となっている。

②**岡崎聖**
日本で活動するプロデューサー。株式会社バンダイ所属。2007年の『ウルトラギャラクシー大怪獣バトル』からプロデューサーとして参加し、『劇場版 ウルトラマンギンガS 決戦！ウルトラ10勇士!!』や『劇場版 ウルトラマンX きたぞ！ われらのウルトラマン』などでは製作総括を担当した。

客演回のみの参加になりました。

なので、この年は基本的に韓国をベースに『ウルトラマンX』の作業時は日本に来るという生活でしたね。

最終的に僕が担当したのは、Xioの隊員が葛藤を乗り越えスペースマスケッティが初登場する第4話「オール・フォー・ワン」と、ウルトラマンゼロが客演する第5話「イージス 光る時」、ウルトラマンエックスがウルトラマンエクシードXに進化する第12話「虹の行く先」、自分がメイン監督を担当した『ウルトラマンギンガS』のキャラクターたちが登場する第13話「勝利への剣」&第14話「光る大空、繋がる大地」ですね。

僕の中での基本的なスタンスとしては、田口清隆監督[3]が作り上げる『ウルトラマンX』の世界観に、何を提供すれば作品のプラスに出来るかという事でした。

ウルトラマンの撮影のために日本へ

――だから翌年の2016年は日本での公開や放送された作品が少なめになっているんですね。

2015年は半年以上韓国、『ウルトラマンX』の作業時は日本、それ以外はLAに滞在していましたからね。

準備段階では、本打ち[4]は韓国に行く前に日本で、日本を離れた後はメールでデータのやり取り

③田口清隆
日本で活動する映像作品の監督、特技監督。幼少の頃から平成ゴジラシリーズに影響されて、自主制作映画でも特撮や怪獣を題材にした作品の監督を手がけている。様々な作品でVFXや美術などを担当し、2009年に『長髪大怪獣ゲハラ』で初めて商業作品を監督。以降『MM9』(2010年)、『ウルトラゾーン』(2012年)などを経て、2014年に『ウルトラマンギンガS』でウルトラマンシリーズへ参加。怪獣愛に溢れた演出や、ミニチュア特撮へのこだわりにより、ファンから絶大的な支持を得る。『ウルトラマンX』や『ウルトラマンオーブ』ではメイン監督を務める。2014年からは「全国自主怪獣映画選手権」を主催している。

④本打ち
「本の打ち合わせ」の略で、映像作品のシナリオ、脚本の内容に関する打ち合わせのこと。主に脚本家、監督、

をさせていただきました。そして、撮影前に日本に戻った時に、田口監督にキャラクターや細かな世界観の解釈などを直接質問させていただきました。なので、直接キャスト陣に会ったのは撮影初日のXioの基地でしたね（笑）。細かい部分は、現場でキャストとコミュニケーションを取りながら進めました。

自分が最初に担当した第4話「オール・フォー・ワン」は、Xioのメンバーの活躍が物語の軸となります。第1話〜第3話にかけては大地とアスナが中心だったので、第4話で他の隊員たちにフォーカスを当てたいというリクエストがありました。

そこで物語のBラインとして、大地とウルトラマンエックスの友情を取り入れて、Aラインには危機に陥ったふたりを助けるために、仲間割れなどの葛藤を乗り越えてXioチームが活躍するという物語構成を提案させていただきました。大地たちがベムスターに月面で捕らわれる事により、今回新登場するスペースマスケッティを活躍させる事も出来ますし。

第5話の「イージス 光る時」はウルトラマンゼロが登場するイベント回ですね。ただ、ここでもウルトラマンエックスがウルトラマンゼロの力であるウルティメイトイージス⑤の力が使えるようになる新アイテム紹介が入ります。

登場怪獣を決める時に、第4話がベムスターになったので、この話も『帰ってきたウルトラマン』からナックル星人とブラックキングをチョイスしました。このペアの組み合わせは、放送当時以来

プロデューサーなどが参加。

⑤ウルティメイトイージス
『ウルトラマンゼロ THE MOVIE 超決戦！ベリアル銀河帝国』に登場したアイテム。選ばれた者だけが装備できる特別な鎧で、ウルトラマンゼロが装備することにより強化形態のウルティメイトゼロになる。ただ身を守るだけでなく、剣や弓といった武器にも形状変化できる性質を持つ。

ないですし、夕日をバックに砂塵を巻き上げながらの戦いは凄く印象に残っています。このシークエンスにオマージュを捧げたシーンをどうしても撮りたかったので、ナックル星人の造形も当時の物に改造していただきました。

ブラックキングも、新鮮さを出すために途中で改造される設定にして、これも岡崎製作統括からの提案で『アンドロメロス』の原作『ウルトラ超伝説』[6]に登場した改造ブラックキングをオマージュして、ドリルを頭部に付けてブラックキング ドリルカスタムにしました。当時の物はドリルから管が付いているので、若干違うのですが（笑）。

『ウルトラファイトビクトリー』でグア軍団のジュダ・スペクターを復活させたので、『アンドロメロス』オマージュの流れが続いた感じですね。円谷プロさんの凄い所は、過去作品を熟知した方がちゃんといて、プロパティを守っていこうとする事だと思います。

ウルトラマンゼロ＝イケメンがここで確定

――この話ではルイルイ（高田ルイ）も目立っていましたね。

第4話と第5話はＸｉｏのメンバー紹介も兼ねていたので、実働部隊と研究員で分ける事になり、第5話はルイルイの活躍回になりました。

――ウルトラマンゼロがイケメンなウルトラマンというのも、この回で確定したような……。

⑥**『ウルトラ超伝説』** 月刊誌「てれびくん」に連載されていた漫画で、ウルトラマンシリーズの外伝にあたる内容。特撮作品『アンドロメロス』の原作でもある。全5部の物語で構成されている。

そうですね（笑）。このエピソードでウルトラマンゼロの新しい魅力が開花したと思います。あのルックスで声が宮野⑦くんですから！

ルイルイを演じた百川晴香⑧ちゃんは「全力少女R」というグループでアイドル活動をしていて、しかもジュニアアイドルの頃からのキャリアの持ち主なんです。自分の魅力をどう表現すれば良いか熟知していて、とてもイキイキとルイルイを演じてくれましたね。

復活のグア軍団

――次に担当したのが、第12話～第14話のパワーアップ&『ウルトラマンギンガ』チームの客演回ですね。


この三部作は映画並みに豪華ですよ（笑）。ここでも『アンドロメロス』モチーフは続いていて、是非ジュダ・スペクターの兄妹も出しましょう！　という流れになりました。

第12話で登場するギナ・スペクターが次の話へと繋ぐ大事な役となり、兄のモルド・スペクターが出現する事で物語に広がりを見せ、実はウルトラマンエックスやXｉｏが戦っていた敵は、ウルトラマンギンガとウルトラマンビクトリーの共通の敵だったという事で共闘して行くという流れです。通常は劇場版でやるようなスケールの内容を、TVシリーズの一部としてチャレンジしました。スピンオフにあたる『ウルトラファイトビクトリー』とも繋がりますね。

モルド・スペクターは顔のみ新規造形で、体はジュダ・スペクターのスーツの改造です。ギナ・

⑦宮野
宮野真守。日本で活動する声優、俳優、歌手。小学生時代から劇団に所属し、CMや舞台などで俳優活動を行い、海外ドラマ『私はケイトリン』の吹き替えで声優デビュー。２００９年の劇場作品『大怪獣バトル ウルトラ銀河伝説 THE MOVIE』以降は、ウルトラマンゼロの声を担当し続けている。『DEATH NOTE』『機動戦士ガンダム00』『亜人』『GODZILLA怪獣惑星』など数々の代表作を持つ、日本のトップレベルの声優。

⑧百川晴香
日本で活動するアイドル、グラビアアイドル、女優。アイドルグループ「全力少女R」のリーダーを務めながら、バラエティ番組への出演やグラビア活動など行っている。２０１１年から女優としても活動を開始し、2015年に『ウルトラマンX』の高田ルイ役でレギュラー出演を果たしている。坂本監督の『モブサイコ１００』

スペクターに関しては、等身大のキャラクターにして、Ｘｉｏの隊員やヒカルたちの話を動かせるように構成しました。

アクションシーンも用意されていたので、今までに何度もご一緒しているアクション女優の佃井皆美[9]ちゃんにお願いしました。設定的にＵＰＧのアリサ隊員も、Ｘｉｏのアスナ隊員も格闘戦が得意なので、ヒロインたちのバトルを描きたかったんです。

スタッフも待望。女性たちのアクション

――やっぱり動ける女性はちゃんと見せてあげたいというのがあったんですね。

そうですね。アスナ役の坂ノ上茜[10]ちゃんは、新体操経験者で体が凄く柔らかく、体幹バランスもバッチリです。『仮面ライダー×仮面ライダーウィザード&フォーゼ ＭＯＶＩＥ大戦アルティメイタム』でポワトリンを演じた入来茉里[11]ちゃんもそうでしたが、新体操経験者のアクションへのポテンシャルは高いですね。

『ウルトラマンＸ』のキャスティングは、田口監督を中心に決められましたが、アスナの格闘が得意な設定は初めから組み込まれていました。やっぱりみんな戦うヒロインが好きなんですよね。

――その他に拘った所はありますか。

近年のヒーロー番組だとパワーアップ形態が出ると、オリジナル形態の活躍が少なくなってしま

にもゲスト出演している。

⑨佃井皆美
日本で活動する女優。アクションを得意としており、『獣拳戦隊ゲキレンジャー』のリンシー役でスーツアクションを務めてデビュー。2014年に出演した『仮面ライダー鎧武／ガイム』では、湊耀子役だけでなく変身後の仮面ライダーマリカのスーツアクターも担当している。人見早苗、下園愛弓とともにWIPE OUTという歌唱ユニットを結成していた時期もあり、歌と踊りも得意。現在は様々な大型舞台でも活躍している。『009ノ1 THE END OF THE BEGINNING』（2013年）、『ウルトラマンX』（2015年）、『破裏拳ポリマー』（2017年）などの坂本監督の作品に多数参加している。

⑩坂ノ上茜
日本で活動する女優。「アミューズ全国オーディション2009 THE PUSH!マ

うという問題を回避したかったですね。

パワーアップ前の姿も見せていきたい

――ウルトラマンエックスには、モンスアーマーなどの魅力的なギミックがありますからね。

そうなんです。ウルトラマンエックス自身が凄くカッコ良いデザインですし、ザナディウム光線も素晴らしい必殺技なので、後半戦に出なくなってしまうのは、勿体ないと感じました。ちょうど物語的に後半戦の怪獣は、グリーザのダークサンダーエナジーにより強化されるという設定があったので、ウルトラマンエクシードXには、その強化形態を解除できる能力を持っているという設定にしました。ちょっと変化球的なパワーアップ形態ですが、他のウルトラマンとの差別化も出来るのではという考えもありました。

――この時に大地が持っていたエクスラッガーは、玩具サイズのものですか。

基本的にどのシリーズも、キャストが持つアイテムは玩具と同じサイズの物を使用します。子供たちに出来るだけ劇中に近い物を提供したいという思いもあり、撮影用にディティールアップされている部分もありますが、基本的には玩具と同スケールです。

変身アイテムの見せ方への拘り

ン」の俳優・ルックス部門賞を受賞後、ミュージックビデオへの出演を経て、２０１５年に『ウルトラマンX』でヒロインの山瀬アスナ役に抜擢され、本格的に女優活動を開始。特技の新体操やバトントワリングで鍛えた身体能力を活かし、『ウルトラマンX』では生身のアクションを披露した。その後、坂本監督の『モブサイコ１００』にも出演。ドラマ『チア☆ダン』（２０１８年）でも得意のダンスを活かしている。2017年からは「王様のブランチ」のリポーターも務めている。

⑪入来茉里
日本で活動する女優。２００７年に第32回ホリプロタレントスカウトキャラバンにて審査員特別賞を受賞。特技は12年間続けた新体操で、インターハイ出場経験もある。２０１２年の『仮面ライダー×仮面ライダー ウィザード&フォーゼ MOVIE大戦アルティメイタム』では、美少女仮面ポワトリンに変

――近年のウルトラマンは、変身者がウルトラマンの意識空間的な中で玩具と同サイズのアイテムを持っていて、その動きがウルトラマン自身にシンクロするという演出なので、子供を含めた視聴者には凄く嬉しい事だと思います。

等身大ヒーローは変身後も常に変身アイテムを身に付けている時が多いですが、ウルトラマンは変身時にアイテムを出すのみでした。アイテムを魅力的に露出させる事は、テレビを観ている子供たちに認識してもらうには重要な演出だと思います。

そこで近年のウルトラマンでは、変身者にそれぞれのウルトラマンの体内空間（インナースペース）で変身アイテムを持たせる事を意識的に取り入れています。僕も『ウルトラマンギンガS』では、かなり意識して変身アイテムを露出させていました。今では完全に定着化した方法ですが。後は、TVシリーズに『劇場版 ウルトラマンギンガS 決戦！ウルトラ10勇士!!』のウルトラマンギンガビクトリーや、『ウルトラファイトビクトリー』のウルトラマンビクトリーナイトなどの強化タイプを出せたのが良かったですね。

――勿体ないですよね。せっかく映画でパワーアップしたのに、1作だけしか登場しないというのは。

ウルトラマンギンガビクトリーに関しては、劇場版では使えなかった光線技を披露したり、先輩としてのヒカルやショウを見せられたりと、後日談的な要素を表現出来て嬉しかったですね。

2作品の主役が隊員服を着てガッツリ共演するのも、ウルトラマンシリーズでは珍しい事だと思

身する上村優役を演じ、新体操で培った体幹を活かし、吹き替えなしのアクションにも挑戦した。

います。

――このクロスオーバーから派生して、現在の新世代（ニュージェネレーション）ヒーローズのウルトラマンという枠に繋がると。

ウルトラマンシリーズの歴史の中で、重要なポイントとなる作品を度々撮らせてもらっているので、僕としては非常にラッキーというか、とても光栄ですね。

『ウルトラマンオーブ』への参戦は断念……だが！

――『ウルトラマンX』のあとは、坂本監督担当作品は『ウルトラファイトオーブ』まで飛んじゃうんですね。

韓国で準備していた作品が、諸事情により一旦仕切り直しになりました。その為、２０１５年の10月頃にLAの自宅に戻っていると、円谷プロさんからウルトラマンの新作への打診があったんです。

ただ、その頃には年明けからKADOKAWAさんの元で映画『破裏拳ポリマー』を撮る事になっていたのと、韓国にいる時に既に東映の高橋一浩[12]プロデューサーから『仮面ライダーゴースト』へのお誘いを受けていました。

なので、残念ながら『ウルトラマンオーブ』のTVシリーズにはスケジュール的に参加する事が出来なかったんです。

⑫高橋一浩
日本の映像作品のプロデューサー。東映所属。坂本監督が関わった２００９年の『仮面ライダーW（ダブル）』と２０１１年の『仮面ライダーフォーゼ』にてサブプロデューサーを担当。２０１２年にテレビ朝日コンテンツビジネス戦略部へと出向し、そこで『白魔女学園』（２０１３年）シリーズを手掛ける。２０１５年に東映に復帰し『仮面ライダーゴースト』でメインプロデューサーを担当する。

その後、Amazonプライム・ビデオ⑬で『ウルトラマンオーブ』の前日談に当たる『ウルトラマンオーブ THE ORIGIN SAGA』が決まりそうだという事で、再びお声をかけていただいたのですが、そちらもスケジュール的に『仮面ライダー平成ジェネレーションズ Dr．パックマン対エグゼイド&ゴーストwithレジェンドライダー編』と被っていて、断念せざるを得ませんでした。

三度目の正直で『ウルトラファイトオーブ』のオファーをいただいた時は、『獣電戦隊キョウリュウジャーブレイブ』の準備中でしたが、奇跡的に撮影スケジュールが調整出来たので、やっと念願の『ウルトラマンオーブ』シリーズへの参加が叶ったんです。

2016年はKADOKAWAさんの『破裏拳ポリマー』でタツノコヒーロー、『仮面ライダーゴースト』と『仮面ライダー平成ジェネレーションズ Dr．パックマン対エグゼイド&ゴーストwithレジェンドライダー』で仮面ライダー、『スペース・スクワッド ギャバンVSデカレンジャー』で宇宙刑事、『獣電戦隊キョウリュウジャーブレイブ』でスーパー戦隊、『ウルトラファイトオーブ』でウルトラマンと様々なヒーローを撮れたので、スケジュール的にはかなり大変でしたが、毎日が充実した夢のように楽しい1年間でしたね。

⑬Amazonプライム・ビデオ
ECサイトのAmazonが展開している、ビデオ・オンデマンド・サービス。映画やTV番組などの映像コンテンツを、レンタルまたは購入でき、Amazonプライム会員は一部のコンテンツを無料視聴可能。特撮作品『仮面ライダーアマゾンズ』のように、独占のオリジナル配信コンテンツもある。

ウルトラファイトオーブ

『ウルトラマンオーブ』のTVシリーズ、さらには劇場版の後日談に位置する作品。怪獣の魂を操る力を持つレイオニクスの一体、レイバトスが100体の怪獣を甦らせるべく、ギガバトルナイザーの復活を企む。それを察知したウルトラマンオーブは、ウルトラマンゼロとウルトラ兄弟の力を借り、怪獣墓場へと急ぐ。『ウルトラセブン』放送開始50周年という記念すべき年に因み、重要な役割としてウルトラセブンが登場。ウルトラマンゼロとの親子タッグによる過酷な特訓で、ウルトラマンオーブは、新たなフュージョンアップ形態、エメリウムスラッガーを得る。全編をバトル要素で描くファイトシリーズのオーブ版を坂本監督が担当。メイン監督を務めた『ウルトラマンジード』の序章的位置付けにもなっており、怒涛の展開からは目が離せない！

スピンオフドラマ『ウルトラファイトオーブ親子の力、おかりします！』（全8話）2017年4月～6月『ウルトラマンゼロ THE CHRONICLE』内で放送

リベンジ！『ウルトラファイトオーブ』

——スケジュールの関係で参加出来なかった『ウルトラマンオーブ』シリーズに、『ウルトラファイトオーブ』で参戦できました。その心境はいかがだったのでしょうか。

『ウルトラマンオーブ』はファンとして楽しく拝見させていただいていたので、『ウルトラファイトオーブ』でようやく僕も参加出来る事が嬉しかったですね。

制作体制は『ウルトラファイトビクトリー』と同じ『ウルトラマン列伝』や『ウルトラマンゼロCHRONICLE』のスタッフで、制作期間や予算、準備のプロセスも『ウルトラファイトビクトリー』とほぼ同じでした。

物語構成も前作と同じように「さて、何をやりましょうか？」というワクワク感から始まりました。

決まっていた事は、バンダイさんからのリクエストで、データカードダスの『ウルトラマン フュージョンファイト！』①に登場するフュージョンアップ形態のライトニングアタッカーとエメリウムスラッガーを出す事と、ウルトラマンオーブとウルトラマンゼロとのダブル主演。そして、次作の『ウルトラマンジード』へと繋ぐ事でした。

今回の撮影もグリーンバックがメインとなるので、宇宙や荒野が舞台となります。ただ、前回の『ウルトラファイトビクトリー』もそうだったのですが、日活撮影所②の特撮セットが2日間ほど使える事になりました。

時期的にはちょうど『ウルトラマンオーブTHE ORIGIN SAGA』の撮影がアップした直後だったので、そのセットを使って物語冒頭は地球からスタートさせる事が可能となりました。

イベント用のスーツを撮影用に

――ライトニングアタッカーのスーツについて、かなり動きが制限されるというのを聞いたのですが。

元々はイベントや展示用目的のスーツだったので、撮影用の動きは考慮されて作られていませんでした。なので、関節部分の柔軟性や視野の確保など、様々な調整が施されました。体は鎧のようなアーマーを装着した状態なので、スーツの作りも通常のウルトラマンのウェットスーツとは違い、エタルガーなどのスーツに近い素材でしたね。

①**『ウルトラマン フュージョンファイト！』**
ウルトラマンシリーズを題材にしたデータカードダスの第3弾。デパートの玩具売り場などで稼働していたゲーム筐体。稼働当初は、『ウルトラマンオーブ』や『ウルトラマンゼロTHE CHRONICLE』と連動した内容で、2017年からは『ウルトラマンジード』と連動した新シリーズに移行していった。

②**日活撮影所**
日活株式会社の映画スタジオ。かつては東京や京都などに複数存在していたが、2018年現在は東京都調布市にのみ残っている。

――放送が『劇場版 ウルトラマンオーブ 絆の力、おかりします！』よりも後ということで、オーブトリニティが登場できたのは大きいのではないでしょうか。

撮影スケジュールは『劇場版 ウルトラマンオーブ 絆の力、おかりします！』の完成前だったので、オーブトリニティの演出に関しては、手探りの部分が大きかったですね。合成が入る前の編集を観ながら演出方法を考えたり、合成が上がって来るたびにチェックしたりという感じでした。

劇場版限定で終わらせたくない！

――劇場版で登場したウルトラマンのレアな形態がまた見られるというのはファン的には嬉しいです。

それがこのファイトシリーズの良い所ですよね。劇場版の時には描ききれなかった部分をさらに掘り下げられますから。『ウルトラマンX』のファイトシリーズが作られなかったのは本当に残念でした。『劇場版 ウルトラマンX きたぞ！ われらのウルトラマン』で登場したベータスパークアーマー③をもっと見たいですよね。

『ウルトラマンジード』へと繋がる物語

――ストーリーに関してはどのように構築したのでしょうか。

今作のオファーを受けた時には、既に僕は『ウルトラマンジード』のメイン監督を担当する事が

③ベータスパークアーマー
『劇場版 ウルトラマンX きたぞ！ われらのウルトラマン』に登場するパワーアップアイテム。初代ウルトラマンとウルトラマンティガの力を宿した、作中における最強の形態へ変身できる。

決まっていました。まだ『ウルトラマンジード』の物語はほぼ白紙の状態でしたが、ウルトラマンゼロとウルトラマンベリアルが重要な役割を務める事と、ウルトラマンベリアルの息子が主人公になる事は決まっていたので、今作は『ウルトラマンジード』へと繋げるという狙いもありました。

次に、敵を誰にするか？　という大きな課題になるのですが、僕が思ったのは、ウルトラマンベリアルの復活を暗示し、ギガバトルナイザーを手に入れる物語にしたいという事でした。そうすればレイオニクス（怪獣使い）という設定もおさらい出来ますし。

ウルトラマンベリアルは『ウルトラゼロファイト 第二部 輝きのゼロ』④で復活を遂げていますが、その事実をウルトラマン側はまだ知りません。それにウルトラマンベリアルのアイコンとして、やはりギガバトルナイザーを登場させたかったというのもありますね。

ゲストウルトラマンたちと戦わせる怪獣も選ばなければいけないので、そこで出たアイデアが、レイオニクスの力を持つ新たな敵・レイバトスが、過去に怪獣墓場で砕け散ったギガバトルナイザーを復活させて、様々な怪獣たちを蘇らせるという構図です。どの怪獣を蘇らせるかを決める前に、どのゲストウルトラマンたちを出すかを先に決めなければいけません。

ウルトラセブンは、『ウルトラセブン』放送開始50周年＆エメリウムスラッガー絡みで登場はマストでした。そこで僕は、前回の『ウルトラファイトビクトリー』の昭和ウルトラマンたちの復活が燃えポイントだったので（笑）、今回も是非昭和ウルトラマンたちを出して、新旧ウルトラ戦士

④『ウルトラゼロファイト 第二部 輝きのゼロ』
『ウルトラマンサーガ』以降のウルトラマンゼロの活躍を描くアベユーイチ監督による『ウルトラゼロファイト』の第2シリーズ。ウルトラマンゼロの命を狙う宇宙人集団「ダークネスファイブ」と、その裏に潜む黒幕との戦いを描く。この物語のラストでウルトラマンベリアルが復活を果たす。

たちの共演を描きたかったんです。そこで選んだのがゾフィーとウルトラマンジャックでした。

理由はやはり世代的にウルトラ6兄弟[5]が好きなのと、ゾフィー、ウルトラセブン、ウルトラマンジャックの強敵にあたる怪獣のスーツがすべて現存していたからというふたつになります。登場するゲストウルトラマンが決まったので、必然的に怪獣も各自のライバルである、バードン、キングジョー、グドン&ツインテールとなりました。ツインテールは『大怪獣バトル ウルトラ銀河伝説 THE MOVIE』以来の登場になるので、嬉しかったですね（笑）。やはり、このレジェンドたちの対決シーンの撮影が一番テンション上がりました。

――昭和ウルトラマンが出ると、坂本監督は燃える！ と。

燃えますね！『ウルトラファイトオーブ』のBlu-ray収録用のコメンタリーでは、脚本を担当した足木淳一郎[6]さんとほぼ居酒屋での昭和ウルトラファントークみたいな感じになってしまいました（笑）。

『ウルトラマンジード』のオファーは、だいぶ早い時期にいただきました。まだ『ウルトラマンオーブ』は撮影中だったと思います。ただ、その時はまだ何故かは教えていただけませんでしたが、その後の打ち合わせで、僕が撮った『大怪獣バトル ウルトラ銀河伝説 THE MOVIE』から繋がる世界観で、ウルトラマンゼロとウルトラマンベリアルが大きく関わる事を知りました。日本に来て初めて監督した作品なので思い入れもあり、運命の巡り合わせを感じましたね。

[5]ウルトラ6兄弟
ウルトラマンシリーズに登場する光の国のウルトラ兄弟の中でも、重鎮メンバーのゾフィー、ウルトラマン、ウルトラセブン、ウルトラマンジャック、ウルトラマンA、ウルトラマンタロウの6人のこと。

[6]足木淳一郎
円谷プロダクション社員。『ウルトラマン列伝』の構成を始め、音響効果など様々なパートで多数のウルトラマンシリーズ作品に参加。好評を得た『ウルトラ怪獣散歩』ではプロデューサーも務めている。

『ウルトラファイトオーブ』は、僕の中でもウルトラモード全開での参加でしたね（笑）。

実は復活していたウルトラマンベリアルだったが⁉

――『ウルトラファイトオーブ』もかなりウルトラマンベリアル色が濃いですよね。ギガバトルナイザーが出てきたり。

そうですね。『ウルトラマンジード』へ繋ぐために、ウルトラマンベリアルのバックストーリーを一度整理する必要性を感じました。先ほども述べましたが、ウルトラマンベリアルの復活は、シャイニングウルトラマンゼロの時間逆行の影響でしたが、それはエピローグのシーンで、ウルトラマン側が察知した描写はありません。

その後のウルトラマンベリアルと ダークネスファイブ[7]の行動は、『ウルトラマン列伝』[8]や『新ウルトラマン列伝』での描写はありましたが、バラエティ色が強く、何処までが正式なウルトラマンシリーズの歴史として捉えて良いか曖昧な気がしていました。

――たしかウルトラマンベリアルはダークネスファイブとともに、ゲーム『大怪獣ラッシュ ウルトラフロンティア』[9]の世界に旅立ったはずですよね。

僕が両作品の監督を担当するので、ウルトラマンベリアル復活から『ウルトラマンジード』までの空白の時間を埋める設定が作りやすいように、この頃から色々と仕込み始めていましたね。

⑦ダークネスファイブ
『ウルトラゼロファイト 第二部 輝きのゼロ』に登場する悪の宇宙人集団。所属しているのは、メフィラス星人・魔導のスライ、ヒッポリト星人・地獄のジャタール、テンペラー星人・極悪のヴィラニアス、グローザ星系人・氷結のグロッケン、デスレ星雲人・炎上のデスローグの5名。

⑧『ウルトラマン列伝』
ウルトラマンシリーズ45周年を記念して、2011年からテレビ東京系列で放送開始されたTV番組。全ウルトラマンシリーズの中から人気エピソードを厳選して、再編集した内容で形成されている。ウルトラマンゼロがナビゲーターとして毎回登場し、放送エピソードの解説を行っていた。

⑨『大怪獣ラッシュ ウルトラフロンティア』
2015年までデパートの玩具売り場などで稼働していたゲーム筐体、ウルトラマンシリーズを題材にしたデー

それが、ギガバトルナイザーの復活と、ウルトラマンベリアルの復活をウルトラマンゼロが予感するシーンなどです。

初放送の時は、レイバトスにトドメを刺すのはウルトラマンジードですが、あのシーンの本来の目的は新番組『ウルトラマンジード』への期待感を煽るティーザーのような位置付けでした。あのシーンには幾つかのバージョンがあり、もともとは、ウルトラマンベリアルに似た謎のウルトラマン（シルエットでハッキリと見えない）にトドメを刺されるレイバトスという構成でした。ただ、番組のプロモーションとしては、ウルトラマンジードの姿をハッキリ見せて「敵か味方か？謎のウルトラマン!?」という話題を煽ったほうが良いのでは？　という意見もあり、最終的には初放送時の形で落ち着きました。

ただ、レイバトスの事件は『ウルトラマンジード』の前日談にあたるクライシス・インパクトの前なので、時系列で考えると矛盾が生じてしまいます。僕の中では『ウルトラマンジード』の最終回の描写、ウルトラマンベリアルがレイバトスにトドメを刺したのが正解で、『ウルトラファイトオーブ』のほうが、レイバトスの見た幻影という解釈です。

ウルトラマンベリアルの空白の期間は、断片的に『ウルトラマンジード』の本編中に出て来ますが、可能であればいつか映像化したいですね。

ウルトラマンベリアルの大きな戦いの歴史を並べると、光の国との第一次大戦がレイブラッド星

タカードダス。稼働当初は怪獣や宇宙人のみだったが、第5弾からはウルトラマンたちも登場するようになった。

人に取り憑かれてウルトラマンベリアルとなり、ウルトラの父に戦いを挑むも、ウルトラマンキングに幽閉されるまで。第二次大戦が『大怪獣バトル ウルトラ銀河伝説 THE MOVIE』。

その後に『ウルトラマンゼロ THE MOVIE 超決戦！ ベリアル銀河帝国』や『ウルトラゼロファイト』2部作があり、この後にレイバトス事件が入ります。

その後にクライシス・インパクトと言われる、光の国との第三次大戦という流れだと思います。

この第三次大戦ではストルム星人の伏井出ケイとウルトラマンベリアルとの出会いや、ダークネスファイブが滅びるまで、超時空消滅爆弾を使い地球壊滅を目論む作戦、伏井出ケイがウルトラマンベリアルの命令でウルトラマンジードを作り、赤ちゃんの状態で地球に送り込むまでが含まれているはずです。このミッシングリンクをいつか映像化出来たら嬉しいですね。

『ウルトラファイトオーブ』は、『大怪獣バトル ウルトラ銀河伝説 THE MOVIE』の世界観の延長線上にあり、『ウルトラマンジード』へと繋がる物語です。

それに待望の『ウルトラマンオーブ』シリーズへの参加でもあり、大好きな昭和ウルトラマンたちの活躍を描けた、思い入れの強い作品になりましたね。

ウルトラマンジード

ウルトラマンベリアルの息子という重き宿命を背負った若きウルトラマン、ウルトラマンジードに変身する朝倉リクの成長物語。いつの日かテレビで観ていたヒーローのようになりたいと願う純真な青年が得た力は、悪を根源とするものだった。徐々に明かされる過酷な運命に、リクは仲間たちの支えを得ながら立ち向かっていく。

坂本監督はメイン監督とTVシリーズ後を描いた劇場版の監督を担当。誕生に大きく関わったウルトラマンゼロとウルトラマンベリアルに縁深き物語であるため、その力の入れようは推して知るべしといった感じだろうか。シリーズ構成にはミステリー小説の大家である乙一氏、音楽にはアニメ、特撮を問わず様々な劇伴を手掛けてきた川井憲次氏を迎え、鉄壁の布陣で若きウルトラマンの誕生、そして、稀代の悪であるウルトラマンベリアルの最後の物語を描ききった。

TV『ウルトラマンジード』（全25話）2017年7月～12月／映画『劇場版 ウルトラマンジード つなぐぜ！願い!!』2018年3月10日公開

ウルトラマンに縁のある俳優が主人公に！

――『ウルトラファイトオーブ』から『ウルトラマンジード』には、仕事としてもほぼ直接繋がっていったんですね。

『ウルトラマンジード』は、時期的に『ウルトラファイトオーブ』の準備と少し被る早い段階から、円谷プロさんやバンダイさんと設定や玩具の打ち合わせを始めていました。

――朝倉リク役の濱田龍臣①さんはオーディションなんでしょうか。

龍臣くんはオファーですね。今作の主人公は、まだ10代の未熟な若者で、彼の成長を描くという構成に決まりました。そこでキャスティング担当の方から最初に名前が挙がったのが龍臣くんだったんです。

①濱田龍臣
日本で活動する俳優。子役として俳優活動を開始し、NHK大河ドラマ『龍馬伝』（2010年）やドラマ『怪物くん』（2010年）などに出演し注目される。ウルトラマンシリーズの大ファンを公言しており、9歳のときに『ウルトラマンゼロ THE MOVIE 超決戦！ベリアル銀河帝国』のナオ役で出演。2017年の『ウルトラマンジード』では、ウルトラマンジードに変身する朝倉リク役で主演を果たし、幼稚園の頃の夢「ウルトラマンになること」を叶えた。坂本監督とは『ウルトラマンジー

彼は子役時代に『ウルトラマンゼロTHE MOVIE 超決戦！ベリアル銀河帝国』に、ジャンボットを操るナオ役として出演していて、ウルトラマンゼロやウルトラマンベリアルとも縁があります。近年の写真や作品などを見ると、身長も伸びて年齢的にも16歳と、設定していたキャラクターにイメージがピッタリでした。制作陣一同この偶然に奇跡的な運命を感じ、全員一致で賛同してオファーしました。

――それでリク役は濱田さんでとほぼ決まったと。

後は、本人の意思とスケジュール次第でしたが、龍臣くんサイドから是非に！という返答をいただき、無事にリク役が確定しました。

『ウルトラマンジード』キャスティングの裏側

――他のメインキャストの方々はどのようにして決まったのでしょう。

他のメインキャストに関しては全員オーディションです。ウルトラマンのオーディションは、監督とプロデューサー陣だけじゃなく、関連会社の方々も集まり、かなりの人数が審査側に参加します。今作のヒロイン・鳥羽ライハ役の山本千尋②ちゃんは、僕からの推薦でオーディションに参加してもらいました。本打ち③の段階から、僕の中でライハのイメージが千尋ちゃんで固まっていたので、関係者に会って欲しかったんです。

ド』に引き続き、『モブサイコ100』でもタッグを組んだ。ドラマ『花のち晴れ～花男 Next Season～』にも出演し、最も注目を浴びる若手俳優のひとりである。

②山本千尋
日本で活動する女優。幼い頃から中国武術を習っており、2008年に開催された第2回世界ジュニア武術選手権大会にて武術太極拳の世界王者になるなど、武術家として輝かしい経歴を残す。その後、女優に転向し、2013年、舞台『時空警察ヴェッカー1983』でデビュー。坂本監督の『仮面ライダー平成ジェネレーションズ Dr.パックマン対エグゼイド&ゴースト with レジェンドライダー』『ウルトラマンジード』にも出演。

③本打ち
「本の打ち合わせ」の略で、映像作品のシナリオ、脚本の内容に関する打ち合わせのこと。主に脚本家、監督、プロデューサーなどが参加。

オーディションでは見事な演技力と中国武術の演武を披露して、参加した審査の方々全員の賛同を受けて選ばれました。僕もドキドキでしたが、決まった時は凄く嬉しかったですね。

――あの剣捌きは山本さん以外にはできないかと。

もともとライハには剣術が得意という設定がありましたが、どのスタイルになるかは未定でした。千尋ちゃんが選ばれた時点で中国武術になったんです。

千尋ちゃんは、世界ジュニア武術選手権大会やジュニアオリンピックカップなどで何度も優勝している実力の持ち主です。やはり本物の演武には、見る人たちを納得させる迫力と説得力がありますよね。

僕がオーディションに参加する時は、アクションが必要な役だと必ず簡単な動きや特技を見せてもらっています。今作では小澤雄太④くんにブレイクダンス、渡辺邦斗⑤くんには居合道を披露してもらいましたね。

レイトとケイは逆の配役だった!?

――他の方々もすんなり決まった感じでしょうか。

実は、伊賀栗レイト役の小澤くんは伏井出ケイ役のオーディションに参加していて、ケイ役の渡辺くんはレイト役のオーディションに参加していました。

④小澤雄太
日本で活動する俳優。2009年に「第1回劇団EXILEオーディション」に合格し、俳優として活動開始。ブレイクダンスを特技とする。劇団EXILE公演を始め、数々の舞台やTVドラマで活動し、2017年の『ウルトラマンジード』で伊賀栗レイト役として出演。ウルトラマンゼロが乗り移った状態と、気弱なサラリーマンのレイトの芝居の使い分けが好評で人気キャラとなる。

⑤渡辺邦斗
日本で活動する俳優。石原プロモーションが開催した新人オーディション『オロナミンC「1億人の心をつかむ男」新人発掘オーディション～21世紀の石原裕次郎を探せ！～』で準グランプリに選ばれ、芸能界デビュー。『ウルトラマンジード』では伏井出ケイ役で、様々な表情を見せる演技力の幅広さを見せた。数々のTVドラマや映画で活躍中。

――それは驚きですね。なぜ逆になったのでしょう。

小澤くんの普段のにこやかな感じと、オーディションの時のお芝居や他の作品で演じる悪っぽいイメージの切り替えが素晴らしく、そのギャップが二面性を持つレイトにピッタリでした。それとブレイクダンスで鍛えた身体能力は、ウルトラマンゼロが乗り移った時のお芝居を表現するのに最高のマッチングだと思いました。

渡辺くんは居合道を修得していて、その綺麗な姿勢と滲み出る好青年オーラが、ヒーロー役としてもバッチリなのですが、逆にその部分をケイの怖さに結びつけたら面白いのではないかと思わせてくれました。

――渡辺さんの演じた伏井出ケイのインパクトは凄かったです。徐々に壊れていく感じとか、鬼気迫るものがありました。

ですよね。今振り返っても、ふたりの配役はバッチリだったと思います。

新たな女優との嬉しい出会い

――愛崎モア役の長谷川眞優[6]さんの選出に関しては。

モア役の眞優ちゃんは、面白い娘がいるので会って下さいと推薦を受けて、オーディションで会ったのが初めてでした。様々な候補者がいる中、眞優ちゃんがオーディション会場に入った途端に、

⑥**長谷川眞優**
日本で活動する女優、タレント。2016年〜2018年まで「ZIP!」のレポーターを務め、「痛快TVスカッとジャパン」などのTV番組に出演。女優としては『マジすか学園4』（2015年）やNHK連続ドラマ小説『とと姉ちゃん』（2016年）などのTVドラマや、映画『リンキング・ラブ』（2017年）にも出演。2017年の『ウルトラマンジード』では愛崎モア役でレギュラー出演を果たしている。

会場中のみんなが「あっ、この娘がモアだ！」と感じたぐらい見事にモアでした（笑）。もちろん演技もそうですが、演技以外の彼女の天然な言動がモアそのものでしたね。眞優ちゃんとのフレッシュな出会いは、僕の中で凄く大きな収穫でした。

――モアはエピソードが進むに連れて、凄く可愛いキャラクターになっていったと思います。

眞優ちゃん本人が、天真爛漫で裏表のない魅力的な娘なんです。本人の魅力がちゃんと出せれば、モアというキャラクターが成立すると思っていました。ストイックなライハと、頑張るドジっ子なモアというふたりのヒロインを、ちゃんと差別化して彼女たちの魅力を見せるのも目標のひとつでしたね。個人的にはふたりの身長差も萌えポイントかと（笑）。

応援したいアクション俳優

――ゼナ役の岩田栄慶⑦さんの起用には驚かされました。

シャドー星人のゼナ役に岩田くんをキャスティングしたのは僕の企みです（笑）。もともとAIBに所属するモアに、宇宙人のパートナーを付けるという設定はあったのですが、その宇宙人をどう表現するかで色々と意見が出ていました。

基地では星人態だけれど、街でモアと行動する時は人間態という設定じゃないと周囲にパニックが起きてしまいます。それに加えて、表情を動かさずにテレパシーで会話をするという僕の考えた

⑦岩田栄慶
円谷プロダクションのスーツアクターチーム「キャスタッフ」に所属するスーツアクター、俳優。『ウルトラ銀河伝説外伝 ウルトラマンゼロVSダークロプスゼロ』（2010年）以降、ウルトラマンゼロを演じたのをきっかけに、『ウルトラマンオーブ』や『ウルトラマンジード』など、多くの新世代（ニュージェネレーション）ヒーローズのウルトラマンのスーツアクターを担当している。

アイデアも採用されました。無表情のままお芝居で感情を伝えるのは、とても難しい事です。そこで思い付いたのが、普段から面を付けて感情を表現するスーツアクターが、星人態と人間態の両方を演じれば成立するという事です。

『ウルトラマンギンガS』から岩田くんと一緒に仕事をしていて、彼の表現力やルックスも含めて、役者としてカメラの前に立たないと勿体ないと思っていました。本人も舞台に出演したりと、俳優業にも興味があるようでしたし。やはり僕もアクション畑出身なので、アクションで頑張っている人たちは応援したくなりますね。

岩田くんは円谷プロさんの⑧キャスタッフ所属なので、プロデューサーを通してオファーを出してもらった所、是非に！　と喜んでくれたので嬉しかったです。

――完全に無表情というのはどういう流れからでしょう。

ゼナを無表情にしようと思ったのは、ゼナがシャドー星人だと確定した事からの発想です。何星人にするかを決める為にリストを確認していると、倉庫にシャドー星人のディスプレイ用マスクがあるのを発見しました。しかも、それをベースにマスクの再現が可能だという事です。シャドー星人は、デザイン的にかなり怖い印象ですが、そのシャドー星人がモアの相棒だったらミスマッチ感が面白そうだという所からの決定です。以前地球を侵略しようとしたシャドー星人が、今度は地球侵略を狙う宇宙人を取り締まる側として登場すれば物語的な背景の深みも感じますし。

⑧キャスタッフ
円谷プロダクション専属のアクションチーム。『電光超人グリッドマン』以降、劇場版、TVシリーズ、配信シリーズ、オリジナルビデオなど、すべてのウルトラマンシリーズでメインのウルトラマンや怪獣たちのスーツアクターを担当している。また、映像作品のみならず、イベントなどにも参加している。

――あの顔はインパクトがありますよね。

シャドー星人が人間に化ける設定は、第4話「星人を追う仕事」で確認出来ますが、細胞変化というよりは、プロジェクションのような効果で人間の顔を出しているというコンセプトです。それに、無表情のほうがシャドー星人のイメージが強くなると思いました。

このような理由から、表情がないほうが面白いのでは？　という発想に行き着きました。口を動かさないので、必然的に会話もテレパシー的な能力でコミュニケーションするようになったんです。

――岩田さん的には「えっ、表情ないの？」という感じでしたか。

撮影序盤は少し戸惑っていましたが、新しいチャレンジという事で、楽しんでもらえたと思います。得意なアクションも披露する事が出来ましたしね（笑）。

キャスティングは、大変でもあり楽しいプロセスです。自分たちが想定したキャラクターに合っているかドキドキしたり、その想定を上回る存在感に驚かされたり、また配役により方向性を変えたりと、新しい刺激的な発見や出会いが沢山ありますね。

ミステリー色に彩りを。名作家が参戦

――『ウルトラマンジード』の物語や設定に関してはどのように決めたのでしょう。世界観的には『大怪獣バトル ウルトラ銀河伝説 THE MOVIE』と地続きなようですが。

設定や物語のベースに関してはシリーズ構成の乙一[9]さんの草案をベースに、様々な方々の意見を参考にしながら進めました。僕もシリーズ構成[10]には頭から参加出来たので、色々と提案も出来て楽しかったです。

物語のラストまで、大まかな縦軸の流れはクランクイン前には出来ていましたね。

――坂本監督の中で、『ウルトラマンジード』全25話の割り振りができていたと。

乙一さんの参加によって、シリーズ全体を通して伏線を散りばめたり、回収したりというミステリー要素は上手く機能したと思います。

――乙一さんは円谷プロさんからの推薦ですか。

そうですね。鶴田幸伸[11]プロデューサーが以前から乙一さんのファンで、ダメ元でオファーをしてみたら、乙一さんの息子さんがちょうどウルトラマンを観ているという事で実現しました。

近年では「孫が見ているから」とか、「息子が見ているから」という理由で特撮作品に参加していただける方々が増えましたね。本当にそれは歴史ある長寿番組の凄い所だと思います。

登場キャラクターを0から決める楽しさ

――登場するウルトラマンやベリアル融合獣といったキャラクターに関してはどのように決めたのでしょう。

それはバンダイさんの玩具展開スケジュールが大きく関わってきます。早いうちに決めないと商

⑨乙一
小説家。1996年に『夏と花火と私の死体』で17歳という若さでデビューし、2002年には『GOTH　リストカット事件』で本格ミステリ大賞を受賞するなど様々な賞を受賞、または候補に選ばれている。脚本家としても活動しており、『ウルトラマンジード』ではシリーズ構成の他、本名の安達寛高名義で脚本も担当している。

⑩シリーズ構成
TVアニメや特撮番組など、複数の脚本家が参加する作品において、物語全体のまとめを担う役割のこと。監督やプロデューサーと打ち合わせの後に、作品の指針が決まったら、その意向を脚本家たちに伝え、物語の縦軸や登場キャラクターにブレや違いが生じないように管理。重要な回においては、自ら脚本を担当することも多々ある。

⑪鶴田幸伸
日本で活動するプロデューサー。円谷プロダクション所

品が間に合わなくなってしまいますから。バンダイさんの玩具展開のプランを聞き、それに対してアイデアや質問、意見を出したり、どうやって物語に取り込んで行くかなどもディスカッションされます。

『ウルトラマンジード』だと、ウルトラカプセルや怪獣カプセルをどのように物語に絡めて、魅力的なアイテムに見せていくかが重要なポイントでした。もちろんそれらを使う変身アイテム、ジードライザーなども同様です。劇中にどのカプセルを何本登場させるかなども大きく影響してきますね。

ウルトラマンジードのフュージョンライズ形態や、ベリアル融合獣の種類や組み合わせは、特に早い段階に決めないといけません。これはスーツの造形や、作品のプロモーションも含めて、早い段階での稼動が必要になるからです。

このプロセスは非常に楽しかったですね。僕が思う理想のフュージョンライズの組み合わせを提案させていただいたり、デザイナーの⑫後藤正行さんとアイデアを交換したりなど、まさに自分のウルトラマンを作る夢のプロセスです。しかも各タイプの名称から必殺技まですべてです。

今作ではウルトラマンゼロ ビヨンドを含む、すべてのフュージョンライズの形態を提案させていただきました。

ベリアル融合獣は、基本的に登場回を担当する各監督が中心となり選んでいきます。僕はスカル

属。2014年の『ウルトラマンギンガS』などでアシスタントプロデューサーを務め、『ウルトラマンオーブ』『ウルトラマンジード』のTVシリーズおよび劇場版ではメインプロデューサーを務める。『ウルトラマンR/B（ルーブ）』もプロデューサーを担当している。

⑫後藤正行
日本で活動するキャラクターデザイナー、アニメーター。円谷プロダクション所属。2009年の『大怪獣バトル ウルトラ銀河伝説 THE MOVIE』以降のウルトラマンたちや、作品に登場する怪獣や宇宙人のキャラクターデザインを担当。

ゴモラ、キメラベロス、ウルトラマンベリアル アトロシアスを担当しました。

理想は過去のウルトラマンシリーズのように、毎話新規の怪獣を出せる事ですが、予算とスケジュール的に難しいのが現状です。年々数は増えていっているのですが、ここは毎年大きな課題のひとつですね。ベリアル融合獣以外では、時空破壊神ゼガンが今作唯一のオリジナル怪獣ですね。

このようなラインアップを、全体構成案に当て嵌めていき、どのエピソードでどのウルトラマンや怪獣を出すかなどを、玩具のリリーススケジュールに合わせて決めていきます。

『ウルトラマンギンガS』に関しては、ベースとなる物語構成と玩具のラインアップが決まった後での参加だったので、僕の担当エピソードでの提案しか出来ませんでしたが、『ウルトラマンジード』に関しては、初期の段階から参加して円谷プロさんやバンダイさんとアイデアのキャッチボールが出来たので、本当に楽しかったですね。

それと、各監督は自分が担当したキャラクターのゲームでの技表現なども監修するんですよ。

――世界観に関する明確なコンセプトが固まるまでは時間が掛かったのでしょうか。

そうですね。色んな方々の意見をまとめながら進むので、時間はかかります。当初は宇宙人と地球人が同居する世界観というアイデアがあったり、それが撮影の諸条件も含めて難しいなどの理由から、隠れて違法滞在している宇宙人を取り締まるＡＩＢという組織の設定が生まれたり……などと、二転三転は当たり前ですね（笑）。

本作では変身アイテムの面白さで勝負

――地球側の防衛隊的な組織はなくなりましたね。

やはり予算規模や玩具展開の流れから、防衛隊をキープするのはなかなか難しいですね。今の子供たちのニーズに合わせて色々と考えていく上で、一番何が喜ばれるかにプライオリティを置きます。その為、防衛隊が登場しない代わりに、ウルトラマンや怪獣、変身アイテムに総力を注ぐ感じです。

ウルトラカプセルや怪獣カプセルは、収集欲をくすぐられるアイテムですよね。僕も子供の頃にウルトラマンのカードや消しゴムなどを必死に集めていました（笑）。今作でもアイテムを魅力的に演出出来るかどうかで、作品の成功が決まるので責任重大です。

――アイテムをコレクションしたくなるような物語にしていきたいということですね。

ですね。メインアイテムが劇中で重要な役割があるかどうかや、リクやケイがどのように使うかも重要です。

子供たちが真似したくなるような、カッコ良いカプセル装填ポーズを考えなければなりません。その時、娘や息子との原体験が良い参考になったりしますね（笑）。

――怪獣カプセルは一個だけでも怪獣を召喚出来る設定が面白いと思いました。

1個でも召喚遊びが出来たり、装填ナックルを握るとレムとコミュニケーションが取れたりと、なりきり遊びが豊富なアイテムになりました。そのアイデアが後で商品化へと繋がったりもしているので面白いですよね。

玩具が増えることで撮影は楽しく

――玩具展開が増えて面食らうということはないのでしょうか。

僕自身も玩具が凄く好きなので、ウェルカムです（笑）。いつもポジティブな方向でチャレンジしていますよ。

お陰様で『ウルトラマンジード』は評判も成績も良く、新作の『ウルトラマンR／B（ルーブ）』へと続いているので、ウルトラマンシリーズが定着化された感じがしますね。

まだ1年間のフルシーズンとはいきませんが、毎年新作が放送され、その玩具が店頭に並び、春には新作映画が公開されるという流れを、ここ5年をかけて築けたのではないでしょうか。

新番組や新商品が途切れてしまうと、ブランドとしてマイナスな印象が付いてしまいます。競争が激しい今、途切れずにシリーズを継続させて行くのは本当に難しい事ですね。

ウルトラマンベリアルの物語は終結したのか

――TVシリーズの最終回を終えて、ウルトラマンベリアルの物語はこれでやりきったという感じですか。

円谷プロさんが今後ウルトラマンベリアルをどのように扱っていくかは分かりませんが、僕の中では『大怪獣バトル ウルトラ銀河伝説 THE MOVIE』でスタートさせた物語を、納得いく形で一度終わらせたいという願いはありました。ウルトラマンベリアルサーガは、今回で終わらせる！という意気込みで撮りましたね。

ウルトラマンベリアルには、宿敵と呼べるウルトラマンが何人か存在します。まずは誕生の発端となったウルトラの父、自分を封印したウルトラマンキング、三度も敗北したウルトラマンゼロ。そのすべてのウルトラマンたちが『ウルトラマンジード』の最終回には登場し、みんなの見守る中で、息子のウルトラマンジードが最後にトドメを刺す。

正直初めは、ウルトラマンベリアルとの決着はウルトラマンゼロが付けるべきでは……という思いもありました。でも、世代を超えた決着の付け方のイメージを考えた時に、小山ゆう先生の漫画『がんばれ元気』[13]を思い浮かべ、その作品をイメージする事で、答えが導き出された気がしました。ウルトラの父、ウルトラマンキング、ウルトラマンゼロの思いがそれぞれ消化不良にならないように、シリーズ全体をかけて、ウルトラマンジードに託していく……。そうする事によりみんなの物語の決着が付けられると思ったんです。

オンエア後に最終回の評判が良かったと聞き、胸を撫で下ろしたというか、肩の荷が下りたとい

⑬『がんばれ元気』
1976年から1981年にわたり「週刊少年サンデー」で連載された小山ゆうによるボクシング漫画。プロボクサーとして志半ばで帰らぬ人となった父の夢を実現するため、主人公の少年・堀口元気がプロボクサーを目指して成長していく姿を描く。1980年にはTVアニメも製作された。リアルな迫力のある試合描写や、人間味溢れるドラマが見所で、ボクシング漫画の新機軸を打ち出した。

う感じですね（笑）。

――ちゃんとベリアルの過去も語っていましたね。しかも凄くいい感じで。

『大怪獣バトル ウルトラ銀河伝説 THE MOVIE』からの締めくくりとして、ウルトラマンベリアルの過去を整理して語るのは、絶対に必要だと思いました。

完全新撮された回想シーンの目標

――あれって全部新撮ですよね。

そうです。『大怪獣バトル ウルトラ銀河伝説 THE MOVIE』の映像と音楽は、配給会社や製作委員会が違うので使用は権利的に難しく、すべて新撮しました。

ただ、僕的には過去の映像を新撮でアップデートする手法は、『あしたのジョー2』[14]の矢吹ジョーVS力石徹戦的な感じで燃えましたね。参考にする作品が、全部スポ根のボクシング漫画ですが（笑）。

レイブラッド星人がベリアルに取り憑くシーンなどは、意識的にアングルなどを変えています。そこが燃えポイントですね。後は『ウルトラゼロファイト』からの素材を使い、ダークネスファイブとの繋がりを描写したりと。

理想は別作品としてクライシス・インパクトなどのミッシングリンクを映像化する事ですね！

⑭**『あしたのジョー2』**
TVアニメ版『あしたのジョー』の第2期で、1980年～1981年に放送された。原作にないオリジナルストーリーが多数展開される他、オリジナルキャラクターも登場する。登場人物の心理描写が丁寧に描かれ、プロボクシングの世界がリアルに描かれている。

――坂本監督的にこれからのウルトラマンシリーズというのはどうなっていくと思いますか。

ＴＶシリーズにウルトラマンキングまで登場させてしまったので、Ｍ78星雲系のウルトラマンシリーズでは、かなり挑戦出来たと思います。

ただ、まだウルトラマンシリーズで色々と挑戦出来る事があると思うので、また作品に関われる事を願って日々精進ですね！（笑）。

ＴＶシリーズ最終回後、新たなテーマを持った物語

――『劇場版 ウルトラマンジード つなぐぜ！願い!!』は、近年のウルトラシリーズ同様、最終話と同じ時期に撮影をしたのでしょうか。

そうですね。『ウルトラマンギンガＳ』から、メイン監督が最終2話と劇場版（ＯＤＳ方式⑮）を一緒に撮るスタイルが定着しました。

――ＴＶシリーズの終わり方が完璧過ぎたので、劇場版はどうなるのか？ と思っていました。

ＴＶシリーズを観ていない人が観ても楽しめる単体作品を目指しました。もちろんＴＶシリーズを観ていると、より楽しめると思います。ウルトラマンベリアルとウルトラマンジードの物語はＴＶシリーズで完結させたので、劇場版のテーマは、リクがウルトラマンになった後の物語にしたかったんです。

⑮ODS
Other Digital Sourceの略で、映画以外のコンテンツをデジタル上映システムや、5・1チャンネルサラウンドシステムを利用して、映画館で上映すること。劇場向けのライブ配信サービスもその一部。劇場に配信用のネットワークが引かれ、ライブストリーミング用のコーデックがあれば大画面でのパブリックビューイングが可能になる。

リクがウルトラマンになった責任感を、どう受け止めて成長して行くか？　がテーマです。例えば、スポーツ選手がオリンピックで金メダルを取るという一種のゴールを迎えたら、過大なプレッシャーの中、その次のステップにどう進むのか？　という感じです。

――最初からウルトラマンベリアルを出す予定はなかったのですか。

はい。10年近くも悪のウルトラマンとして君臨したキャラクターなので、もし復活するのであれば、大きな理由が必要になると思います。それに、再度ウルトラマンベリアルを描いてしまうと、映画単体としての楽しみ方が難しくなってしまいますから。

脚本の根元[16]さんを含めて、今作でチャレンジしたかったテーマが、リクが仲間の存在を再認識して、仲間とともにウルトラマンとして成長する姿だったんです。

今までのウルトラマンシリーズでも、防衛隊やウルトラ兄弟たちとの絆が描かれて来ましたが、リクが真のウルトラマンになるには、精神的な部分で仲間と繋がる事が大事だと感じました。

それに加え、もうひとつ大事な要素が、本仮屋ユイカ[17]さんが演じたアイル・サデルーナという女性の存在です。TVシリーズでは、強大な父を超えていくという父親ベースの物語が中心でしたが、母親の影響による成長は描かれていません。

『大怪獣バトル ウルトラ銀河伝説 THE MOVIE』のウルトラマンゼロもそうでしたが、母親の存在を具体的に出してしまうと、神格化されているウルトラマンの存在が、人間味が強くなり

⑯根元
根元歳三。日本で活動する脚本家。2016年の『マクロスΔ（デルタ）』や2018年の『重神機パンドーラ』のシリーズ構成、『劇場版マクロスΔ 激情のワルキューレ』（2018年）、『トワノクオン』シリーズ（2011年）の脚本などと、アニメ作品を中心に手がけている。坂本監督作品の『劇場版 ウルトラマンジード つなぐぜ！願い!!』では、脚本を担当した。

⑰本仮屋ユイカ
日本で活動する女優。教育番組「わくわくサイエンス」でTV初出演後、1998年の『なっちゃん家』で女優デビュー。2005年のNHK連続テレビ小説『ファイト』や、2006年の映画『ラブレター 蒼恋歌』などで主演を務めた。坂本監督作品の『劇場版 ウルトラマンジード つなぐぜ！願い!!』では、劇中の鍵を握るキーパーソンの比嘉愛琉（アイル・サデルーナ）役を演じている。

過ぎてしまうと思います。

でも、リクはまだ若者なので、何処かで母親的な女性の存在を描いても良いのでは？　と感じていました。男の子が一番初めに接する異性が母親であり、年頃になると、今までの甘えから自立と成長へと意識が変わって行きます。

母親を知らずに育ったリクに、彼を導いてくれる年上の女性と交流させる事で、リクが大人へと成長する過程を描きたかったんです。僕が子供の頃に観て、今でも大好きな『銀河鉄道999』[18]の鉄郎とメーテルの関係から多大な影響を受けていると思いますが（笑）。なので、今作のヒロインは母性を感じる年上の女性に設定しました。劇場に来たお母さんたちに、アイルさんの目線を通して、リクへ感情移入して欲しいという思いもあったんです。

――仲間とともに戦うというのは、TVシリーズで通過していなかった事を今回の劇場版で改めて気付かされました。

TVシリーズでは、リクがウルトラマンベリアルと同じ道を辿らないように繋ぎ止める存在として、仲間たちが重要なポジションに位置していました。でも、その仲間たち各自に自分の目的があり、ある意味、みんなが平行線上に動いていたんです。最終話でも、リクは父との決着、ライハは伏井出ケイとの決着、AIBのふたりは作戦決行など、みんなそれぞれ戦う理由がありました。

――そう考えると、『ウルトラマンジード』にはまだまだ描ける物語がある気がします。

[18]『銀河鉄道999』
松本零士の同名漫画を原作としたTVアニメ作品。1978年放送。機械の身体を求める少年、星野鉄郎がミステリアスな美女、メーテルとともに銀河超特急999に乗り、様々な星を巡っていく。長い旅を通じて少年が大人になる心の成長を丁寧に描き、大ヒットした。1979年と1981年に公開され大ヒットした劇場版は、坂本監督にも多大な影響を与えている。

そうですね！　ウルトラマンジードは、劇場版までが誕生までの序章といった感じで、やっとウルトラマンとしてのスタートラインに立ったばかりです。今後、本当のウルトラマンとして活躍する物語を作れたら嬉しいですね！

『ウルトラマンジード』と『ウルトラマンオーブ』の共通点はギャラクトロン

――敵を機械生命体の人工頭脳ギルバリスにした理由は。

近年はＴＶシリーズや劇場版で、前年度のウルトラヒーローとの共演が描かれてきました。今回も『ウルトラマンオーブ』との共作にするという事は、早い段階から決まっていました。

僕の理想とする共作は、ゲスト的なポジションでちょっと登場するのではなく、お互いがいないと成立出来ないくらいガッツリと組み合う物語構成です。

そこでまず、両作品の共通点や『ウルトラマンオーブ』で未解決の物語は何か？　という所から発想を膨らませ、思い付いたのがギャラクトロンでした。

ギャラクトロンが何処から来たのかが謎のままだったので、その部分と『ウルトラマンジード』の世界観を結び付ければ面白くなると思ったんです。

メインの敵を機械生命体の大怪獣にしたのは、『劇場版ウルトラマンギンガS 決戦！ウルトラ10勇士!!』と同じ理由で、ＴＶシリーズの最終回に登場したヒューマノイドスタイルのウルトラマン

ベリアル アトロシアスと差別化したかったからですね。

ギャラクトロンがシビルジャッジメンターとして地球をリセットしようとしていたので、そのギャラクトロンを製造したのが巨大人工頭脳と設定しました。次に、その巨大人工頭脳は誰が作ったのか？ という発想から、宇宙全体の平和の為に日夜研究を重ねていたクシア人という設定が生まれたのです。そのクシア人が作った巨大人工頭脳が反乱を起こした……と、根元さんと一緒にギャラクトロンを軸に物語構成を組んでいきました。

根元さんはアニメの脚本をたくさん書かれているので、ＳＦ的な発想が豊かなうえにとても柔軟性のある方で、色々と助けていただきましたね。

よきスパイスとなったガイとジャグラーの存在

――ギャラクトロンの出生の秘密が軸になると聞いていたので、物語がもう少し『ウルトラマンオーブ』の世界観に寄るのかと思っていました。

今作は『ウルトラマンジード』の劇場版なので、そこは注意しましたね。それと、今作のロケ地が沖縄に決まったので、シーンの割合の多くを沖縄にする必要性も出て来ました。そうなると、やはり必然的に『ウルトラマンジード』の世界観から物語が始まるほうが自然な流れになるだろうと感じられました。

そこにジャグラス ジャグラーが序盤から介入する流れを入れて、劇場版ならではのスペシャル感を出そうと思ったんです。ジャグラーをリクたちと一緒に行動させる事により、沖縄の景色と含めて、TVシリーズでは見られない映像になったと思います。

一方クレナイガイは、物語の中盤の起爆剤として、先輩ヒーローのカッコ良さを充分に引き出せる登場方法を考えました。このように段々とパズルを埋めていく作業を繰り返していきました。

ガイとジャグラーの関係性については、石黒[19]くんと青柳[20]くんに現場で何度も相談しながら進めて、『ウルトラマンオーブ』のその後として相応しい物語になるように心掛けました。

僕は『ウルトラファイトオーブ 親子の力、おかりします!』のみしか撮っていないので、それ以外はほぼファン目線で見ていました。なので、ガイとジャグラーを一番理解しているふたりの意見や発想は凄く貴重でしたね。

青柳くんはとてもフレンドリーな性格で、ジードチームとも沖縄ですぐに打ち解けて仲良くなりました。ジャグラーとレイトが面白いコンビになると思い、脚本でふたりの掛け合いを増やしたら、プライベートでも青柳くんと小澤くんは仲良くなりましたね(笑)。

石黒くんの合流は、沖縄ロケ終了後の後半戦からでしたが、終始テンションが高く、一緒に仕事をしていて楽しかったですね。ガイ登場シーンのアクションシーンにも拘りを持ち、イメージを話し合いながら一緒に殺陣[21]を決めたり、リクとの会話のシーンでの距離感とか、ジャグラーに別れ

⑲石黒
石黒英雄。日本で活動する俳優。2004年に第17回「ジュノン・スーパーボーイ・コンテスト」でグランプリを受賞後、2005年に『ごくせん』で俳優デビュー。2007年、『仮面ライダー電王』にて悪役のカイを演じ強烈なインパクトを残す。同年、『エリートヤンキー三郎』と2009年の『激情版 エリートヤンキー三郎』で、それぞれTVドラマと劇場作品の初主演を果たしている。2016年の『ウルトラマンオーブ』ではウルトラマンオーブに変身するクレナイ ガイ役を務めた。代表作に2010年の「彼岸島」など多数。

⑳青柳
青柳尊哉。日本で活動する俳優。『仮面ライダードライブ』や『仮面ライダー×仮面ライダー×仮面ライダー THE MOVIE 超・電王トリロジー EPISODE YELLOW お宝DEエンド・パイレーツ』といった特撮作品の他、TVドラマや映画に

を告げるエピローグでのテンションなど、すべてのシーンに石黒くん本人のガイとしての拘りが現れています。

――後20分長くても良いなと思ったほど、盛りだくさんの内容でしたね。

上映尺に関しては、やはり作品のメインターゲットである小さなお子さんたちに合わせる必要があります。

今までのデータから、上映時間70分前後がお子さんたちが集中力を持続させ、作品を楽しめるのに一番良いという事が実証されています。この限られた時間の中で、何をフィーチャーして見せ、ドラマ部分をどうテンポ良く見せていくかが、いつも悩む所ですね。

――戦闘シーンの豪華さは凄かったです。

ありがとうございます！　ウルトラマンジードとウルトラマンオーブには色々なタイプチェンジがあり、それが作品の魅力になっています。なので、劇場版ならではのコンビネーションを見せたかったですね。どのタイプとどのタイプが一番合うかといったパズルを組んでいきました。

ウルトラマンゼロに関しては、ＴＶシリーズではブレスレットが破損していて、タイプチェンジ[22]が出来なかったので、ブレスレットが治った後の今作では全タイプを披露しました。再びレイトと融合する事により、ウルトラマンゼロ ビヨンドにもなる事が出来ましたし。

ＴＶシリーズでは、水辺や泥、雨の中など、様々なシチュエーションでの格闘戦にチャレンジし

舞台と、幅広く活動している。２０１６年の『ウルトラマンオーブ』ではジャグラスジャグラー役を演じ好評を得た。

㉑殺陣（たて）
映像作品や舞台のアクションシーンにおける一連の流れや役者個々の動きの総称。作品で要求される殺陣を考えて、役者に指導する専門職のことを殺陣師と呼ぶ。日本刀などを使った剣術によるアクションシーンを指すことが多い。アメリカでは殺陣師に相対する言葉はなく、スタントコーディネーター（Ｓｔｕｎｔ Ｃｏｏｒｄｉｎａｔｏｒ）やファイトコリオグラファー（Ｆｉｇｈｔ Ｃｈｏｒｅｏｇｒａｐｈｅｒ）がその役目を担う。

㉒タイプチェンジ
複数の形態に変身する、ウルトラマンたちの能力。長所だけでなく短所があったり、変身に制限があったりと、必ずしも純粋なパワーアップでないことも特徴といえる。

ました。劇場版ではTVシリーズでまだやっていないシチュエーションにチャレンジしたかったので、炎の中での格闘という発想に辿り着いたんです。実際の炎と合成による炎とを使い分ける事により、また新たなシチュエーションでの格闘戦を実現する事が出来ました。

ウルトラの歴史を繋ぐパワーアップアイテム

――ギガファイナライザーとウルトラマンジードの新しい姿、ウルティメイトファイナルに関してはどのような意図があったのでしょう。

バンダイさんから、ウルトラマンジード用のギガバトルナイザーにあたる、ギガファイナライザーを劇場版で出したいと提案をいただきました。それを魅力的で重要なアイテムにする為に、物語の軸をギガファイナライザーを探す事としました。

ただ、どのウルトラカプセルを使うかという大きな課題がありました。既にTVシリーズでウルトラマンキングともフュージョンライズしているので、それ以上のパワーを見付けるのは至難の技でした。ウルトラマンノアを出すと、設定を説明するのに尺を必要とし、映画が更に長くなってしまうので……。

その中で思い付いたのが、リクが自分本来の力に目覚めて、それをギガファイナライザーが最大限に引き出すというコンセプトです。TVシリーズの第1話から、フュージョンライズの時に――ウ㉓

㉓**ウルトラマンベリアル アーリースタイル**
ウルトラマンベリアルがレイブラッド星人に取り憑かれ、完全に闇に心を落とす前の姿で、他のウルトラマンたちと同様に赤と銀を基調にしたカラーリングとなっている。

ルトラマンベリアル アーリースタイルのイメージを被せていたのですが、その頃に仕込んだ布石を回収する事も出来ます。もともとあの演出は、リクが伏井出ケイによって作られた時に、あの姿だったのかもしれないというニュアンスを含んでいました。

『ウルトラマンオーブ』のオーブオリジンのように、他のウルトラマンの力を借りるのではなく、自分自身から生まれたウルトラカプセル・エボリューションカプセルを使ってパワーアップするというコンセプトが生まれたのです。

最終回でのウルトラマンキングの「本来の力はまだ秘められている。無限の可能性が」というセリフは、ウルティメイトファイナルの為に用意したセリフでした。

もともとギガバトルナイザーがウルトラマンベリアルの怪獣使い（レイオニクス）のネガティブな力を増幅させて、怪獣を１００体操るという設定だったので、そのコンセプトを活かして、対となるギガファイナライザーは使用者のポジティブな本来の力を増幅させるのではという事に気付いたんです。

僕が過去に手掛けた作品の設定を、更に深めるという不思議な作業でした（笑）。このようなアイデアを、脚本家の根元さんと色々と詰めていったんです。

『ウルトラマンジード』と『ウルトラマンオーブ』の世界観を繋ぐ設定としても作用させつつ、今までのウルトラマンベリアルの歴史を絡ませられる設定になったのではないかと思います。

――キャラクターと物語がひとつに集約していますね。クシア人がギガバトルナイザー誕生に関与し、ギャラクトロンを生み出してしまったという事ですね。

そうですね。結果としてクシア人は、彼らの歴史の背景のみを描いた作品が出来ても良いぐらい、ウルトラマンの歴史でも重要な人物になりました（笑）。

――ウルティメイトファイナルのデザインに関しては、ウルトラマンAの意匠を取り入れていると聞きましたが。

TVシリーズの準備段階から、ウルトラマンジードのすべてのタイプのデザインに参加させていただきましたが、ウルトラマンAタイプのデザインは他のウルトラマンを含めてまだ出て来ていませんでした。

世代的にもウルトラマンAは好きなウルトラマンですし、対ギルバリス用にサイバー能力を持つというウルティメイトファイナルのコンセプトに、ウルトラマンAの特徴的な曲線のラインが、サイバーラインとして良く映えると思ったんです。

そのサイバー能力は、ウルトラマンジードが一度サイバー空間に取り込まれる事により、体内にウイルスを吸収し、その能力がギガファイナライザーの力により増幅。その強化サイバー能力により何度も複製されるギルバリスの本体をも斬り裂く力を得るというコンセプトです。

それと、デザイナーの後藤さんの拘りは、今までのウルトラマンジードのデザインは、どのタイプも目のデザインは共通にしていたのですが、今回だけは目の形を少し優しい雰囲気にするという事でした。

ギャラクトロンMK2への進化の秘密

――ギャラクトロンMK2についてですが、ギャラクトロンの後頭部から伸びていた尻尾をなくしたのは何故ですか。また他の登場怪獣についても教えていただけますか?

今作では撮影スケジュールなどの関係上、ギャラクトロンのコスチュームの一部を取り換える事により、ギャラクトロンMK2への変化を表現しなければいけないという条件がありました。

撮影は諸々の理由により、順序がバラバラになり、ギャラクトロンとギャラクトロンMK2を交互に撮らなければいけない状況が出て来るからです。

物語的には、ギルバリスはギャラクトロンを量産化していたのでは? という考えの元、過去に破壊されたギャラクトロンの情報がすべてギルバリスに転送されていて、分析の結果、機動力を上げるために機体を軽量化したというコンセプトです。車や電化製品も、最新型は軽量化されるのと同じ理由ですね。

ギャラクトロンのデザインは野中[24]さんが担当されていたので、今回もデザインを野中さんにお願いして、どのパーツの改造が可能かを造形部と相談しながら決めて行きました。もともと頭部に

㉔**野中** 野中剛。日本で活動するキャラクターデザイナー、玩具デザイナー、イラストレーター。1987年にバンダイ入社。『闘将!! 拉麺男』で初めて商品を手がけて以降、ガンダムシリーズ、メタルヒーローシリーズ、スーパー戦隊シリーズ、平成ウルトラマンシリーズ、平成仮面ライダーシリーズなど、数多くの玩具を担当した。現在はフリーで活動しており、『ウルトラマンオーブ』に登場したギャラクトロンや、『ウルトラマンジード』のギルバリスなどをデザインしている。

ある尻尾は、脱着可能だったので、頭部を別パーツで組み替える事が可能でした。

ちなみに「ＭＫ２」という呼び名は、進化系を表す為に脚本の打ち合わせの時に、僕が『機動戦士Ｚガンダム』[25]に登場するガンダムＭｋ-Ⅱにちなんで呼んでいたのが、そのまま正式名称となりました（笑）。

ギルバリスのデザインも野中さんです。ギャラクトロンの創造主なので、そこからの延長線上というコンセプトです。絶対的な強さの主張として、砲台が無数に付いている全身武器のメカ怪獣が出来上がりました。初めてデザイン画を見た時は、衝撃的でしたね（笑）。

後藤さんによるデザインのグクルシーサーは、健気でお気に入りの怪獣です。後藤さんの拘りコンセプトは、少年漫画に出て来るヒーローのような顔付きと沖縄らしい色彩豊かな体色です。スーツの構造にも拘っていて、四足歩行の動物の雰囲気を出せるように各所に工夫が施されています。

まず、首から上と胴体を別パーツにして、スーツアクターの首の動きに合わせて顔が動くギミックを仕込んだり、前足に高下駄を入れて四足状態の体型を自然に保てるようにしたりなど、新しい造形技術にチャレンジしています。

――だとするとスーツアクターさんは結構大変だったのではないでしょうか。

大変だったと思います。横尾和則さんという小柄で俊敏なスーツアクターが演じていて、スーツ制作の段階から目線の位置の合わせ方や、動き方も練習してもらいました。そのおかげで、グクル

[25]**『機動戦士Ｚガンダム』** １９８５年に放送された日本サンライズ（現サンライズ）制作のロボットアニメ。一大ブームとなった『機動戦士ガンダム』の７年後の続編で、前作のメインキャラクターたちも登場する他、悲劇的なストーリー展開や結末でも話題となった。２００５年には新たな解釈で再構成された劇場三部作も公開されている。

シーサーの動きは本当に可愛いんです。四足歩行の怪獣は最近なかったので、造形部も楽しんで作業してくれていたと思います。

次回チャンスがあれば、ペスターやドドンゴのようなふたりで入る怪獣にチャレンジしてみたいですね。

――オーブトリニティがゴモラアーマーを纏ったのにも驚きました。

サイバー空間からウルトラマンジードを助ける為に、ウルトラマンエックスの力を使わせたかったんです。そこで『劇場版ウルトラマンオーブ 絆の力、おかりします！』では、腕のみに装着していたゴモラアーマーをフルで付けてみたら違和感なくカッコ良かったので、そのまま出す事にしました。

設定的にはウルトラマンギンガ、ウルトラマンビクトリー、ウルトラマンエックス3人の技を使えるはずなので、今後機会があれば、他のモンスアーマーやギンガスパークランス、ウルトランスなども使ってみたいですね。

坂本監督憧れの人、ジャッキー登場!?

――ジャッキーちゃんさんの出演の経緯は。

物語にシリアスな要素が多いので、息抜きのシーンが欲しかったんです。脚本にリクたちが情報

㉖ジャッキーちゃん
日本で活動するものまねタレント、俳優、スタントマン。2011年頃からジャッキー・チェンのものまねを始め、2015年からショーパブ「そっくり館キサラ」に出演するようになった。2017年には劇場作品『スキップ・トレース』の宣伝活動で、ジャッキー・チェン本人と対面している。

㉗石丸博也
日本で活動する声優、俳優。『大江戸捜査網』などに俳優として出演していたが、1971年から声優活動を開始。1972年に『マジンガーZ』で兜甲児役を演じて大ブレイクし、ナレーションや洋画吹き替えなども行うようになった。ジャッキー・チェンの吹き替えを専任で

屋に会いに行くというシーンがあったので、この情報屋のキャスティングで誰かインパクトのある方に演じてもらい、説明セリフの多いシーンを面白く出来ればと思いました。そこで思い付いたのが、以前『破裏拳ポリマー』の完成披露イベントで共演した㉖ジャッキーちゃんでした。

何か一緒にやりたいですねと話していたので、円谷プロさんに提案させていただきました。ジャッキーちゃんが、ジャッキー・チェンっぽい宇宙人を演じるという不思議なシチュエーションになりました（笑）。

アーロンという名前は、ジャッキー・チェンが映画で良く演じる役名から来ています。ジャッキー世代のスタッフは現場で大爆笑していて、本番の時は、耐えられずにセットから出て行くほどでした。山本千尋ちゃんもジャッキーが大好きなので、ツボにはまり爆笑していましたね。

ジャッキーちゃんは元々アクションが出来る方で、ジャッキーの事も凄く研究しているので、ジャッキーに関してはうるさい僕でも、本物かと錯覚を起こすほどでした（笑）。

アフレコの時には、あえて㉗石丸博也さん風にチャレンジしていただく事に拘りましたね。関係者用の試写では、実際に石丸さんがアフレコしたのかと思った方々もいたんですよ。

――リクとジャンボットの㉘「ジャンファイト！」の会話は、初めから脚本にあったんですか。

はい（笑）。もともと龍臣くんがキャスティングされた時からいつかウルティメイトフォースゼロと共演させたいという思いがあり、劇場版でやっと実現出来たという感じです。根元さんに「何

担当しており、ジャッキーを題材にしたアニメやドキュメント番組でも彼の吹き替えを担当している。1984年の映画『ウルトラマン物語』以降、ウルトラマンタロウの声を担当している。

㉘「ジャンファイト！」
1973年の特撮作品『ジャンボーグA』にて、主人公の立花ナオキがジャンボーグAをセスナ形態のジャンセスナからロボット形態のジャンボーグAに変形する際の掛け声。ジャンボーグAのリファインとして『ウルトラマンゼロ THE MOVIE 超決戦！ベリアル銀河帝国』にてロボットヒーロー、ジャンボットが登場。航行形態のジャンバードからジャンボットに変形させる際に、搭乗者のナオが同様の掛け声を発した。ナオ役は子役時代の濱田龍臣が演じている。

㉙宮野
宮野真守。日本で活動する声優、俳優、歌手。小学生時代から劇団に所属し、C

処かで入れて下さい！」と無茶振りをしました。

ただ、それを聞いたウルトラマンゼロやグレンファイヤーたちのリアクションは、宮野くんや[29]関さんたちのアドリブです（笑）。[30]

皆さん他のシーンでも、スーツアクターの動きに合わせて、自由にアドリブを入れて膨らませてくれました。

これからの『ウルトラマンジード』への想い

――僕自身としては、もっとリクと仲間たちの物語を見たいと思います。

円谷プロさんのキャラクターは息が長いので、将来的に『ウルトラマンジード』の続編が出来てもおかしくないと思います。

僕もリクの今後の成長を見てみたいですし、クライシス・インパクトまでの物語も見たいです。宇宙規模で物語を壮大に膨らませていけるのもウルトラマンシリーズの凄い所ですよね。是非、いつの日かリクたちのその後が描ければと思います！

ちなみにＢｌｕ-ｒａｙには、特典映像として劇場版では尺の都合上カットしたドラマ部分の未公開映像が収録されているので、是非確認してみて下さい！

Mや舞台などで俳優活動を行い、海外ドラマ『私はケイトリン』の吹き替えで声優デビュー。2009年の劇場作品『大怪獣バトル ウルトラ銀河伝説 THE MOVIE』以降は、ウルトラマンゼロの声を担当し続けている。『DEATH NOTE』『機動戦士ガンダムOO』『亜人』『GODZILLA怪獣惑星』など数々の代表作を持つ、日本のトップレベルの声優。

㉚関
関智一。日本で活動する声優。海外アニメ『レポーター・ブルース』の吹き替えで1991年に声優デビュー。『機動武闘伝Gガンダム』（1994年）のドモン・カッシュ役以降、数多くのTVアニメで主演を務める他、『仮面ライダーゴースト』（2015年）のパーカーゴーストたちの声など、数多くの特撮作品にも参加。『ウルトラマンゼロ THE MOVIE 超決戦！ベリアル銀河帝国』ではグレンファイヤー役を演じている。

坂本浩一×対談③

俳優 濱田龍臣

「キャスト全員、相思相愛！
だから現場がすごく楽しい」

プロフィール

子役出身の俳優。2010年、NHK大河ドラマ『龍馬伝』にて坂本龍馬の子供時代、TVドラマ『怪物くん』では市川ヒロシ役を演じ注目される。2017年には特撮作品『ウルトラマンジード』で、ウルトラマンジードに変身する主人公の朝倉リク役、続くTVドラマ『モブサイコ100』では主人公のモブこと影山茂夫役と、坂本監督作品で2作連続で主演を務める。近年では、子役出身の期待の若手俳優として、情報番組などで取り上げられることも多い。

撮影：岡村智明

◎若きウルトラマン誕生！

――ざっくりと2017年を振り返っていただきたいのですが、おそらくおふたりは長い期間ご一緒でしたよね。

濱田　3クール一緒でした！

坂本　初めて会ったのは『ウルトラマンジード』での顔合わせだね。

濱田　そうです。

坂本　オファーによる出演だったから、2017年の3月頃にプロデューサーたちと一緒に会って「よろしくお願いします！」的な感じで。

濱田　もはや懐かしい……。

――その時の印象というのはいかがでしたか。

坂本　自分は龍臣くんが子役の頃から作品を色々観ていたので、「大きくなったなぁ！」という印象でした。背が高くてビックリ！

濱田　まだ伸びてますよ（笑）。撮影期間中に衣装のジャケットのサイズをどんどん大きくしてもらいました。

坂本　『劇場版 ウルトラマンジード つなぐぜ！願い!!』の完成披露イベントの時も既に袖が短かくなってたからね（笑）。

――成長が実感出来ますね。濱田さん的には坂本監督の印象はいかがでしたか。

濱田　どんな監督なんだろうとワクワクしていました。

坂本 初めてコミュニケーション取ったのは、アクション練習の時だね。

濱田 そうですね。撮影前のアクション練習の時は、色々とお話させてもらいました。

坂本 キャスト全員に各キャラクターの概要を説明してから、受身や蹴りとパンチ、それに各キャラを演じながらの立ち回りとかね。同じアクションだけど、キャラによって雰囲気が全然違う事を知って欲しくて。
龍臣くんは普段は前髪を下ろしてメガネをかけているから、雰囲気は『モブサイコ100』のモブ寄りだよね（笑）。

濱田 根がオタクですから（笑）。

坂本 でも、動き出したらお芝居でちゃんとドラマ性を作れるし、動きも良いからビックリしたよ。

濱田 ありがとうございます！　いつもやられる側が多くて、バンバン吹っ飛ばされてました（笑）。

坂本 やられ専門だからね（笑）。撮影で初めてアクションしたのは、第4話の「星人を追う仕事」だね。

濱田 自転車を奪われるシーンで地面に転がった時ですね。

坂本 練習の成果を見せる時が来た！　という感じで、初めてマットなしでコンクリート上をゴロゴロと。

濱田 でも、楽しかったですね。メイクさんは「本当に出来るの？」ってビクビクだったけど、「練習したから大丈夫です！」って頑張りました！

◎作品が続くと成長も実感できる

――そこから先のアクションも問題なかったのですか。

坂本 全く問題なかったです。劇場版の撮影では宇宙酒場で乱闘のシーンがあったけど、一度説明するとパパっと出来ちゃうので。

濱田 いえいえ。『ウルトラマンジード』のキャスト陣はみんな動けるので。

坂本 でも、その時の経験を活かして、『モブサイコ100』では与田①ちゃんに教えてたんですよね。

濱田 「あ、これって僕が教えてもらったのと同じだ！」って（笑）。

坂本 そういう所を見ると、成長の早さを感じますね。飲み込みも早いし、感覚が良い。キャリアも長いから経験も豊富だし。

『ウルトラマンジード』の第3話「サラリーマンゼロ」の撮影で印象に残っているのが、ドンシャイン②がきっかけで子供と仲良くなるシーンですね。

その子役の子に、カメラに対する立ち位置や角度を教えているのを見て、「やるなぁ！」と思いました。

イベントや舞台挨拶でのスピーチもしっ

①与田
与田祐希。日本で活動するアイドル。2016年にアイドルグループ「乃木坂46」のオーディションに合格して3期生として活動をスタート。2018年の『モブサイコ100』では、初めてグループではなく単独でTVドラマに出演を果たした。

②ドンシャイン
『ウルトラマンジード』の劇中劇の特撮番組『爆裂戦記ドンシャイン』に登場するヒーロー。朝倉リクが幼少期に夢中になっていた番組で、リクがヒーローに憧れるようになったのはドンシャインの影響によるもの。

かりしていて、こんな17歳はなかなかいないなぁと。

濱田 自分でも「僕は本当に17歳なのかな？」ってたまに思いますね（笑）。

――イベントでの濱田さんはどんな感じなのでしょうか。

濱田 イベントの時は自分が一番楽しんでいると思います。自分が楽しめばきっとみなさんも楽しんでくれると思って（笑）。

坂本 龍臣くん自身がウルトラマンのファンなので、結構コアなネタを振るよね。それでお客さんも盛り上がるし、気持ちを掴むのが上手い。

濱田 でも、ＭＣさんとふたりだけのイベントだと、他のヒーローのネタとかも平気で入れちゃったり（笑）。変身ポーズを見せるコーナーで、先輩ウルトラマンの変身ポーズをしたりして（笑）。ウルトラマンオーブもやりましたね。

坂本 でも、石黒[3]くんの前では絶対にやらないよね。声もそっくりだし、劇場版の舞台挨拶の時にやればよかったのに（笑）。

濱田 実は凄く練習したんです。『ウルトラマンオーブ』のグランドフィナーレで、石黒さんが僕のポーズを真似したのがちょっと悔しくて、頑張ってクレナイガイの声とポーズを練習しました。

坂本 撮影現場ではやってたよね。

③石黒
石黒英雄。日本で活動する俳優。２００４年に第17回「ジュノン・スーパーボーイ・コンテスト」でグランプリを受賞後、２００５年に『ごくせん』で俳優デビュー。２００７年、『仮面ライダー電王』にて悪役のカイを演じ強烈なインパクトを残す。同年、『エリートヤンキー三郎』と２００９年の『激情版 エリートヤンキー三郎』で、それぞれTVドラマと劇場作品の初主演を果たしている。２０１６年の『ウルトラマンオーブ』ではウルトラマンオーブに変身するクレナイガイ役を務めた。代表作に２０１０年の「彼岸島」など多数。

濱田 でも、ご本人の前だとさすがに勇気がいります（笑）。

◎実は根っからのウルトラマン愛に溢れた青年

――濱田さんは、他のウルトラマンシリーズにも詳しいんですか。

坂本 誰よりも詳しいかも（笑）。

濱田 円谷プロさんにも、社員さんより詳しいと褒められました（笑）。

坂本 『モブサイコ100』の現場でも、他のウルトラのキャストがいると、ウルトラの話ばかりしてたよね。

濱田 ウルトラマンギンガの根岸[4]さんは、「おぉ！龍臣」って可愛がってくれて。

坂本 根岸くんは相変わらずデカかったよね（笑）。

濱田 『ウルトラマンX』のアスナ隊員役の茜[5]さんは、同い歳みたいな感覚で仲良くなれました。

坂本 彼女はいつも明るくて面白いよね。

濱田 茜さんと喋っていると楽しいんです。凄く優しかったですし。

坂本 茜ちゃんと話していると、こっちもポジティブになるね。『モブサイコ100』の現場は、本当にキャストの仲が良く、いつもワイワイキャーキャーしてた感じ（笑）。

濱田 そういう空気を作っていただけるのは、坂

④根岸
根岸拓哉。日本で活動する俳優。ワタナベエンターテインメントの男性俳優集団「D-BOYS」のメンバー。2013年、『ウルトラマンギンガ』にてウルトラマンギンガに変身する礼堂ヒカル役で初主演を飾る。坂本監督と親交も深く、様々な作品に出演している。2016年の『仮面ライダーエグゼイド』では坂本監督が担当した第4話のゲストである西脇嘉高役や、2018年の『モブサイコ100』では不良高校生の枝野剛役を演じている。その他の代表作に『お迎えデス。』（2016年）、『クズの本懐』（2017年）、『ファイブ』（2017年）など。

⑤茜
坂ノ上茜。日本で活動する女優。「アミューズ全国オーディション

本監督のおかげだと思います。『ウルトラマンジード』の撮影も、坂本監督が担当の時はみんなのテンションが一段上なんですよ。やっぱり坂本監督の可愛らしさというか（笑）。実は可愛いんですよ、坂本監督！笑い声がすごく響くので「監督が笑っている。楽しい！」みたいな。

坂本監督が自分たちキャストのことを凄く大事にして、愛してくれているので、だから自分たちもその期待に応えたいと思うんです。

坂本 相思相愛じゃん（笑）。

濱田 そう！ キャスト全員と相思相愛だから、凄く現場は楽しいですね。

坂本 特に『モブサイコ100』は、色々な作品で出会ったキャストたちが集結して、僕の作品を通してみんなの輪が広がって行くのを実感出来て嬉しかったですね。

でも、龍臣くんみたいな純粋な若い子たちが、悪い大人たちに影響されないか心配だった（笑）。

濱田 悪い大人⁉

坂本 〝爪〟のメンバーや、波岡[6]さんや、久保田[7]くん！ このメンバーが集まると歯止めが効かないからね（笑）。

濱田 凄くテンションが高くて「楽しそうに話しているな〜」と思いながら遠巻きに見てました（笑）。

2009 THE PUSH!マン」の俳優・ルックス部門賞を受賞後、ミュージックビデオへの出演を経て、2015年に『ウルトラマンX』でヒロインの山瀬アスナ役に抜擢され、本格的に女優活動を開始。特技の新体操やバトントワリングで鍛えた身体能力を活かし、『ウルトラマンX』では生身のアクションを披露した。その後、坂本監督の『モブサイコ100』にも出演。ドラマ『チア☆ダン』（2018年）でも得意のダンスを活かしている。2017年からは「王様のブランチ」のリポーターも務めている。

⑥波岡
波岡一喜。日本で活動する俳優。2005年の『パッチギ！』で演じたモトキ・バンホー役でブレイク。『幻星神ジャスティライザー』

◎『モブサイコ』の撮影現場は賑やかに

――同世代メンバーとは、どんな感じですか。

濱田 歩⑧とは何度か共演しているし同じ年なので、与田ちゃんも含めて仲良いですよ！ そこに茜さんも加わっての仲良し4人グループ。

茜さんが沼津でのロケ中に誕生日を迎えたので、その日はアイスとお菓子を買ってプレゼントしました。

坂本 可愛いプレゼントだね。与田ちゃんは普段アイドル活動で、撮影現場が初めてだったから、ちょっと心配したけど、すぐに打ち解けて安心したよ。現場が楽しい！ って、言ってくれたし。

――そういえば『モブサイコ100』の主人公の影山茂夫（モブ）役を濱田さんにというのは、いつ頃決まったんでしょうか。

坂本 『ウルトラマンジード』の撮影が後半に差し掛かった頃ですね。モブ役の候補で龍臣くんの名前が挙がり、僕的には是非に！ という感じでした。

龍臣くんは、普段はゲームが大好きなインドア派だし、お芝居が上手いので、可愛いモブを演じてくれるという確信があったんです。

濱田 オファーをいただいた時は、また一緒にお仕事が出来るんだと思って凄く嬉しかった

（2004年）のデモンナイトに変身する神野司郎役、『ライオン丸G』（2006年）のライオン丸に変身する獅子丸役、『仮面ライダー鎧武／ガイム』（2013年）の仮面ライダーシグルドに変身するシド役など特撮作品に度々出演している。Netflixの連続ドラマ『火花』（2016年）や、NHK連即テレビ小説『わろてんか』（2017年）などに出演するなど、数多くの映画やTVドラマに参加。また坂本監督作品では、『モブサイコ100』の霊幻新隆役を演じた。

⑦久保田
久保田悠来。日本で活動する俳優。2009年の舞台『戦国BASARA』の主人公、伊達政宗役や、2013年の『仮面ライダー鎧武／ガイム』での仮面ライダー斬月に変身す

です。

坂本 次も一緒だよ！ ってね。

濱田 ２０１７年はほとんど坂本監督と一緒でしたね（笑）。

坂本 『モブサイコ１００』の撮影は、『ウルトラマンジード』のアップを待ってのクランクインでした。

その頃のスケジュールは、自分も龍臣くんも基本的に一緒だったので（笑）。

濱田 そこ、ちょうど空いてます！ って（笑）。でも、『モブサイコ１００』はすべてを撮り終えるのが早かったですね。１ヶ月半で12話ですよ。

坂本 集中して撮影したからね。

濱田 凄かったですね。１日平均１００カットくらい撮っていた気がします。

坂本 龍臣くんは毎週末『ウルトラマンジード』のイベントやプロモーションもあったから、基本的には月曜から金曜までがモブで、土日はリクという〝週末ヒーロー〟状態だったね（笑）。

濱田 ずっと忙しかったけど、途中からは「坂本さんの為なら何でもします！」「何でも出来ますよ！」という気持ちだったので、頑張れました！

――アフレコは『ウルトラマンジード』以前にも経験はありましたか。

濱田 何度かやらせてもらった事はあります。で

る呉島貴虎役で知られる。インタビューではユーモアを交えた受け答えをするなど頭の回転が早く、撮影現場でも周囲の人々（特に若者たち）に慕われる兄貴分的な存在であるという。坂本監督作品では『ＫＩＲＩ－「職業・殺し屋。」外伝－』（２０１５年）で主人公のリョウ役や、『モブサイコ１００』にて覚醒ラボの所長、密裏賢治役を演じた。

⑧歩
望月歩。日本で活動する俳優。２０１５年に『ソロモンの偽証』で俳優デビューし、その際の演技が注目を浴びて本格的に活動を開始。坂本監督作品の『モブサイコ１００』では、主人公の弟、影山律役を演じた。代表作に『真田十勇士』（２０１６年）、『疾風ロンド』（２０１６年）など。

も、口が動いていないキャラクターに声を当てるのは初めてだったので、難しかったです。
　でも、自分じゃない人が演じている自分に声を入れるという作業が面白かったです。みんなでウルトラマンジードというキャラクターを作り上げているという気持ちが強くなりました。

坂本　一番初めに玩具用の音声収録があったけど、その時からアフレコは上手かったよね。
　ウルトラマンの格闘の声って、普段やる機会がないので、苦手な人も多いけど、龍臣くんはウルトラマン好きだったので、バッチリだった。

濱田　ありがとうございます！

坂本　攻撃パターンや、やられパターン、「ジュワ！」「シュワッチ」などの掛け声など色々収録したけど、バリエーション豊かだったしね。
　普通は「濁音多めで」とか「ダ行多めで」とかリクエストするけど、龍臣くんは自分からリクエスト求めて来るから（笑）。

濱田「どういうタイプがいいですか？　セブンみたいな感じか、それともアグルでしょうか？」って（笑）。
　ゲームの[9]『データカードダス　ウルトラマンフュージョンファイト！』の収録をした時も、バンダイさんがウルトラマンの名

⑨『ウルトラマンフュージョンファイト！』
ウルトラマンシリーズを題材にしたデータカードダスの第3弾。デパートの玩具売り場などで稼働していたゲーム筐体。稼働当初は、『ウルトラマンオーブ』や『ウルトラマンゼロ THE CHRONICLE』と連動した内容で、2017年からは『ウルトラマンジード』と連動した新シリーズに移行していった。

前言っただけで、すべて理解出来たので、ビックリしていました（笑）。

――ウルトラマンジードの基本形態であるプリミティブの第一印象はどうでした。

濱田 間違いなくウルトラマンベリアルの息子だと思いました。ただ、その中にちゃんと光があり、正義の心をしっかり持っている感じがしました。

目の割れ方がウルトラマンベリアルとは逆だったり、身体の色も印象的でした。

坂本 デザインの時から悪にも見えるけど、ヒーローに見えるというバランスに拘ってたんだよ。

――第1話「秘密基地へようこそ」での登場シーンでは、かなり悪側のほうに振った演出だなと感じました。

坂本 人々から恐れられているウルトラマンが、真のヒーローになっていく物語なので、そこからの逆算で第1話はあえて悪っぽくしてあります。

濱田 リクの中では変身した後の姿は、ドンシャインを想像していると思うんですよ。でもモニターに映った姿を見て「目つき悪くね？」みたいな。

坂本 あの世界の人たちには、ウルトラマンベリアルの記憶がうっすら残っているという設定だからね。登場時の音楽もあえてウルトラマンベリアルの曲を使っているし。

『ウルトラマンジード』を愛してくれるファンのために

――濱田さん的には『ウルトラマンジード』の放送が始まってからの周囲の反響はいかがでしたか。

濱田 イベントでの反応が凄かったですね！

子供たちがキラキラした目で「リクくんに会えた！」と喜んでくれたり、大人の方たちは「大きくなったねぇ！」って言ってくれて。

坂本 僕も「ウルトラヒーローズEXPO」⑩は毎年行きますが、会場のファンの人たちの反応が、今までと比べると親目線的な暖かさを感じましたね。

龍臣くんは出番が多かったし、アクションもあったので大変だったでしょう。

濱田 全部で58公演ありましたが、頑張りました！

坂本 そうやって頑張っている姿を見ると、親心で目がウルウルしちゃうよ（笑）。

濱田 30分のショーを5ステージやるスケジュールだったので、前説のトークでしかお客さんたちと触れ合う時間がなかったんです。

だから僕から提案して、エンディングの歌の時に客席を走り回って、皆さんと触れ合う時間を作ってもらいました。

その時の子供たちや、お父さん、お母さ

⑩「ウルトラヒーローズEXPO」 年末年始に毎年開催されているウルトラマンシリーズのイベント。歴代のウルトラ戦士たちによるヒーローショーやグッズ販売などが行われ、毎年多くの家族連れで大盛況となっている。

んの顔が、凄く楽しそうだったので嬉しかったですね。

坂本 全力で走ってたから、大変だったでしょう。

濱田 主題歌「ジードの証」のコーラスの間にどうやったら全部回れるか工夫して頑張りました！

――『ウルトラマンジード』の撮影で、厳しいと思った事はありましたか。

濱田 坂本監督は厳しくないですね（笑）。凄く優しくしてくれますし、お芝居もやりやすかったです。「こうですか？」と聞いた所は100％で返してくれるのが、凄く嬉しかったです。

坂本 厳しかったのは、⑪フュージョンライズのポーズだけだよね（笑）。カプセルを持つ手のアングルとかも細かく指示して。

でも、最初のポーズは何テイクも撮ったけど、後半に撮ったポーズはバッチリと決めてくれて、凄くカッコ良くなったよね。

濱田 懐かしいな〜。それと雨の中でウルトラマンベリアルと殴り合ったのは感慨深かったですね。8年前は⑫ジャンボットに乗って戦ったのに、今はウルトラマンベリアルがお父さんで、生身で殴り合っているんだな、と思って。

坂本 ウルトラマンと生身の人間が殴り合うというシチュエーションは、今までになかったからね。

⑪フュージョンライズ
『ウルトラマンジード』に登場する能力。この能力を使うと、ウルトラマンジードは歴代のウルトラヒーローたち、ベリアル融合獣は歴代のウルトラ怪獣たちの力を融合して変身できる。

⑫ジャンボット
『ウルトラマンゼロ THE MOVIE 超決戦！ベリアル銀河帝国』で初登場したキャラクター。エスメラルダ星に伝わる王家専用の宇宙船で、超AIのジャンがすべての機能を司っている。デザインの基礎となったのは、円谷プロダクションのヒーローであるジャンボーグA。

濱田 あのシーンは大変でしたけど、楽しかったです。

◎濱田龍臣のさらなる成長と再開に期待

――坂本監督から濱田さんにお聞きしたい事はありますか。

坂本 役者として伸び盛りの今、チャレンジしたい役はある？

濱田 色々な役を演じられるようになりたいと思っています。

自分のお芝居を様々な形に変化させる事によって、どんな役にもマッチ出来る役者になりたいと思っています。

伏井出ケイみたいな狂信的な悪役とかもやってみたいですね。

坂本 サイコパス的な（笑）。若い頃ってタイプキャスティングで、同じような役が回って来たりするけど、カメレオン役者みたいに毎回違う役にチャレンジする龍臣くんが見たいな。

濱田 もっともっと皆さんに面白い役者だと言われるような存在になりたいですね。

２０１７年は『ウルトラマンジード』と『モブサイコ１００』に挑戦出来て、役者としてステップアップ出来た飛躍の年だったと思います。そして、〝ここからがネクストステージ！〟ですから。

坂本 今までたくさんの若い子たちと一緒に仕事

をしてきて思うのは、大きく成長した子たちの共通点は、みんな素直だという事ですね。素直だから色々な事をどんどん吸収して行く。

龍臣くんは本当に素直で可愛い。自分もたくさん刺激を受け、元気をもらいました。是非、また一緒にお仕事したいですね！　龍臣くんの成長を見守るのが本当に楽しみです！　もしかしたらもっと背が伸びちゃったりして（笑）。

MERICA
EAGLE

坂本浩一×対談④

スーツアクター

岩田栄慶

「ウルトラマンのスーツが僕に語りかけてくるんです」

プロフィール

2003年『超星神グランセイザー』のセイザーギャンズ役でTVシリーズデビュー。翌年『ウルトラマンネクサス』以降は数々のウルトラマン役を務め、2010年〜2016年までの長きに渡りウルトラマンゼロ役を演じていた。2014年、坂本監督がメイン監督を務めた『ウルトラマンギンガS』ではウルトラマンビクトリーを、2017年の『ウルトラマンジード』ではウルトラマンジード役に加えて、シャドー星人ゼナ役を素面で演じている。

撮影：堀 智昭

◎1日だけの『大怪獣バトル ウルトラ銀河伝説 THE MOVIE』

——おふたりが初めてお会いしたのは『大怪獣バトル ウルトラ銀河伝説 THE MOVIE』の撮影でしょうか。

坂本 そうですね。岩田くんには、ウルトラマンベリアルが過去に光の国を襲撃する回想シーンの撮影に参加してもらいました。

岩田 名のないウルトラマン役として1日だけお手伝いに行ったんですが、まさか坂本さんが覚えているとは思いませんでした。

坂本 モブトラマンと呼ばれているやつだよね（笑）。

岩田 僕は坂本さんの事を一方的に存じていましたけど、お会いしたのは初めてだったんです。その時は全くお話も出来ませんでした。

坂本 僕も岩田くんが、近年のウルトラシリーズのスーツアクターとして活躍していると聞いていました。アクション業界は狭いので、誰が何をやっているかなどの情報は入って来ます（笑）。

それで、段違いで動きのキレとパワーが他の人たちと違う人がいたので、周辺の人に訊ねたら、それが岩田くんだったんです。

岩田 今までと全く違った雰囲気の現場で凄く驚いたとともに、僕が出ているシーンで、少しでも自分らしさを出せたらと思って演じました。

坂本 ひと目で凄いと分かったよ。

――動きを見ただけで何かが違うと分かるのですね。

坂本 分かりますよ、この業界長いですから(笑)。

岩田 僕は出番以外もこの日の撮影をずっと見学させていただきました。全編グリーンバック①撮影で、僕らのやっていたミニチュアセットでの〝特撮〟とは全然定義が違っていて衝撃的でした。だからこの日のことは凄く良く覚えています。

坂本 延々とグリーンバックで撮ってたからね(笑)。

岩田 そのように聞いていたのですが、初めてだったのでカルチャーショックでした。だから現場に入っても凄く緊張していたんです。普段は殺陣師②の方がアクションの手を付けて、それに従うのですが、この日はアルファスタントの野口③さんから、自分のパートのアクションを任されたので、経験のなかったスタイルに戸惑った事も覚えています。

坂本 ウチのチームは、パフォーマー各自からアイデアや、チャレンジしたい動きを提案してもらい、それをアクション監督がまとめて全体をコーディネートして行くシステムなんです。

各自に「やられ」「パワー系」「勝ちファ

①グリーンバック
クロマキー合成という、映像を合成する技術に用いられる緑色の背景のこと。グリーンバックで撮影した人物に、別の映像の背景を合成するといった形で使用される。

②殺陣師
映像作品や舞台のアクションシーンで要求される殺陣を考えて、役者に指導する専門職のことを殺陣師と呼ぶ。アメリカでは殺陣師に相対する言葉はなく、スタントコーディネーター（Stunt Coordinator）やファイトコリオグラファー（Fight Choreographer）がその役目を担う。

③野口
野口彰宏。有限会社アルファスタント所属の監督、アクション監督、スタントマン。ALPHA STUNTSの設立

イト」などのアクションのテーマを与えて、アイデアを出してもらったほうが映像的にバリエーションが増えますから。

岩田 現場の雰囲気も普段の慣れた感じと違い、スタントの人たちが中心になって動かしていました。通常特撮作品の現場は、それぞれの部所の方々が自分たちの役割を果たしながらひとつにまとまっていたので、スタイルの違いを強く感じましたね。

坂本 僕らのスタイルはは海外と同じで、アクション部がワイヤーのセッティングをします。円谷プロさんも東映さんも基本的に操演部[4]さんが担当するからね。

岩田 東映さんもそうなんですか？

坂本 もちろんJAE[5]さんも協力しますが、僕の組だけ、アルファスタント[6]がセッティングに入らせてもらっています。『大怪獣バトル ウルトラ銀河伝説 THE MOVIE』の時は、ワイヤーアクション[7]でウルトラマンの飛行能力を表現するというテーマがあったので、ウチがメインで入らせてもらった感じですね。

岩田 僕もこの作品に出会って、キャラクターを演じるとは何なのかを深く考えるようになりました。それまでは自分の深い意思や意図は、演じる事にあまり影響していなかったと思います。キャスタッフ[8]でアクションを続けながら、先輩方の背中を追いかけ、

メンバーのひとりでもある。パワーレンジャーシリーズのスタントコーディネーターやアクション監督を手掛け、日本でも数々の坂本監督の作品でワイヤースタント・コーディネーターやアクション監督としてサポートを務める。

④操演部
映像作品における専門職。ミニチュアの操作や、滑車とピアノ線、ワーヤー、ロープなどを使った吊りや移動を表現したり、電飾、火薬を使った爆破や弾着などの演出を行う。

⑤JAE
株式会社ジャパンアクションエンタープライズ。俳優の千葉真一が設立したジャパンアクションクラブ（JAC）を前身とする日本の芸能事務所。アクション俳優の育成やマネージメントに加え、映画や舞台、各

ヒーローショーからTVへと進み、ただ好きだからという理由でキャラクターを演じて来ました。それも純粋で素晴らしいと思いますが、キャラクターを演じるという意味や、そのキャラクターを理解する事、その作品の持つメッセージ性を含めて考えなければいけないと感じたんです。

この後、僕がウルトラマンゼロを長く演じるようになる事にも直接的に繋がりますし、なんか運命的ですね。

――お話を聞いていると、この『大怪獣バトル ウルトラ銀河伝説 THE MOVIE』は、円谷プロさんの内部、外部問わず色々な方に影響を与えた、ターニングポイント的な作品だったんですね。

坂本 僕的には、この作品で結果が出せたから、今のお仕事に繋がったという記念碑的な作品ですね。その後、直結した世界観の『ウルトラマンジード』でメイン監督を担当出来た事にも運命を感じますね。

岩田 僕にも大きな転機でした。まさか、また坂本さんとご一緒出来るとは思っていませんでしたが。アメリカでの実績を見ると、当時は等身大ヒーローに関わっていく監督さんだと思っていたので。

◎ウルトラマンへの尊敬

――その後は『ウルトラマンギンガS』での再

種イベントのアクションシーンの演出も手掛けている。JAC時代も含めると、真田広之、志穂美悦子、大葉健二、春田純一といった数多くのアクションスターを輩出。現在の代表取締役社長は、監督業も務める金田治。

⑥有限会社アルファスタント
1992年にアメリカで結成されたALPHA STUNTSが、日本での活動を本格化するために2003年に設立した会社。数々の映画やTVドラマ、CM、ゲームなどのアクションやスタントのコーディネートに加え、アクションを志す人に向けてのスポーツジムも経営。代表は小池達朗。

⑦ワイヤーアクション
キャストやスタントマンが特殊なハーネスを装着し、ワイヤーを取り

開となるわけですね。

坂本 この作品で初めて岩田くんとガッツリ一緒にお仕事しました。

岩田 僕は、自分の技量が坂本さんの作品でどれくらい通用するか想像もつかず、凄く緊張していました。だから、自分らしくやるしかない！ と、当たって砕けろ的な精神で演じていたんです。

それが孤高でストイックなウルトラマンビクトリーの姿と重なり、良い味を出せたのではないかと思っています。

坂本 この作品で岩田くんのズバ抜けたお芝居やアクションのセンスをしっかりと感じましたね。今まで色々なスーツアクターを見て来ましたが、岩田くんなら絶大的な信頼を置いてキャラクターを任せられます。

――上手いというのは、具体的には何が違うのでしょうか。

坂本 カメラに対しての表現方法ですね。例えば頷く動きだけでも、スピードや角度など、スーツのデザインを理解した上で、カメラにちゃんと感情を伝えてくれます。

技量がないと大きく動きがちですが、僕が何を求めているかを瞬時に理解して、それを演じているキャラクターに沿った表現方法で伝えてくれます。

――岩田さんのほうで、ウルトラマンらしい演技やこだわりはあるのですか？

付けることにより、人力もしくは機械でワイヤーを引いてジャンプ力や浮遊感を強調するアクション。以前は、細いワイヤーを黒く塗ったり、照明の調整により見えないように工夫していたが、近年は合成処理で消している。なお、ワイヤーアクションは和製英語で、海外ではワイヤーワーク（wire work）と呼ぶ。

⑧キャスタッフ
円谷プロダクションのアクションチーム。『電光超人グリッドマン』以降、劇場版、TVシリーズ、配信シリーズ、オリジナルビデオなど、すべてのウルトラマンシリーズでメインのウルトラマンや怪獣たちのスーツアクターを担当している。また、映像作品のみならず、イベントなどにも参加している。

岩田 漠然とですけど、あると思います。ウルトラマンという固有の物体ではなく、実像のぼんやりした権威や存在感などのイメージを取り入れる事です。

もう少し分かりやすく言うと、僕がウルトラマンそのものに成り代わっている感じですね。

――自分の中にウルトラマンを入れていく気持ちの高め方はあるのですか。

岩田 別に段取りを踏むわけではありません。僕の心の中にウルトラマンに対する尊敬があり、そのスーツを身に纏う事に対して、非常にありがたい気持ちになります。その気持ちを抱きながら役に入って行く事だと思います。

坂本 昔のウルトラマンは、デザインの差はありますが、各自の個性はそれほど強くはなかったと思います。しかし、近年のウルトラマンには人格や性格などの違いが明確にあります。

ウルトラマンギンガやウルトラマンエックスのように、変身者とウルトラマンが別人格でお互いに会話をしたり、ウルトラマンオーブやウルトラマンジードのように変身者がウルトラマンとイコールだったりもします。

岩田くんのように様々なキャラクターを演じ分ける事により、各ウルトラマンの個性が強調され、そこに吹き込まれる声優さんや役者さんの声により人格が確立されていきます。それがシリーズの新たな人気に繋がっていると思います。

岩田 さっきから抽象的な事ばかり言っていますが、ウルトラマンのスーツを見ていると、ぼんやりとした色で認識出来る気がします。目の前のウルトラマンが、どんな生き方をしたいのかを、スーツが僕に訴えかけてくるんです。

なので、演じる事に対して頭では考えずに、感じ取る事から始めます。

もちろんスタッフから設定や世界観の情報はざっくりと聞くのですが、その声はスーツの造形途中から聞こえ始め、完成した後に装着して鏡を見ると、やるべき事を把握出来るんです。

ウルトラマンビクトリーやウルトラマンジードの時もそうでした。すべてが上手くいくわけではないのですが、完全にその声と僕のお芝居が合致した時は感動しますね。

◎自分自身をコントロールすることで名演技が生まれる

――坂本監督の現場はどんな感じなのでしょうか。

岩田 坂本さんの場合は、円谷プロ作品と他社では違うのではないでしょうか？　長年続いた円谷プロの体制や伝統があるので、色々苦労もあるだろうなと思います。僕も入ったばかりの頃はありましたから。

坂本 基本的に僕はどの現場に行っても変わらないですよ（笑）。明るく賑やかにやっています。ただ、円谷プロさんや東映さんのスタッフにとって、僕は外部から来た人間なので、スタッフに対しての気遣いはあるかもです。

その代わり〝坂本組〟と呼ばれる僕の馴染みのスタッフに対しては、もっとガードを下ろして甘えてますね（笑）。

――では、坂本監督の現場と他の監督の現場では雰囲気は違うのですか。

岩田 僕自身は、自分のスタイルを大事にするタイプなので、監督さんによって変わる事はないと思います。でも、現場の空気感という意味では、各監督の作風により色があると思います。

それが理解出来ると、可能な範囲内でお力になれるように努力します。

――岩田さんが待機している時はどんな感じですか？　精神統一して気持ちを高めたりとかしているのでしょうか。

岩田 いやいや、普通ですよ。若いのと良く喋っています（笑）。

坂本 いつも筋トレしてるじゃん（笑）。

岩田 筋トレもしています。

坂本 朝、現場に来てすぐ筋トレする人は珍しいよ。疲れないの?

岩田 いやいや、体を起こしてあげて、万全の体勢でスーツを着たいんです。珍しいんですね。そうなのか……。

坂本 撮影終わった後に、筋トレする人はいるけどね。

岩田 まずは体を起こし、スーツを着てステージに上がる直前から特別な気持ちになっていくんです。

坂本 ちゃんと撮影に合わせて、自分をそのキャラクターに持っていくから、お芝居やアクションも自然な流れで出来るんだね。

岩田 そうですね。キャリアが長くなればなるほど、あまり考え事はしなくなりました。ありのまま思いっきり動いて、後は監督さんたちに任せるスタンスです。

決められた振り付けや段取りは、頭の片隅に置き、扉の開閉をするように、意識の解放具合を調整しています。

全開だと、相手のスーツを引きちぎる勢いですし、閉じている時は色々な所に細かく気を遣いますね。

――ファンがウルトラマンに求めている動きもあると思いますが、それらもコントロール出来るのでしょうか。

岩田 ウルトラマンゼロを演じ始めた頃は、客観的に自分を見て、動きやポーズを考えていた時期もありましたね。

でも、徐々に意識が変わっていき、ウルトラマンジードの時には自分を客観的に見る事はほぼなく、生き様そのものが美しくなれば良いと思っていました。

特にプリミティブは感じるままに演じていました。各スタッフが、その僕の演技をフォローしてくれながら、作品が形になって行くのだと思います。

あくまでも僕のメソッドですが、頭で考えた芝居や小細工ではなく、その瞬間が美しく見えるヒーローの生き様を表現したいと思っています。

人の手でどうにかするのではなく、自分の身を預けるという事が、ウルトラマンに対しての僕の誠実な想いですね。そして、自分が今ウルトラマンであるという事は絶対に忘れないようにしています。

――そのメソッドが、ウルトラマンジードで完成形に近付いたのですね。

岩田 そうですね。それが絶妙なバランスで成り立っていました。

タイプチェンジによりそのバランスも変わりますが、プリミティブの時は、だいぶ意識を解放出来ていたと思います。

坂本 それは見ている僕からも分かりましたね。

岩田 水や泥を使ったアクションの撮影の時は、もうぐちゃぐちゃにすればいいんだ！　と思いっきりやりました。

坂本 テンション高いなとか、ノリノリだなと感じますね。

岩田 共演者に対して口数が多くなっちゃうんですよ（笑）。『ウルトラマンオーブ』の時からその流れがあり、解放具合を試していました。

作品は自分だけで作っているのではないので、やり過ぎや自分本位にならないように気を付けますが、お任せの時は解放する感じでしたね。

◎それぞれの『ウルトラマンジード』への想い

――『ウルトラマンジード』に関しては特別な想いがありそうですね。

岩田 忘れられない作品ですね。自分が生まれながらに持っている闇の部分と向き合い、どうやって運命に立ち向かって行くかがテーマの物語じゃないですか。それが、自分自身が抱えている想いと噛み合い、ウルトラマンジードの声が良く聞こえて来ました。

そして、その声を全部引き受けて飲み込む事が出来たんです。なので、『劇場版ウルトラマンジード つなぐぜ！願い!!』の時には、〝希望〟という前向きなテーマで演じる事が出来ました。闇を飲み込んで光へと変えるプロセスは、僕の人生の一部でもあると気付いたんです。

作品中、ウルトラマンジードが暴走して

目が赤くなる事がありますが、その時は地の底からの叫びというか、泣きながら訴える声が聞こえて来ます。抱え込んで来た物をすべて吐き出す瞬間ですね。

ウルトラマンジードとは、過酷な運命を背負った役なんです。

坂本　岩田くんがオールアップのスピーチで、言葉を詰まらせて大号泣したんです。そこまで本気で挑んでくれたんだと、見ている僕も感動しました。

岩田　泣くつもりはなかったんですけど、感極まってしまいました。準備段階でウルトラマンジードがウルトラマンベリアルの血を引いているという設定を聞いた時には、今までウルトラマンゼロを演じて来た僕が、本当に演じられるか半信半疑でした。

ただ、この時、既にウルトラマンジードに対して奇妙な縁を感じていたんです。そして監督が坂本さんになったとお聞きし、運命的な流れを確信したんです。

坂本　岩田くんの情熱が『ウルトラマンジード』を素晴らしい作品へと導いてくれたんだと思います。その真剣に取り組む姿に感動しますね。

岩田　ウルトラマンベリアルを倒した後に、「さよなら、父さん」というセリフがありました。そのシーンを演じ終わった後に後輩から、「あのセリフはどうしてああいう風に言ったんですか?」と聞かれました。「どう思った?」と返したら、「何故だか分かりませんが、凄く泣きそうになりました」と。

僕はあの一言に、物語のすべてが集約されていると思います。

――ウルトラマンジードとウルトラマンゼロを演じている時では、ウルトラマンベリアルに対する感情はどう違うのでしょうか。

岩田 ウルトラマンジードは根底に愛情飢餓があると思います。心の深い所で愛情を求めている。自分がウルトラマンである事を何処かで否定している部分があり、それだからこそ戦っているんだと思います。

本当は父親からも愛されたかったけれど、倒すしか選択肢がなかった。

一方ウルトラマンゼロは、ウルトラマンベリアルを自分と同一化していて憎い存在、ウルトラマンとして許す事が出来ない存在だと捉えていると思います。

――坂本監督的にはこの作品で、ひとつの区切りを迎える事が出来たと。

坂本 そうですね。色々な終着点に結び付いた作品だと思います。昭和の〝ウルトラ6兄弟〟[9]に始まり、今は〝新世代（ニュージェネレーション）ヒーローズ〟[10]という称号が誕生しました。

岩田 結果的には僕らの世代でひとつのカテゴ

⑨ウルトラ6兄弟
ウルトラマンシリーズに登場する光の国のウルトラ兄弟の中でも、重鎮メンバーのゾフィー、ウルトラマン、ウルトラセブン、ウルトラマンジャック、ウルトラマンA、ウルトラマンタロウの6人のこと。

⑩新世代(ニュージェネレーション)ヒーローズ
『ウルトラマンギンガ』以降に登場したウルトラマンの総称。2018年現在はウルトラマンギンガ、ウルトラマンビクトリー、ウルトラマンエックス、ウルトラマンオーブ、ウルトラマンジード、ウルトラマンロッソ、ウルトラマンブルの7人が存在する。

リーが生まれましたが、僕の中でやりきった部分と足りない部分があります。無我夢中でやって来ましたね。

◎何を演じるのかは殺陣師次第

——キャスタッフの中でウルトラマンの配役は誰が決めるのでしょうか。

岩田 配役はほぼ殺陣師が決めていますね。殺陣師が監督やプロデューサーと相談する事はあると思いますが、僕らからこの後を演じたいと希望を出す事はありません。

それに、スーツアクターには適性があり、殺陣師はそれを見極めてジャッジします。

坂本 身長やスタイルも大きなファクターになりますね。

岩田 怪獣担当もスペシャリストたちです。僕も怪獣を演じた経験があります。

坂本 僕も、どのウルトラマンを誰に担当してもらうかは、必ず殺陣師の方と相談して決めています。若手の岡部暁[11]くんが頭角を現し、重要なポジションを任せられるようになり、岩田くんが過去に演じていたキャラクターも任せています。

僕がビックリしたのが、岡部くんが若いのに昭和ウルトラマンが大好きで、動きの再現も完璧な事ですね。後は、自分が個人的に好きなウルトラマンレオは、どうしても岩田くんでお願いしますとリクエストを

⑪岡部暁
円谷プロダクションのアクションチーム「キャスタッフ」に所属するスーツアクター。『ウルトラマンオーブ』のジャグラスジャグラー（魔人態）、『ウルトラマンジード』のウルトラマンゼロなどを担当している。

出したり（笑）。

岩田　そうだったんですね！　今日初めて知りました（笑）。

◎ウルトラマンになるためには

――スーツアクターになりたいという若い人たちは増えているのでしょうか。

岩田　アクションは時代とともに変化していると思います。特に今は過渡期のように思えて、僕自身も悩む事があります。

今まで見た事がないような動きを平然とこなす新人類が出て来ているのも事実です。

坂本　今、世界でもトリッキング[12]が凄く流行っていて、僕の時代じゃ考えられなかったようなアクロバティックな技が出来る若い人たちがいます。でも今は、スタントマンとして映像の中で痛い事や危険な事にチャレンジする人たちは少ないんです。

僕の世代はジャッキー・チェン直撃世代なので、M気質というか（笑）、常に危険な事に何処まで行けるのかにチェレンジしていました。

マットなしで2階から落ちる事が出来たら、今度は3階から一度車の屋根に落ちてバウンスしてから落ちる事が出来るか？という感じです。

――まさに、ジャッキー・チェンが映画で見せ

⑫**トリッキング**　アクロバットやブレイクダンス、体操や武術などを取り入れた華やかな技を競うスポーツ。パルクールや武術的な要素の強いエクストリーム・マーシャルアーツとは差別化されている。

ていたスタントですね。

坂本 僕やアルファスタントのメンバーは、危険な事をするスタントマンで、キャラクターを演じるスーツアクターとはまた違うんです。僕を含めて、スタントマンでお芝居をする事が苦手な人は沢山いますね。

――ウルトラマンになりたくてアクション業界に入る人もいるのでしょうか。

岩田 いると思います。ただ、なりたいと思っても具体的な方法は分かり難いですよね。

坂本 後は、続く子が少ないですね。昔は厳しい条件の中で鍛えられて、今に見てろよ的な精神で踏ん張れましたが、最近の若い子は理想と現実が違うと辞めてしまう子が多いです。

岩田 そうですね。ガッツが足りないですね。生きる事に対する目的意識が薄いのかもしれません。今は選択肢が多い分、逃げ道がたくさんありますし。

◎スーツアクターという言葉がない時代に

――岩田さんはいつ覚悟を決めたのでしょうか。

岩田 僕は特殊ですよ（笑）。ヒーローに圧倒的に魅せられた人間なので、それだけでやって来ました。

坂本 もともとウルトラマンが好きで始めたの？

岩田 いわゆるスーツアクターになりたくてキャスタッフに入ったんです。

ただ、その頃はまだスーツアクターという言葉は存在しませんでしたが。

坂本 いつ頃？

岩田 1999年の18歳の時です。選ばれた人だけがヒーローのスーツを纏って人前に立てるんだと思っていました。

その思いは今も変わらず、スーツを纏ってお芝居をする事が使命だと思っています。

坂本 自分の記憶だとスーツアクターという言葉は、『ウルトラマンティガ THE FINAL ODYSSEY』の時に生まれた気がします。

カミーラを演じた⑬僕の奥さんたちの特集を雑誌でやっていて、そこで初めてスーツアクターという言葉を見た記憶が……。

岩田 始まりはその辺りだったんですかね。スーツアクターという言葉が徐々に認知されて来ている流れは、現在の声優ブームの発端に似ている気がします。それに習ってアクション業界も盛り上がって行ければ良いですね。

坂本さんのような方が作品に関わって、僕のようなアクション畑の人間を引っ張り上げてくれる事が大切だと思います。坂本さんには頑張り続けてもらいたいです。

僕も出来る限り付いて行きます。アクション業界を盛り上げたいという願いは一

⑬僕の奥さん
現在は主に海外で活動しているスタントウーマンの椰野素子。元AAC STUNTS所属。代表作として『ゼイラム2』のイリア吹き替え、『ウルトラマンティガ THE FINAL ODYSSEY』のカミーラ、キャストとしては『エコエコアザラク』や『ゴッド・ギャンブラー東京極道賭博 中華賭侠』、海外では『パワーレンジャー』シリーズや『MARVELエージェント・オブ・シールド』、主演作の『ウィケッド・ゲーム』などがある。

緒なので。そうすれば覚悟を決めて飛び込んでくる人も増えますよ。

坂本 そうだね。頑張らないと！

――岩田さんは、ウルトラマン以外に演じてみたいキャラクターはありますか。

岩田 僕はスーツアクター希望でこの業界に入りましたが、〝演じる〟という意味では、スーツを纏っていても、顔出しでもスタンスは一緒です。

ただ、ウルトラマンに対しては、深く理解出来た事は間違いないですね。

僕はアクションが大好きで、ここまで夢中で来たので、きっと誰かの人生にも影響を与えられるはずだと信じています。

◎坂本監督がゼナ役に込めた想い

――岩田さんは『ウルトラマンジード』では、顔出しでシャドー星人ゼナの役もやられていますが。

岩田 それに関しては、坂本さんに感謝しかありません。

坂本 岩田くんは舞台のお芝居もやっているし、いつか顔出しの役として一緒にお仕事をしたいと思い、チャンスを狙っていたんです。

僕もアクション出身なので、アクションを一生懸命やっている人たちは応援したくなります。せっかく才能があっても、それを披露出来ずに業界を去る人たちもたくさん知っています。
　自分が監督の立場となった今、出来るだけ才能ある人たちをヘルプしたいと思っています。ゼナという役は、感情を顔に出さずにお芝居をする事が求められ、それに基地内ではマスクを着用します。設定が固まれば固まるほど、この役は岩田くん以外に考えられませんでした。

岩田　初めにシャドー星人のオファーをいただいた時は、坂本組はドラマパートでもアクションがあるので、1話のみに出るゲスト宇宙人だと思っていました。役を引き受けた後に、その役が顔出しのレギュラーだと知り、凄く驚きました。

坂本　ちゃんとオープニングにもいるし、完全にレギュラーだよ（笑）。

岩田　せっかくいただいた機会だったので、自分の持っている技はすべて出して演じさせていただきました。
　僕がどれだけの結果を残せたか分かりませんが、アクションをやっている人たちや、アクション俳優を目指している人たちに、自分の将来や未来に希望が持てるきっかけになれたとしたら、この役を引き受けて凄く良かったと思います。

坂本　撮影中も、この機会が活かせるように岩田くんが何をやりたいか、何にチャレンジしたいかを確認しながら、台本作りにも反映させて行きました。

劇場版では、ゼナのアクションの構成もすべてお任せしましたし。

岩田 これは坂本監督じゃないと絶対に出来ない事ですから、本当に感謝しかないですね。僕なりに色々と考えてやらせていただきました。もう楽しかったです。

――ゼナを演じたことで、環境的に変わったことってありましたか。

岩田 僕が通うジムのスタッフさんに気付いてもらえたり、ショーで楽屋入りする前にファンの人に見つかったり（笑）。

子供たちからすると僕はゼナなのですが、普段は普通に喋るし笑います。

なので、子供たちに違和感を与えないように、ショーの時は楽屋から出来るだけ出ないようになりましたね。

坂本 僕が子供の頃に観た特撮ヒーローやジャッキー・チェンに憧れてこの業界に入ったように、今の子供たちに憧れの対象となる存在を作りたいんです。

その憧れの対象が次の世代へと繋がり、今後のアクション業界を発展させる重要な鍵となりますから。

――岩田さんならそれに応えてくれるだろうと。

坂本 そうですね！ なので、また一緒に何かやりましょう！

岩田 恐縮ですが、僕が何か力になれるのであれば、是非お願いします！　いつも僕は坂本さんとお仕事する度に「底知れぬ人だな……」と思ってしまうので、もう死にに行く覚悟でやらせていただきます！

◎坂本監督が生み出すエネルギーの源とは？

――岩田さん、この機会に坂本監督にお聞きしたい事はありますか。

岩田　坂本さんが演者から撮る側に切り替わったタイミングはいつ頃ですか。

坂本　それは演じる事より撮るほうが楽しくなって来たのと、お芝居が苦手だと気付いた時ですね（笑）。23歳とか24歳の時ですね。

岩田　それがきっかけなんですね。僕は今は演者側ですけど、仮に10年後にどう感じるか全く想像出来ないんですよ。

坂本　あまり割り切ろうとせずに、自分が興味ある事をやれば良いと思います。

今は演じる事が好きなのだからその道を追求し、制作に興味があればチャレンジすれば良いと思います。

岩田　僕も自分なりに映像を作ったり、アクションの振り付けを考えたり、脚本を書く事も好きなんです。

坂本　なるほど。それは[14]レッドの[15]福沢くんと似ているかもね。彼もスーツアクターを長年経験してからアクション監督になっているので。

⑮レッド
株式会社レッド・エンタテインメント・デリヴァー。新堀和男が代表取締役社長を務める芸能事務所。スーパー戦隊シリーズに出演する俳優がアクションを学びにくることも多い。

⑭福沢
福沢博文。レッド・エンタテインメント・デリヴァー所属のアクション監督、俳優、スーツアクター、スタントマン。『超獣戦隊ライブマン』アトラクションショーのジンマー兵役でスーツアクターとしてデビュー。特撮作品の現場には、『高速戦隊ターボレンジャー』の戦闘員役で初参加。その後も、仮面ライダーシリーズやスーパー戦隊シリーズなど数多くの特撮作品にスーツアクターとして出演している。２００１年の『百獣戦隊ガオレン

岩田 そうですよね。でも坂本さんは、随分若いうちに決断したなぁと思います。まだ自分が動けるのに撮る側に入る人は、あまりいないと思います。

若いうちにスタントマンからアクション監督、監督を経て、アメリカで作品を作り、今は日本で撮り続けている。このエネルギーの源は何ですか？ 参考にしたいと思っていたんです。

坂本 それは作品を作るのが楽しいからかな。楽しいから続けたいという単純な理由です。

僕の神様的な存在のジャッキー・チェンも、人々を喜ばせるために若い時から自分の体を痛めつけながら作品を撮り続けているしね。

僕はオンオフが激しくて、現場にいる時と、部屋に帰った後だと別人みたいです（笑）。基本的に引き篭もりで、外に出ずにずっと映画やアニメを観ています（笑）。

現場にいると楽しいので、忙しくても苦にならないのかもしれないですね。

岩田 でも、坂本さんはひとつのスタイルを築いているので、本当に凄いと思います！

坂本 いえいえ、まだまだですよ（笑）。

ジャー』以降、2011年の『海賊戦隊ゴーカイジャー』まで数々のレッドを演じた。2012年の『特命戦隊ゴーバスターズ』以降は、スーパー戦隊シリーズのアクション監督を担当している。

コラム

坂本監督の仕事の舞台は世界！

2014年〜2015年の話になると、必ず坂本監督の口から出てくるのが「2015年はほとんど韓国に滞在していた」という言葉だ。では坂本監督は韓国でいったい何をしていたのだろうか？

実は韓国でも日本の特撮ヒーロー作品は大人気。では、韓国オリジナルの特撮ヒーロー作品は？　というと、それほど大きな話題を聞かない。そこで韓国発の新たな特撮ヒーロー作品を作ろう！　と、韓国の会社からオファーを受けたのが、パワーレンジャーシリーズで世界マーケットに向けた作品経験のある坂本監督だったというわけだ。

子供向け番組は既にスーパー戦隊シリーズ（韓国では〝パワーレンジャー〟という呼び名で統一）が放送されているため、それとの差別化を図り坂本監督に求められたのは、アメコミや日本のアニメに夢中になるティーンズに向けたSFヒーロー。プロジェクトの立ち上げから関わるということで、実現できれば〝原作&製作総指揮・坂本浩一〟となる。自らの手でヒーローを生み出せるとなると、坂本監督が燃えないわけがない。

韓国では日本よりもアメコミがメジャーで、徴兵制度がある国だけに、作品コンセプトは未来の特殊部隊が活躍する本格SFアクションに決まった。タイトルは『GUNBLADE』。脚本に『ウルトラマンギンガS』や『ウルトラマンX』に参加している林壮太郎氏、キャラクターデザインは『仮面ライダーフォーゼ』でゾディアーツのデザインを担当した麻宮騎亜氏、衣装デザインにはJAP工房と盤石の布陣で臨む。

2014年初頭には、7分程度のファイナンス用パイロットフィルムを作成。この時に作られた映像は動画配信サイト「YouTube」にて〝GUNBLADE PILOT FILM〟で検索を掛けると観ることができる。その映像を観た出資者たちが投資目的で資金を提供。2014年6月にアメリカのラスベガスで開催されたキャラクタービジネスの祭典「LICENSING EXPO 2014」での発表によると、US＄2000万近くの資金（日本円にして約20億円）が集まったというから驚きだ。そして、いよいよ製作が開始され、全50話の脚本、演者の選出＆リハーサル、新たなコスチュームも作成してプロモーションビデオの撮影を済ませ、さて本編の撮影に入ります！　というところで一時ストップの声が掛かってしまった。詳しい原因は不明だが、韓国の経済状況の変化により、資金を提供する予定だった会社に何らかのトラブルがあったのではないかと予想される。

この企画が実現していたら、もしかしたら坂本監督は日本を飛び出し、本格的に世界を舞台に活動していたかもしれないが、この『GUNBLADE』の完成版も観てみたいという方々は多いのではないだろうか。

エクストラコンテンツ編

牙狼〈GARO〉

2005年、ハイパーミッドナイトアクションホラードラマと銘打ち深夜枠で放送された『牙狼〈GARO〉』。CGと実写の見事な融合と、主人公の冴島鋼牙を中心に個性豊かな面々が見せる熱いドラマ展開で特撮ファンの度肝を抜き、総監督を務めたクリエイター、雨宮慶太ここにありを世に示した名作である。

のちにシリーズ化され作られたのが、『牙狼〈GARO〉』の続編となる『牙狼〈GARO〉～MAKAI-SENKI～』、そして、総監督が横山誠となり、新たな主人公、外道流牙の戦いを描いた『牙狼〈GARO〉～闇を照らす者～』である。坂本監督はこの2本の牙狼〈GARO〉シリーズに参戦。どちらも横山誠監督担当のエピソードにセカンドユニット監督として参加し、新風を吹かせた。

TV『牙狼〈GARO〉～MAKAI-SENKI～』（全24話）2011年10月～2012年3月／『牙狼〈GARO〉～闇を照らす者～』（全25話）2013年4月～9月

盟友からの『牙狼〈GARO〉』への誘い

——牙狼シリーズには『牙狼〈GARO〉～MAKAI-SENKI～』と『牙狼〈GARO〉～闇を照らす者～』に参加していますが、やはり横山誠①さんからのオファーなのでしょうか。

そうですね。横山さんとはパワーレンジャー時代にアメリカとニュージランドで合わせて約9年間、一緒に仕事をしていました。色々とお互いに刺激し合える良きライバルであり、友人でもありますね。

横山さんが『MAKAISENKI』の第3話「車輪」を撮る時に、スケジュールを有効に使うため、バイクアクションの撮影を2班体制に分けるので、手伝って欲しいと連絡があったんです。

僕たちは長年『パワーレンジャー』で様々なシーンを分担して監督して来ました。台本を切りの

①横山誠
日本で活動する映像作品の監督、アクション監督。有限会社AAC STUNTS代表取締役社長。かつてはスタントマンとしても活躍しており、パワーレンジャーの仕事を機に渡米。そこで坂本監督と出会い、監督としての道を歩むこととなる。代表作に『キューティーハニー THE LIVE』『牙狼〈GARO〉～闇を照らす者～』など。

良い所で区切って、どっちがどのシーンを担当するかを決めて、簡単な口頭の打ち合わせのみでも撮ったシーンがシームレスに繋げるほどになりました。担当シーンをどんなアプローチにするか？どうやってシーン冒頭を始めるか？　どうやって終わらせるか？　などのやり取りで、お互いの演出プランを理解し合える事が出来たのです。

「車輪」の撮影は、ヘルプに呼ばれてから撮影日までの期間は短く、事前に一度だけ横山さんが描いた絵コンテ[2]をベースに、誰が何を撮るかを打ち合わせしたのみで撮影に挑みました。

撮影現場はバイクチェイスが出来る広大な工場地です。基本的に横山さんの班がキャストのカットを撮り、僕の班がキャストを含まないバイクスタントや合成カット、ワイヤーとクレーン車を使っての大掛かりなアクションカットを撮るという分担です。

②**絵コンテ**
映像作品を撮影する前に、1カットの内容がどういうものか、構図やカット割りをイラストで示してスタッフのビジョンを共通する為に用いられるもの。簡単な説明書きや撮影方法なども表記される。

周囲の不安を他所に撮影はどんどん進んでいく

――牙狼側のスタッフは突然やって来た坂本監督にどんな目を向けていたのでしょうか。

日本ではシーンを2班に分けて撮影して行く方法に慣れていないので、最初は不安だったと思います（笑）。でも撮影が始まり、僕たちがトランシーバーでコミュニケーションを取るのみで着々と撮影リストをこなして行くのを見て、だんだん現場の雰囲気も変わって行ったと思います。

――同じシーンを撮影しているのに分けてできるんだ！　と。

ひとつのシーンをふたりの監督が同時進行で撮っていますからね。スタッフは皆さんビックリしたんじゃないでしょうか（笑）。

例えば現場で何か変更が出た際、横山さんからキャストのお芝居が右に曲がる動作になったから、バイクも右に曲がるカットを撮るようにお願いされると、即時にバイクが高速で右に曲がるカットを撮り、その時に時間に余裕があればオプションとして、別アングルやタイヤの寄りなどのエキストラカットを撮影して行くという感じです。

また、その模様をトランシーバーで報告すると、横山さんも瞬時にどんなカットかを理解してくれて、また次のリクエストが来るという流れでしたね。場合によっては、直接横山さんの所に行き、撮影の合間に軽く打ち合わせをするだけで、問題解決出来ました。何年も一緒にやっていたから出来る事ですね（笑）。

セカンドユニット監督とは？

――クレジットではセカンドユニット監督（番組上の表記は、２ｎｄ Ｕｎｉｔ監督）という肩書になっていましたが、僕自身はこの言葉自体を『ＭＡＫＡＩ－ＳＥＮＫＩ』で初めて見た覚えがあります。

これは英語圏での撮影用語です。アメリカだと通常メインユニット（本編班）とセカンドユニットに分かれて撮影する作品がほとんどです。

メインユニットは基本的にキャストが絡むカットを撮るのがメインで、監督が仕切ります。ただ、シーンによってはキャストを必要としないカットや、手足の一部しか映らない細かいカットが沢山存在します。例えば、時計やテレビ画面のカット、パソコンをタイプする指のカットなどですね。それらのカットをすべてキャスト本人を使って撮っていると、膨大な時間が掛かります。キャストは俳優協会のルールで1日の稼働時間が決められているので、そのようなカットを撮る為に時間を無駄に出来ません。それに、大御所のキャストに彼らがほとんど映らないカットの撮影をお願いしにくい場合もあります。その時に活躍するのがセカンドユニットです。

メインユニットが、幾つかの細かいカットを残してキャストの撮影を終えたら、その後に同じロケーションやセットに入り、代役を使って撮るのがセカンドユニットなんです。メインの監督のリクエストに沿った撮影リストが作られ、それに合わせて仮編集された映像を見ながら必要なカットを撮っていきます。シーン冒頭に必要となる景色や建物などの実景も、セカンドユニットに振られる事も多いです。

また場合によっては逆パターンもあります。例えばカーチェイスや戦争のシーンなどの大きなアクションシーンの場合は、[3]スタントコーディネーターやアクションに特化した人がセカンドユニット監督を務めて、メインユニットより先にロケーションに入り、キャストによく似たアクション吹き替えを使って先行してアクションシーンの撮影をします。それが終わった後に、メインユニッ

③スタントコーディネーター
映像作品においてアクションシーンの段取りや、スタントマンの手配、演者にアクション指導を行う専門職のこと。撮影の規模によっては、アクション監督がスタントコーディネーターを兼任する場合もある。

トが入り、仮編集された映像を確認しながら、キャストで必要なカットのみを撮る……という方法です。僕もハリウッド作品で何作もセカンドユニット監督を担当した事があります。

このようにセカンドユニットとは、メインユニットのサポート的な存在なのですが、パワーレンジャーシリーズではそのセカンドユニットの役割を更に拡大させて、スケジュールを有効に使う為にサポートのみではなく、台本をシーン毎に分けて、担当シーンを丸々全部撮影していたんです。

これは、パワーレンジャーシリーズではキャストを必要としない変身後のシーンが多数存在していた為に生まれたシステムです。

僕も横山さんも、この方法で長年一緒にやっていたので慣れっこです。『MAKAISENKI』での僕の役割が、セカンドユニット監督と表記するのが一番近かったので、横山さんからの提案によりセカンドユニット監督と表記されました。

再び多忙な横山監督の手伝いに

――『闇を照らす者』でもセカンドユニット監督を務めていますが、この作品に参加した経緯というのは。

『闇を照らす者』は横山さんが総監督という立場で、作品全体を仕切っていました。なので、横山さん自身が監督するエピソードも多くなり、また横山さんが担当しないエピソードでも様々な打ち合わせにも参加しなければなりません。それ以外にも仕上げ作業など、やる事はたくさんです。

④**佐藤寛子**
日本で活動する女優。2002年に『スケアー 地獄の課外授業』の主演で女優デビュー後、グラビアアイドルとしても活動。2006年からは女優活動を優先するようになり、『魔弾戦記リュウ

そのような理由から、シリーズの後半で横山さんが現場に出られない日が出て来るとの事でした。なので、横山さんが不在の日に監督を任せられないか？　というヘルプを頼まれたのが、僕が『闇を照らす者』に参加した経緯です。

今回もまた準備の時間はなかったのですが（笑）、早速僕が担当するエピソードの脚本をいただいたり、仮編集されたそれまでの映像を観たりして勉強しましたね。

前回の『ＭＡＫＡＩＳＥＮＫＩ』は１話分のアクションシーンを分担して、２日間撮影したのみでしたが、今回は数話に渡って、しかも撮るシーンやスケジュールもランダムでした。場合によっては、午前中は横山さんが撮り、午後からバトンタッチして続きを担当したり、打ち合わせの日程が変わると、連絡が来て急遽その日を担当する事になったりという感じです。撮影前日や当日に横山さんとシーンの打ち合わせをしたりもしましたね。

――では『MAKAI-SENKI』の時は、同時進行の撮影ではなく、坂本監督と横山監督が時間や日によって交互に撮ったという事なのですね。

そうですね。だから僕が参加したエピソードでは、色々なシーンを撮らせていただきました。

急遽の登板だが、任されるのは重要シーン

――第19話「光 Hope」、第20話「母 Mother」、第21話「義 Justice」、第22話「礼 Ma

ケンドー』や『牙狼〈GARO〉～闇を照らす者～』などの数々の映画やTVドラマに出演。２０１０年の『ヌードの夜／愛は惜しみなく奪う』では、その体当たりの演技から第32回ヨコハマ映画祭最優秀新人賞を受賞した。２０１８年4月4日からは芸名を「坂田米米子」に変えて活動中。

⑤ビデオコンテ
イラストで表現する絵コンテとは違い、仮の映像でシーンやカット割りの流れなどをあらかじめ撮影し、スタッフとビジョンを共有するためのもの。特に動きが複雑なアクションシーンには有効的に使用される。

⑥僕の奥さん
現在は主に海外で活動しているスタントウーマンの椰野素子。元AAC STUNTS所属。代表作として『ゼイラム2』のイリア吹き替え、『ウルトラマンティガ THE FINAL ODYSSEY』のカミーラ、キャストとしては

ster」。クライマックスに繋がる重要な話ばかりですね。

失明した流牙が壁などにぶつかりながら全力で走るシーンや、佐藤寛子[4]さんが演じた燕邦が命を落とすアクションシーン、流牙たちの隠れ家にリベラが乗り込んで来て、3人の魔戒騎士たちと戦い倒されるシーンもそうですね。その他には遺跡でのCG戦をキャラクターで分けて、担当部分の絵コンテ作成と、モーションキャプチャーのデータ収録も担当しました。このシーンは横山さんにイメージを明確に伝えるために、フィギュアを使ってのビデオコンテ[5]も撮りましたね。

これらは横山さんとだったから出来た作業です。もし他の監督と組んで下さいと言われても、充分な準備時間がないと、撮影スタイルで迷ったり、気を遣ったりとうまく行かないと思います。

それと、牙狼シリーズを担当しているAAC STUNTSのみんなは、僕も昔からよく知っているので、チームは違いますが内輪的なノリで楽しく撮影出来ました。僕の奥さん[6]も元AAC STUNTSのメンバーで、『ゼイラム2』[7]で主人公のイリアの吹き替えを担当したり、雨宮慶太[8]監督作品には何度も参加しています。

僕はまだ残念ながらお仕事で雨宮さんとご一緒させていただいた事はありませんが……クリエイターとして尊敬している方なので、イベントなどでお会いすると緊張してしまいます（笑）。

――『牙狼〈GARO〉』は特撮界を一歩先に進めた記念碑的作品だったと思います。

そうですね！　激しいファイトや多彩なワイヤーアクション[9]、信じられないほど高いクオリテ

『エコエコアザラク』や『ゴッド・ギャンブラー東京極道賭博 中華賭侠』、海外では『パワーレンジャー』シリーズや『MARVELエージェント・オブ・シールド』、主演作の『ウィケッド・ゲーム』などがある。

⑦『ゼイラム2』
1994年に公開された日本映画。雨宮慶太原作・監督・脚本によるSFアクション作品で、1991年に公開された『ゼイラム』の続編。捜索者と呼ばれる賞金稼ぎの女性イリアと、生物兵器ゼイラムとの戦いを描く。1995年に第26回星雲賞映画演劇部門賞を受賞。

⑧雨宮慶太
日本で活動する映像作品の監督、キャラクターデザイナー、イラストレーター。1985年の『巨獣特捜ジャスピオン』で初めてキャラクターデザインを担当し、翌年の『時空戦士スピルバン』からはメインキャラクターデザインを担当するようになっ

ィのCGなど、今までの特撮に出来なかった事にチャレンジしていて、僕もたくさん刺激を受けました。全作Blu-rayで揃えて観ています（笑）。

た。1988年の『未来忍者 慶雲機忍外伝』で映画監督としてデビューし、その後は『ゼイラム』（1991年）や『タオの月』（1997年）などを手がける。また『魔法少女隊アルス』や『牙狼〈GARO〉』など、自ら原作を手がける作品も多い。2005年に原作・総監督・監督・脚本を務めた『牙狼〈GARO〉』は、10年を超える長期にわたりシリーズ化され続けている。

⑨ワイヤーアクション
キャストやスタントマンが特殊なハーネスを装着し、ワイヤーを取り付けることにより、人力もしくは機械でロープを引いてジャンプ力や浮遊感を強調するアクション。以前は、細いワイヤーを黒く塗ったり、照明の調整により見えないように工夫していたが、近年は合成処理で消している。なお、ワイヤーアクションは和製英語で、海外ではワイヤーワーク（wire work）と呼ぶ。

トラベラーズ 次元警察

2013年に日本で公開された台湾映画。様々な多次元が存在する世界で、次元を超えて悪行を重ねる犯罪者を追跡するために活動する次元警察官のアイは、異なる次元を飛び越えながらある犯罪者を追っていくうちに、元相棒だったユイの存在を確認する。ユイが次元テロリスト組織「ダウト」の一員となっていたことに困惑するアイ。そして、ダウトが狙う特殊能力者のハルカを保護するために別次元「フェアリーワールド」へと飛んだアイの前に、ユイが立ちはだかるのだった。

ある次元では人格者だが、別の次元では犯罪者として暗躍。次元を超えてそんな異なる人間が複数存在する世界を舞台としたSF娯楽作品。長澤奈央、木下あゆ美のW主演によるアクション作品という、坂本監督の趣味も存分に込められており、随所で力の入れようをうかがうことができる。

映画『トラベラーズ 次元警察』2013年4月13日公開

台湾の映像産業を盛り上げるために

――『トラベラーズ 次元警察』は海外作品になるんですよね。

台湾資本の作品です。当時、台湾のあるTV局が今後の配信系のソフトを充実させたいという事で、日本に企画を持ち込んだんです。台湾では日本のコンテンツが人気で、日本の制作会社ダブル・フィールドのプロデューサー・丸田順悟①さんが、その依頼を受けました。

依頼されたコンテンツは、CGアニメ、Jホラー、特撮アクションの3つのジャンルで、基本的には台湾でのケーブルテレビでの放送や配信を目的とした作品です。ただ、ジャンルは決まっているけれど、企画内容はすべて白紙の状態です。僕には特撮アクションのジャンルのオファーが来て、それをどのような企画にするかを考える所から始まりました。

①丸田順悟
日本のアニメや映像作品のプロデューサー。ダブルフィールド所属。坂本監督の『トラベラーズ 次元警察』、『赤×ピンク』、『破裏拳ポリマー』などのプロデュースを手がけた。その他の制作としての参加作品は、『サマーウォーズ』（2009年）、『呪怨 -ザ・ファイナル-』（2015年）、『貞子VS伽椰子』（2016年）、『僕だけがいない街』（2016年）など。

②『ベンジャミン・バトン 数奇な人生』
80歳の状態で生まれて、歳を取る度に若返っていく運

特撮アクション企画に対しての先方からのリクエストは、台湾マーケットに合わせて、撮影をすべて台湾でする事、台湾のスタッフの育成&技術交流の為に現地スタッフを使って仕上げまでを台湾でするという事でした。

その代わり、起用するキャストやストーリーラインに関しては何も条件はありませんでした。日本の特撮作品は台湾でも人気があるので、特撮作品の経験のあるキャストを起用する事に関しては、先方も大賛成でしたね。

まず、企画内容のリサーチをする為に僕が台湾に行き、現地のプロデューサーと会って色々とロケ地候補を案内してもらったり、何を使えるかなどを見て回りました。出資元のTV局が、ブラッド・ピットの映画『ベンジャミン・バトン 数奇な人生』[2]などのハリウッド作品で使われた最新のフェイシャルキャプチャー[3]の機械を導入したり（当時はアジアにこの機械は1台のみ）、モーションキャプチャー[4]のスタジオを常設したりと、今後のニーズに応えられるように、かなり先行投資をしていたのに驚かされました。

ちょうどその時期は『仮面ライダーフォーゼ』と同時進行だったので、僕が台湾に長期間滞在する事が出来ずに、代わりに制作会社THE FOOL[5]のプロデューサーが撮影スタッフや、合成会社、仕上げ作業の段取りを付けに台湾に行ってくれました。それで何かが進展すると、僕も『仮面ライダーフォーゼ』の撮影の合間に台湾に行き、現地スタッフとの打ち合わせを進めました。

命を与えられた男性の生涯を描くアメリカの映画で、2008年公開。『セブン』『ファイト・クラブ』に続いて、デヴィット・フィンチャー監督とブラッド・ピット主演というコンビとなった。第81回アカデミー賞で美術賞、視覚効果賞、メイクアップ賞を受賞している。

③フェイシャルキャプチャー パフォーマーの顔の筋肉に沿ってマーカーを付け、表情筋の動きをデジタルスキャンすることによりデータ化する。そのデータをCGで再現することにより、CGキャラクターにも人間のような自然な表情を与えられることを可能にした技術。

④モーションキャプチャー 人物や物体の動きをデジタルで記録する技術のこと。アクターは、各関節に特殊なマーカーが付いたスーツを装着し、360度張り巡らされた特殊なカメラにより動きをデータ化して収録。スポーツまたはスポーツ医療の分野

最終的にはメインのキャストが日本人なので、スタッフも撮影、衣装&メイク、スクリプター、録音、スチールなどのポジションは、日本から合計10人ほど連れて行く事になりました。

――『フォーゼ』と同時期に準備ということは、日本での公開は2013年なので、公開2年前から準備をしていたんですね。

そうですね。台湾での仕上げに時間が掛かりました。特に合成作業は、普段やり慣れないカットの作業なので、コミュニケーションの問題も含めて慎重に進めました。それにもともと台湾作品なので、日本で公開するには配給先を決めなければなりません。その作業にも時間がかかりましたね。

トップが変われば方針も変わる……!?

――台湾での配信は早かったのですか

これが色々ありまして……。作品の完成直後に、出資してくれたTV局のトップが変わってしまうという事件が発生しました。台湾の会社もアメリカの会社のように、トップが変わると色々と経営方針も変わってしまいます。

僕らが契約した時は、日本と手を組んで配信ソフトを広げて行く方針でしたが、新たな方針は中国と組む事でした。それにより、ケーブルテレビや配信での公開はなくなり、劇場での一般公開作へと変更されました。なので、今作は配信目的で作られた1～7話に分けたバージョンと、日本で

で選手の動きのデータ収集に使われたり、CGによる映像作品やゲームなどで、キャラクターの動きに人間のような自然さを再現する技術。

⑤THE FOOL
映像作品の企画や制作などを手がける日本の制作会社。坂本監督の『トラベラーズ 次元警察』『赤×ピンク』『破裏拳ポリマー』などを手がけた。その他の代表作は『さよなら歌舞伎町』(2015年)、Netflix連続ドラマ『火花』(2015年)、『殿、利息でござる!』(2016年)など。

⑥林壮太郎
日本で活動する脚本家。1992年の『Becouse I Love』で脚本家デビューし、映画やTVドラマ、アニメなど、ホラー、アクション、萌え系アニメなど幅広いジャンルを手がけている。『牙狼〈GARO〉』や『ウルトラマンギンガS』などの特撮作品も多数参加している。

も公開された劇場版の2種類が存在します。

その後海外展開も広がり、アメリカなどでDVD化もされているんですよ。それ以外の展開として、日本での配給元になってくれたKADOKAWAさん出版で、脚本の林壮太郎⑥さんによりノベライズ化されたり、台湾では台湾のアーティストの方によりコミカライズもされました。コミカライズは立ち上げの時に監修もしましたが、作画のクオリティが高かったですね。

同じキャストの違う姿がたくさん見られる作品

――物語はどのように構築していったのですか。

脚本家の林壮太郎さんとお付き合いがあったので、この企画にお誘いして一緒に物語を考え始めました。もちろんヒロインアクションにする事は即決でしたが(笑)。そこでの課題が、予算の関係上、台湾に連れて行けるキャスト数が限られている事と、台湾の最新デジタル技術を組み込むという事です。

その時にイメージしたのが、ジェット・リー主演の映画『ザ・ワン』⑦でした。その作品の内容が、この世に存在するパラレルワールドにいる自分自身を殺して行くとパワーが増幅されて行き、自分が最後のひとりになると究極状態になるという物語です。ここで参考にしたのが、パラレルワールドを行き来する世界観ですね。

⑦『ザ・ワン』
ジェット・リー主演の2001年のアメリカ映画。主人公のユーロウが全部で125存在するパラレルワールドを渡り歩き、その世界の自分自身を殺害して全能の存在「ザ・ワン」になることを目指す物語。

パラレルワールドを行き来する物語なら、それぞれの次元の表現も同じキャストで可能です。その発想から、様々な次元を行き来する犯罪者を取り締まる警察の物語、パートナーにCGキャラのロボット、警察のボスがCGによるデジタルモデルなどと、制作の問題と先方からの条件をクリアしていく事が出来たんです。

ヒロインアクション作品のキャスティングで、一番初めに頭に浮かんだのが⑧長澤奈央ちゃんと⑨木下あゆ美ちゃんのドリームチームですね(笑)。このふたりの主演作をずっと撮りたかったので、今回の企画はまさにピッタリでした。

後は僕の信頼する&仲の良いキャストの方々、⑩山本康平くんや⑪中村浩二さん、⑫島津健太郎さんなどで埋めていきました。初めて撮影をする台湾なので、信頼するメンバーで固めたかったからです。

――島津さんも坂本監督の作品に出ていることは多いですね。

歳も近いですし、常連さんです(笑)。『赤×ピンク』や『破裏拳ポリマー』など、大きな役じゃなくても必ずカメオ出演していただいたり、存在感のあるバイプレイヤーですよね。それに島津さんはアクション出身なので、立ち回りなどのアクションもバッチリです。

今作で初めてご一緒させていただいた方々もいます。⑬海老澤健次くんがそのひとりで、僕が『炎神戦隊ゴーオンジャー』を観ていて、海老澤くんの演じた軍平がとても好きだったのでオファーさ

⑧長澤奈央
日本で活動する女優。2002年に放送された『忍風戦隊ハリケンジャー』でハリケンブルーに変身する野乃七海役として出演後、数々の映画、TVドラマに出演。2009年、日米合作映画『ホテルチェルシー』で初主演を飾る。アクションを得意としており、吹き替えなしでキレのあるアクションシーンを演じることに定評がある。『仮面ライダーW(ダブル)』『仮面ライダーフォーゼ』『トラベラーズ 次元警察』『009ノ1 THE END OF THE BEGINNING』などの坂本監督作品への出演も多い。

⑨木下あゆ美
日本で活動する女優。2004年に放送された『特捜戦隊デカレンジャー』でデカイエローに変身する礼紋茉莉花役で人気となり、その後数多くのTVドラマ、映画に出演。声優としても活動している。主演代表作として2006年に放送を開始

せていただきました。本人は役柄と全然違って癒し系で、とても可愛いんですが（笑）。この作品が縁で『獣電戦隊キョウリュウジャー』や『俺たち賞金稼ぎ団』にも参加してもらいました。

女優さんだと高山侑子[14]ちゃんですね。彼女も過去の作品を色々観ていて、気になっていた女優さんです。侑子ちゃんはこの作品の後に『仮面ライダーウィザード』のヒロイン役が決まり、不思議な巡り合わせを感じました。キリッとした表情が決まるとても大好きな女優さんです。『トラベラーズ次元警察』ではゴスロリルックと、侑子ちゃんには珍しい役柄でしたが（笑）。

向上心のある台湾スタッフとの交流

――現地スタッフとのやり取りに関しては英語ですか？

もちろん通訳さんもいますが、基本的には英語と漢字の筆談ですね。撮影の百瀬修司さんは、ニューヨークの大学を出ていて英語も堪能なので、現地の撮影部や照明部と英語でコミュニケーションを取っていました。この作品がきっかけで、この後、百瀬さんとは何作もご一緒するようになりました。

僕も香港映画が好きなので、広東語と北京語の違いはありますが、中国語の漢字の知識はありました。ただ、キャスト＆スタッフが台湾のみんなとすぐに仲良く慣れたので、英語も中国語も分からなくても問題ありませんでしたね（笑）。

した『怨み屋本舗』シリーズ、坂本監督の『トラベラーズ次元警察』など多数。

⑩山本康平
日本で活動する俳優。２００２年に『忍風戦隊ハリケンジャー』のハリケンイエローに変身する尾藤吼太役で俳優デビュー。その後は『プリンセス・プリンセスＤ』（２００６年）や『仮面ライダー電王』（２００７年）などに出演し、２０１１年の『海賊戦隊ゴーカイジャー』では『忍風戦隊ハリケンジャー』のレギュラーメンバーとともにゲスト出演を果たしている。東映特撮ファンクラブの配信番組『山本康平の忍び道』を担当している。

⑪中村浩二
倉田プロモーション所属のアクション俳優。格闘技を得意とし、鋭い蹴り技には定評がある。平成ウルトラマン三部作『ウルトラマンティガ』（１９９６年）、『ウルトラマンダイナ』（１９９７年）、『ウルトラマンガイア』（１９９８

——台湾のスタッフさんのお仕事はどのような感じでした。

とても優秀です。親日国なのでフレンドリーだし、凄く気を遣ってくれます。何かアイデアがあると提案してくれますし、こっちからの要求は１００％以上返せるように努力してくれます。スケジュールの関係上、僕が最終的なロケハンが出来ずに、台湾の助監督に任せたのですが、撮影２日前に台湾入りした時には台本のイメージにピッタリな場所がすべて揃っていました。撮影中のご飯も朝昼晩と毎日３食用意してくれるのですが、毎回行く先々のロケーションの近所で美味しいお店を調べてくれて、毎食暖かく美味しいご飯を用意してくれました。日本だと諸々の事情で冷たいお弁当になってしまうのですが（笑）。

みんな仲良くなり過ぎて、打ち上げでは日本に帰りたくない！　と言い出すスタッフも出て来るほどでした。

——台湾は技術的に発達しているのですか。

ＣＧ技術などの進歩は早いですね。僕の『モブサイコ１００』のＣＧも複雑なカットは台湾の会社で仕上げています。日本のアニメや特撮に刺激された若いスタッフがたくさん育っていて、多くのハリウッド作品も台湾に発注していますし。

ＴＶドラマや映画も本数が多いので、スタッフも優秀です。みんな良い物を吸収して自分の物にしたいというバイタリティが素晴らしいと思います。

年）で主役ウルトラマンの様々なタイプのスーツアクターを担当。倉田プロモーションでは坂本監督の1年先輩にあたり、坂本監督作品の常連でもある。『仮面ライダーW（ダブル）FOREVER AtoZ／運命のガイアメモリ』（２０１０年）、『トラベラーズ次元警察』（２０１３年）、『破裏拳ポリマー』（２０１７年）などに出演。

⑫島津健太郎
日本で活動する俳優。数多くのＴＶドラマや映画に出演するベテランで、２０１３年の『獣電戦隊キョウリュウジャー』にはジェントル役で出演。この他にも、『海賊戦隊ゴーカイジャー』や『赤×ピンク』、『破裏拳ポリマー』、『モブサイコ１００』などの坂本監督作品に出演している。

⑬海老澤健次
日本で活動する俳優。第17回「ジュノン・スーパーボーイ・コンテスト」で準グランプリを獲得し、２００５年に

僕は色々な国の方々と一緒に仕事をするのが大好きなんです。毎回様々な刺激を受けますし、新しい発見もたくさんです。現地に入ると、出来るだけその国の言葉を覚えて使ったり、その地の美味しい物を食べたりと、楽しいことがたくさんあります。

日本作品は台湾でも大人気

――台湾では特撮作品が人気とのことでしたが、日本のヒーローはメジャーなんでしょうか。

スーパー戦隊、仮面ライダー、ウルトラマンは鉄板ですね。『トラベラーズ 次元警察』の撮影中も、現場に来た合成部のスタッフが、奈央ちゃんたちキャストを見て「あっ！ ハリケンジャーがいる！ デカレンジャーがいる！」と興奮して写真をお願いしていました（笑）。

合成部のアーティストさんたちに、日本のアニメや特撮のファンが多く、オフィスに行くと各自の机にフィギュアやポスターなどのグッズがたくさん飾られていました。合成の雰囲気を支指示する時も、例として日本のアニメを出すと、すぐに理解してくれましたね。

アジアのオリジナル特撮作品事情

――そう考えると、台湾ではオリジナル作品は少ないのでしょうか。

最近は中国を始めとして、台湾や韓国のアジア諸国でもオリジナルのアニメや特撮番組も増えて

ミュージカル『GOD SPELL』でデビュー。2008年に『炎神戦隊ゴーオンジャー』のゴーオンブラックに変身する石原軍平役で出演し、初のTVドラマレギュラーとなった。その後も舞台を中心に活動し、2011年には『4つの駒 -THE FOUR PIECIES-』で初主演を果たしている。2018年の『炎神戦隊ゴーオンジャー 10 YEARS GRANDPRIX』では約10年ぶりにオリジナルキャストが再集結した。

⑭**高山侑子**
日本で活動する女優。2007年に雑誌「ピチレモン」の専属モデルとして活動。2008年の映画『空へ -救いの翼 RESCUE WINGS-』で映画初出演、初主演を果たす。2012年には『仮面ライダーウィザード』で大門凛子役を演じる。坂本監督作品では『トラベラーズ次元警察』（2013年）、『宇宙戦隊キュウレンジャーVSスペース・スクワッド』（2018年）に出演している。

来ています。僕が韓国の会社から声をかけられたのも⑮、独自のオリジナルコンテンツを作りたいという思いの現れだと思います。

ただ、これは僕の個人的な意見ですが、特撮作品に関しては、まだオリジナリティを出して成功している作品は見受けられない気がします。やはりどこかで見た事ある感が拭えない印象です。

――中国などは製作資金はありそうな気がしますけど。

中国は今バブル期で、ハリウッド作品にもドンドン出資していますからね。ただ、特撮TVシリーズは予算もスケジュールも効率よく作らなければ間に合いません。特に玩具メーカーと連携した商品展開など、課題はたくさんです。

そこは何十年も歴史を培って来た日本の作品のほうがクオリティは高いのですが、アジア諸国の成長は物凄く早いので、このままだとすぐに追いつかれて、場合によっては抜かれてしまうかもしれません。

――坂本監督的には仕事をするには国は問わずですか。

僕はクリエイターとして常に色々な事にチャレンジしたいので、オファーがあれば何処にでも行きますよ（笑）。

⑮**韓国の会社から声をかけられた**
2015年、坂本監督はオリジナルSFドラマシリーズを立ち上げるために、韓国でのの仕事を主としており、その年の半年以上は韓国に滞在している。現在、その作品は様々な事情によりペンディング状態となっている。

赤×ピンク

直木賞作家・桜庭一樹のライトノベル『赤×ピンク』の実写映画版。性同一性障害の皐月、DV夫から逃げてきた千夏、SMの女王で客を楽しませることに喜びを感じるミーコ、親からの虐待の過去を持つまゆ。日々、地下格闘技〝ガールズファイト〟で雄々しい姿を見せながらも心に枷を持つ女性たちが、戦いを通じて自らを解き放たんと藻掻く姿を描いた青春群像劇。女優、芳賀優里亜が体当たりで挑んだ濃密なレズシーンも話題となったが、オクタゴンで繰り広げられる女性同士のバトルシーンは、痛みを感じるような本物志向の描かれ方をしており必見。劇場公開版はR15+指定。

心に深い傷を持つ女性同士の恋愛を格闘技の中で描くという難しい題材を、原作の持つ魅力を損なうことなく描いており、日本映画界において、坂本監督を新たなステージに押し上げた一本と言える。

映画『赤×ピンク』2014年2月22日公開

新たな挑戦〝角川映画〟

――KADOKAWAさんの『赤×ピンク』は、2014年2月に公開されていますが、この時期は本当にいろんな作品を手掛けていますね。

『赤×ピンク』の撮影は『獣電戦隊キョウリュウジャー』と同時期でしたので、『キョウリュウジャー』監督回のローテーションの間に撮れるようにスケジュールを組みました。『白魔女学園』も同様です。この時期は毎回ローテーションの間に映画を撮っていた感じですね。

常に準備と仕上げが被っていたり、『赤×ピンク』のオールアップの日が『009ノ1 THE END OF THE BEGINNING』の公開日だったので、合成用の素材の最後の数カットを助監督の伊藤良一さんにお任せにして、『009ノ1』の』舞台挨拶に参加してました（笑）。

――『赤×ピンク』は、70～80年代生まれなら誰もが衝撃を受けた〝角川映画〟ブランドになりますが、KADOKAWAさんとの繋がりは、どういう経緯で。

『トラベラーズ 次元警察』の配給がKADOKAWAさんだったので、その繋がりでオファーがありました。その頃、KADOKAWAさんでは、大森氏勝①プロデューサーが手掛けた『私の奴隷になりなさい』②や『フィギュアなあなた』③がヒットを飛ばし、『甘い鞭』④が公開を控えていました。『赤×ピンク』は、その一連のヒットを受けてのR18＋のセクシー路線シリーズの1本になります。

大森プロデューサーが角川文庫から出版されている桜庭一樹⑤さんの小説『赤×ピンク』の実写化の許諾を得て、今までのエロス要素にアクションを絡めた新しい路線を狙う為、僕にオファーがありました。

原作の桜庭一樹さんが2008年に『私の男』で直木賞を受賞されていて、その独特な目線や表現を含む作風に、僕もすぐに引き込まれました。

本作の僕の狙いは、性同一障害を抱えた女性の心理に切り込み、苦悩と葛藤から新たな出会いを経て成長する過程を描く、いわゆる新しい形の青春映画を作る事でした。その中で主演女優さんたちが本気で挑むアクションとエロスを絡めるという挑戦的な作品です。

大森プロデューサーも主演女優の起用には、グラビアやバラエティタレントとしての印象が薄い

①大森氏勝
日本の映像作品プロデューサー。元KADOKAWA。現在はテレビ朝日所属。『私の奴隷になりなさい』（2012年）、『フィギュアなあなた』（2013年）、『甘い鞭』（2013年）などの官能作品を数多く手がける。

②『私の奴隷になりなさい』
SMを題材としたサタミシュウによる官能小説シリーズ。被虐に喜びを感じる妖艶な女性と、彼女に振り回される男の姿を描く。2012年には壇蜜主演の実写映画が公開されている。

③『フィギュアなあなた』
2013年に公開された、石井隆が原作、監督、脚本を務めた佐々木心音の主演映画。フィギュア好きなオタク青年が、美少女型のマネキンの世話をしながら共同生活するという奇妙な毎日を描いている。

④『甘い鞭』
2009年に発表された官

女優さんを起用したいと拘っていました。

――成人男性以外にもアピールできる作品にしたいと。

そうですね。多くの女性ファンを持つ桜庭一樹さんの原作なので、僕としては、女性が共感出来る作品にしたかったんです。

脚本家の⑥港岳彦さんは、エロスから文芸作品まで手がける多彩な方です。居場所を失った女の子たちが行き着く非合法格闘技イベント場というユニークな舞台を、原作に独自のアレンジを加えて映画的な要素を足し、見事な世界観を構築してくれました。また、原作は3人の主人公それぞれに焦点を当てたオムニバス形式でしたが、映画は1本の作品としてアレンジしてあります。

主人公の天王寺皐月は非常に難しい役所です。性同一障害、フルヌードでの女性との絡み、激しいアクションなどと、体を張ってチャレンジする事がたくさんあります。それと大森プロデューサーの狙っているジャンルとして、商業的に成功するには劇中にヌードのシーンが何分以上ないといけないなどのデータが過去の作品から立証されていました。

ただ先程も述べましたが、僕の中でこの作品は直接的なエロスで男性のみにアピールするのではなく、女性に観て欲しいという願いがありました。ヌードシーンや絡みのシーンも同様に、女性が見ても共感出来る理由や、綺麗だと思えるシーンにしたかったんです。

それにより、プロデューサーが求める作品としてのジャンルと僕が目指す作品の目標の折衷点を

能ホラー小説で、著者は大石圭。不妊治療医とSMクラブのM嬢というふたつの顔を持つ主人公の、過去や現在を描く。拉致監禁やレイプといった、過激な題材を取り扱っている。2013年には石井隆監督、壇蜜主演で実写映画化された。

⑤桜庭一樹
小説家。1999年に『夜空に、満点の星』で第1回ファミ通エンタテインメント大賞小説部門佳作を受賞し、小説家デビュー。2008年に直木賞を受賞した『私の男』や『GOSICK -ゴシック-』といった代表作がある。また山田桜丸の名義でゲームのシナリオを数多く手がけている。

⑥港岳彦
日本で活動する脚本家。『私の奴隷になりなさい』(2012年)や『花と蛇 ZERO』(2014年)といった、官能作品を数多く手がけている。その他の代表作として、二階堂ふみ主演の『蜜のあわれ』

見付けるのが難しかったですね。なので、脚本の内容や方向性については、何度もディスカッションを重ねていきました。

　脚本作りで気を付けた所は、女優さんたちを口説ける内容と、作中に込められたメッセージ性です。これから出演してもらう女優さんたちを口説くのに脚本は重要なポイントになりますから。

――主演が⑦芳賀優里亜さんに決まった経緯というのは。

　大森プロデューサーは、これまでに何作もR18のジャンルを手がけているので、主演女優の候補者出しをお任せしました。たくさんのリサーチの後で絞った候補者の中に、芳賀優里亜ちゃんの名前がありました。僕も『仮面ライダー555（ファイズ）』や⑧『Sh15uya』などの作品を観ていて、とても魅力的な女優さんだと思っていたので、真っ先に打診していただきました。すると、先方から興味があるので是非直接会ってお話を聞きたいと返事をいただけたので、僕と大森プロデューサーでおうかがいしました。

　実際に優里亜ちゃんに会うと、そのキラキラした魅力と彼女のお芝居に対しての真剣な想いに心を打たれて、僕もこの作品にかける意気込みや想いを正直に打ち明けました。すると優里亜ちゃんも、僕の狙っている作品の方向性に共感してくれて、この作品への参加を決めてくれたのです。

　その時に優里亜ちゃんから、「私はこの作品に命を懸けるので監督も命を懸けてください」と決意の現われがあったので、「僕も命を懸けます。必ず参加して良かったと思える作品にするので、

（2016年）、菅田将暉主演で話題を呼んだ『あゝ、荒野』（2017年）など。

⑦芳賀優里亜
日本で活動する女優。2003年に『仮面ライダー555（ファイズ）』のヒロイン園田真理役で人気を博し。その後も『仮面ライダーキバ』や『絶狼〈ZERO〉-DRAGON BLOOD-』など、特撮作品にも多数出演。坂本監督の作品『赤×ピンク』では、主演の皐月役で、濡れ場やアクションシーンを体当たりで演じている。

⑧『Sh15uya』
現実の渋谷に似たバーチャル世界を舞台に、15歳の少年少女が世界のルールに抗って戦う姿を描いたTVドラマ。2005年製作。東映特撮作品の出演経験者が度々ゲスト出演していることも特徴。まだデビュー当時の新垣結衣も物語のキーパーソン、エマ役で出演している。

一緒に『赤×ピンク』を作り上げましょう！」と約束を交わし、覚悟を決めました。

本音をぶつけて磨き上げられていく脚本と演出

――撮影現場はどのような雰囲気だったのでしょう

『赤×ピンク』で僕が得た一番の収穫は、主演女優さんたちと何度もディスカッションを繰り返して、本音でぶつかり合い、彼女たちが演じる役に対してどう思って何を感じているのかに直接触れられた事ですね。

今作で優里亜ちゃん、水崎綾女⑨ちゃん、小池里奈⑩ちゃんに出会えた事は本当に感謝しています。この作品を機に、僕の作品に登場するヒロインたちを描く上での注意するポイントがガラッと変わったくらい、彼女たちから刺激を受けました。

撮影に入る前に女優さんたちに集まってもらい、作品についてディスカッションをした時に発見した興味深い事があり、それは原作を読んだ時の男性の僕たちが思った感想と、彼女たちの感想が違ったという事です。女性目線だと、登場人物の内面的な所に関して、感情の受け取り方に違いがありました。

脚本に関しても同様で、男性の港さんが書かれた台詞や言動に、女性として不自然に思える部分があるという事で、お互いが納得いくまで本音をぶつけてもらいました。

⑨水崎綾女
日本で活動する女優。2004年に芸能界デビュー。その後はグラビアやタレント活動を主にしていたが、2007年『キューティーハニー THE LIVE』で、シスターミキに変身する早乙女ミキ役を演じてから本格的に女優活動を開始。2012年の『特命戦隊ゴーバスターズ』では、ゴーバスターズの前に立ちはだかる幹部的存在のエスケイプ役を演じた。坂本監督作品では『赤×ピンク』(2014年)、『KIRI-「職業・殺し屋。」外伝』(2015年)などに出演。2017年、ヒロイン役で出演した映画『光』が、第70回カンヌ国際映画祭コンペティション部門に出品され、エキュメニカル賞を受賞する。

⑩小池里奈
日本で活動する女優。2004年に『美少女戦士セーラームーン』のルナ（人間体）役で女優デビュー。その後はジュニアアイドルとして人気を博

今までの作品で、ここまで自分自身をさらけ出して意見の交換をした事がなかったので、この男女の感性の差が、僕にとって凄く刺激的で勉強になりました。彼女たちが納得出来なければ、女性が見て共感出来るヒロイン像は作れないと理解出来ました。

『白魔女学園』の時も感じましたが、ヒロインの感情の流れや言動、振る舞いを男性目線のみで構築していくと、それは、男性が求める理想の女性像になってしまう事が多く、リアリティが薄くなってしまう傾向があると思います。女性から見ると「こんな子、いないよ！」と感じてしまうんですね。みんなが納得するまで本音のディスカッションを何度も行い、脚本にも修正を入れ撮影に挑みました。

撮影中もシーンごとに納得がいくまで何度でも段取りを繰り返しました。本当の意味で『赤×ピンク』という作品は、女優陣と一丸となって作り上げた作品です。この作品で得た経験と絆はいつまでも大切にしたいと思います。

――『009ノ1 THE END OF THE BEGINNING』や『白魔女学園』だと、カッコ良く、華麗で美しい女性を描いていましたが、『赤×ピンク』ではもっと中身に踏み込んだ感じですか。

『赤×ピンク』の登場人物は、ファンタジーな世界に住むヒロインや変身出来る強いヒロインではなく、それぞれに悩みを抱えた等身大の若者です。なので、登場人物の内面の描き方には他の作品と違いがあるのかもしれません。

し、様々な雑誌に掲載され、数々の写真集やイメージDVDが発売される。女優としても意欲的に活動し、その高い演技力が評価を得て、たくさんのTVドラマや映画に参加する。『仮面ライダーキバ』、『ウルトラマンギンガS』などに出演し、2014年の『赤×ピンク』ではアクションも披露。2015年には『白魔女学園 オワリトハジマリ』で衣笠りな役を演じた。

アクションシーンに関しては、全員撮影前に何度も格闘技道場やスタジオでアクションはもちろんの事、格闘技の練習にも挑戦してもらいしました。格闘シーンにもリアリティが欲しかったので、映画的な派手な立ち回りではなく、痛さが伝わる演出や、格闘技特有の駆け引きのあるファイトを目指しました。

やはりリング上でのファイトだと、原体験で『ロッキー』[11]を見ていたので、その時の高揚感を目指しました。思わず手に汗握り、声が出そうなぐらいに興奮するあの感覚です。見ている人たちが、そう感じてもらえるようにアクションの構成とカット割りも努力しました。

試合中の効果音にも拘り、特撮作品でよく使うような派手な効果音ではなく、もっとリアルで、肉や骨がきしむ重低音が伝わるように、体のどの部分が殴られているか、蹴られているかまで音の使い分けに拘ったので、是非大音響で試合のシーンを観ていただきたいですね。

参加してくれたキャストのみんなも、完成した作品を観て喜んでくれたのが、本当に嬉しかったですね。

原作編集担当者も号泣する納得の完成度

――作品の完成度にはみなさん、満足したのですね。

試写をやった後のポジティブな反応は色々ありまして、面白かったのがＫＡＤＯＫＡＷＡの方々

⑪『ロッキー』
シルヴェスター・スタローン主演のボクシングを題材とした感動作。１９７６年公開（日本公開は1977年）。才能がありながらも努力をすることなく、くすぶった日々を送るボクサーが、さまざまな偶然が重なり最強の世界チャンピオンと戦うことになり、苦悩しながらも成長していく姿を描く。第49回アカデミー賞作品賞と第34回ゴールデングローブ賞ドラマ作品賞を受賞し、多くの続編が製作された。

の反応でした。この作品をそれまで続いたエロティックシリーズの1本と認識して試写に来ていた方々がほとんどなのですが、思っていた作品と『赤×ピンク』が違ったのに驚いたようでした。青春群像劇として成立し、また熱くなる女性版『ロッキー』の要素もあり、映画として楽しんでいただいたようです。特に女性関係者の方々から賞賛していただいたので、安心しました。

原作者の桜庭一樹さんと、その編集担当の方もいらしてくれて、僕の前の席で試写をご覧になられました。映画が終わった瞬間に編集担当の方が急いで出口から出て行ったので、ハラハラドキドキでしたが、後ほどおうかがいしたら、観ながら号泣してしまい、その顔を見られないように化粧室に駆け込んだとの事でした。一気に緊張が解けて胸を撫で下ろしましたね（笑）。

――女優陣と坂本監督が作り上げた作品が認められたんですね。

この作品を機に、今もＫＡＤＯＫＡＷＡさんとはお付き合いがありますし、本当に嬉しい事ですね！『赤×ピンク』は僕にとって記念碑的な作品になり、その後の作品に大きな影響をもたらしました。僕も試写を見た時に、小さい頃から憧れだった角川映画のロゴが冒頭に現れると、感動しましたね。

主演女優の優里亜ちゃんが主題歌を歌ったのも、当時の〝角川三人娘〟⑫を連想させて感嘆深かったです。

⑫角川三人娘
１９８０年代の角川映画において、若手の主演女優として活躍していた薬師丸ひろ子、原田知世、渡辺典子の３人。

破裏拳ポリマー

70年代にTV放映されたタツノコプロのオリジナルヒーローアニメ『破裏拳ポリマー』の実写映画版。回転を多用することで絶大な威力の打撃を繰り出す拳法・破裏拳流の使い手にして国を転々とする自堕落な私立探偵、鎧武士。特殊装甲スーツ「ポリマースーツ」の着用者に選ばれた彼は、警視庁所属の来間譲一と組み、盗まれた3体のテスト版ポリマースーツの奪還を命じられる。まったく乗り気のない武士だったが、彼の目の前に盗まれたポリマースーツを着用し、犯罪行為に手を染める悪漢が出現。危機に陥る譲一を見た武士は決意を固め、破裏拳ポリマーへと転身！　悪と戦う道へと歩み始める。

坂本監督は監督ならびにアクション監督を担当。劇中で鎧武士を演じる溝端淳平が披露する破裏拳流の型は、坂本監督がオリジナル版のアクションを最大限にリスペクトした形で考案したという。

映画『破裏拳ポリマー』2017年5月13日公開

70年代のアニメヒーローが現代に蘇る！

——映画『破裏拳ポリマー』のオファーの経緯や、なぜ今、70年代の①アニメ『破裏拳ポリマー』を実写化させる事になったのでしょうか。

『トラベラーズ 次元警察』や『赤×ピンク』で組んだダブル・フィールドの②丸田順悟プロデューサーが、③タツノコプロさんとタツノコアニメ実写化企画を進めていました。

丸田さんが僕を監督として起用したいと提案すると、偶然にもタツノコプロさんにも僕の作品を見ていてくれた方々が多く、賛同していただきました。その後、僕の作風的に『破裏拳ポリマー』が合うのでは？　という事で意見が合致し、オファーの連絡をいただきました。

僕はタツノコアニメを見て育った世代で、『破裏拳ポリマー』は凄く好きな作品でしたので、即

①アニメ『破裏拳ポリマー』
1974年に放送されたタツノコプロ制作のSFアクションアニメ。ポリマースーツに転身可能なヘルメット「ポリメット」を持つ探偵助手の青年、鎧武士が、クライムハンター「破裏拳ポリマー」となり、数々の悪の組織と戦うSFヒーローアクション。ブルース・リー主演の『燃えよドラゴン』の大ヒットによるカンフーブームの影響で、主人公の顔やアクションがブルース・リーをモデルにしている。

②丸田順悟
日本のアニメや映像作品のプロデューサー。ダブルフィー

答でオファーを受けさせていただきました。

その後、丸田さんがKADOKAWAさんに企画を提案し、合意を得て『破裏拳ポリマー』の実写化が実現しました。

――スタッフロールの中に企画協力という形で高寺成紀④さんのお名前があったのですが、高寺さんはこの作品にどのように関わったのでしょうか。

KADOKAWAさん主体で企画が動き出した時に、高寺さんが窓口となってご尽力いただき、デザイナーの野中剛⑤さんと『大魔神カノン』⑥などで脚本を担当した大西信介⑦さんのスタッフィングを固めました。

――どれくらい前から企画を動かし始めたのでしょうか？

撮影が2016年の2月と3月だったので、その約2年前ぐらいですね。ただ、企画始動後の早い段階で高寺さんが角川大映スタジオ勤務となり、新たにKADOKAWAの山田駿平さんがメインプロデューサーとして就任しました。

その後打ち合わせを繰り返し、無事に脚本とデザインが固まり始めたので、キャスティングも動き出しました。

僕の中での主人公の鎧武士役のイメージは、今までにアクション作品やヒーロー役のイメージがない、フレッシュなキャストでした。この人がアクションやるの！ という意外性が欲しかったん

ルド所属。坂本監督の『トラベラーズ 次元警察』『赤×ピンク』『破裏拳ポリマー』などのプロデュースを手がけた。その他の制作としての参加作品は、『サマーウォーズ』（2009年）、『呪怨-ザ・ファイナル-』（2015年）、『貞子VS伽椰子』（2016年）、『僕だけがいない街』（2016年）など。

③タツノコプロ
アニメ制作会社。1965年の『宇宙エース』以降、『科学忍者隊ガッチャマン』や『タイムボカン』シリーズなど、数々の人気作品を手がけてきた。手がけた作品のうち、大半が原作のないオリジナルアニメとなっている。

④高寺成紀
日本の映像作品プロデューサー。1987年の『仮面ライダーBLACK』で初めてプロデューサー補を務め、『美少女仮面ポワトリン』の放映途中からプロデューサーに。1994年、『忍者戦隊カクレンジャー』からはサブ

です。ただ、本当にアクションが出来ない人をキャスティングしてしまうと、顔が露出しているヒーローなのでアクション吹き替えが使い難く、実質撮影が出来なくなります。

そこで一番初めに頭に浮かんだのが⑧溝端淳平くんでした。溝端くんは、今まで色々な作品を見ている中で、存在感や甘いマスク、スタイルや時々見せる身のこなしなどで、前から気になっていたのです。

それに今までは、後輩やルーキー的な役柄の印象が強く、ワイルドなアクション俳優というイメージがなかったのもプラスでした。早速オファーをした所、溝端くんサイドも快諾してくれて、次はスケジュールの調整となりました。

当時、溝端くんは既に舞台出演が決まっていたので、その舞台終了後に撮影スケジュールを合わせるという事になりました。すると、ちょうど準備期間に約半年間ほどあったので、そこから溝端くんの肉体改造とアクション練習が始まったのです。

舞台や他の仕事のスケジュールを縫いながら、⑨アルファスタントジムに通っていただき、実践格闘技からアクションの練習まで、かなりハードなトレーニングメニューをこなしてもらいました。


――そこで⑩破裏拳流の型を編み出していたんですね。

そうです。作品に「破裏拳」とあるので、「裏拳で相手を打ち破る」というオリジナル解釈の元、裏拳の連打攻撃を必殺技とする破裏拳流を編み出しました。

プロデューサーとしてスーパー戦隊シリーズに参加し、『激走戦隊カーレンジャー』からチーフプロデューサーに昇格。2000年に平成仮面ライダーシリーズ第1作となる『仮面ライダークウガ』、2005年には『仮面ライダー響鬼』を手がける。2006年に東映を退社し、角川書店に転職。2010年に『大魔神カノン』のプロデュースを手がける。2015年にKADOKAWAを退社し、現在は調布FMで「高寺成紀の怪獣ラジオ（昼）」でパーソナリティを務めている。

⑤野中剛
日本で活動するキャラクターデザイナー、玩具デザイナー、イラストレーター。1987年にバンダイ入社。『闘将!!拉麺男』で初めて商品を手がけて以降、ガンダムシリーズ、メタルヒーローシリーズ、スーパー戦隊シリーズ、平成ウルトラマンシリーズ、平成仮面ライダーシリーズなど、数多くの玩具を担当した。現在

どのようにして現代風に再構築をしていくか

——アニメの世界観を実写化する上で、取捨選択をしたものは。

『破裏拳ポリマー』は、当時のタツノコヒーローでも『科学忍者隊ガッチャマン』⑪や『ヤッターマン』⑫ほど知名度はありませんでしたが、シリアスなドラマとコメディ要素を持ち合わせた、タツノコアニメとしては珍しい立ち位置の作品になると思います。

それまでのタツノコヒーローはシリアスな展開の作品が多かったと思いますが、『破裏拳ポリマー』以降はタイムボカンシリーズなどのコメディ色の強い作品が多く見られます。

原作アニメはアメコミ調の雰囲気と、無国籍要素がミックスされた、かなりマンガチックな世界観です。探偵の鎧武士がポリマーに〝転身〟し、犯罪組織と戦うのですが、ユニークな必殺技を色々と使ったり、更には〝メカ転身〟という、人間の構造を無視したメカへの変形も成し遂げます。

この特徴的な世界観をそのまま実写化するのは、難易度が高く、映画を視聴する今の若い世代に、その昭和テイストが実写作品で受け入れられるかどうかも心配する所です。

毎回アニメや漫画作品の実写化や、過去作品のリブート企画を担当する時に、まず作品の方向性を決めます。原作を忠実に再現するか？　全く違う要素で埋めていくか？　原作の要素を今風の解釈でアップデートさせるか？　などです。

はフリーで活動しており、『ウルトラマンオーブ』に登場したギャラクトロンや、『ウルトラマンジード』のギルバリスなどをデザインしている。

⑥『大魔神カノン』
２０１０年に放送した特撮ＴＶドラマで、１９６６年に公開された特撮映画『大魔神』を現代のドラマとして復活させた作品。心に傷を負って孤独な日々を送る女子大生が、〝オンバケ〟と呼ばれる妖怪たちとの交流で人を信じる気持ちを取り戻していく姿を描く。特撮作品らしく妖怪たちによる戦い、巨大な魔神の戦いも繰り広げられる。

⑦大西信介
脚本家。１９９６年に『ウルトラマンティガ』で脚本家デビュー後、『ウルトラマンダイナ』や『ウルトラマンガイア』といった特撮作品を数多く手がける他、アニメ作品にも参加している。ＯＶＡ『新ゲッターロボ』（２００４年）やＴＶアニメ『バジリスク～

今作で僕が目指したのは、作品を観た後の観心地感です。この作品を観終わった後に、僕が当時アニメの『破裏拳ポリマー』を観て感じた高揚感を今の人たちに伝えるという事です。それと、僕と同じ40代以上の方々には、何処か懐かしい雰囲気を感じて欲しかったんです。

CG合成をふんだんに使って、ファンタジーな無国籍感を表現するという選択肢もありましたが、今作では少しレトロな雰囲気を出したかったので、あえてその方法は取らずに、美術や小道具などで昭和感を漂わせつつ、80年代から90年代のB級アメリカ映画のような無国籍感を目指しました。

——ちょっと雑多な街並み的な感じですか。

そうです！　それなら予算内でも背伸びせずに表現出来ますし、格闘を得意とするヒーローなので、派手な光線や爆発ではなく、ガッツリと格闘戦を見せたかったんです。

それに探偵という設定を活かして、ちゃんとした事件性を絡ませながら探偵ドラマとしての面白さにも脚本作りの段階から拘りました。

また、KADOKAWAさんからの若い層にも作品をアピールしたいというリクエストにより、バディ物というテーマをベースに置く事にしました。

アニメの武士のパートナー・車錠[13]はおじさんですが、本作では山田裕貴[14]くん演じる若い新米刑事の車間譲一となり、ワイルドな武士と対照的なキャラクターにして、ふたりの成長物語を描きました。原作からは変わってしまいますが、これは観に来てくれるお客さんの層を広げたいという

桜花忍法帖〜』（2018年）ではシリーズ構成も担当した。

⑧溝端淳平
日本で活動する俳優。2006年に第19回「ジュノン・スーパーボーイ・コンテスト」でグランプリとボルテージ賞を受賞。2007年に『生徒諸君！』で俳優デビュー後、『ハチワンダイバー』やドラマスペシャル『名探偵コナン』、『DIVE!!』や『君が踊る、夏』などのTVドラマや劇場作品に加え、舞台やバラエティ番組などでも幅広く活躍。実写映画版『破裏拳ポリマー』では、激しい格闘技のトレーニングと肉体改造を経て、破裏拳ポリマーに変身する鎧武士役を演じた。

⑨アルファスタントジム
スタントチーム「アルファスタント」が経営する、アクションを志す人に向けてのスポーツジム。

⑩破裏拳流
アニメ『破裏拳ポリマー』で

思いからです。

――原作からのキャラクターの再構築ですよね。

そうですね。原作を無視するのではなく、押さえるべき要素は残しながら再構築していくのが狙いです。

坂本監督の求めるタツノコヒロイン

――柳ゆり菜さん⑮が演じた南波テルだけは、アニメそのままの南波テルという印象を受けましたが。

南波テルのキャラクターは、今オリジナルアニメを観返しても、古さを感じない魅力的なヒロインだと思います。当時見ていた時も、子供心にテルのファッションや言動にドキドキしました。今までタツノコアニメが何度か実写化されて来ましたが、いわゆる〝タツノコヒロイン〟らしい要素は少なかった印象でした。なので、僕は今作の南波テルで、ぽちゃっとした唇や、ちょっと大人びて健康的なお色気を持つタツノコヒロインの魅力の再現を目指しました。

――そこはちゃんと狙っていたんですね。

そうですね。この3人のキャラクターが絡む事により、アニメの『破裏拳ポリマー』の持つ、明るく楽しい雰囲気を再現したかったんです。溝端くん、山田くん、ゆり菜ちゃんたち3人のケミストリーは抜群だったと思います。

主人公の鎧武士が操る我流の拳法。ポリマーへの転身に制限時間があるため、回転や遠心力を利用した動きで効率よく多数の敵を倒すことができる。実写版では回転による裏拳の連打で敵を倒す流派にアレンジされている。

⑪『**科学忍者隊ガッチャマン**』
1972年に放送されたSFアニメ。地球征服を企む秘密結社ギャラクターと、その野望を阻止するために結成された5人の科学忍者隊の戦いを描く。この作品のヒットがきっかけとなって、タツノコプロのヒーローアニメが制作されていった。続編やリメイク作品なども多数製作されている。

⑫『**ヤッターマン**』
1977年に放送を開始したTVアニメで、『タイムボカン』シリーズの2作目にあたる作品。その後のシリーズのお約束となる要素が、この作品で多数誕生した。シリーズの中でも特に高い人気を

特に探偵事務所のシーンは、撮影スケジュールの後半だったので、3人の和気藹々とした仲の良さが出ていたと思いますね。3人の活躍がもっと見たくなります。

――他にアニメから意識的に残した要素は。

武士と父親の確執もアニメからピックアップした所ですし、オリジナルのほうではなくリメイクされたOVA[16]『新 破裏拳ポリマー』からもポリマースーツ同士を戦わせるという要素を拾っています。ポリマースーツを戦わせる事により、その開発目的や機能などのディテールも物語に組み込みやすくなりますし。

ポリマースーツを纏う条件を満たしたキャストたち

――出合正幸さん[17]演じるバレット・ウォン／ポリマーアームカスタムの発する[18]怪鳥音がアニメのポリマーを彷彿とさせました。

バレットは腕技の達人でカンフーの動きが特徴的です。それにドラッグ漬けとなり、狂気じみた雰囲気を出したかったので、格闘中に奇声を上げるように演出しました。

武士も格闘中に気合いが入った所は怪鳥音を上げますが、狙っていたキャラクターが、第一印象はワイルドな雰囲気があるけれど、実はストリートファイトで病気の姪っ子を養っていたり、父親思いだったりとソフトな面も持ち合わせているというギャップのある男です。なのでワイルド感を

誇り、リメイク版や続編などが後に製作されている。

⑬車錠
アニメ『破裏拳ポリマー』に登場するキャラクター。主人公の鎧武士が所属する車探偵事務所のボスで〝二代目シャーロック・ホームズ〟を自称するが、実際はトラブルばかり引き起こし事件を悪化させてしまう人物。

⑭山田裕貴
日本で活動する俳優。ワタナベエンターテインメントの男性俳優集団「D-BOYS」のメンバー。2011年に『海賊戦隊ゴーカイジャー』でゴーカイブルーに変身するジョー・ギブケン役で俳優デビュー。その後も劇場作品『ライヴ』や舞台『宮本武蔵（完全版）』で主演を務めるなど精力的に活動を続け、坂本監督作品の『破裏拳ポリマー』では来間譲一役を演じている。映画やTVドラマなどで主演作や出演作が急増し、最も注目を浴びる若手俳優のひとりである。

出すために、格闘中の声は喧嘩チックになっています。

武士のワイルドなイメージと真逆の位置に、真面目な譲一がいて、そのふたりの距離が縮まって信頼関係へと発展して行く感じが、熱い男同士の友情として描かれるのが狙いですね。これは大好きな⑲ジョン・ウー監督の影響かもしれませんが（笑）。

各ポリマーを演じるキャスト選びは、顔が見えるスーツのデザインなのでアクションが出来る人、スーツが体にフィットするのでスタイルが良い人……と、かなりハードルが高いです。そこで、キャスティングは僕の信頼出来るメンバーを選ばせて頂きました。

足技のスペシャリストには、倉田門下生の兄弟子の⑳中村浩二さん、腕技のスペシャリストには同じく弟弟子の出合くん、そして関節技のスペシャリストのポリマーアルテミスには㉑原幹恵ちゃんという鉄壁の布陣です。ポリマーアルテミスのスーツを着こなし、激しいアクションや二面性のある難しい役をこなせるのは幹恵ちゃん以外は考えられませんでした。


――ラスボスにあたるポリマーティターンに転身する八城章人役を演じた㉒神保悟志さんに関しては。

やはり、知名度があり貫禄のある役者さんに参加して欲しいという思いはありました。役に合う年齢や体を鍛えているかなどを考慮した上で候補に出たのが神保さんでした。僕も『仮面ライダーフォーゼ』でご一緒させていただいた事もあり、八城役に必要な条件を完璧に備えています。神保さん以外考えられない！　という事でオファーさせていただきました。

⑮柳ゆり菜
日本で活動する女優、グラビアアイドル。2014年に劇場作品『うわこい』で初主演を果たし女優デビュー。グラビア活動を続けながら、多数のTVドラマや劇場作品に出演。特撮作品では『仮面ライダーエグゼイド トリロジー アナザー・エンディング』シリーズにも出演している。

⑯『新 破裏拳ポリマー』
1996年に発売されたOVA。『破裏拳ポリマー』のリメイク作品だが、武が本名で車探偵事務所に所属している点や、ポリメットを入手する経緯などTVアニメ版とは異なる設定も多い。また、主人公とは別のポリマーも登場した。

⑰出合正幸
日本で活動する俳優。以前は倉田プロモーションに所属していたこともあり、アクションを得意とする。2006年の『轟轟戦隊ボウケンジャー』でボウケンシ

撮影前にアクション練習もしていただき、撮影中もスーツを纏いながら見事なアクションを披露してくれました。警視総監としての貫禄や、正体を明かした後の怪演も含めて本当に素晴らしかったですね。

今作の撮影は2月と3月の福島がメインロケ地だったので、とても寒かったです。寒いと体が硬くなり、アクションをする時に危険度が増します。季節的に決して好条件ではありませんでしたが、唯一助かったのが、ポリマースーツを装着してのアクションシーンですね。

もし真夏だった場合は、数分おきに脱着を繰り返さないと熱中症などの危険を伴う事になります。利便性を重視したTVシリーズのスーツではないので、脱着の仕方も複雑でした。季節が真冬だったからこそ、溝端くんを始めとするキャストさんたちは、スーツを装着したままの状態で撮影に挑めたのだと思います。

成長していくポリマースーツの見せ方

――ラストの幻影破裏拳を主題歌の歌詞に合わせて放つというのはやっぱり狙っていたのですか。

もちろんです（笑）。製作委員会にも入っていただいている日本コロムビアさんには、企画のスタート時から主題歌を使いたいとリクエストさせていただきました。そこでコロムビアさんから推薦されたアーティストが、流田Projectさんだったのです。アニメや特撮の曲を色々とカバ

ルバーに変身する高丘映士役を演じる。特技の英語を活かし、2013年には忠臣蔵をモチーフとしたキアヌ・リーブス主演のハリウッド大作『47RONIN』にも出演している。坂本監督とは弟弟子の関係にあり、坂本監督作品の常連でもある。『仮面ライダーW（ダブル）FOREVER AtoZ／運命のガイアメモリ』（2010年）、『獣電戦隊キョウリュウジャー』（2013年）、『破裏拳ポリマー』（2017年）、『モブサイコ100』（2018年）『キュウレンジャーVSスペース・スクワッド』などに出演。

⑱怪鳥音
格闘の際に発する甲高い声のことで、ブルース・リーが特に有名。

⑲ジョン・ウー
中国出身の映画監督、脚本家、映画プロデューサー。香港映画界で活躍し、後にハリウッドへ進出。男の美学を貫くハードボイルドな作風

ーされていて、それがどれもカッコ良いんです。

『破裏拳ポリマー』の主題歌「戦え！ポリマー」の原曲にある熱さはそのままに表現して下さいとリクエストさせていただき、上がって来た楽曲を初めて聞いた時は、その完成度の高さに驚きましたね。お陰様で、クライマックスが盛り上がりました。

――ラストでの溜めて溜めての[23]ポリマーホーク登場も燃えるポイントですね。

企画のスタート時から話題の焦点は、メカ転身をするかしないかにありました。ポリマースーツを描くうえで、メカ転身は避けて通れない道ですが、メカ転身の仕方によっては、作風がガラッと変わってしまうほど重要な事です。アニメの荒唐無稽な転身も楽しいのですが、映画のトーンや、作品のターゲットである若者の反応を考えると、やはり今風にアレンジをしようという結論になりました。

デザイナーの野中さんが、ポリマースーツは能力者に合わせて進化していくという設定を考えてくださり、それに合わせてポリマーホークの登場の仕方は拘って演出させていただきました。

ポリマースーツは、まだ色々と可能性を秘めているので、是非また別の活躍を描く作品を撮りたいですね。

実写化＆リブート作品の難しさ

が特徴で、二丁拳銃のアクションや、スローモーションの多用、静寂から鳩が舞うなど、その独特の演出は様々なメディアに多大な影響を与えた。代表作は1986年『男たちの挽歌』、2000年『ミッション：インポッシブル2』、2017年『マンハント』など。

⑳中村浩二　倉田プロモーション所属のアクション俳優。格闘技を得意とし、鋭い蹴り技には定評がある。平成ウルトラマン三部作『ウルトラマンティガ』（1996年）、『ウルトラマンダイナ』（1997年）、『ウルトラマンガイア』（1998年）で主役ウルトラマンの様々なタイプのスーツアクターを担当。倉田プロモーションでは坂本監督の1年先輩にあたり、坂本監督作品の常連でもある。『仮面ライダーW（ダブル）FOREVER AtoZ／運命のガイアメモリ』（2010年）、『トラベラーズ次元警察』（2013年）、『破裏拳ポリマー』（2017

――この設定での『破裏拳ポリマー』の続きを観てみたいと思いました。

ありがとうございます！　探偵物なので、いくらでも続きの物語は作れると思います。配信用のシリーズなどで、また武士たち3人の活躍を描けたら嬉しいですね！

　多分、この作品を観て、原作のアニメと違う所を指摘される方々もいるとは思います。そこが原作のある作品の実写化やリブートの難しさですね。

　誰に向けてその作品を作っているかで、原作の要素をどれくらいピックアップするかが変わりますが、全員に納得してもらうのはなかなか至難の技です。僕の中で一番大事にしているのが、原作の魅力的な部分をどう抽出して、魅力を損なわないように1本の作品として構成していくかという事ですね。

　これからもこのような機会があれば、出来るだけ観ていただいた皆さんに喜んでいただける作品になるように頑張ります！

年）などに出演。

㉑原幹恵
日本で活動していた女優、グラビアアイドル。２０１７年のドラマ『キューティーハニーＴＨＥ ＬＩＶＥ』のキューティーハニーに変身する如月ハニー役でTVドラマ初出演、初主演を果たす。グラマラスな体型に眼力の強い引き締まった表情が特徴的で、『仮面ライダーフォーゼ ＴＨＥ ＭＯＶＩＥ みんなで宇宙キターッ』『破裏拳ポリマー』『スペース・スクワッド ギャバンVSデカレンジャー』など、坂本監督作品にも多数出演。

㉒神保悟志
日本で活動する俳優。１９９０年頃からTVドラマや映画に数多く出演。物語のアクセントとなる曲者的な役どころを多数演じる。坂本監督作品では劇場版を含む『仮面ライダーフォーゼ』（２０１１年）で生活指導の佐竹剛役を、映画『破裏拳ポリマー』（２０１７年）では

ポリマーティターンを纏う悪者、八城章人役を演じている。

㉓ポリマーホーク
破裏拳ポリマーの飛行形態で、名前の通り鷹の形をしている。

モブサイコ100

アニメ化もされたONE原作の人気漫画『モブサイコ100』の実写ドラマ版。主人公のモブ(本名、影山茂夫)は、「女の子にモテたい!」と願う、地味な中学生だが、実は強力な超能力者だった。しかも、モブの感情が昂ぶり、ストレスが限界の「100%」を迎えることで、さらなる絶大な力が発揮される! だが、青春を謳歌する上でそんな能力は必要ないと思っているモブは、モテるために自分自身を変えようと「肉体改造部」に入部。そんな平穏な暮らしをする彼の周囲には、次々とトラブルが舞い込んでくるのだった。

連続TVドラマシリーズ兼、ネット配信を目的とした映像作品に坂本監督が挑戦。全12話すべてのエピソードを監督しており、随所で坂本監督らしい物語の仕掛けや激しいアクションシーンが展開される。主演として、前年の『ウルトラマンジード』に引き続き、濱田龍臣が起用されたことも話題となった。

TV『モブサイコ100』(全12話)2018年1月~4月

3社合同企画のドラマシリーズ

――TVドラマ『モブサイコ100』の企画の経緯をお願いできますか。

約3年前に東映ビデオの中野剛①プロデューサーが、新企画の開発として『モブサイコ100』を実写化しませんかと僕に声をかけてくださった所から始まりました。既に小学館さんには打診を開始しているという事で、すぐに書店に直行。

漫画は好きで良く買って読むので、『モブサイコ100』というタイトルは知っていましたが、まだ読んだ事はありませんでした。

早速購入し読み始めたら、その作画とシリアスな面を含む物語のギャップや、個性豊かなキャラクターたちに魅了され、すっかりファンになってしまいました。そして、中野プロデューサーに是

①中野剛
日本の映像作品のプロデューサー。東映ビデオ所属。特撮作品以外にも『ちょっとまて野球部!』(2018年)や『チェリーボーイズ』(2018年)といった劇場作品の他、『侠飯~おとこめし~』や坂本監督作品の『モブサイコ100』のような連続ドラマも手がけている。

非企画開発を！　とお願いしました。

その後、中野さんが色々と企画を動かした結果、Ｎｅｔｆｌｉｘ[2]さんが興味を持ってくれました。発行部数も伸びている人気漫画原作ですし、アニメ化も決定などと、話題性も豊富で、海外配信に向けても好条件が揃っていた事が決め手だったようです。

何度かＮｅｔｆｌｉｘさんと打ち合わせをしているうちに、配信のみではなく、テレビ東京さんと共同製作している「木ドラ25」[3]という深夜枠での放送も決まり、実写化企画に正式なゴーサインが出ました。ここまでに約2年かかりましたね。

２０１８年1月からの放送が決まったので、僕が『ウルトラマンジード』の撮影を終えるのを待ち、10月中旬からインする事を目標に制作準備を始めました。『ウルトラマンジード』の特撮の撮影が10月上旬まで続いていたので、クランクインまで実質10日間しかありませんでしたね（笑）。

『モブサイコ１００』は全世界に向けて配信中！

――制作はどの会社が担当したのでしょうか？

実質的な制作はマイケルギオン[4]という会社ですが、東映ビデオさんが制作元となり、テレビ東京さんと組んだ形になります。Ｎｅｔｆｌｉｘさんが放送よりも1週間先に独占配信するという配信＆放送スタイルです。

[2] **Ｎｅｔｆｌｉｘ**
アメリカの映像ストリーミング配信会社。アメリカ以外にも１９０以上の国で配信サービスを展開しており、日本では２０１５年からサービス開始。フジテレビと提携した『アンダーウェア』、『火花』といったオリジナル作品の独占配信も行っている。

[3] **「木ドラ25」**
Ｎｅｔｆｌｉｘとテレビ東京が、世界配信を視野に入れて革新的な作品を作るために設立した連続ドラマ枠のこと。名前の通り、木曜日の深夜25時から放送されている。『モブサイコ１００』もこの枠で放送された。

[4] **マイケルギオン**
映像作品制作会社。『逆光の頃に』『チェリーボーイズ』といった劇場作品を中心に手がけている他、『モブサイコ１００』の制作も担当した。

日本での全話配信&放送終了後、約3ヶ月後には様々な言語での字幕制作を完了させ、世界配信が開始されます。アメリカでは2018年5月22日配信開始でした。

――「木ドラ25」放送版とNetflix配信版で内容に違いはないのですか。

同じです。各話の納品期日が迫っていたので、2バージョン制作する事は不可能でした。基本的に配信のメリットは、放送よりも先に好きな時に観られるという事だと思います。

――配信作品の視聴者数や人気などは、どのように調査しているのでしょうか。

僕が知る範囲では、配信会社さん独自のリサーチ方法があり、どの作品が人気があるかなどの判断基準にしているようですが、僕たちには、詳しい情報は入って来ません。ただ、『モブサイコ100』に関しては、Netflixさんから視聴回数が良いという情報はいただきました。

配信ビジネスは海外では主流となっていますが、日本ではまだ始まったばかりのコンテンツなので、今後海外資本の配信会社が、日本の作品にどのように影響して行くかが楽しみですね。

日本ではまだ根付いていないネット配信

――日本だとお金を払ってテレビを見るという習慣がなかったので、ネット配信に関してはちょっと二の足を踏んでいる気がします。

そうですね。日本はアンテナ環境が良いので、地域差はありますけど民放局が普通に無料で観られます。でも、この状況は世界的にも珍しいと思います。
多くの国々が、アンテナの設備環境が不十分なので、各家庭がそれぞれケーブルテレビ⑤に加入して有料でテレビを観るというのが普通です。
そのベースがあったので、好きな時に好きな番組や作品が視聴可能なＡｍａｚｏｎプライム・ビデオ⑧やＮｅｔｆｌｉｘ、Ｈｕｌｕ⑦などが急成長し、今ではケーブル会社との立場を逆転する勢いを見せています。

――テレビ本体自体を持っていない家庭が多いみたいな話も聞きますが。

それは日本やアジア諸国の事だと思います。アメリカなどは比較的生活スペースが広いので、パソコンやスマートフォンで映画やＴＶ番組を視聴するのではなく、ちゃんとテレビで、しかも比較的大型のテレビで観ている印象があります。車社会なので、移動中に観る事も出来ませんし。

――家族揃ってリビングで、というのがまだ生きているのですね。

子供などはスマートフォンなどで、短い動画などを見ますが、映画やテレビ、アニメなどは普通にリビングのテレビで観ていますね。
子供たちを集めての映画鑑賞会や、家族揃ってのムービーナイトという習慣が深く根強いています。なので、海外資本の配信会社の作品の納品が、大画面にも対応出来るように４Ｋの映像解像度や５．１チャンネルにミックスされた音声での納品がマストの時が多いです。

⑤ケーブルテレビ
同軸ケーブルや光ケーブルを用いて提供されるＴＶ放送サービス。日本では「スカパー！」や「ＷＯＷＯＷ」などがある。

⑥Ａｍａｚｏｎプライム・ビデオ
ＥＣサイトのＡｍａｚｏｎが展開している、ビデオ・オンデマンド・サービス。映画やＴＶ番組などの映像コンテンツを、レンタルまたは購入でき、Ａｍａｚｏｎプライム会員は一部のコンテンツを無料視聴可能。特撮作品『仮面ライダーアマゾンズ』のように、独占のオリジナル配信コンテンツもある。

⑦Ｈｕｌｕ
アメリカの動画配信サービス。テレビ局や映画会社と共同で設立しているため、配信コンテンツの種類が非常に豊富なことでも知られる。日本でも２０１１年からサービスを開始した。

――大型テレビは日本より安かったりするんですか

海外の製品は、テレビもBlu-rayも録画機能などの装備を一切搭載せずに、非常にシンプルなモデルが主流なので価格は安いです。ただ、3-D機能は付いている製品が多いですが。

ケーブルテレビに加入する時に、各会社から提供される受信用のデッキにHDDが搭載されているので、TV番組の録画は、そのデッキで行うというのが以前からの習慣です。

基本的にBlu-rayやDVDに落として保存するという習慣がなく、今ではiTunesなどのデジタルアカウントにお気入りのTV番組や映画を保存しておいて、好きな時にアカウントにアクセスして再生するという方法が一般的です。

――レンタルショップはもうないのですか。

レンタルショップは、なくなってしまいましたね。ソフトを買うか、配信で観るようになりました。DVHSの時代は録画する人もいましたが、DVDの時代から録画の習慣がなくなりましたね。DVDレコーダーもほとんど見かけませんでしたし。

そのひとつの理由に、映画のソフトが日本に比べて安い事が大きいと思います。新作でも1本2000円弱で買えるので、家族で映画を観に行くよりも安く気軽に映画が手に入る状況です。日本のアニメなども全話セットのボックスが格安で買えるんですよ。

――日本の特撮作品のソフトは出ていないですよね。

昔の作品はカルト的人気で、発売されたタイトルもありますが、他は出ていません。アメリカの特撮ファンは日本から取り寄せないといけないので大変ですよ（笑）。

漫画、アニメと差別化をするために

――話が逸れてしまいましたけど、『モブサイコ100』の話に戻ります。脚本を吉田玲子[8]さんにお願いした経緯は。

僕のほうから『白魔女学園』シリーズでご一緒した吉田玲子さんを提案させていただきました。アニメ作品を沢山手掛けている方なのでファンも多いですし、原作漫画の再構築という作業にも慣れていらっしゃるので。

それに吉田さんの独特のキャラクター描写や台詞の言い回しが、『モブサイコ１００』のキャラクターを活かしてくれると思ったからです。僕も是非またご一緒したかったのも大きいですが。

作業としては、吉田さんを交えて何度か全体的な構成の打ち合わせをして、登場するキャラクター数や、原作のどの部分を実写化するかなどのアウトラインを決めていきました。

登場キャラクターの多い原作なので、全員を12話構成のドラマで描くのは難しく、残念ながら削られたキャラクターも出てしまいましたが。

本打ちを進めていく中で、原作の６巻までの内容、アニメ版と同じ第７支部壊滅までをドラマ化

⑧**吉田玲子**
日本で活動する脚本家。『おジャ魔女どれみ』シリーズや『おじゃる丸』など、数多くのアニメ作品で脚本、シリーズ構成を手がけている。スタジオジブリの『猫の恩返し』（２００２年）、『バクマン』シリーズ（２０１０～２０１２年）、『ガールズ＆パンツァー』（２０１２年）、『弱虫ペダル』（２０１３年）などヒット作を数多く手がける。２０１３年に『白魔女学園』で初めて実写映画の脚本を担当した。２０１８年の『モブサイコ１００』で再び坂本監督とタッグを組んでいる。

する事が決まりました。

ただ、実写の場合、アニメほど派手に大きく超能力バトルを表現出来る予算の確保は難しいので、どのように原作の雰囲気や面白さは崩さずに実写化に落とし込んで行くかが、大きな課題となりました。

そこで作業を効率良く進める為に、吉田さんからの推薦により、国井桂[9]さんにもサブの脚本家として参加してもらい、ストーリー構成を詰めていきました。

基本的には1話に起承転結があり、単体でも楽しめますが、世界配信を意識して、海外ドラマのように続きが観たくなる各話のエンディング〝クリフハンガー〟に拘りました。1話観終わると、次も観たくなるという構成です。それに前話の振り返りから始まるオープニングではなく、振り返りがそのまま本編へと自然に繋がるような構成にしたのも配信対策です。

『モブサイコ100』は12話全部を僕ひとりで監督したので、編集段階でも各話の終わり方を調整し、次の話の一部を前の話のエンディングに持って来たりと、編集でも物語構成に拘りましたね。

例えば、脚本だと4話にアクションはほぼなかったのですが、編集で少し物語が単調になると感じたので、5話の冒頭のアクションを4話のエンディングに持って来て、その前までのドラマをテンポ良く詰めて進めて行きました。各話にアクションがあり、お笑いもあるような、バランスの良さが理想でした。

⑨国井桂
脚本家。TVアニメ『君のいる町』（2013年）やTVドラマ『ステップファザー・ステップ』（2012年）の他、第17回日本映画批評家大賞作品賞を受賞した劇場作品『夕凪の街 桜の国』（2007年）などを手がけている。

――最大の見せ場として、モブが100％になる所がありますが、それが3話ごとだったのに構成上の理由はあったのですか。

モブが100％になるタイミングは、原作の頻度に合わせてあります。それが全12話構成のドラマだと、たまたま3話毎に登場したのかもしれませんね。100％になるとCGの負担が大きくなり、予算や仕上げ作業の期間的に、これが限界だったという裏事情もありますが（笑）。

主人公は『ウルトラマンジード』から続投の濱田龍臣

――豪華なキャスティングに関しては。

原作漫画とアニメ版ともにファンが多い作品ですし、TVドラマには話題性が必要なので、キャスティングは重要です。特に主役のモブ役は作品の看板になるので、話題性やネームバリューなど、Ｎｅｔｆｌｉｘ、テレビ東京、東映ビデオの3社が納得いく人選でなくてはなりません。

キャスティング会議で、主役のモブ役候補で龍臣くん[10]の名前が挙がった時は、僕は『ウルトラマンジード』で一緒にお仕事している最中だったので、全力で売り込みましたね（笑）。

龍臣くんならお芝居も問題ありませんし、可愛いモブになってくれるという自信がありました。無事に各プロデューサーからもＯＫをいただき、龍臣くんの参加が決まりました。

――モブと律、それから霊幻、メインキャスト3人の原作再現度は凄かったです。

⑩龍臣
濱田龍臣。日本で活動する俳優。子役として俳優活動を開始し、NHK大河ドラマ『龍馬伝』（２０１０年）やドラマ『怪物くん』（２０１０年）などに出演し注目される。ウルトラマンシリーズの大ファンを公言しており、9歳のときに『ウルトラマンゼロ THE MOVIE 超決戦！ベリアル銀河帝国』のナオ役で出演。２０１７年の『ウルトラマンジード』では、ウルトラマンジードに変身する朝倉リク役で主演を果たし、幼稚園の頃の夢「ウルトラマンになること」を叶えた。坂本監督とは『ウルトラマンジード』に引き続き、『モブサイコ１００』でもタッグを組んだ。ドラマ『花のち晴れ～花男 Next Season～』にも出演し、最も注目を浴びる若手俳優のひとりである。

ありがとうございます！　モブの髪型は原作を踏襲したかったので、早い段階から特注のウィッグを作りました。律の⑪望月歩くんとは初めてだったのですが、ご一緒した事のあるプロデューサーからの推薦と、歩くんの今までの作品の実績、龍臣くんとの兄弟としての組み合わせを考えてオファーをしました。

――モブと律、ちゃんと兄弟に見えますね。

可愛い兄弟ですよね。偶然にもふたりは同級生で、プライベートでも仲が良くて兄弟みたいな雰囲気でしたよ。

霊幻のキャスティングは難航しましたね。その中で僕が希望していた⑫波岡さんに決まり、本当に嬉しかったです。初めてご一緒しましたが、以前からずっとご一緒したかったので、巡り合わせに感謝ですね！

――波岡さんの霊幻役はかなりのハマリ役でしたね。

そうですよね！　波岡さんも霊幻を人一倍研究していて、現場でも常にアニメの動画や漫画で霊幻の動きなどをチェックしていましたね。原作の霊幻に近付けるように頑張ります！　って、ご自分で言っていましたし。

――ツボミ役の⑬与田祐希さんはどういう経緯で起用されたのでしょうか。また、原作より出番が増えていますが、その辺りに関しては。

⑪望月歩
日本で活動する俳優。２０１５年に『ソロモンの偽証』で俳優デビューし、その際の演技が注目を浴びて本格的に活動を開始。坂本監督作品の『モブサイコ１００』では、主人公の弟、影山律役を演じた。代表作に『真田十勇士』（２０１６年）、『疾風ロンド』（２０１６年）など。

⑫波岡
波岡一喜。日本で活動する俳優。２００５年の『パッチギ！』で演じたモトキ・バンホー役でブレイク。『幻星神ジャスティライザー』（２００４年）のデモンナイトに変身する神野司郎役、『ライオン丸Ｇ』（２００６年）のライオン丸に変身する獅子丸役、『仮面ライダー鎧武／ガイム』（２０１３年）の仮面ライダーシグルドに変身するシド役など特撮作品に度々出演している。Ｎｅｔｆｌｉｘの連続ドラマ『火花』（２０１６年）や、ＮＨＫ連即テレビ小説『わろてんか』（２０１７年）などに出演するなど、

第1話と第2話の脚本が出来た所で、原作者の⑭ONE先生や担当の編集者さんを交えて小学館で打ち合わせをしました。

ONE先生からドラマはドラマ版ならではの面白さを出して下さいというお言葉をいただき、ツボミちゃんに関しても、ドラマ版にはヒロインが必要だという事を理解して下さりました。当初原作ではツボミちゃんの細かい設定はなかったらしく、ドラマ版のツボミちゃんは吉田さんワールド全開になっています。

ツボミ役のキャスティングに関しては、原作のイメージと話題性との両方を考慮した結果、テレビ東京さんが⑮乃木坂46の3期生で、人気上昇中の与田ちゃんに交渉して出演OKを貰ってくれました。

乃木坂46のメンバーはライブやレッスン、TVの収録などもありスケジュール的に厳しい時もありましたが、与田ちゃん本人の意向として、お芝居に意欲的にチャレンジしたいという事により、出番は削らずに撮影シーンをまとめた〝与田ちゃんDAY〟を作る事で対応しました。

吉田さんによる天然ボケや言い間違えをする設定は、与田ちゃん本人の魅力により、更にパワーアップされて不思議な魅力を持つツボミが誕生しました。

与田ちゃんは、こっちが全く予想しないアングルから会話をして来たり、独自のリズムとユーモアを持つ魅力的な少女だと思います。その本人の魅力が見事に役と重なりましたね。Blu-ra

数多くの映画やTVドラマに参加。また坂本監督作品では、『モブサイコ100』の霊幻新隆役を演じた。

⑬与田祐希
日本で活動するアイドル。2016年にアイドルグループ「乃木坂46」のオーディションに合格して3期生として活動をスタート。2018年の『モブサイコ100』では、初めてグループではなく単独でTVドラマに出演を果たした。

⑭ONE
日本で活躍する漫画家。個人サイトで連載していた『ワンパンマン』が1日10万アクセスを超える人気となったあと、2012年に『モブサイコ100』でプロ漫画家デビュー。また同年に「となりのヤングジャンプ」で『魔界のオッサン』、村田雄介作画による『ワンパンマン』の連載も開始している。

⑮乃木坂46
日本で活動するアイドルグループ。AKB48の公式ライ

yの映像特典に彼女の魅力がたっぷり入っているので、是非チェックしてみてください。

――EDのデートPV風映像の狙いは。

あれは僕からの提案です。もともとモブはツボミちゃんにモテたいから肉体改造部にも入ったし、それがこの物語のきっかけでもあります。ただ毎回そこに焦点を当てた話にはならないので、モブの理想の世界を視聴者にリマインドする為に、妄想デート映像にしました。

もともと中盤のカメラ目線のデート模様が違う2バージョンを撮る予定でしたが、中野プロデューサーが、そのアイデアを気に入ってくれて、別のキャラクターのバージョンも見たいというリクエストをいただきました。

その結果、肉体改造部の青春編と、霊幻の日常生活編が生まれました。

デート映像は、出来るだけ与田ちゃんのナチュラルな表情が撮れるように、龍臣くんにカメラの真後ろに付いてもらい、アドリブで会話を続けてもらいました。

その与田ちゃんの突拍子もない反応が面白く、スタッフ全員〝与田ちゃんワールド〟に吸い込まれてしまいましたね（笑）。

濃いキャストの中で存在感を発揮したのは

――キャストには中学生を演じるのに無理のあるメンバーもいますが（笑）。

バルとして存在しており、専用劇場を持たないことや、ダンスを通じて劇を演じていくといった違いがある。

ですね。中学生どころか、高校生にすら見えないメンバーがいっぱいですね（笑）。実年齢に近いキャストを揃えるのは現実的に難しく、原作も中学生に見えないキャラクターたちがたくさんいるじゃないですか（笑）。

なので、実年齢には拘らずに、お芝居とルックスでキャラクターを表現出来る人たちを中心にキャスティングを進めて行きました。作品独自の世界観を提供し、視聴者の方々に楽しんでいただきたいという狙いもありました。

その中でも撮影序盤に暗田トメ役の⑯山谷花純ちゃんが物凄く弾けてくれて、作品全体のトーンをセットしてくれた感がありました。

やはりみんなどれくらいボルテージを上げて良いか探っていた所もあるのですが、花純ちゃんの弾けようを見て、そこからキャスト陣の演技バトルが始まりましたね。特に肉体改造部との組み合わせは最高でした（笑）。

龍臣くんと望月くんのふたりも、自分たちのキャラクターを他の濃い面々とどうやって戦わせるかで熱くなっていましたね。花純ちゃんが火を付けてくれて、良い意味でみんなお芝居を楽しんでいました。

——トメの存在感は凄かったですね。

この企画が決まった時から、僕の中でトメ役は花純ちゃんで！　という思いがありました。今ま

⑯山谷花純
日本で活動する女優。2008年のTVドラマ『CHANGE』で女優デビュー。2015年に『手裏剣戦隊ニンニンジャー』でモモニンジャーに変身する百地霞役を演じる。『仮面ライダー×仮面ライダー ウィザード&フォーゼ MOVIE大戦アルティメイタム』（2012年）、『白魔女学園』（2013年）、『宇宙刑事シャイダー NEXT GENERATION』（2014年）、『白魔女学園オワリトハジマリ』（2015年）など、坂本監督作品への出演も多い。2018年『モブサイコ100』では暗田トメ役としてエキセントリックな演技を見せ、視聴者に大きなインパクトを残した。

でに何度も一緒にお仕事をしていますが、毎回彼女のお芝居の幅の広さに驚かされていたからです。

花純ちゃんは、今までコメディ作品の経験があまりなく、どのくらいのテンションで挑んで良いか迷った時もあったようですが、僕には必ず花純ちゃんならトメを面白可愛くしてくれると確信がありました。

花沢役の敦史[17]も弾けていましたね。原作の再現度が高かったですし、5&6話ではハゲヅラ&全裸の前貼り状態で頑張っていました。もちろんやりますよ！　と思い切り良く竜巻に巻き込まれるシーンもチャレンジしてくれました。

彼とも『仮面ライダー×仮面ライダー フォーゼ&オーズ MOVIE大戦MEGA MAX』以降、『KIRI -「職業・殺し屋。」外伝-』でも一緒でした。

今作はアクション少なめかなと思っていましたが、思い返してみると結構やっていますね（笑）。


——ワイヤーアクション[18]でみんなバンバン吹っ飛んでいましたね。


今回は僕にしてみれば久々の自分のチーム、アルファスタント[19]作品なんです。円谷プロ作品ではキャスタッフ[20]さん、東映作品ではJAE[21]さんと一緒で、うちは入ってもワイヤーアクションのセッティングだけです。久々に自分のチームと仕事をしました（笑）。

見ているこっちが心配するくらいの勢いで、みんな吹っ飛んでくれました。


——覚醒ラボや爪のメンバーはだいぶ原作からアレンジしていますね。

⑰敦史
荒井敦史。日本で活動する俳優。ワタナベエンターテインメントの男性俳優集団「D-BOYS」のメンバー。2008年、第21回「ジュノンスーパーボーイコンテスト」にてビデオジェニック賞を受賞。俳優として活動を開始し、映画『ポールダンシングボーイ☆ず』（2011年）にて初主演を務める。2011年の坂本監督作品『仮面ライダー×仮面ライダー フォーゼ&オーズ MOVIE大戦MEGA MAX』で仮面ライダーアクアに変身する湊ミハル役を演じ、その後も『KIRI -「職業・殺し屋。」外伝-』（2015年）、『モブサイコ100』（2018年）と坂本監督作品に出演。存在感のある演技を見せた。

⑱ワイヤーアクション
キャストやスタントマンが特殊なハーネスを装着し、ワイヤーを取り付けることにより、人力もしくは機械でワイヤーを引いてジャンプ力や浮遊感を強調するアク

覚醒ラボや爪のメンバーは原作ではもっと多いですよね。全員を12話では描き切れないので、原作よりは人数を絞っています。絞った時に原作の他のキャラの要素を付け加えたり、映像にしやすい能力に変えたりなどの変換もしていますね。

――原作だと、非現実的なキャラクターが多いじゃないですか。

今回は海外配信を意識するという事もあり、原作のキャラクターをそのまま再現した時に、ドラマとして受け入れる事が難しいかもと思われるキャラクターは、リアルに寄せています。

特に悪の組織の爪のメンバーや、作劇上ミステリアスな要素を加えた覚醒ラボは、謎の組織が暗躍している緊迫感を強調する為に、狙いでリアルさを加えています

――霊幻の元を訪れる相談者も豪華な面々ですね。

相談者の人選は、1話の冒頭はインパクト狙いでフォーリンラブ[22]さんにオファーをかけました。それ以外の相談者たちは、僕や中野プロデューサーに縁のある人たちにスケジュールが空いているかを確認しつつ、参加を集いました。中には榊[23]さんのように本編にも大きく絡んで来る役もありますね。

榊さんは、監督として中野プロデューサーと『侠飯～おとこめし～』で組んでいたり、僕の作品にも俳優として何度も参加してもらっています。

相談所では、波岡さんと龍臣くんのふたりでの芝居が多かったのですが、クライマックスの体育

ション。以前は、細いワイヤーを黒く塗ったり、照明の調整により見えないように工夫していたが、近年は合成処理で消している。なお、ワイヤーアクションは和製英語で、海外ではワイヤーワーク（wire work）と呼ぶ。

⑲アルファスタント
1992年にアメリカで結成されたALPHA STUNTSが、日本での活動を本格化するために2003年に設立した会社。数々の映画やテレビドラマ、CM、ゲームなどのアクションやスタントのコーディネートに加え、アクションを志す人に向けてのスポーツジムも経営。代表は小池達朗。

⑳キャスタッフ
円谷プロダクション専属のアクションチーム。『電光超人グリッドマン』以降、劇場版、TVシリーズ、配信シリーズ、オリジナルビデオなど、すべてのウルトラマンシリーズでメインのウルトラマンや怪獣たちのスーツアクターを担

館の撮影で、キャスト陣が集まると、波岡さんはリーダーシップを発揮していましたね。みんなの頼れる兄貴的な存在でした。

――学校のシーンではキャストの皆さんはどんな感じでしたか。

和気藹々として、常に笑い声が絶えない楽しい現場でした。ひとつ心配だったのが、爪のメンバーが悪い大人たち（?）ばかりだったので、若くて純粋な龍臣くんたちに変な影響を与えないかと親心で目を光らせていました（笑）。

エクボの表情はあの有名声優!?

――エクボの声が[24]大塚明夫さんというのは。

アニメ版の大塚さんの印象が凄く強いので、続投をお願いしました。大塚さんの中でもエクボはお気に入りのキャラクターのようで、ノリノリで引き受けてくれました。

今作でのエクボは3DCGによる表現にチャレンジしています。合成部も面白いキャラクターにしたいと気合を入れて作業していましたね。撮影に先行して、大塚さんのセリフを収録しました。その時にフェイシャルキャプチャーという技術を使い、大塚さんの顔の筋肉の動きも同時にデータとして収録しました。これは顔に数十個のマーカーを付けて、顔の筋肉の動きをデータ化して収録するという技術です。なので、CGエクボは声のみではなく、実際の大塚さんの表情筋の動きも

当している。また、映像作品のみならず、イベントなどにも参加している。

㉑JAE
株式会社ジャパンアクションエンタープライズ。俳優の千葉真一が設立したジャパンアクションクラブ（JAC）を前身とする日本の芸能事務所。アクション俳優の育成やマネージメントに加え、映画や舞台、各種イベントのアクションシーンの演出も手掛けている。JAC時代も含めると、真田広之、志穂美悦子、大葉健二、春田純一といった数多くのアクションスターを輩出。現在の代表取締役社長は、監督業も務める金田治。

㉒フォーリンラブ
日本で活動するお笑いコンビ。バービーとハジメによる男女コンビで、様々なシチュエーションから男女の関係になっていき「イエス、フォーリンラブ」というフレーズで締めるコントで知られている。

表現されています。

そしてすべての映像が完成した後で、もう一度大塚さんにはアフレコに入っていただき、セリフ以外の笑いや驚きなどのリアクションなどの息遣いを収録するという入念の作業が施されました。

このような手法は、ハリウッド作品やＣＧゲームのドラマパートなどで用いられる物で、その作業量の複雑さから通常テレビで放送されるドラマでは用いられる事はありません。しかも今回は高解像度の４Ｋ納品という条件付きでした。解像度が上がるほど、作業時間も延びていきます。通常の特撮作品の３倍は時間がかかってしまいますね。

――だとするとバトルシーンの作業も大変だったのではないでしょうか。

撮影のプロセスでは、通常より念入りに現場でのデータの計測に時間をかけます。後のＣＧ作成作業に、それだけの正確さが求められるからです。壁が壊れる描写なども、仕上げ時間ギリギリまで粘ってもらい、出来るだけリアルに近付けるように頑張ってもらいました。

超能力の描写もリアル志向に拘り、通常の特撮作品で見られるような派手なエフェクトは比較的避けました。このような特撮作品との差別化が難しかったですね。やはり迫力を出そうとすると、波動や斬撃のエフェクトが派手になり、どうしても特撮ヒーローっぽくなってしまうのです。

それはそれでカッコ良いのですが、今作の方向性とは違っていたので、泣く泣くＮＧを出して、何度もチャレンジしてもらいましたね。

㉓榊
榊英雄。日本で活動する俳優、映像作の監督。２０１２年に『特命戦隊ゴーバスターズ』で司令官の黒木タケシ役を演じている他、坂本監督作品では『赤×ピンク』の安藤乱丸役、『破裏拳ポリマー』の加藤刑事役などで出演している。また映像作品の監督としても活動していて、『アリーキャット』（２０１７年）や『ほくろの女は夜濡れる』（２０１７年）といった劇場作品や、『侠飯〜おとこめし〜』などの連続TVドラマも手がけている。

㉔大塚明夫
日本で活動する声優、俳優。『ブラック・ジャック』のブラック・ジャック役や『メタルギアソリッド』シリーズのスネーク役など、TVアニメやゲームを問わず多数の作品に出演している他、スティーブン・セガールを始めとする洋画の吹き替えでも知られている。特撮作品にも敵役で度々出演していたが、『宇宙戦隊キュウレン

――やはり特撮作品のルックに引っ張られてしまうのですね。

今回はＶＦＸスーパーバイザーの小林真吾さんの提案により、台湾のＣＧ会社にも参加してもらい作業していただきました。日本だと４Ｋレンダリングを受けられる会社が限られていて、放送に間にあわせる為の作戦です。

台湾で作成したカットを日本でチェックしてコメントを戻すので、スピード勝負です。僕も携帯にデータを転送してもらい、来たらすぐにコメントを戻す作業を繰り返していました（笑）。

僕は『トラベラーズ 次元警察』でも、別会社ですが台湾のＣＧ会社とご一緒させていただきましたが、本当にみなさん優秀ですね。設備も技術力も揃っていますし、日本の特撮やアニメ、ハリウッド映画からも良い所を吸収していると思います。

今後の日本のＣＧ産業としては、世界配信や配給に対応出来るようにハイスペックなマシンでの受け入れ態勢を整えなければいけない事だと思います。現状邦画は劇場公開する作品でも、まだコスト削減や制作スケジュールの問題で、２Ｋで仕上げている作品も多いですから。

韓国のカメラマンと一緒に『獣電戦隊キョウリュウジャーブレイブ』の実景を撮った時に、日本ではまだ2Ｋで作品を仕上げている事を説明したら、驚いていましたね。

狙い通りの物語構成

ジャー』ではヒーローのひとりであるオウシブラックに変身するチャンプの声を演じた。坂本監督作品の『モブサイコ100』では、ＴＶアニメ版に引き続きエクボの声を担当している。

――視聴者からの反響はいかがでしたか。

作品を観ていただいた方々や、テレビ東京さん、Ｎｅｔｆｌｉｘさんからも好評価をいただきました。原作をアレンジしている部分もあるので、原作のファンの方からは厳しいお言葉もありましたが。僕としては原作を知らない人にもユニークなキャラクターたちを楽しんでもらいたかったですし、原作のファンの方々には、ドラマ版としての楽しみ方をして欲しいという想いで、作品に取り組みました。

――実は僕は今回の『モブサイコ１００』に関しては、あえて原作を読まずに視聴したんです。第１話でいきなりたくさんのキャラクターが出てきて面食らったのを覚えています。ただの学園コメディではなく、何か裏で組織が暗躍している雰囲気があり、覚醒ラボが世に放っている刺客的な存在が爪の面々なのかと思っていました。

あのふたつの組織が繋がっていないのは、原作を知る人たちにはすぐに分かるのですが、ドラマ版の狙いとしては、ミスリードの機能も含んでいました。

悪の組織を早めに描写する事により、作品全体に緊張感を保たせ、連続ドラマとしてクライマックスへの伏線を張る作戦と、超能力者がいる世界観が受け入れやすくなるという狙いもありました。

今回の作品を12話で１本の物語として捉え、起承転結を配置した結果ですね。狙い通りに反応していただき嬉しいです（笑）。

拡大していく坂本監督ワールド

――まだ原作で描ける部分がありますが、続編は考えているのでしょうか。

もちろん僕は撮りたいですが、Ｎｅｔｆｌｉｘさん次第ですね。原作は完結しましたが、ドラマ版もシーズン３まで行けば、原作の最後まで描けるので、機会があれば是非！

僕が今回『モブサイコ１００』を通して凄く嬉しかったのが、今まで様々な作品で監督をやらせていただき、出会って来たキャストやスタッフたちと一緒にこの作品を作れた事ですね。今まで知り合いじゃなかった人たちも、僕の作品を通じて仲良くなり、輪が広がっていくのを、現場で目の当たりにする事が出来ました。

息子や娘たち、仲間たちに囲まれて毎日楽しく一緒に作品を作れた事が、今まで監督をしていたことへの何よりのご褒美です。まるで家族が増えていく感じですね。また、その作品が評価され、それぞれの次のステップへと繋がっていくのであれば、こんなに素晴らしい事はないと思います。

今後も更に輪を広げ、キャストやスタッフを含め、色々な人たちと出会いながら、皆さんに喜んでいただけるような作品を作り続けたいと思います！

坂本浩一×対談⑤

監督 横山誠

「チャンスがあれば
喰らいつきたかったし、
あの頃は若くてタフだった」

プロフィール
スタントマン出身の監督で、アメリカに渡りパワーレンジャーシリーズに携わった後に日本で活躍するなど、坂本監督との共通点が多い。2005年の特撮作品『牙狼〈GARO〉』では立ち上げから関わっており、TVシリーズ第3弾『牙狼〈GARO〉～闇を照らす者～』では総監督を務めている。2009年には『大怪獣バトル ウルトラ銀河伝説 THE MOVIE』の前日譚、『ウルトラマンメビウス外伝 ゴーストリバース』で監督を担当。

撮影：堀 智昭

◎横山監督、渡米の経緯

——横山監督は坂本監督とともにアメリカでパワーレンジャーシリーズを手掛けていましたが、まずアメリカに行った経緯をお願いできますか。

横山　アルファスタント[1]代表の小池[2]さんが、『マイティ・モーフィン・パワーレンジャー』の映画版に参加する日本人スタントマンを募集していたのがきっかけです。応募者の中から自分を含めた10人が選ばれたのですが、もともと映画版を監督する予定だったスティーブ・ワン[3]が降板し、アクション監督を担当するはずだった坂本さんも外れてしまいました。
それで映画版への参加はなくなったのですが、1995年の春頃に、TV版の第3シーズンから参加する事になりました。アメリカの現場で「初めまして」でしたね。

坂本　その1年ぐらい前に『GUYVER DARK HERO』[4]の日本試写で会いましたよね？

横山　すれ違った程度にね（笑）。

坂本　空港から直接現場に来ましたよね。公園で撮影をしていたら、大きな荷物を持った日本人の団体さんがやって来たのをよく覚えています。

横山　ビザの申請に時間が掛かり、予定よりも

①アルファスタント　有限会社アルファスタント。1992年にアメリカで結成されたALPHA STUNTSが、日本での活動を本格化するために2003年に設立した会社。数々の映画やTVドラマ、CM、ゲームなどのアクションやスタントのコーディネートに加え、アクションを志す人に向けてのスポーツジムも経営。代表は小池達朗。

②小池　小池達朗。有限会社アルファスタントの代表取締役社長、アクション監督、スタントコーディネーター、スタントマン。1992年にALPHA STUNTSを結成。日本のアクション界に数々のハリウッド式の機材を導入した第一人者。『牙狼〈GARO〉』や『大魔神カノン』などの特撮作品や『アンフェア the answer』、『曇天

1ヶ月くらい遅れたね。

――日本のスタントマンを呼ぶ事になった理由を教えていただけますか。

坂本 第2シーズンの後半から、僕らアルファスタントが参加するようになり、それが好評で、第3シーズンから人数を増員する事になったんです。

――だとすると、横山さんはスーツアクターとして参加したのですか。

横山 その頃はスーツアクターという言葉がなかったので、スタントマンですね。ヒーローや怪人、補助など何でもやる〝ユティリティ・スタント〟と呼ばれていました。ただ、移民局を通過する時の書類の職業欄には〝NINJA〟と書いてあったけど(笑)。

坂本 『忍者戦隊カクレンジャー』がベースの頃でしたからね(笑)。横山さんには最初〝ホワイトレンジャー〟(『五星戦隊ダイレンジャー』のキバレンジャー)に入ってもらいましたね。

横山 懐かしいね。当時ホワイトレンジャーに変身するトミーを演じたジェイソン・デビッド・フランク⑤は凄い人気だったね。アメリカでは彼が本郷猛的な存在です(笑)。

◎色男たちが集まるクラブ!?

――AAC STUNTS⑥のこの頃の活動は。

横山 AACは雨宮さん⑦の『未来忍者 慶雲機忍⑧

に笑う』などでアクション監督を務めた他、『SPACE BATTLESHIPヤマト』『ガッチャマン』『寄生獣』『海賊と呼ばれた男』などでスタントコーディネーターを務める。多数の坂本監督作品にもワイヤースタントコーディネーターとして参加している。

③スティーブ・ワン アメリカのSFXアーティスト、造形作家、映画監督。1990年に日本の漫画『強殖装甲ガイバー』を原作とする実写映画『GUYVER』で、スクリーミング・マッド・ジョージと共同監督で商業映画の監督デビュー。1992年に自主制作で監督を務めた『アドベンチャー・オブ・カンフーラスカル』では主演もしている。坂本監督とは1994年の『GUYVER DARK HER

外伝』で活動を開始して、『ゼイラム』[9]シリーズなども担当していました。もともと僕が個人事業としてやっていた〝アトラクティブ・アクション・クラブ〟を法人化した感じです。
　でも英語的にはそれがカッコ悪い名前だと気付かされました。アトラクティブの意味が〝色男〟と取られるらしいです。

坂本　〝魅力的〟とか、人の容姿を讃える時に使いますね。

横山　〝色男のクラブ〟って、そりゃあカッコ悪いなと（笑）。それもあって、AACSTUNTSにしました。

――この時のおふたりの関係性は。

横山　坂本さんが監督で、僕はスタントマン。プレイヤー側です。

坂本　最初はそうですね。ただ、撮る量が多いし僕は他の作品にも参加していたので、僕以外にも監督が必要になり横山さんにお願いしました。日本人スタントマンの紹介VTRを横山さんが監督されていて、それが凄く面白かったんです。それで、監督やりませんか？　と勧誘しました。

横山　番組に参加して半年後くらいかな。

坂本　英語の問題もあるので、最初は僕がサポートに入り、小さいシーンからスタートして、徐々にお任せする分を増やして行きました。その後、僕と横山さんの連名でアク

O』、1997年の『破壊王 DRIVE』などでタッグを組んでいて、プライベートでも親交が深い。2008年、『仮面ライダー龍騎』の海外リメイクTVシリーズ、『KAMEN RIDER DRAGON KNIGHT』に共同製作総指揮、監督、ストーリー原案、アクション監督として参加。坂本監督も1〜3話のアクションシーンを担当している。

④『GUYVER DARK HERO』
日本の漫画『強殖装甲ガイバー』を原作とする実写映画『GUYVER』の続編。1994年公開。監督はスティーブ・ワン。坂本監督のスタントチーム、アルファスタントのデビュー作でもあり、坂本監督もスタントコーディネーターや、ガイバーのスーツアクターとして参加している。アクションシーン

ション監督を担当するようになりました。

―横山監督の英語はどうでしたか。

横山 全然ダメです（笑）。大学は出ていますが英語はあまり得意じゃなかった。通訳を付けてくれたのが、最初の2ヶ月だけでした。まぁ、業界用語は割と伝わりますが。

坂本 現場でのコミュニケーションはすぐに慣れましたよね。

横山 動きを見せれば、カメラマンが勝手に撮ってくれるので（笑）。

坂本 アクション班のカメラマンと助監督が凄く優秀で、どんなシチュエーションに対しても臨機応変に対応してくれるんです。

―横山監督は監督志望でアメリカに行ったのでしょうか。

横山 いや、ちゃんとプレイヤーをやろうと思ってアメリカに行きました。ただ、坂本さんがあまりにも自由で楽しそうだったので、見ていて「やりたいな」とは思っていました。坂本さんがパワーレンジャーの為に、他の作品のオファーを断る状況だったので、手伝えて良かったです。

坂本 代わりの監督を立てるにも、プロデューサーには作品のクオリティを保障しなければいけません。横山さんは合成の知識も豊富だったので、適任でした。

パワーレンジャーには、合成アドバイザーや⑩特撮監督が付かないので、すべて

では、ワイヤーやボディアクションを中心とした香港スタイルが取り入れられ、派手な動きを見せた。

⑤ジェイソン・デビッド・フランク
アメリカで活動する俳優。1993年にパワーレンジャーシリーズのトミー・オリバー役でデビュー。格闘や体操を得意としていて、作品のほとんどのアクションをスタントなしで演じた。2010年には総合格闘家としてデビューを果たし、プロデビュー戦では見事勝利している。

⑥AAC STUNTS
スタントチーム。映像作品やゲーム、ライブにおけるアクションシーンの演出、スタントコーディネート、スタントマンの手配などを行う。ジムも運営していて、スタントマンの育成や、俳

を僕たちが兼任していました。アクションのみじゃなく、特撮や合成の知識も必要とされるポジションだったんです。

横山 合成に関しては自信あります。今でも知識と経験はアクション業界で一番かもしれないけど（笑）。アメリカでは才能があると思われると、チャンスを与えてくれます。その代わり、ダメだと分かるとすぐにお払い箱なので日本よりシビアですが。

坂本 周囲のアクション畑の人たちは、合成に興味がなかったので、横山さんにしか相談出来ない事がたくさんありましたね。

横山 お互い映画オタクですから（笑）。

坂本 エピソードやシーンで分けて監督を交代したり、あとはひとつのアクションシーンを、レンジャーごとに担当したりしていました。僕がレッドを撮ったら、次は横山さんがブルーを撮るとか。僕が撮っている間に横山さんが次の立ち回りを考えて、常にお互いに刺激し合っていましたね。

それに自分たちのアイデアだけでなく、プレイヤーからもアイデアを聞いて、とにかく色々とチャレンジしました。

横山 当時はふたりとも若かったから、野望もありましたね（笑）。お互い１９８０年代のハリウッド映画や香港映画に刺激され、共通言語も多かった。

坂本 思い付くカットも似ていました。口頭の説

優のアクション訓練なども行っている。代表取締役は横山誠。

⑦雨宮
雨宮慶太。日本で活動する映像作品の監督、キャラクターデザイナー、イラストレーター。1985年の『巨獣特捜ジャスピオン』で初めてキャラクターデザインを担当し、翌年の『時空戦士スピルバン』からはメインキャラクターデザインを担当するようになった。1988年の『未来忍者 慶雲機忍外伝』で映画監督としてデビューし、その後は『ゼイラム』（1991年）や『タオの月』（1997年）などを手がける。また『魔法少女隊アルス』や『牙狼〈GARO〉』など、自ら原作を手がける作品も多い。2005年に原作・総監督・監督・脚本を務めた『牙狼〈GARO〉』は、10年を

明だけで、そのカット割りや構成を理解出来たので、ふたりで撮ったカットを違和感なく繋げられました。

——お互いに素材を確認しなくても大丈夫だったという事ですか。

坂本 ですね。電話での報告と打ち合わせのみで大丈夫でした。

横山 カメラのアングルとかもすべてね。

坂本 それを何年も一緒にやっていたので、『牙狼〈GARO〉～MAKAISENKI～』で僕が呼ばれた時も、現場で横山さんとトランシーバーでの連絡のみで撮影を進めていたので、スタッフが驚いていましたね。

横山 パワーレンジャーの撮影スタイルだったから出来たというのも大きいね。

坂本 『牙狼〈GARO〉～MAKAISENKI～』での横山さんとの再タッグは楽しかったですね。パワーレンジャー時代に培ったノウハウを活かし、当時を思い出しながら仕事が出来たので。

◎野望に満ちたふたりの若き監督

——アメリカでの撮影に関して、何かルールとかはありましたか。

坂本 アメリカでの放送には厳しい制限があります。例えば、顔を殴るのはNG、倒れた相手を攻撃するのもNG。

逆に言うと、それらのルールを守れば、

超える長期にわたりシリーズ化され続けている。

⑧『未来忍者 慶雲機忍外伝』 1988年に発売されたオリジナルビデオ。同年に発売されたゲーム版『未来忍者』のキャラクターデザインを手がけた雨宮慶太が監督を務めており、自身初監督作でもある。サイボーグ化された忍者が、自身の所属していた機械忍者軍団を相手に孤軍奮闘する姿を描く。

⑨『ゼイラム』 雨宮慶太監督の初めての劇場作品。1991年公開。逃走する古代兵器を追う女賞金稼ぎが、無人密閉空間の中で地球人を守りながら戦うというストーリー。特撮だけでなくCGもふんだんに取り入れられている。

好きなアクションが撮れました。それまで観てきた映画や好きな映画のスタイルを参考にして、色々と試す事も出来ました。

横山 チームが協力して敵を倒すというのが、物語のパターンなので、アクションを撮る前に、シーンの頭とお尻を先に撮り、ドラマ部分を完結させてからアクションを撮る事が多かったですね。そうすれば残り時間次第でアクションの量を調整できるし、それでスケジュールを守っていましたね。

坂本さんは午前中に必要なカットを終わらせて、午後は自由に撮ろう！ 的な事もしていたり（笑）。

坂本 スケジュール調整も僕がやっていましたから（笑）。初期のパワーレンジャーはストーリー性が少なく、主人公たちが学校からの下校中に敵が現れたので戦うというパターンが基本でした。

特にシーズン3までは、アクションの面白さで人気を持続していたと言っても過言ではないと思います。楽しいアクションがあればOKという感じもありましたね。

横山 それは子供番組としては、凄く正しい（笑）。

坂本 シーズン5の『パワーレンジャー・ターボ』以降から物語性が重視され、アクションもストーリーに付随した物に変わりましたね。

横山 毎日プロデューサーによるラッシュチェッ[11]

⑩**特撮監督**
特撮を用いた映像作品において、ミニチュアやSFXが中心となるシーンやカットの演出を担当する監督のこと。特技監督や特殊技術と呼ばれることもある。

⑪**ラッシュチェック**
前日に撮られた内容を、編集する前に撮られたままの状態で確認する作業。以前はVHSやDVDで行われていたが、現在はデータで取り込まれた物を編集機で確認するのが普通。

――クがあり、坂本さんが撮るドラマ部分が気に入られ、アクション班でもドラマを撮る分量が増えて行きましたね。

坂本 ジワジワとドラマパートにも侵食していった感じですね（笑）。

――ドラマパートの監督やスタッフらの反発というのはなかったんですか。

横山「素晴らしい！」と褒めてくれます（笑）。

坂本 アメリカはプロデューサーシステムなので、複数班での共同作業に慣れている人も多いですね。

◎スタントチームの生活事情

――やはり休みは映画をよく観ていたのですか。

横山 アメリカは料金も安いし、映画館、上映回数も多いのでよく行ってた。

坂本 そうですね。あと、スタントチームはスカイダイビングにハマって週末は通っていましたね。みんなライセンスも取得しました。僕は既に娘がいたので、週末は娘とデートしていましたけど（笑）。

横山 あとは時々、ホームパーティをしたり、独身組は夜の街に繰り出したり。仕事もあるし、お金も入って来るようになり、楽しんでいました。でも当初2台の車を8人で使っていたので、移動は限られましたね（笑）。

――住まいはどうされていたんですか。

横山 アルファスタントがマンションのような所に二部屋借りてくれました。

坂本 撮影所から15分くらいの所に、今で言うシェアハウス的な感じです。

横山 広いけど、プライベートはなかったですね。

坂本 そこはウチから提供していますが、個人で引っ越す場合は自己責任ですね。なので、家庭を持つと引っ越して行く感じです。現在ニュージーランドで撮影しているパワーレンジャーも同じシステムです。

横山 当時は凄く忙しかったですね。現地に6時半集合なので、30分前には行きケータリングで朝食を食べる。日暮れまで撮影して、その後練習もする。ヘトヘトですね。

坂本 基本的に撮影自体は10時間ですが、準備や後片付けも入れると12時間拘束です。その時間内で出来る事はすべてやる感じでしたね。僕はシーズン7の『パワーレンジャー・ロスト・ギャラクシー』から、プロデューサーになったので、スケジュールと予算の管理もしなければいけませんでした。

◎アメリカで大ブーム

――パワーレンジャーの評判は、どのような感じだったのでしょうか。

坂本 社会現象になるぐらい大人気でした。特に最初の3年間は異常でしたね。

横山 レストランとかでも、パワーレンジャーのスタントマンだと分かるとサービスしてくれたり（笑）。アパートにも子供たちが覗きに来たり（笑）。ハロウィーンの時は大変だったなぁ。お菓子とか用意してなかったんで、袋麺をあげたりしてました。

坂本 ただ、僕の娘が幼稚園に通っていた頃は肩身が狭かったですね。危ないので幼稚園でパワーレンジャーごっこ禁止令が出て、みんな僕が監督しているのを知っているので「ソーリー」という感じでした。

――他の親御さんから冷たい視線も。

坂本 そうですね。でも、敵視というよりは、番組自体を理解出来ていない状態でした。日本ではスーパー戦隊は親たちの代から知るヒーローですが、アメリカではまだ未知の存在でしたから。

横山 低級だと思っているけど、子供たちのハートに深く突き刺さっているのは感じていたはず。

坂本 今ではパワーレンジャーはブランド化されて、誰もが知っている作品ですが、当時はパジャマを着ているヒーローと言われていましたから。

――子供心に火が付いたのは、見た目のインパクトからが大きいのでしょうか。

坂本 原色のカラフルさは目立ちますからね。

横山 格闘やアクロバットも派手だし、巨大ロボも珍しかったと思います。

坂本 アメリカの子供達は、ある程度大きくなるまでサンタクロースを信じていたり、日本の子供達より純粋な所もありますね。

横山 変身前の役者がヘルメットを取った状態で登場して、「真似しちゃダメだよ！」的なメッセージをテレビで流したりするしね。

坂本 はい。アメリカでは怪我をすると訴訟問題が起きてしまいますから。それと、番組の影響でたくさんの格闘技道場がオープンしましたね。

横山 特撮作品というより格闘アクションへの注目が高かった気がします。

坂本 子供向けのアクション番組って事ですね。当初はヒーローが格闘技で戦うのが新鮮に見えて、関連玩具も凄く売れて記録を作りました。

横山 ⑫トイザらスに行ったら、一番いい展示場所にバーンとありましたから。

坂本 アーノルド・シュワルツネッガーの映画⑬『ジングル・オール・ザ・ウェイ』でもネタにされていましたね。

――⑭田崎竜太監督の合流はその後ですか。

坂本 プロデューサーがドラマ部分でも日本人の監督さんに撮ってもらいたいと、日本から田崎さんに参加していただきました。ビザの収得に時間がかかり、シーズン7の途中からの参加でしたが。

自分で撮った『星獣戦隊ギンガマン』の

⑫トイザらス
アメリカ発の玩具量販店。アメリカだけで848店舗、アメリカ以外の33カ国で約700店舗という大規模なフランチャイズ展開を行っていた。

⑬『ジングル・オール・ザ・ウェイ』
1996年に公開されたアーノルド・シュワルツネッガー主演の劇場作品。仕事に追われ多忙な日々を送る主人公が、息子のクリスマスプレゼントを買うために人々がごった返す町中で悪戦苦闘する姿を描く。『マイティ・モーフィン・パワーレンジャー』の大ヒットによる玩具の品切れ騒動が、脚本のモチーフにされている。

⑭田崎竜太
日本で活動する映像作品の監督。『星獣戦隊ギンガマン』の後に、『パワーレンジャー』シリー

エピソードをパワーレンジャーでリメイクしていましたね。

横山 なんかデジャブだって（笑）。

坂本 田﨑さんが現場に慣れるまでは、僕か横山さんが現場に付いていましたが、田﨑さんは英語が堪能なので、すぐにひとりでドラマ班を受け持つようになりました。

横山 順応性が高かったですね。

坂本 楽しそうでしたね。

――アメリカのプロデューサーシステムはどういった感じなのでしょう。

坂本 基本的にアメリカではプロデューサーに一番発言権があり、作品をコントロールしています。現場でも監督の横に座り、何かあると指示を出したりもします。編集でも監督が編集した後に、プロデューサーの直しが入り、オンエアや劇場公開されるのは、プロデューサーバージョンという事が多いですね。

横山 だから監督や役者でも、後にプロデューサーになっちゃうんです。

坂本 アメリカの監督たちは、自分の事を理解して、自分の才能を伸ばしてくれるプロデューサーと出会う事が何より大事ですね。

――具体的にパワーレンジャーで試せた事を教えていただけますか。

坂本 ちょうど田﨑さんが来ていた頃が、番組的に一番予算が潤沢だったので、合成関係

ズの監督オファーを受け渡米する。帰国後は『仮面ライダーアギト』『仮面ライダー555（ファイズ）』などを手掛け、平成仮面ライダーシリーズの創世記を支える。その後も数多くの平成仮面ライダーシリーズのパイロット監督を務め、2013年以降は大ヒットドラマ『科捜研の女』なども手掛けている。

も含めて色々チャレンジ出来ましたね。

横山 プロデューサーから信頼を得ていたので、やりたい事を提案して予算を確保してもらったり。

坂本 ウェスタン村やユニバーサル・スタジオでロケしたり、カメラクレーンや、車にカメラを搭載するショットメーカーなども使用したりと豪華でしたね。特にアメリカでは人気アイテムのバイクアクションには力を入れました。

横山 週に1回は車を爆破していたような気がしますね（笑）。

坂本 LAのダウンタウンの一角を封鎖して、道路の真ん中でナパームを爆発させたりもしましたね。周りのビルから見ていた人が、本当の爆発かと思って救急車が来た事もありました。

それに加えて、レッドの強化形態のバトライズドフォームが登場したりと、日本のスーパー戦隊にはないオリジナル要素も増えて行きました。そのような大型アイテムの登場シーンなどは、ふたりで交代制で撮っていました。そうする事により、次々とアイデアが出て来るんです。

日本で人気の〝なりきりアイテム〟は、子供が真似して怪我をするといけないので日本版とは素材が違ったり、規制が厳しかったですね。

◎坂本監督の苦しい時期を支えた横山監督

——予算は緩やかに下がっていったのですか。

坂本 『パワーレンジャー・ワイルドフォース』で作品の権利がディズニーに移るまでは、基本的な制作体制は変わりませんでした。

横山 ディズニーの決断により、作品のロケ地がニュージーランドに移る事になったので、仕事を失うLAのスタッフへのケアや、今後の問題も含めて激動の時期でしたね。

坂本さんには、だいぶ大きなプレッシャーがかかっていたと思います。

坂本 会社からの指示で、今まで僕たちをサポートしてくれたプロデューサーの代わりに、僕が番組の責任者としてニュージーランドへ行くことになりました。そんな時にプライベートの事情も含めて、色々相談出来たのが横山さんだったんです。

横山 まあ、30代中盤で管理職に移る頃になって来たという感じですよね。

今までは現場で仕事を覚えて、制作だけしていれば良いという楽しい状況だったけど、管理職に回された感じだよね。

坂本 そうですね。なので、取りあえずニュージーランドでの立ち上げは手伝って下さいとお願いし、一緒にニュージーランドに来てもらいました。

横山 現場スタッフの舵取りの面でサポートしま

した。

――ニュージーランドでの『パワーレンジャー・ニンジャストーム』が横山さんが参加したラストの作品ですよね。

横山 そうですね。ちょっと私用でどうしても日本に帰らなきゃいけなくなったので。その時に田﨑さんから誘われたのが『Sh15uya』[15]でした。

――スタントチームの方々にはどんな感じでニュージーランド行きのお話をしたのでしょうか。

横山 スタントチームは仕事があれば何処にでも行くスタンスだったので、問題ありませんでしたが、既婚者は奥さんの説得が大変だったみたいです。

坂本 その頃には4家族くらいいましたからね。LAからニュージーランドへの大移動ですよ。

横山 スタントマンは体力があるので、引っ越し自体は早かったけどね（笑）。

坂本 ニュージーランドは物価も安いし治安も良いので、永住したメンバーもいるんですよ。

◎ニュージーランドで観る横山監督の刺激的作品

――坂本監督はニュージーランド。横山さんは日本で活動を始めることになったんですね。

坂本 日本に帰られた後に横山さんが手掛けた作品からは、沢山刺激を受けました。

⑮**『Sh15uya』**
現実の渋谷に似たバーチャル世界を舞台に、15歳の少年少女が世界のルールに抗って戦う姿を描いたTVドラマ。2005年製作。東映特撮作品の出演経験者が度々ゲスト出演していることも特徴。まだデビュー当時の新垣結衣も物語のキーパーソン、エマ役で出演している。

横山　帰ってから1年くらいは仕事がなかったので苦しかったよ。チームとしての仕事は当然やっているけど、自分で種を撒かないといけないので、ゼロからの再出発でした。田﨑さんの『Sh15uya』と雨宮さんの『牙狼〈GARO〉』が、ほぼ同時進行でした。オリジナル企画だと、企画を通して具体的に動き出すまで2年くらい掛かりますよね。でもその作品が次に繋がって行く事もあります。『Sh15uya』の経験から、東映の白倉伸一郎さんに『仮面ライダー THE FIRST』⑯へのお誘いを受けました。

――2005年、2006年は、横山さんが物凄く活躍されていますね。

横山　売れっ子でした（笑）。3～4日寝ない時もありました。アルファスタントの小池さんにも、色々と手伝ってもらったんですよ。

坂本　日本でもウチと一緒に仕事する事が多かったですね。その縁もあって、横山さんには『ウルトラマンメビウス外伝 ゴーストリバース』を手掛けていただいたり。

横山　パワーレンジャーのチームは、TVサイズのスケジュールでワイヤーアクション⑰が出来るという技術を確立させたんですよ。そのノウハウを最初に日本で使わせていただいたのが僕でしたね。

⑯『仮面ライダー THE FIRST』
2005年に公開された仮面ライダーシリーズの劇場作品。仮面を装着して仮面ライダーに変身する、一文字隼人が本郷猛の命を狙う刺客など、石ノ森章太郎による漫画版の設定や要素を取り入れている。

⑰ワイヤーアクション
キャストやスタントマンが特殊なハーネスを装着し、ワイヤーを取り付けることにより、人力もしくは機械でワイヤーを引いてジャンプ力や浮遊感を強調するアクション。以前は、細いワイヤーを黒く塗ったり、照明の調整により見えないように工夫していたが、近年は合成処理で消している。なお、ワイヤーアクションは和製英語で、海外ではワイヤーワーク（wire work）と呼ぶ。

坂本　日本は基本的に、操演部⑱さんが〝吊り〟と呼ばれる分野を担当しますが、僕らはアメリカや香港のシステムを導入して、アクション部がワイヤーのセッティングもする方法を導入しました。アクション部が現場を仕切り、撮影と同時進行でワイヤーの準備をして、効率よく進める方法を率先して導入していきましたね。

横山　いきなりそのスタイルを導入したので、僕が怖い監督だという事に（笑）。『Sh15uya』『仮面ライダー THE FIRST』『仮面ライダー THE NEXT』⑲、そして『牙狼〈GARO〉』などは、そんな荒技を監督やプロデューサーに守ってもらいながら実行出来た幸せな作品です。

坂本　僕も横山さんの作品は常にチェックしていて、特に『牙狼〈GARO〉』は、アクションとCGの使い分けが絶妙で、「凄い!!」と思いました。

――『牙狼〈GARO〉』は2000年代に入って、日本特撮界の最初の衝撃だったと思います。

坂本　ですね。横山さんが黒船第一弾で僕が第二弾（笑）。

横山　今はもう沈没しそうだから（笑）。でも、この頃から玩具展開を考えないスキームの特撮番組が出て来た。内容もタレント性重視で、縛りが少ない。完成するまでに色々なバトルはありましたが、「深夜番組なの

⑱操演部
映像作品における専門職。ミニチュアの操作や、滑車とピアノ線、ワイヤー、ロープなどを使った吊りや移動を表現したり、電飾、火薬を使った爆破や弾着などの演出を行う。

⑲『仮面ライダー THE NEXT』
『仮面ライダー THE FIRST』の続編にあたる作品で、2007年に公開された。前作で登場した仮面ライダー1号、仮面ライダー2号に加えて、敵として仮面ライダーV3が登場する。ホラー要素やバイオレンス描写が多く取り入れられており、仮面ライダーシリーズの劇場作品では初めてPG12指定作品になった。

に」という先入観を壊したかった。『牙狼〈GARO〉』は雨宮さんをリーダーとしたスタッフの熱量が高くて、良い感じで引っ張れたのが大きかったですね。

坂本 僕は雨宮さんに会うと、今でも緊張してしまいます（笑）。

◎バイタリティに溢れた時代

――AAC STUNTSとアルファスタントでは、深い交流が出来ているのですね。

坂本 僕の奥さん[20]が元AACですから（笑）。

横山 これこそ政略結婚だよ（笑）。LA時代に一緒に撮ったオリジナル作品で『ウィケッド・ゲーム』[21]があるね。2000年だっけ。

坂本 日本でもDVDがリリースされましたが、自分たちのチームでファイナンスを組んで、パワーレンジャーの役者や、当時はAAC STUNTSに所属していた僕の奥さん、梛野素子を主演女優として映画を撮りました。

この作品で僕たちが普段やりたい事や出来ない事を全部注ぎ込みましょう！　と気合を入れていましたね。

横山 当時、子供番組じゃない作品の監督をしたかったので、名刺代わりに作ったんですよ。

坂本 僕たちが連名で監督して、パワーレンジャーの合間に撮影しましたね。

横山 自主映画だと予算がなく爆破が出来ないの

⑳僕の奥さん
現在は主に海外で活動しているスタントウーマンの梛野素子。元AAC STUNTS所属。代表作として『ゼイラム2』のイリア吹き替え、『ウルトラマンティガ THE FINAL ODYSSEY』のカミーラ、キャストとしては『エコエコアザラク』や『ゴッド・ギャンブラー東京極道賭博 中華賭侠』、海外では『パワーレンジャー』シリーズや『MARVELエージェント・オブ・シールド』、主演作の『ウィケッド・ゲーム』などがある。

㉑『ウィケッド・ゲーム』
2000年にアメリカで製作された坂本監督と横山誠による監督作品で、劇場では未公開となっている。銀行口座を操るパスワードが記された手帳を偶然手にしたこそ泥コンビが、一獲千金を目指して奮闘

で、パワーレンジャーの爆破カットを別角度から撮ってインチキしたり、ラスベガスでゲリラ撮影したりね。

坂本 警備の人に撮影を止められると、横山さんが観光客のフリをして誤魔化して（笑）。

横山 その間に坂本さんが撮る（笑）。野望と熱意があったので、とにかく寝ないで仕事をしていた。

坂本さんはこの時期本当に忙しくて、スティーブ・ワン監督の『破壊王ＤＲＩＶＥ』[22]でアクション監督を担当して、夜から朝まで撮って、そのままパワーレンジャーの撮影、また夕方にはスティーブとの撮影に戻るという生活を続けていたよね。

――そんな多忙な中で、いつ寝ていたのでしょうか。

坂本 撮影の合間に少しだけですね（笑）。松田聖子さんと中条きよしさんが出演した、東映さんのＶアメリカ『ＧＥＤＯ Ｔｈｅ Ｆｉｎａｌｅ Ｂｌａｄｅ』[23]でもアクション監督をしたのですが、その時は、パワーレンジャーと同じロケーションをあえて選んで、両方に指示を出しながら切り抜けました（笑）。

横山さんも『シャドー・フューリー』[24]を監督した時は、寝ないで現場を行ったり来たりしていましたね。

――熱意が凄まじいです。

する姿を描く。格闘、カーアクション、そしてクライマックスにはスカイダイビングアクションまである、スタントチームが作った本気のアクション映画。

㉒『破壊王 DRIVE』 1997年に公開された日米合作のアクションコメディ。身体能力を限界まで引き出す装置を埋め込まれた警察官が、自らを実験体にしてきた組織から逃げるために壮絶な戦いを繰り広げる姿を描く。加藤雅也が日本から参加している。

㉓Vアメリカ『GEDO The Final Blade』 2000年に公開された日米合作のバイオレンスアクション。アメリカ版のVシネマ、東映Vアメリカのシリーズのひとつとして作られた。LAを舞台に、ヤクザと

横山 チャンスがあれば食らい付きたかった。それに若かったのでタフでした。

坂本 そうですね。最近僕が思うのは、若い頃に鍛えていてよかったという事ですね。

それがあったからでこそ、今でも作品が重なりスケジュールがハードでも頑張れているのではと思います。身体はボロボロですけど（笑）。

あと、スタントマンってアドレナリンジャンキーな所があるじゃないですか。僕も現場ではアドレナリンが出ているので、パワーが持続出来ますが、終わった後のオンとオフの差が激しいんです。

横山 身に覚えがある。色々と忘れるし、生活力がまったくない（笑）。

——ある意味、プライベートを捨てて仕事を。

坂本 特に今は捨てちゃっています（笑）。

横山 アクションシーンがそこまで必要とされていない時でも、やってやる！ という想いが強いので、プライベートが犠牲になる。

僕は経験を重ねて来たから、プロデューサーの要望に対して、企画の目的や予算で完成形が見えちゃう時がある、嫌なベテランスタッフですね（笑）。

◎日本は映画産業に厳しい

——少し話が戻るのですが、『仮面ライダーＴＨＥ ＦＩＲＳＴ』は、坂本監督的には思う事

マフィアの対立、そして警察も巻き込んだ激しい戦いが描かれる。中条きよしと松田聖子が日本から参加している。

㉔『シャドー・フューリー』
2002年に公開されたアクション映画。横山誠監督作品。格闘家の船木誠勝が主演。スタントコーディネーターは小池達郎。殺陣、SFX、ワイヤーワークと、日本、ハリウッド、香港それぞれのアクション要素を融合させた内容となっている。

があったようですね。

坂本 羨ましい！ のひと言です（笑）。デザインを見た瞬間から、カッコ良い！ と思いました。

僕もああいった作品を撮りたいです（笑）。

横山 仮面ライダーは熱心なファンが多いシリーズじゃないですか。だから、そこまで仮面ライダーに対して愛が深くない僕が担当して大丈夫かな？ と不安がありました。

でも、白倉さんが「違うタイプの仮面ライダー映画を作りたい」という事だったので、受けさせていただきました。

いざ始まると、パワーレンジャーで培ったバイクアクションのノウハウを発揮出来てノリノリだったんだけどね（笑）。

出渕裕さんの仮面ライダーのデザインは、素直にカッコ良かったし。ただ、ちょっと消化不良で終わってしまった所が。

――どのあたりがですか。

横山 道路交通法です。公道が使えないので、日本で大規模なカーチェイスを撮るのが本当に難しい。カメラマンが荷台に乗っている時点で道路交通法違反ですから。

坂本 基本的にカーチェイスの撮影は私有地ですね。何処かの敷地内や、工場内、浄水場、駐車場などです。撮影に協力的な北九州は別ですけど。予算があっても日本じゃ撮れないと思います。アメリカや韓国などは、お金さえ払えば許可を取れますが。

横山 僕が日本ロケでの[25]アクション・コーディネーターを担当した[26]『ワイルド・スピード×3 TOKYO DRIFT』もカーチェイスシーンはLAで撮っていますからね。若い監督がカーチェイスのコンテとかを持って来ても、規制が厳しいのが分かっているので、完成形が見えてしまいます。ここ10年、僕らも戦って来たけど無理でしたから。

昔はプロデューサーが捕まるつもり満々で、責任持ってくれましたが、今はそうはいきませんから。

坂本 僕たちは毎回何か新しい事にチャレンジしようとしていますが、なかなか難しいですね。

◎兄貴的脚本家

――横山監督が[27]『キューティーハニー THE LIVE』を受けた経緯は。

横山 あれは『牙狼〈GARO〉』の時に、プロデューサーとして入っていたバンダイ・ビジュアルの方からのオファーです。総監督という立場では初めてだったので、楽しかったですが、上手く舵取りが出来たかは分からないです。

坂本 ちょうどその頃、横山さんとご飯食べたら、[28]原幹恵ちゃんの自慢話を聞かされました

㉕**アクション・コーディネーター** 映像作品においてアクションシーンの段取りや、スタントマンの手配、演者にアクション指導を行う専門職のこと。撮影の規模によっては、アクション監督がアクション・コーディネーターを兼任する場合もある。アメリカではスタントコーディネーター（Stunt coordinator）と呼ばれる。

㉖**『ワイルド・スピード×3 TOKYO DRIFT』** 2006年に公開された、カーアクション映画『ワイルドスピード』シリーズの第3作。シリーズで唯一、日本が舞台となっており、日本車も数多く登場する。

㉗**『キューティーハニー THE LIVE』** 2007年に放送された永井豪原作の漫画・

(笑)。

横山 グラビアアイドルと仕事が出来て良いでしょって(笑)。

——原作者の永井豪先生も出演されていましたね。

横山 はい。DVDの特典映像に出てもらいました。何度かお会いした時に、目が怖い人だなという印象を受けましたね。駄目元でオファーしたら、喜んで出てくれました(笑)。

雨宮さんもそうですが、絵描きの方って、作業に没頭している表情が一番カッコ良いんですよ。

設計図を作っている顔の寄りを撮りたかったので、「怖いキャラクターを描いて下さい」とお願いしたら、デビルマンとマジンガーZを描いてくれました。もう、撮影後はスタッフで争奪戦ですよ(笑)。

——『キューティーハニー THE LIVE』は凄く面白く観させていただきました。アクションに加えて井上敏樹[29]さんの脚本にハマりました。

横山 井上さんは才能に溢れた変な人だから、乗ると凄いですよね。

僕は兄貴分がいたほうがやりやすいので、ありがたかったです。しょっちゅう飲みに連れ回されましたが(笑)。

坂本 僕と横山さんが一緒にいる時に、井上さんから呼び出しがあり、僕も初めてお会いしましたが、まさに兄貴という感じの人でし

アニメ作品『キューティーハニー』の実写ドラマ版。キューティーハニーに変身する天真爛漫な性格のアンドロイド、如月ハニーと秘密結社パンサークローの戦いを描く。キューティーハニーの他にドラマ版のオリジナルキャラクターとして、シスターミキとシスターユキというふたりの女性戦士も登場。3人が交わることで、戦いはより苛烈さを増し、ドラマもミステリアスになっていく。

㉘原幹恵
日本で活動していた女優、グラビアアイドル。2017年のドラマ『キューティーハニー THE LIVE』のキューティーハニーに変身する如月ハニー役でTVドラマ初出演、初主演を果たす。グラマラスな体型に眼力の強い引き締まった表情が特徴的で、『仮面ライダーフォー

たね。豪快な方でした。僕は『仮面ライダーアギト』と『仮面ライダー555（ファイズ）』が大好きなので、是非一度ご一緒させていただきたいですね。

◎野望潰えず。今後について語る

――今後、おふたりで再タッグというのは考えていますか。

坂本 ずっとやりたいと思っています。僕のやりたい事を一番理解してくれる人でもあるし、横山さんの手掛けた映像が一番刺激になります。今の僕たちがまた一緒に撮ると、より面白い作品が出来ると思います。

横山 是非、自分たちの企画で、オリジナル作品をやりたいですね。

坂本 今、オリジナル作品を作るのは凄く難しい状況ですね。どの作品も原作ありきじゃないと企画が動かないのが現状です。

ちょっと時間が掛かるかもしれませんが、必ず実現したいですね。

横山 お金以外に重要なのが〝想いの力〟ですね。モチベーションを2年、3年と継続し続ける事は大変で、そこまで愛せる作品に出来るかという事が一番大事だったりもする。雨宮さんはそれが出来る人。

あと、僕は配信とかで軽いのがやりたい。趣味でユーチューバーになりたい（笑）。

坂本 『チャンネルＡＡＣ』[30]があるじゃないで

ゼ THE MOVIE みんなで宇宙キターッ』（2012年）、『破裏拳ポリマー』（2017年）、『スペース・スクワッド ギャバンVSデカレンジャー』（2017年）など、坂本監督作品にも多数出演。

㉙井上敏樹
脚本家、小説家。1981年、『Dr.スランプ アラレちゃん』で脚本家としてデビュー。多くのアニメ作品に携わり、『どきんちょ！ネムリン』（1985年）で初めて特撮作品の脚本を手掛ける。『仮面ライダーアギト』『仮面ライダー555（ファイズ）』といった、初期平成仮面ライダーシリーズのメイン脚本を担当。大人向け特撮作品という流れを作った立役者のひとりとも言える。オリジナ小説も手がけ、2014年に『海の底のピアノ』、翌年2015

すか！

横山 あれは練習（笑）。多分、アクションコントをやると思います。気楽に観れるやつを。

大人向けのアクションや特撮作品だと、必ず命のやり取りになって重い話になっちゃうじゃない。それにちょっと飽きたというか、疲れたというか。

基本、特撮作品は子供向けなので、やっぱり子供の満足度を第一に置かないといけない。

坂本 自分はクリエータとしてのお手本がジャッキー・チェンなので、みんなが喜ぶ作品を作り続けて行きたいですね。

なので、何が流行っているかにはアンテナを張るようにしています。

ただ、最近自分が理解出来ない作品が流行ったりして、落ち込んじゃいます（笑）。

——横山さんも最近の作品の研究はしますか。

横山 あまり特撮物は観ていませんが、映画の最近作は研究しています。

僕は、キャラクターを紹介する事と、物語を伝える事の職人だと思いますが、それだけだと監督としては限界があると感じます。総監督を経験してテーマを重視するようになったので。企画全体を見るというか。

その中でアクション業界も盛り上げたいですね。

坂本 今は若い子の目標になるアイコン的な憧れ

年には『月神』を発表。

㉚**『チャンネルAAC』** AAC STUNTSが、〝すべてのTV番組がアクション作品だったら〟というコンセプトのもと、自主制作により映像化された作品のこと。報道番組「ニュースキック」、料理番組「チョップdeクッキング」、教育番組「ドンちゃんの痛いの大好き！」などがある。

の存在がいないので、難しいですね。命張ります！　という子が出て来ないですから。

横山 命を張らなくても合成で出来る事が証明されているから。僕らはジャッキー・チェンに憧れて、スタントをやりたい！　と夢見て鍛えて来たけど、今の若い子にやらせるのは、怪我をする恐れがあるので難しいね。

坂本 昔は怪我をする事が勲章みたいな所もありましたが、今だと大問題ですから。時代は変わりました。

――最後にお互いの関係性をひと言で。

坂本 あれですよ。「強敵」と書いて「とも（友）」と読むやつですよ（笑）。

横山 じゃあ僕は同じ字を書いて「ライバル」（笑）。僕は坂本さんに『赤×ピンク』や『破裏拳ポリマー』のような作品でブレイクして欲しい。映画界の良い所は、一発大ヒット作を作ると、メジャー監督として仕事がたくさん来る。

僕もそうなれば良いなと思い、もうちょっと頑張ろうと思っていますけど。

坂本 まだ、おじさんたちふたりは、諦めていないですね！

横山 文字通り、誰も見た事がないようなアクション映画を撮りたいな。

坂本 本日はありがとうございました！　こういう話をしていると、やっぱり楽しいですね！

坂本浩一 全仕事リスト

1991年～2018年までの坂本浩一監督が関わった、すべての作品タイトルと仕事内容を紹介。なお、リストは作品の公開順ではなく、撮影された順となっている。

年	メディア	タイトル	仕事内容
1991	映画	アンダー・カバー (Martial Law 2: Undercover／Karate Cop)	●アシスタント・スタント・コーディネーター ●ギャング役
1992	映画	アンダー・カバー／炎の復讐 (Mission of Justice)	●アシスタント・スタント・コーディネーター ●ファイター役
	映画	バウンティ・ハンター／死の報酬 (Bounty Tracker)	●アシスタント・スタントコーディネーター ●インドネシアンマフィア役
	映画	サイボーグ2 (Cyborg 2 Glass Shadow)	●ガード役
	映画	ティーンエイジ・ミュータント・ニンジャ・タートルズ3 (Teenage Mutant Ninja Turtles Ⅲ: Turtles In Time)	●神官役
1993	TV	新スーパーマン (Lois and Clark: The New Adventures of Superman)	●格闘シーンのスーパーバイザー ●忍者役(第32話)
	オリジナルビデオ	スキャナーズ ニュー・エッジ／ザカリアス (Scanner Cop)	●アシスタント・スタント・コーディネーター ●ギャング役
	オリジナルビデオ	アンダー・カバー／マーシャル・コップ (Martial Outlaw)	●アシスタント・スタント・コーディネーター ●ファイター役
	映画	デッドリーターゲット 襲撃 (Deadly Target)	●アシスタント・スタント・コーディネーター ●ギャング役

	映画	ガイバー／ダークヒーロー（Guyver:Dark Hero）	●スタント・コーディネーター ●ファイト・コレオグラファー ●ガイバー役 ●ギャング役
1994	映画	ファイアーイーグル（Open Fire）	●アシスタント・スタント・コーディネーター
	オリジナルビデオ	ブレード／妖剣伝説（Sword of Honor）	●アシスタント・スタント・コーディネーター ●ギャング役
	TV映画	Vanishing Son 3／Vanishing Son 4	●中国マフィア役
	TV	バーチャル戦士トゥルーパーズ（VR Troopers）	●バトルグリッドシーンのアクション監督
	TV	マイティ・モーフィン・パワーレンジャー（Mighty Morphin Power Rangers）	●セカンドユニット監督（第104～139話）
1995	TV	パワーレンジャー・ジオ（Power Rangers Zeo）	●エピソード監督（第41話、第42話）※アイザック・フロレンティーンとの連名 ●セカンドユニット監督
	オリジナルビデオ	Savate	●スタント・コーディネーター ●ファイト・コリオグラファー ●ギャング役
	オリジナルビデオ	逃走遊戯No Way Back	●ギャング役
	その他	Star Runners（予告編）	●スタント・コーディネーター
	映画	スペース・トラッカー（Space Truckers）	●スタント・コーディネーター

年	メディア	タイトル	仕事内容
1996	映画	パワーレンジャー・ターボ・映画版・誕生！ターボパワー （Turbo:A Power Rangers Movie）	●スタント・コーディネーター ●セカンドユニット監督
	TV	パワーレンジャー・ターボ （Power Rangers Turbo）	●エピソード監督（第17話、第23話、第25話、第38話） ●セカンドユニット監督
	映画	Walking After Midnight	●ワイヤースタント・コーディネーター
	オリジナルビデオ	Mercenary	●ギャング役
	映画	ハイボルテージ （High Voltage）	●スタント・コーディネーター ●ファイト・コレオグラファー
1997	TV	パワーレンジャー・イン・スペース （Power Rangers in Space）	●エピソード監督（第10話、第11話） ●セカンドユニット監督 ●スタント・コーディネーター ●最終回脚本原案
	映画	ウィケッド・ゲーム （Wicked Game）	●監督（横山誠と連名） ●ギャング役
	映画	Beverly Hills Ninja	●忍者役
	TV映画	Outsider	●スタント・コーディネーター ●ファイト・クリオグラファー
	映画	破壊王 DRIVE （Drive）	●スタント・コーディネーター ●ファイト・コレオグラファー ●ギャング役

1998	TV	パワーレンジャー・ロスト・ギャラクシー (Power Rangers Lost Galaxy)	●エピソード監督（第9話、第22話、第28話、第33話、第34話、第38話） ●セカンドユニット監督 ●共同プロデューサー ●スタント・コーディネーター
	映画	GEDO The Fatal Blade 外道	●スタント・コーディネーター ●セカンドユニット監督
	映画	スタークリスタル2 (The Survivor)	●スタント・コーディネーター ●ファイト・コレオグラファー
	映画	The Wonderful Ice Cream Suit	●スタント・コーディネーター
	映画	リーサル・ウェポン4	●中国マフィア役
	CM	アディダス	●スタント・コーディネーター
	TV	L.A.大捜査線 マーシャル・ロー (Martial Law)	●中国マフィア役
1999	TV	パワーレンジャー・ライトスピード・レスキュー (Power Rangers Lightspeed Rescue)	●エピソード監督（第4話、第5話、第8～10話、第20話、第21話） ●セカンドユニット監督 ●共同プロデューサー ●スタント・コーディネーター
	TV	Safe Harbor	●空手の師範役

年	メディア	タイトル	仕事内容
1999	オリジナルビデオ	ゴッド・アーミー 聖戦 (The Prophecy 3:The Ascent)	●スタント・コーディネーター
	オリジナルビデオ	ヘルレイザー ゲート・オブ・インフェルノ (Hellraiser:Inferno)	●スタント・コーディネーター ※デヴィッド・ウォルドとの連名
	映画	ドラキュリア (Dracula 2000)	●スタント・コーディネーター ●セカンドユニット監督
2000	TV	パワーレンジャー・タイムフォース (Power Rangers Time Force)	●エピソード監督(第1~3話、第8話、第9話、第14話、第16話、第18話、第24~27話、第31~33話、第38~40話) ●セカンドユニット監督 ●共同プロデューサー ●スタント・コーディネーター
	TV映画	Partners	●ギャング役
	映画	Ultimate Target	●スタント・コーディネーター
	映画	BROTHER	●ヤクザ役
	映画	G-Men from Hell	●スタント・コーディネーター
2001	TV	パワーレンジャー・ワイルドフォース (Power Rangers Wild Force)	●エピソード監督(第1~3話、第6~8話、第11~13話、第17話、第18話、第21話、第24~26話、第30話、第31話、第34~36話) ●セカンドユニット監督 ●共同プロデューサー ●スタント・コーディネーター

	映画	The Ghost	●スタント・コーディネーター ●セカンドユニット監督
	オリジナルビデオ	ミミック2 (Mimic 2)	●スタント・コーディネーター
	映画	ウインドトーカーズ (Windtalkers)	●日本兵役
2002	TV	パワーレンジャー・ニンジャストーム (Power Rangers Ninja Storm)	●共同製作総指揮 ●エピソード監督(第1～3話) ●セカンドユニット監督
	TV映画	ヘンゼルとグレーテル (Hansel & Gretel)	●スタント・コーディネーター
2003	TV	パワーレンジャー・ダイノサンダー (Power Rangers DinoThunder)	●共同製作総指揮 ●セカンドユニット監督
	映画	キング・オブ・バイオレンス (King of the Ants)	●スタント・コーディネーター ※デヴィッド・ウォルドとの連名
2004	TV	パワーレンジャー・S.P.D. (Power Rangers S.P.D)	●製作総指揮 ●セカンドユニット監督 ●日本語版監修 ※2011年
	TV	魔法戦隊マジレンジャー	●NZユニット・OPアクション監督
2005	TV	パワーレンジャー・ミスティックフォース (Power Rangers Mystic Force)	●製作総指揮 ●セカンドユニット監督 ●日本語版監修 ※2012年
	オリジナルビデオ	Devon's Ghost: Legend of the Bloody Boy	●監督 ※ジョニー・ヨング・ボッシュと連名

年	メディア	タイトル	仕事内容
2006	TV	パワーレンジャー・オペレーション・オーバードライブ (Power Rangers Operation Overdrive)	●製作総指揮 ●セカンドユニット監督
	TV映画	カンフー・プリンセス・ウェンディー・ウー (Wendy Wu: Homecoming Warrior)	●アクションユニット&VFXユニット監督
	TV映画	獣拳戦隊ゲキレンジャー	●NZユニット・OPアクション監督
2007	TV	パワーレンジャー・ジャングルフューリー (Power Rangers Jungle Fury)	●製作総指揮 ●セカンドユニット監督
	TV	KAMEN RIDER DRAGON KNIGHT	●セカンドユニット監督(パイロット版、第1~3話)
	TV	ウェイバリー通りのウィザードたち (Wizards of Waverly Place)	●スタント・コーディネーター
	映画	Broken Path	●監督
2008	TV	アーロン・ストーン (Aaron Stone)	●アクションスーパーバイザー
	TV	パワーレンジャー・RPM (Power Rangers R. P. M)	●製作総指揮 ●セカンドユニット監督
	映画	NINJA ニンジャ in L. A. (Hell-binders)	●スペシャルサンクス
	TV	Jonas Brothers: Living the Dream	●アクションスーパーバイザー

	その他	Tankboy TV	●スペシャルサンクス
2009	映画	大怪獣バトル ウルトラ銀河伝説 THE MOVIE	●監督
	TV	仮面ライダーW(ダブル)	●エピソード監督(第21話、第22話、第27～28話、第43～44話)
2010	映画	仮面ライダーW(ダブル) FOREVER AtoZ/運命のガイアメモリ	●監督
	ゲーム	バイナリー・ドメイン(Binary Domain)	●ムービーパート監督
	オリジナルビデオ	仮面ライダーW(ダブル) RETURNS 仮面ライダーアクセル	●監督 ●アクション監督
	オリジナルビデオ	仮面ライダーW(ダブル) RETURNS 仮面ライダーエターナル	●監督 ●アクション監督
	TV	パワーレンジャー・サムライ(Power Rangers Samurai)	●セカンドユニット監督(第1～6話)
2011	その他	cod-E ～Eの暗号～	●プロモーションビデオ演出
	TV	海賊戦隊ゴーカイジャー	●エピソード監督(第4話、第5話、第11話、第12話)
	TV	牙狼〈GARO〉～MAKAI SENKI～	●セカンドユニット監督(第3話)
	映画	劇場版 仮面ライダーオーズ WONDERFUL 将軍と21のコアメダル	●演出協力

年	メディア	タイトル	仕事内容
2011	TV	仮面ライダーフォーゼ	●メイン監督(第1～4話、第21話、第22話、第29～32話、第47話、第48話)
	映画	トラベラーズ 次元警察	●監督
	映画	仮面ライダー×仮面ライダー フォーゼ&オーズ MOVIE大戦MEGA MAX	●監督・アクション監督
2012	ゲーム	グレイトバトル フルブラスト	●OP絵コンテ
	映画	仮面ライダーフォーゼ THE MOVIE みんなで宇宙キターッ!	●監督・アクション監督
	TV	パワーレンジャー・スーパーメガフォース (Power Rangers Super Megaforce)	●レジェンダリーバトルシーンの監督(最終話)
	映画	仮面ライダー×仮面ライダー ウィザード&フォーゼ MOVIE大戦アルティメイタム	●監督・アクション監督
	オリジナルビデオ	009ノ1 THE END OF THE BEGINNING	●監督・アクション監督
2013	TV	獣電戦隊キョウリュウジャー	●メイン監督(第1～4話、第11話、第12話、第27～29話、第39話、第40話、第47話、第48話)
	TV	牙狼〈GARO〉～闇を照らす者～	●セカンドユニット監督(第19～22話)
	映画	劇場版 獣電戦隊キョウリュウジャー ガブリンチョ・オブ・ミュージック	●監督

	映画	赤×ピンク	●監督
	映画	白魔女学園	●監督
	映画	獣電戦隊キョウリュウジャーVSゴーバスターズ 恐竜大決戦! さらば永遠の友よ	●監督
	CM	カードファイト!! ヴァンガード(×2種)	●監督
2014	映画	俺たち賞金稼ぎ団	●監督
	その他	GUNBLADE(パイロット版)	●パイロットフィルム監督
	TV	ウルトラマンギンガS	●メイン監督(第1~3話、第15話、第16話)
	オリジナルビデオ	宇宙刑事NEXT GENERATION 宇宙刑事シャリバン NEXT GENERATION	●監督・アクション監督
	オリジナルビデオ	宇宙刑事 NEXT GENERATION 宇宙刑事シャイダー NEXT GENERATION	●監督・アクション監督
	映画	白魔女学園 オワリトハジマリ	●監督
	映画	劇場版 ウルトラマンギンガS 決戦! ウルトラ10勇士!!	●監督
	映画	KIRI ―「職業・殺し屋。」外伝―	●監督・アクション監督

年	メディア	タイトル	仕事内容
2014	TV	ウルトラファイトビクトリー	●監督
2015	TV	ウルトラマンX	●エピソード監督（第4話、第5話、第12～14話）
	その他	GUNBLADE	●韓国プロモーション映像監督 ●製作総指揮
2016	映画	破裏拳ポリマー	●監督
	TV	仮面ライダーゴースト	●エピソード監督（第29話、第30話、第36～38話）
	オリジナルビデオ	スペース・スクワッド ギャバンVSデカレンジャー	●監督・アクション監督
	オリジナルビデオ	スペース・スクワッド ガールズ・イン・トラブル スペース・スクワッド エピソードゼロ	●監督・アクション監督
	TV	仮面ライダーエグゼイド	●エピソード監督（第3話、第4話）
	映画	仮面ライダー平成ジェネレーションズ Dr.パックマン対エグゼイド&ゴースト with レジェンドライダー	●監督
	TV	獣電戦隊キョウリュウジャーブレイブ	●メイン監督、アクション監督
	TV	ウルトラファイトオーブ 親子の力、おかりします！	●監督

2017	TV	ウルトラマンジード	●メイン監督（第1～4話、第16話、第17話、第24話、第25話）
	オリジナルビデオ	宇宙戦隊キュウレンジャー Episode of スティンガー	●監督・アクション監督
	その他	from Episode of スティンガー 宇宙戦隊キュウレンジャー ハイスクールウォーズ	●監督
	映画	劇場版ウルトラマンジード つなぐぜ！願い!!	●監督
	TV	モブサイコ100	●全12話監督
2018	オリジナルビデオ	宇宙戦隊キュウレンジャーVSスペース・スクワッド	●監督・アクション監督
			（2018年7月現在）

あとがき

２００９年の6月に日本に来てから、早いもので10年目になります。

始めは慣れなかった日本の生活に、今ではすっかり慣れてきましたが、振り返っても、仕事だけの毎日でバタバタした約10年間だったので、現場にいる記憶しかありません（笑）。

長距離マラソンを全力で走り続けているような感じで、少し休むと、休んじゃいけないのでは？　……という罪悪感に襲われて……。

基本的に自分は貧乏性ですね（笑）。

気が付けば、まだまだ小さいと思っていた娘が、自分がパパになった歳になり、息子は一緒に筋トレやアクションの練習が出来る歳になり……本当に年月が経つのは「あっ！」という間です。

日本に来て10年目にあたる節目で、この本の出版のお話をいただき、初めて落ち着いて自分の半生を振り返る事が出来ました。

幼少の頃は特撮ヒーローに憧れ、小学校ではアニメと漫画が大好きで授業中に落書きばかり、そんな自分が「ジャッキー・チェンになりたい！」という理由だけで走り続けたことにより、今ここにいます。

もちろん、夢に近付けるように努力もして来ましたが、今の自分があるのは、人生の様々な節目で、素晴らしい方々との出会いに恵まれていたからなんです。

今までたくさんの方々に支えられて来ました。
自分の好きな事、やりたい事を全力で支援してくれた両親と妹。
アクションの素晴らしさをご指導してくださった倉田保昭先生と先輩方。
誰も身寄りがいない不安なアメリカ生活を充実させてくれた友人たち。
アメリカで仕事が出来る資格の取得をサポートしてくださったプロデューサー。

様々なスタントや格闘技でともに汗を流したLAの仲間たち。
一緒にチームを結成した小池さんと野口くん。
『パワーレンジャー』に参加するチャンスをくださったジョナサン。
人生観を変えた娘・マチルダの誕生。
切磋琢磨して今の地盤を築いた横山さんとスタントチームの仲間たち。
約10年間一緒に撮り続けた『パワーレンジャー』のLAクルー。
人生で一番大変な時期を支えてくれた奥さんの素子。
人生の転機と貴重な経験を与えてくださったディズニー・チャンネルの皆様。
新天地で不安な自分を暖かく迎えてくれたニュージーランドのクルー。
父親として更に大切な事を気付かせてくれた息子・結理の誕生。
日本で仕事をする切っ掛けを与えてくださった円谷プロダクションの皆様。
数々の作品のオファーとチャンスを与えてくださった東映と東映ビデオの皆様。
挑戦的な作品を撮る機会を与えてくださったKADOKAWAの皆様。
いつも自分の作品のイベントやエキストラに参加してくださるファンの皆様。

いつも自分の我が儘に付き合ってくれる坂本組のスタッフの皆様。
いつも新鮮な刺激とたくさんのエネルギーをくれる素晴らしいキャストの皆様。
そして、この本の出版を実現してくださった株式会社ライブの成瀬さんと齊藤さん、株式会社カンゼンの皆様。

本当に自分の人生は、出会った方々に助けられて来た事を痛感します。

これからも更に精進し、自分を支えてくれた方々に少しでも恩返しが出来るように、老体に鞭を打ちながらも走り続けたいと思います！
ジャッキー・チェンが自分に夢を与えてくれたように、自分も誰かに夢が与えられる存在になれるように頑張り続けます！

2018年7月20日

坂本浩一

著者紹介

坂本浩一（さかもと・こういち）

一九七〇年東京都生まれ。現在はアメリカ国籍。映画監督兼プロデューサー。アルファスタント所属。16歳の時にスタントマンとしてデビュー。一九八九年に映画監督になるべく渡米。スタントマン、スタントコーディネーターとして活動後、アメリカ版スーパー戦隊「パワーレンジャー」シリーズでは長年に渡りアクション監督、監督、プロデューサー、製作総指揮を歴任。二〇〇九年に活動の拠点を日本に移し、『大怪獣バトル ウルトラ銀河伝説 THE MOVIE』を監督。その後、仮面ライダー、スーパー戦隊、ウルトラマンシリーズなど、数々の作品を手がける。

映画監督 坂本浩一全仕事

ウルトラマン・仮面ライダー・スーパー戦隊を手がける稀代の仕事師

発行日　二〇一八年八月二一日　初版

著者　坂本 浩一

発行人　坪井 義哉

発行所　株式会社カンゼン

〒一〇一-〇〇二一

東京都千代田区外神田二-七-一 開花ビル

TEL 〇三（五二九五）七七二三

FAX 〇三（五二九五）七七二五

http://www.kanzen.jp/

郵便為替 〇〇一五〇-七-一三〇三三九

印刷・製本　三晃印刷株式会社

企画・編集　株式会社ライブ（齊藤秀夫）

構成・取材・文　成瀬史弥

編集協力　根本康弘／加藤智久

ブックデザイン　鈴木成一デザイン室

本文デザイン　貞末浩子

DTP　株式会社ライブ

本書に関するご意見、ご感想に関しましては、kanso@kanzen.jp まで
Eメールにてお寄せください。お待ちしております。